"十四五"职业教育国家规划教材

高职高专**会计**专业
工学结合系列教材

审计实务

第四版

俞校明 主 编

朱 明 吴 燕 副主编

清华大学出版社
北京

内容简介

本书是"十四五"职业教育国家规划教材,同时也是浙江省高等学校在线开放课程共享平台"审计实务"省级精品课程配套教材。本书是以最新审计准则及其指南为依据,根据审计实际工作过程设计项目和学习任务,以培养学生实践能力为主、理论够用为度,体现高职高专教育理实一体化的教学要求编写而成。本书的重点在于帮助学生掌握审计工作的基本操作流程和操作要领,掌握常见的审计业务处理,学会填写常用审计工作底稿,撰写标准审计报告。本书内容包括审计初步业务活动操作流程、货币资金审计、销售与收款循环审计、采购与付款循环审计、生产与存货循环审计、筹资与投资循环审计、完成审计工作与撰写审计报告七大项目的审计操作流程。每个项目都有实际操作训练,便于教学,让学生在完成工作任务中学习知识,训练技能,获得实现目标所需要的职业能力。

本书封面贴有清华大学出版社防伪标签,无标签者不得销售。
版权所有,侵权必究。举报: 010-62782989, beiqinquan@tup.tsinghua.edu.cn。

图书在版编目(CIP)数据

审计实务/俞校明主编. —4版. —北京: 清华大学出版社,2021.7(2024.1重印)
高职高专会计专业工学结合系列教材
ISBN 978-7-302-54433-3

Ⅰ.①审… Ⅱ.①俞… Ⅲ.①审计学—高等职业教育—教材 Ⅳ.①F239.0

中国版本图书馆 CIP 数据核字(2019)第 263933 号

责任编辑: 左卫霞
封面设计: 杨昆荣
责任校对: 李 梅
责任印制: 沈 露

出版发行: 清华大学出版社
网　　址: https://www.tup.com.cn, https://www.wqxuetang.com
地　　址: 北京清华大学学研大厦 A 座　　邮　　编: 100084
社 总 机: 010-83470000　　邮　　购: 010-62786544
投稿与读者服务: 010-62776969, c-service@tup.tsinghua.edu.cn
质量反馈: 010-62772015, zhiliang@tup.tsinghua.edu.cn
课件下载: https://www.tup.com.cn, 010-83470410

印 装 者: 北京鑫海金澳胶印有限公司
经　　销: 全国新华书店
开　　本: 185mm×260mm　　印　张: 19.75　　字　数: 455千字
版　　次: 2009年9月第1版　　2021年7月第4版　　印　次: 2024年1月第4次印刷
定　　价: 59.00元

产品编号: 086574-02

丛书总序

2019年2月13日,国务院发布了《国家职业教育改革实施方案》(国发〔2019〕4号,简称职教20条),提出:"建立健全学校设置、师资队伍、教学教材、信息化建设、安全设施等办学标准,引领职业教育服务发展、促进就业创业。落实好立德树人根本任务,健全德技并修、工学结合的育人机制,完善评价机制,规范人才培养全过程。深化产教融合,校企合作,育训结合,健全多元化办学格局,推动企业深度参与协同育人,扶持鼓励企业和社会力量参与举办各类职业教育。推进资历框架建设,探索实现学历证书和职业技能等级证书互通衔接。"建设融"教、学、做"为一体、强化学生能力培养的优质教材显得更为重要。

2016年5月1日起,营业税改征增值税在全国范围内全面推开,营业税退出了历史舞台;2016年7月1日起,全面推行资源税改革;2019年1月1日起,施行修订后的《中华人民共和国个人所得税法实施条例》;2019年4月1日起,增值税税率原适用16%的调整为13%,原适用10%的调整为9%;2019年5月1日起,降低社会保险费率。会计法规在变,税法在变,教材也应及时更新、再版。

为满足教学改革和教学内容变化的需要,我们对2007年立项、梁伟样教授主持的清华大学出版社重点规划课题"高职院校会计专业工学结合模式的课程研究"成果,2009年以来出版的"高职高专会计专业工学结合系列教材"陆续进行修订、再版,包括《出纳实务》《基础会计实务》《财务会计实务》《成本会计实务》《企业纳税实务》《会计电算化实务》《审计实务》《财务管理实务》《财务报表阅读与分析》,前7种教材单独配备了"全真实训",以方便教师的教学与学生的实训练习。

本系列教材具有以下特色。

(1) 项目导向、任务驱动。以真实的工作目标作为项目,以完成项目的典型工作过程(环节、方法、步骤)作为任务,以任务引领知识、技能和态度,让学生在完成工作任务中学习知识,训练技能,获得实现目标所需要的职业能力。

(2) 内容适用、突出能力。根据高职毕业生就业岗位的实际情况,以会计岗位的各种业务为主线,以介绍工作流程中的各个程序和操作步骤为主要内容,围绕职业能力培养,注重内容的实用性和针对性,体现职业教育课程的本质特征。

(3) 案例引入、学做合一。每个项目以案例展开并贯穿于整个项目中,打破长期以来的理论与实践二元分离的局面,以任务为核心,配备相应的全真实训教材,便于在做中学、学中做,学做合一,实现理论与实践一体化教学。

（4）资源丰富、方便教学。在教材出版的同时为教师提供教学资源库，主要内容为教学课件、习题答案、趣味阅读、课程标准、模拟试卷等，以便于教师教学参考。

本系列教材无论从课程标准的开发、教学内容的筛选、教材结构的设计还是到工作任务的选择，都倾注了职业教育专家、会计教育专家、企业会计实务专家和清华大学出版社各位编辑的心血，是高等职业教育教材为适应学科教育到职业教育、学科体系到能力体系两个转变进行的有益尝试。

本系列教材适用于高等职业院校、高等专科学校、成人高校及本科院校的二级职业技术学院、继续教育学院和民办高校的财会类专业，也可作为在职财会人员岗位培训、自学进修和岗位职称考试的教学用书。

本系列教材难免有不足之处，敬请各位专家、教师和广大读者不吝指正，希望本系列教材的出版能为我国高职会计教育事业的发展和人才培养作出贡献。

高职高专会计专业工学结合系列教材
编写委员会

第四版前言

审计实务
在线开放课程

随着党的二十大的胜利召开，我国迈上了全面建设社会主义现代化国家的新征程，会计、审计行业也进入了高质量发展的新阶段。中国注册会计师职业道德守则、中国注册会计师审计准则和会计师事务所质量管理准则均进行了修订，这也对现行教材的修订提出了迫切要求。尤其是围绕进一步落实立德树人根本任务，如何将党的二十大精神融入教材，既迫在眉睫，又责无旁贷。本版教材在保持上一版教材体例和特色的基础上，进一步贯彻落实为党育人、为国育才的初心使命，以新职业道德守则、相关审计准则为依据，逐一剖析教材中每个工作项目的课程思政融入点和融入形式，将诚信意识和工匠精神贯穿于教材始终，寓社会主义核心价值观引导于知识传授和能力培养之中，培养学生系统思维、法治思维、底线思维能力。同时伴随教育数字化和审计行业数字化建设的需要，本教材配套建设有省级精品在线开放课程，扫描本页上方二维码即可在线学习该课程。本版教材对原教材进行了以下方面的修订和完善。

1. 通过挖掘每个工作项目中的课程思政元素，将专业知识与爱国情怀、职业精神相联系，将理论知识、专业技能与社会主义核心价值观相融合。尤其是通过案例、补充知识、课后练习、小组讨论等方式、方法将坚定历史自信、增强历史主动、彰显中国智慧、弘扬中华优秀传统文化、关注数字经济新形态等党的二十大精神融入教材及课堂教学始终。

2. 根据2022年注册会计师考试教材《审计》，对教材中有关审计目的、主营业务收入审计、审计报告等内容进行了整合、修订。

3. 对前版教材中存在的不妥之处进行了修订和完善。

总之，本次教材的修订和完善，我们始终高举中国特色社会主义伟大旗帜，贯穿马克思主义立场观点方法，以打造培根铸魂、启智增慧的精品教材为己任，推动党的理论创新最新成果进教材、进课堂、进头脑，使教材与新审计准则、注册会计师职业道德守则、课程思政教学理念保持一致，与审计实践工作保持紧密联系，满足社会对审计人才培养的需求。

本书由俞校明（注册会计师、注册税务师/教授）担任主编，朱明（会计师/副教授）、吴燕（高级审计师/讲师）担任副主编，王章友（注册会计师/讲师）、解媚霞（注册会计师/副教授）参与编写。

由于编者水平有限，书中难免存在不当之处，恳请读者批评指正。

编 者
2022年12月

第一版前言

2006年2月15日,财政部在北京举行会计审计准则体系发布会,发布了38项会计准则和48项注册会计师执业准则,标志着适应我国市场经济发展要求、与国际惯例趋同的企业会计准则体系和注册会计师执业准则体系正式建立。2006年11月16日,教育部发布了教高[2006]16号文件,提出要积极与行业企业合作开发课程,建立突出职业能力培养的课程标准,建设融"教、学、做"为一体、强化学生能力培养的优质教材。这迫切要求我们对现行的审计教材特别是高职审计教材及时更新。这本浙江省新世纪教改项目成果教材正是以新准则及其指南为依据,根据审计实际工作过程设计项目和学习任务,以培养学生实践能力为主、理论够用为度、理实一体的高职高专教育要求而编写的。教材的重点在于让学生掌握审计工作的基本操作流程和操作要领,会常见审计业务的处理、填写常用审计工作底稿、撰写标准审计报告。编写时在内容体系、难易程度、案例等方面进行了特殊处理,具有明显的针对性和易读性,适合高职高专管理类专业审计课程的教学和学习。

本书由俞校明(副教授 注册会计师 注册税务师)(浙江经贸职业技术学院)担任主编,朱明(副教授 会计师)、袁曼(高级会计师 注册会计师)(浙江耀江会计师事务所)担任副主编。各项目编写分工如下:俞校明、朱明、袁曼编写绪论、项目一及附录;朱明、徐鲭(讲师 国际注册内部审计师)(苏州经贸职业技术学院)编写项目二;赵同剪(副教授 注册会计师)编写项目三;王章友(注册会计师)、朱明编写项目四;赵筠(副教授)编写项目五;解媚霞(注册会计师)编写项目六;陈勇(讲师)(商丘职业技术学院)、俞校明编写项目七。浙江新中天会计师事务所的缪兰娟总经理审阅了教材的写作大纲并提出了宝贵意见,在此谨表谢意。全书最后由俞校明负责修改、总纂并定稿。

由于编者水平有限,本书难免存在错误和不当之处,恳请读者批评指正。

编　者
2009年7月

目录

1 绪论

28 项目1 审计初步业务活动操作流程
    任务1.1 接受业务委托 …………………………………………………… 29
        1.1.1 客户的接受和保持 …………………………………………… 29
        1.1.2 了解和评价被审计单位 ……………………………………… 31
        1.1.3 确定业务约定书的条款 ……………………………………… 36
        1.1.4 实训 …………………………………………………………… 40
    任务1.2 编制审计计划 …………………………………………………… 44
        1.2.1 制定总体审计策略应考虑的事项 …………………………… 44
        1.2.2 制定总体审计策略 …………………………………………… 46
        1.2.3 制订具体审计计划 …………………………………………… 49
        1.2.4 审计过程中对计划的更改 …………………………………… 52
        1.2.5 与治理层和管理层的沟通 …………………………………… 52
        1.2.6 总体审计策略与具体审计计划的关系 ……………………… 52
    任务1.3 审计风险评估 …………………………………………………… 53
        1.3.1 了解被审计单位及其环境 …………………………………… 53
        1.3.2 了解、测试和评价被审计单位的内部控制并记录于
              工作底稿 …………………………………………………… 62
        1.3.3 评估重大错报风险 …………………………………………… 63
    项目小结 ………………………………………………………………… 73
    课后练习 ………………………………………………………………… 73

77 项目2 货币资金审计
    任务2.1 货币资金控制测试 ……………………………………………… 79
        2.1.1 货币资金与业务循环 ………………………………………… 79
        2.1.2 货币资金内部控制关键点 …………………………………… 80
        2.1.3 货币资金内部控制的测试 …………………………………… 82
    任务2.2 货币资金审计实质性程序 ……………………………………… 84

   2.2.1　货币资金审计目标 ·· 84
   2.2.2　库存现金审计实质性程序 ·· 85
   2.2.3　银行存款审计实质性程序 ·· 91
  任务2.3　其他货币资金审计实质性程序 ····································· 103
  项目小结 ·· 103
  课后练习 ·· 104

项目3　销售与收款循环审计

  任务3.1　销售与收款循环控制测试 ··· 108
   3.1.1　了解被审计单位的销售与收款业务的特性
      与控制程序 ·· 108
   3.1.2　销售交易内部控制目标、内部控制与审计测试的关系 ······ 109
   3.1.3　销售交易的内部控制和控制测试 ······································ 111
   3.1.4　收款交易的内部控制和控制测试 ······································ 113
   3.1.5　销售与收款循环的控制测试的工作过程及内容 ················ 113
   3.1.6　针对销售交易的实质性程序 ·· 114
   3.1.7　实训 ·· 115
  任务3.2　主营业务收入审计 ··· 126
   3.2.1　主营业务收入的审计目标 ·· 126
   3.2.2　主营业务收入的实质性程序 ·· 126
   3.2.3　主营业务收入的审计重点 ·· 128
   3.2.4　主营业务收入主要审计工作底稿 ······································ 130
   3.2.5　常用的收入确认舞弊手段 ·· 132
   3.2.6　实训 ·· 133
  任务3.3　应收账款和坏账准备审计 ··· 135
   3.3.1　应收账款审计 ·· 135
   3.3.2　坏账准备审计 ·· 148
   3.3.3　实训 ·· 149
  任务3.4　其他相关账户审计 ··· 150
   3.4.1　应收票据审计 ·· 150
   3.4.2　长期应收款审计 ·· 152
   3.4.3　预收账款审计 ·· 153
   3.4.4　应交税费审计 ·· 154
   3.4.5　税金及附加审计 ·· 156
  项目小结 ·· 158
  课后练习 ·· 158

项目4　采购与付款循环审计

  任务4.1　采购与付款循环控制测试 ··· 163

  4.1.1　了解被审计单位采购与付款循环的特性与内部控制 …… 163
  4.1.2　采购与付款循环的内部控制目标、内部控制与审计
     测试的关系 ……………………………………………… 164
  4.1.3　采购与付款交易的内部控制和控制测试 ……………… 166
  4.1.4　固定资产的内部控制和控制测试 ……………………… 167

任务 4.2　应付账款审计 ………………………………………………… 170
  4.2.1　应付账款的审计目标 …………………………………… 170
  4.2.2　应付账款的实质性程序 ………………………………… 171
  4.2.3　应付账款审计重点 ……………………………………… 172
  4.2.4　应付账款主要审计工作底稿 …………………………… 174
  4.2.5　实训 ……………………………………………………… 175

任务 4.3　固定资产与累计折旧审计 …………………………………… 176
  4.3.1　固定资产与累计折旧的审计目标 ……………………… 176
  4.3.2　固定资产与累计折旧的实质性程序 …………………… 176
  4.3.3　固定资产与累计折旧的审计重点 ……………………… 179
  4.3.4　固定资产与累计折旧主要审计工作底稿 ……………… 183
  4.3.5　实训 ……………………………………………………… 186

任务 4.4　其他相关账户审计 …………………………………………… 189
  4.4.1　预付款项审计 …………………………………………… 189
  4.4.2　在建工程审计 …………………………………………… 191
  4.4.3　无形资产审计 …………………………………………… 194
  4.4.4　应付票据审计 …………………………………………… 196
  4.4.5　管理费用审计 …………………………………………… 198
  4.4.6　实训 ……………………………………………………… 203

项目小结 ………………………………………………………………… 206
课后练习 ………………………………………………………………… 207

项目5　生产与存货循环审计

任务 5.1　生产与存货循环控制测试 …………………………………… 211
  5.1.1　了解并描述生产与存货循环的特性 …………………… 211
  5.1.2　生产与存货循环内部控制的测试 ……………………… 212

任务 5.2　生产与存货循环审计实质性程序 …………………………… 216
  5.2.1　存货审计 ………………………………………………… 216
  5.2.2　应付职工薪酬审计 ……………………………………… 229
  5.2.3　主营业务成本审计 ……………………………………… 233

项目小结 ………………………………………………………………… 236
课后练习 ………………………………………………………………… 236

项目6 筹资与投资循环审计

任务 6.1 筹资与投资循环控制测试 ……………………………………… 240
- 6.1.1 了解筹资与投资循环内部控制特性 …………………………… 241
- 6.1.2 筹资与投资循环的内部控制与内部控制测试 ………………… 242

任务 6.2 筹资与投资循环审计实质性程序 ………………………………… 245
- 6.2.1 短期借款审计 …………………………………………………… 245
- 6.2.2 长期借款审计 …………………………………………………… 248
- 6.2.3 应付债券审计 …………………………………………………… 249
- 6.2.4 财务费用审计 …………………………………………………… 251
- 6.2.5 实收资本(股本)审计 ………………………………………… 253
- 6.2.6 资本公积审计 …………………………………………………… 255
- 6.2.7 盈余公积审计 …………………………………………………… 256
- 6.2.8 交易性金融资产审计 …………………………………………… 257
- 6.2.9 以公允价值计量且其变动计入其他综合收益的
  金融资产审计 …………………………………………………… 259
- 6.2.10 长期股权投资审计 …………………………………………… 262
- 6.2.11 其他相关项目审计 …………………………………………… 265

项目小结 ……………………………………………………………………… 270
课后练习 ……………………………………………………………………… 271

项目7 完成审计工作与撰写审计报告

任务 7.1 完成审计工作 ……………………………………………………… 275
- 7.1.1 汇总审计差异 …………………………………………………… 276
- 7.1.2 复核审计工作底稿和财务报表 ………………………………… 282
- 7.1.3 获取书面声明 …………………………………………………… 286
- 7.1.4 与治理层沟通 …………………………………………………… 288

任务 7.2 撰写审计报告 ……………………………………………………… 289
- 7.2.1 撰写审计报告初稿 ……………………………………………… 289
- 7.2.2 与治理层和管理层就审计意见进行沟通 ……………………… 290
- 7.2.3 正式提交审计报告 ……………………………………………… 291

项目小结 ……………………………………………………………………… 302
课后练习 ……………………………………………………………………… 302

参考文献

绪　　论

一、注册会计师审计概论

1. 基本概念

审计是指注册会计师对财务报表是否不存在重大错报提供合理保证，以积极方式提出意见，增强除管理层之外的预期使用者对财务报表信赖的程度。

从审计历史来看，审计按不同主体划分为政府审计、内部审计和注册会计师审计，并相应地形成了三类审计组织机构，共同构成审计监督体系。

政府审计是指由政府审计机关代表政府依法进行的审计，政府审计主要监督检查各级政府及其部门的财政收支及公共资金的收支、运用情况；内部审计是指由各部门各单位内部设置的专门机构或人员实施的审计，内部审计主要监督检查本部门本单位的财务收支和经营管理活动；注册会计师审计是由政府有关部门审核批准的注册会计师组成的会计师事务所进行的审计，注册会计师审计是指注册会计师对企业财务报表（鉴证对象信息）提出结论，以增强除责任方之外的预期使用者对财务报表（鉴证对象信息）信任程度的业务。

注册会计师审计起源于意大利合伙企业制度，形成于英国股份制企业制度，发展和完善于美国发达的资本市场，是伴随着商品经济的发展而产生和发展起来的。它是商品经济条件下社会经济监督机制的主要表现形式。由于经营权和所有权的分离，以及债权人对自身利益的关心，必然产生对投资运用或债务收回前景的密切关注。这种关注即依赖于注册会计师的审计结果。

2. 注册会计师考试

为了选拔优秀人才加入注册会计师队伍，我国于1991年开始施行注册会计师全国统一考试制度。报名条件是：具有高等专科以上学校毕业的学历，或者具有会计或者相关专业中级以上专业技术职称的中国公民。考试科目经过几次调整。目前，依据中国注册会计师协会发布的《注册会计师考试制度改革方案》，新的考试制度于2009年度开始实施。注册会计师考试划分为两个阶段：第一阶段是专业考试阶段，主要测试考生进行注册会计师执业所需要的专业知识、基本技能和职业道德要求，设会计、审计、财务成本管理、公司战略与风险管理、经济法、税法6科；第二阶段是综合考试阶段，主要测试考生在执业环境中运用专业知识、保持职业价值观等能力。第二阶段设职业能力综合测试1科，

主要根据《中国注册会计师胜任能力指南》要求,测试考生是否具备在注册会计师职业环境中合理、有效地运用专业知识和法律知识的能力,并测试考生"保持职业价值观、道德与态度"等综合能力,包括智力技能、技术和应用技能、个人技能、人际和沟通技能、组织和企业管理技能等。两个阶段的考试,每年各举行1次。第一阶段的单科合格成绩5年有效。第二阶段考试科目应在取得专业阶段合格证后5年内完成。对取得第二阶段考试合格成绩的考生,发放全科合格证。

二、审计要素

审计旨在增进某一鉴证对象信息的可信性。注册会计师通过收集充分、适当的证据来评价财务报表是否在所有重大方面符合会计准则,并出具审计报告,从而提高财务报表的可信性。因此,审计要素包括审计业务的三方关系、财务报表(鉴证对象)、财务报表编制基础(标准)、审计证据和审计报告。审计证据和审计报告将在本书以后内容介绍。

（一）审计业务的三方关系

审计业务的三方关系人分别是注册会计师、被审计单位管理层(责任方)、财务报表预期使用者。

1. 注册会计师

注册会计师是指取得注册会计师证书并在会计师事务所执业的人员,通常是指项目合伙人或项目组其他成员,有时也指其所在的会计师事务所。

按照审计准则的规定对财务报表发表审计意见是注册会计师的责任。为履行这一职责,注册会计师应当遵守相关职业道德要求,按照审计准则的规定计划和实施审计工作,获取充分、适当的审计证据,并根据获取的审计证据得出合理的审计结论,发表恰当的审计意见。注册会计师通过签署审计报告确认其责任。

如果审计业务涉及的特殊知识和技能超出了注册会计师的能力,注册会计师可以利用专家协助执行审计业务。在这种情况下,注册会计师应当确信包括专家在内的项目组整体已具备执行该项审计业务所需的知识和技能,并充分参与该项审计业务和了解专家所承担的工作。

2. 被审计单位管理层(责任方)

责任方是指对财务报表负责的组织或人员,即被审计单位管理层。管理层是指对被审计单位经营活动的执行负有经营管理责任的人员。在某些被审计单位,管理层包括部分或全部的治理层成员,如治理层中负有经营管理责任的人员,或参与日常经营管理的业主(以下简称业主兼经理)。治理层是指对被审计单位战略方向以及管理层履行经营管理责任负有监督责任的人员或组织。治理层的责任包括监督财务报告过程。在某些被审计单位,治理层可能包括管理层,如治理层中负有经营管理责任的人员,或业主兼经理。

被审计单位管理层和治理层(如适用)认可并理解其应当承担下列责任,构成注册会计师按照审计准则的规定执行审计工作的基础。

(1) 按照适用的财务报告编制基础编制财务报表,并使其实现公允反映(如适用)。

(2) 设计、执行和维护必要的内部控制,以使财务报表不存在由于舞弊或错误导致的重大错报。

(3) 向注册会计师提供必要的工作条件,包括允许注册会计师接触与编制财务报表相关的所有信息(如记录、文件和其他事项),向注册会计师提供审计所需的其他信息,允许注册会计师在获取审计证据时不受限制地接触其认为必要的内部人员和其他相关人员。

3. 财务报表预期使用者

财务报表预期使用者是指预期使用审计报告和财务报表的组织或人员。预期使用者主要是指那些与财务报表(鉴证对象)有重要和共同利益的主要利益相关者,例如,在上市公司财务报表审计中,预期使用者主要是指上市公司的股东。注册会计师应当根据法律、法规的规定或与委托人签订的协议识别预期使用者。如果审计业务服务于特定的使用者或具有特殊目的,注册会计师可以很容易地识别预期使用者。例如,企业向银行贷款,银行要求企业提供一份反映财务状况的财务报表,那么,银行就是该审计报告的预期使用者。

(二) 财务报表(鉴证对象)

在财务报表审计中,鉴证对象即财务报表。财务报表是指依据某一财务报告编制基础对被审计单位历史财务信息作出结构性表述,包括相关附注,旨在反映某一时点的经济资源或义务或者某一时期经济资源或义务的变化。相关附注通常包括重要会计政策概要和其他解释性信息。财务报表通常是指整套财务报表,有时也指单一财务报表。

(三) 财务报表编制基础(标准)

标准是审计业务和其他鉴证业务中不可或缺的一项要素。运用职业判断对鉴证对象作出评价或计量,离不开适当的标准。标准是对所要发表意见的鉴证对象进行"度量"的"尺子",责任方和注册会计师可以根据这把"尺子"对鉴证对象进行"度量"。

注册会计师在运用职业判断对鉴证对象作出合理一致的评价或计量时,需要有适当的标准。适当的标准应当具备相关性、完整性、可靠性、中立性和可理解性等特征。注册会计师基于自身的预期、判断和个人经验对鉴证对象进行的评价和计量,不构成适当的标准。

在财务报表审计中,财务报告编制基础即是标准。适用的财务报告编制基础,是指法律、法规要求采用的财务报告编制基础;或者管理层和治理层(如适用)在编制财务报表时,就被审计单位性质和财务报表目标而言,采用的可接受的财务报告编制基础。

财务报告编制基础分为通用目的编制基础和特殊目的编制基础。通用目的编制基础,是指旨在满足广大财务报表使用者共同的财务信息需求的财务报告编制基础,主要是指会计准则和会计制度。特殊目的编制基础,是指旨在满足财务报表特定使用者对财务信息需求的财务报告编制基础,包括计税核算基础、监管机构的报告要求和合同的约定等。

三、审计过程

审计过程是指审计项目从开始到结束的过程中,审计人员所采取的系统性工作步骤。审计过程大致可分为以下几个阶段。

审计过程

1. 接受业务委托

会计师事务所应当按照执业准则的规定,谨慎决策是否接受或保持某客户关系和具体审计业务。在接受新客户的业务前,或决定是否保持现有业务或考虑接受现有客户的新业务时,会计师事务所应当执行有关客户接受与保持的程序,以获取如下信息:①考虑客户的诚信,没有信息表明客户缺乏诚信;②具有执行业务必要的素质、专业胜任能力、时间和资源;③能够遵守相关职业道德要求。

注册会计师需要作出的最重要的决策之一就是接受和保持客户。一项低质量的决策会导致不能准确确定计酬的时间或未被支付的费用,增加项目合伙人和员工的额外压力,使会计师事务所声誉遭受损失,或者涉及潜在的诉讼。

一旦决定接受业务委托,注册会计师应当与客户就审计约定条款达成一致意见。对于连续审计,注册会计师应当根据具体情况确定是否需要修改业务约定条款,以及是否需要提醒客户注意现有的业务约定书。

接受业务委托阶段的主要工作包括:了解和评价审计对象的可审性;决策是否考虑接受委托;商定业务约定条款;签订审计业务约定书等。

2. 计划审计工作

计划审计工作十分重要,如果没有恰当的审计计划,不仅无法获得充分、适当的审计证据,影响审计目标的实现,而且还会浪费有限的审计资源,影响审计工作的效率。因此,对于任何一项审计业务,注册会计师在执行具体审计程序之前,都必须根据具体情况制订科学、合理的计划,使审计业务以有效的方式得到执行。一般来说,计划审计工作主要包括:在本期审计业务开始时开展的初步业务活动;制定总体审计策略;制订具体审计计划等。计划审计工作不是审计业务的一个孤立阶段,而是一个持续的、不断修正的过程,贯穿于整个审计业务的始终。

3. 实施风险评估程序

审计准则规定,注册会计师必须实施风险评估程序,以此作为评估财务报表层次和认定层次重大错报风险的基础。所谓风险评估程序,是指注册会计师为了解被审计单位及其环境,以识别和评估财务报表层次和认定层次的重大错报风险的程序(无论该错报由于舞弊或错误导致)而实施的审计程序。风险评估程序是必要程序,了解被审计单位及其环境为注册会计师在许多关键环节作出职业判断提供了重要基础。了解被审计单位及其环境是一个连续和动态地收集、更新与分析信息的过程,贯穿于整个审计过程的始终。一般来说,实施风险评估程序的工作主要包括：了解被审计单位及其环境;识别和评估财务报表层次以及各类交易、账户余额、列报认定层次的重大错报风险,包括确定需要特别考虑的重大错报风险(即特别风险)以及仅通过实质性程序无法应对的重大错报风险等。

4. 应对重大错报风险

注册会计师实施风险评估程序本身并不足以为发表审计意见提供充分、适当的审计证据,还应当实施进一步审计程序,包括实施控制测试(必要时或决定测试时)和实质性程序。因此,注册会计师评估财务报表重大错报风险后,应当运用职业判断,针对评估的财务报表层次重大错报风险确定总体应对措施,并针对评估的认定层次重大错报风险设计和实施进一步审计程序,以将审计风险降至可接受的低水平。

1) 控制测试

控制测试是指用于评价内部控制在防止或发现并纠正认定层次重大错报方面的运行有效性的审计程序。该概念需要与"了解内部控制"进行区分。"了解内部控制"包括两层含义：一是评价控制的设计;二是确定控制是否得到执行。测试控制运行的有效性与确定控制是否得到执行所需获取的审计证据是不同的。

在实施风险评估程序以获取控制是否得到执行的审计证据时,注册会计师应当确定某项控制是否存在,被审计单位是否正在使用。而在测试控制运行的有效性时,注册会计师应当从以下方面获取关于控制是否有效运行的审计证据：①控制在所审计期间的相关时点是如何运行的;②控制是否得到一贯执行;③控制由谁或以何种方式执行。

作为进一步审计程序的类型之一,控制测试并非在任何情况下都需要实施。当存在以下情形之一时,注册会计师应当实施控制测试：①在评估认定层次重大错报风险时,预期控制的运行是有效的;②仅实施实质性程序并不能够提供认定层次充分、适当的审计证据。

控制测试的程序包括以下几项。

(1) 询问。注册会计师可以向被审计单位适当员工询问,获取与内部控制运行情况相关的信息。例如,询问信息系统管理人员有无未经授权接触计算机硬件和软件;向负责复核银行存款余额调节表的人员询问如何进行复核,包括复核的要点是什么、发现不符事项如何处理等。然而,仅仅通过询问并不能为控制运行的有效性提供充分的证据,注册会计师通常需要印证被询问者的答复,如向其他人员询问和检查执行控制时所使用的报告、手册或其他文件等。因此,虽然询问是一种有用的手段,但它必须和其他测试手段结合使用才能发挥作用。在询问过程中,注册会计师应当保持职业怀疑态度。

(2) 观察。观察是测试不留下书面记录的控制(如职责分离)的运行情况的有效方法。例如,观察存货盘点控制的执行情况。观察也可运用于实物控制,如查看仓库门是否锁好;空白支票是否妥善保管等。通常情况下,注册会计师通过观察直接获取的证据比间接获取的证据更可靠。但是,注册会计师还要考虑其所观察到的控制在注册会计师不在场时可能未被执行的情况。

(3) 检查。对运行情况留有书面证据的控制,检查非常适用。书面说明、复核时留下

的记号,或其他记录在偏差报告中的标志都可以被当作控制运行情况的证据。例如,检查销售发票是否有复核人员签字,检查销售发票是否附有客户订购单和出库单等。

(4) 重新执行。通常只有当询问、观察和检查程序结合在一起仍无法获得充分的证据时,注册会计师才考虑通过重新执行来证实控制是否有效运行。例如,为了合理保证计价认定的准确性,被审计单位的一项控制是由复核人员核对销售发票上的价格与统一价格单上的价格是否一致。但是,要检查复核人员有没有认真执行核对,仅仅检查复核人员是否在相关文件上签字是不够的,注册会计师还需要自己选取一部分销售发票进行核对,这就是重新执行程序。但是,如果需要进行大量的重新执行,注册会计师就要考虑通过实施控制测试以缩小实质性程序的范围是否有效率。

(5) 穿行测试。除了以上4类控制测试常用的审计程序以外,实施穿行测试也是一种重要的审计程序。值得注意的是,程序测试不是单独的一种程序,而是将多种程序按特定审计需要进行结合运用的方法。穿行测试是通过追踪交易在财务报告信息系统中的处理过程,来证实注册会计师对控制的了解、评价控制设计的有效性,以及确定控制是否得到执行。可见,穿行测试更多地在了解内部控制时运用。但在执行穿行测试时,注册会计师可能获取部分控制运行有效性的审计证据。

询问本身并不足以测试控制运行的有效性,注册会计师应将询问与其他审计程序结合使用,以获取有关控制运行有效性的审计证据。观察提供的证据仅限于观察发生的时点,本身也不足以测试控制运行的有效性。将询问与检查或重新执行结合使用,通常能够比仅实施询问和观察获取更高的保证。例如,被审计单位针对处理收到的邮政汇款单设计和执行了相关的内部控制,注册会计师通过询问和观察程序往往不足以测试此类控制的运行有效性,还需要检查能够证明此类控制,在所审计期间的其他时段有效运行的文件和凭证,以获取充分、适当的审计证据。

2) 实质性程序

实质性程序是指用于发现认定层次重大错报的审计程序,包括对各类交易、账户余额和披露的细节测试以及实质性分析程序。注册会计师应当针对评估的重大错报风险设计和实施实质性程序,以发现认定层次的重大错报。

实质性程序,包括对各类交易、账户余额、列报的细节测试以及实质性分析程序。

细节测试是对各类交易、账户余额、列报的具体细节进行测试,目的在于直接识别财务报表认定是否存在错报。实质性分析程序从技术特征上仍然是分析程序,主要是通过研究数据间关系评价信息,只是将该技术方法用作实质性程序,即用以识别各类交易、账户余额、列报及相关认定是否存在错报。由于细节测试和实质性分析程序的目的、技术手段存在一定差异,因此各自有不同的适用领域。注册会计师应当根据各类交易、账户余额、列报的性质选择实质性程序的类型。细节测试适用于对各类交易、账户余额、列报认定的测试,尤其是对存在或发生计价认定的测试;对在一段时期内存在可预期关系的大量交易,注册会计师可以考虑实施实质性分析程序。

注册会计师实施的实质性程序,应当包括以下与财务报表编制完成阶段相关的审计程序:①将财务报表与其所依据的会计记录进行核对或调节;②检查财务报表编制过程中作出的重大会计分录和其他会计调整。注册会计师对会计分录和其他会计调整检查的性质和范围,取决于被审计单位财务报告过程的性质和复杂程度,以及由此产生的重大错报风险。

由于注册会计师对重大错报风险的评估是一种判断,可能无法充分识别所有的重大错报风险,并且由于内部控制存在固有局限性,无论评估的重大错报风险结果如何,注册会计师都应当针对所有重大的各类交易、账户余额、列报实施实质性程序。

5. 完成审计工作和编制审计报告

注册会计师在完成财务报表所有循环的进一步审计程序后,还应当按照有关审计准则的规定做好审计完成阶段的工作,并根据所获取的各种证据,合理运用专业判断,形成适当的审计意见。本阶段主要工作有:审计期初余额、比较数据、期后事项和或有事项;考虑持续经营问题和获取管理层声明;汇总审计差异,并提请被审计单位调整或披露;复核审计工作底稿和财务报表;与管理层和治理层沟通;评价审计证据,形成审计意见;编制审计报告等。

四、财务报表审计目标

财务报表审计目标对注册会计师的审计工作发挥着导向作用,它界定了注册会计师的责任范围,直接影响注册会计师计划和实施审计程序的性质、时间和范围,决定了注册会计师如何发表审计意见。

《中国注册会计师审计准则第1101号——注册会计师的总体目标和审计工作的基本要求》规定,财务报表审计的目标是注册会计师通过执行审计工作,对财务报表的以下方面发表审计意见:①对财务报表整体是否不存在由于舞弊或错误导致的重大错报获取合理保证,使得注册会计师能够对财务报表是否在所有重大方面按照适用的财务报告编制基础编制发表审计意见;②按照审计准则的规定,根据审计结果对财务报表出具审计报告,并与管理层和治理层沟通。

财务报表审计目标的确定与被审计单位管理层的认定是紧密相关的。

1. 被审计单位管理层的认定

认定是指管理层对财务报表组成要素的确认、计量、列报作出明确或隐含的表达。认定与审计目标密切相关,注册会计师的基本职责就是确定被审计单位管理层对其财务报表的认定是否恰当。

管理层在财务报表上的认定有些是明确表达的,有些则是隐含表达的。例如,管理层在资产负债表中列报存货及其金额,意味着作出了下列明确的认定:①记录的存货是存在的;②存货以恰当的金额包括在财务报表中,与之相关的计价或分摊调整已恰当记录。同时,管理层也作出下列隐含的认定:①所有应当记录的存货均已记录;②记录的存货都由被审计单位拥有。

管理层对财务报表各要素作出了认定,注册会计师的审计工作就是要确定管理层的认定是否恰当。

1）关于所审计期间各类交易和事项及相关披露的认定

注册会计师对所审计期间的各类交易和事项及相关披露的认定通常分为以下类别。

（1）发生。记录或披露的交易和事项已发生且与被审计单位有关。

（2）完整性。所有应当记录的交易和事项均已记录，所有应当包括在财务报表中的相关披露均已包括。

（3）准确性。与交易和事项有关的金额及其他数据已恰当记录，相关披露已得到恰当计量和描述。

（4）截止。交易和事项已记录于正确的会计期间。

（5）分类。交易和事项已记录于恰当的账户。

（6）列报。交易和事项已被恰当地汇总或分解且表述清楚，相关披露在适用的财务报告编制基础下是相关的、可理解的。

2）关于期末账户余额及相关披露的认定

注册会计师对期末账户余额及相关披露的认定通常分为以下类别。

（1）存在。记录的资产、负债和所有者权益是存在的。

（2）权利和义务。记录的资产由被审计单位拥有或控制，记录的负债是被审计单位应当履行的偿还义务。

（3）完整性。所有应当记录的资产、负债和所有者权益均已记录，所有应当包括在财务报表中的相关披露均已包括。

（4）准确性、计价和分摊。资产、负债和所有者权益以恰当的金额包括在财务报表中，与之相关的计价或分摊调整已恰当记录，相关披露已得到恰当计量和描述。

（5）分类。资产、负债和所有者权益已记录于恰当的账户。

（6）列报。资产、负债和所有者权益已被恰当地汇总或分解且表述清楚，相关披露在适用的财务报告编制基础下是相关的、可理解的。

2. 具体审计目标

注册会计师了解了认定，就很容易确定每个项目的具体审计目标，并以此作为评估重大错报风险以及设计和实施进一步审计程序的基础。

1）与所审计期间各类交易和事项及相关披露相关的审计目标

（1）发生。由发生认定推导的审计目标是确认已记录的交易是真实的。例如，如果没有发生销售交易，但在销售日记账中记录了一笔销售，则违反了该目标。发生认定所要解决的问题是管理层是否把那些不曾发生的项目记入财务报表，它主要与财务报表组成要素的高估有关。

（2）完整性。由完整性认定推导的审计目标是确认已发生的交易确实已经记录。例如，如果发生了销售交易，但没有在销售日记账和总账中记录，则违反了该目标。

（3）准确性。由准确性认定推导出的审计目标是确认已记录的交易是按正确金额反映的。例如，如果在销售交易中，发出商品的数量与账单上的数量不符，或是开账单时使用了错误的销售价格，或是账单中的乘积或加总有误，或是在销售日记账中记录了错误的金额，则违反了该目标。

准确性与发生、完整性之间存在区别。例如,若已记录的销售交易是不应当记录的(如发出的商品是寄销商品),则即使发票金额是准确计算的,仍违反了发生目标。再如,若已入账的销售交易是对正确发出商品的记录,但金额计算错误,则违反了准确性目标,但没有违反发生目标。在完整性与准确性之间也存在同样的关系。发生和完整性是就业务是否虚造或隐瞒而言,不涉及金额问题,准确性强调的是金额计量,但前提是业务已经发生且已记录。

(4) 截止。由截止认定推导出的审计目标是确认接近于资产负债表日的交易记录于恰当的期间。例如,如果本期交易推到下期,或下期交易提到本期,均违反了截止目标。

(5) 分类。由分类认定推导出的审计目标是确认被审计单位记录的交易经过适当分类。例如,如果将出售经营性固定资产所得的收入记录为营业收入,导致交易分类的错误,则违反了分类目标。

(6) 列报。由列报认定推导出的审计目标是确认被审计单位的交易和事项已被恰当地汇总或分解且表述清楚,相关披露在适用的财务报告编制基础下是相关的、可理解的。

2) 与期末账户余额及相关披露相关的审计目标

(1) 存在。由存在认定推导的审计目标是确认记录的金额确实存在。例如,如果不存在某顾客的应收账款,在应收账款明细表中却列入了对该顾客的应收账款,则违反了存在目标。

(2) 权利和义务。由权利和义务认定推导的审计目标是确认资产归属于被审计单位,负债属于被审计单位的义务。例如,将他人寄售商品记入被审计单位的存货中,违反了权利目标;将不属于被审计单位的债务记入账内,违反了义务目标。

(3) 完整性。由完整性认定推导的审计目标是确认已存在的金额均已记录。例如,如果存在某顾客的应收账款,在应收账款明细表中却没有列入对该顾客的应收账款,则违反了完整性目标。

(4) 准确性、计价和分摊。资产、负债和所有者权益以恰当的金额包括在财务报表中,与之相关的计价或分摊调整已恰当记录。

(5) 分类。资产、负债和所有者权益已记录于恰当的账户。

(6) 列报。资产、负债和所有者权益已被恰当地汇总或分解且表述清楚,相关披露在适用的财务报告编制基础下是相关的、可理解的。

3) 与列报相关的审计目标

(1) 发生、权利和义务。将没有发生的交易、事项,或与被审计单位无关的交易和事项包括在财务报表中,则违反该目标。例如,复核董事会会议记录中是否记载了固定资产抵押等事项,询问管理层固定资产是否被抵押,即是对列报的权利认定的运用。如果抵押固定资产则需要在财务报表中列报,说明其权利受到限制。

(2) 完整性。如果应披露的事项没有包括在财务报表中,则违反该目标。例如,检查关联方和关联交易,以验证其在财务报表中是否得到充分披露,即是对列报完整性认定的运用。

(3) 分类和可理解性。财务信息已被恰当地列报和描述,且披露内容表述清楚。例如,检查存货的主要类别是否已披露,是否将一年内到期的长期负债列为流动负债,即是对列报的分类和可理解性认定的运用。

(4) 准确性和计价。财务信息和其他信息已公允披露,且金额恰当。例如,检查财务报表附注是否分别对原材料、在产品和产成品等存货成本核算方法作了恰当说明,即是对列报的准确性和计价认定的运用。

与各类交易和事项相关的审计目标——发生

与各类交易和事项相关的审计目标——完整性

与各类交易和事项相关的审计目标——准确性

与各类交易和事项相关的审计目标——截止

与各类交易和事项相关的审计目标——分类

与期末账户余额相关的审计目标——存在

与期末账户余额相关的审计目标——权利和义务

与期末账户余额相关的审计目标——完整性

与期末账户余额相关的审计目标——计价和分摊

与列报相关的审计目标——发生、权利和义务

与列报相关的审计目标——完整性

与列报相关的审计目标——分类和可理解性

通过上面的介绍可知,认定是确定具体审计目标的基础。注册会计师通常将认定转化为能够通过审计程序予以实现的审计目标。针对财务报表每一项目所表现出的各项认定,注册会计师相应地确定一项或多项审计目标,然后通过执行一系列审计程序获取充分、适当的审计证据以实现审计目标。认定、审计目标和审计程序之间的关系举例如表1所示。

与列报相关的审计目标——准确性和计价

表1 认定、审计目标和审计程序之间的关系举例

认定	审计目标	审计程序
存在	资产负债表列示的存货存在	实施存货监盘程序
完整性	销售收入包括了所有已发货的交易	检查发货单和销售发票的编号以及销售明细账
准确性	应收账款反映的销售业务是否基于正确的价格和数量,计算是否准确	比较价格清单与发票上的价格、发货单与销售订购单上的数量是否一致,重新计算发票上的金额
截止	销售业务记录在恰当的期间	比较上一年度最后几天和下一年度最初几天的货单日期与记账日期
权利和义务	资产负债表中的固定资产确实为公司拥有	查阅所有权证书、合同、结算单和保险单
计价和分摊	以净值记录应收款项	检查应收账款账龄分析表、评估计提的坏账准备是否充足

五、被审计单位管理层与注册会计师的责任

1. 被审计单位管理层的责任

在被审计单位治理层的监督下,按照适用的会计准则和相关会计制度的规定编制财务报表是被审计单位管理层的责任。管理层对编制财务报表具体承担以下责任。

(1) 选择适用的会计准则和相关会计制度。管理层应当根据会计主体的性质和财务报表的编制目的,选择适用的会计准则和相关会计制度。就会计主体的性质而言,民间非营利组织适合采用《民间非营利组织会计制度》,事业单位通常适合采用《事业单位会计制度》,而企业根据规模或行业性质,分别适合采用企业会计准则、《企业会计制度》《金融企业会计制度》和《小企业会计制度》等。

(2) 选择和运用恰当的会计政策,会计政策是指企业在会计确认、计量和报告中所采用的原则、基础和会计处理方法。管理层应当根据企业的具体情况,选择和运用恰当的会计政策。

(3) 根据企业的具体情况,作出合理的会计估计。会计估计是指企业对其结果不确定的交易或事项以最近可利用的信息为基础所作的判断。财务报表中涉及大量的会计估计,如固定资产的预计使用年限和净残值、应收账款的可收回金额、存货的可变现净值以及预计负债的金额等。管理层有责任根据企业的实际情况作出合理的会计估计。

为了履行编制财务报表的职责,管理层通常设计、实施和维护与财务报表编制相关的内部控制,以保证财务报表不存在由于舞弊或错误而导致的重大错报。

2. 注册会计师的责任

按照中国注册会计师审计准则(以下简称审计准则)的规定对财务报表发表审计意见是注册会计师的责任。

注册会计师作为独立的第三方,对财务报表发表审计意见,有利于提高财务报表的可信赖程度。为履行这一职责,注册会计师应当遵守职业道德规范、质量控制准则,按照审计准则的规定计划和实施审计工作,获取充分、适当的审计证据,并根据获取的审计证据,保持职业怀疑态度、合理运用职业判断,得出合理的审计结论,发表恰当的审计意见。注册会计师通过签署审计报告确认其责任。

3. 两种责任不能相互取代

财务报表审计不能减轻被审计单位管理层和治理层的责任。财务报表编制和财务报表审计是财务信息生成链条上的不同环节,两者各司其职。法律、法规要求管理层和治理层对编制财务报表承担责任,有利于从源头上保证财务信息质量。同时,在某些方面,注册会计师与管理层和治理层之间可能存在信息不对称。管理层和治理层作为内部人员,对企业的情况更了解,更能作出适合企业特点的会计处理决策和判断,因

此管理层和治理层理应对编制财务报表承担完全责任。尽管在审计过程中,注册会计师可能向管理层和治理层提出调整建议,甚至在不违反独立性的前提下为管理层编制财务报表提供协助,但管理层仍然对编制财务报表承担责任,并通过签署财务报表确认这一责任。

六、审计证据与审计工作底稿

审计证据

1. 审计证据

1)审计证据的构成

审计证据是指注册会计师为了得出审计结论、形成审计意见而使用的所有信息,包括构成财务报表基础的会计记录中含有的信息和其他信息。

(1)会计记录中含有的信息。会计记录主要包括原始凭证、记账凭证、总分类账和明细分类账、未在记账凭证中反映的对财务报表的其他调整以及支持成本分配、计算、调节和披露的手工计算表和电子数据表。上述会计记录是编制财务报表的基础,构成注册会计师执行财务报表审计业务所需获取的审计证据的重要部分。会计记录取决于相关交易的性质,它既包括被审计单位内部生成的手工或电子形式的凭证,也包括从与被审计单位进行交易的其他企业收到的凭证。除此之外,会计记录还可能包括以下内容。

① 销售发运单和发票、顾客对账单以及顾客的汇款通知单。

② 附有验货单的订购单、购货发票和对账单。

③ 考勤卡和其他工时记录、工薪单、个别支付记录和人事档案。

④ 支票存根、电子转移支付记录、银行存款单和银行对账单。

⑤ 合同记录,例如,租赁合同和分期付款销售协议。

⑥ 记账凭证。

⑦ 分类账账户调节表。

(2)其他信息。会计记录中含有的信息本身并不足以提供充分的审计证据作为对财务报表发表审计意见的基础,注册会计师还应当获取用作审计证据的其他信息。可用作审计证据的其他信息包括:注册会计师从被审计单位内部或外部获取的会计记录以外的信息,如被审计单位会议记录、内部控制手册、询证函的回函、分析师的报告、与竞争者的比较数据等;通过询问、观察和检查等审计程序获取的信息,如通过检查存货获取存货存在性的证据等;自身编制或获取的可以通过合理推断得出结论的信息,如注册会计师编制的各种计算表、分析表等。

财务报表依据的会计记录中包含的信息和其他信息共同构成了审计证据,两者缺一不可。如果没有前者,审计工作将无法进行;如果没有后者,可能无法识别重大错报风险。只有将两者结合在一起,才能将审计风险降至可接受的低水平,为注册会计师发表审计意见提供合理基础。

收集和评价审计证据是注册会计师得出审计结论、支撑审计意见的基础。注册会计师应当获取充分、适当的审计证据,以得出合理的审计结论,作为形成审计意见的基础。

2) 审计证据的特性

注册会计师应当保持职业怀疑态度,运用职业判断来评价审计证据的充分性和适当性。

(1) 审计证据的充分性。审计证据的充分性是对审计证据数量的衡量,主要与注册会计师确定的样本量有关。例如,对某个审计项目实施某一选定的审计程序,从 200 个样本中获得的证据要比从 100 个样本中获得的证据更充分。

注册会计师需要获取的审计证据的数量受错报风险的影响(评估的重大错报风险越高,需要的审计证据可能越多),并受审计证据质量的影响(审计证据质量越高,需要的审计证据可能越少)。

例如,注册会计师对某电脑公司进行审计,经过分析认为,受被审计单位行业性质的影响,存货陈旧的可能性相当高,存货计价的错报可能性就比较大。为此,注册会计师在审计中就要选取更多的存货样本进行测试,以确定存货的陈旧程度,从而确认存货的价值是否被高估。

(2) 审计证据的适当性。审计证据的适当性是对审计证据质量的衡量,即审计证据在支持各类交易、账户余额、列报(包括披露,下同)的相关认定或发现其中存在错报方面具有相关性和可靠性。相关性和可靠性是审计证据适当性的核心内容,只有相关且可靠的审计证据才是高质量的。

审计证据的相关性是指用作审计证据的信息与审计程序的目的和所考虑的相关认定之间的逻辑联系。用作审计证据的信息的相关性可能受测试方向的影响。例如,如果某审计程序的目的是测试应付账款的计价高估,则测试已记录的应付账款可能是相关的审计程序。如果某审计程序的目的是测试应付账款的计价低估,则测试已记录的应付账款不是相关的审计程序,相关的审计程序可能是测试期后支出、未支付发票、供应商结算单以及发票未到的收货报告单等。

审计证据的可靠性是指审计证据的可信程度。例如,注册会计师亲自检查存货所获得的证据,就比被审计单位管理层提供给注册会计师的存货数据更可靠。

审计证据的可靠性受其来源和性质的影响,并取决于获取审计证据的具体环境。注册会计师在判断审计证据的可靠性时,通常会考虑下列原则。

① 从外部独立来源获取的审计证据比从其他来源获取的审计证据更可靠。从外部独立来源获取的审计证据由完全独立于被审计单位以外的机构或人士编制并提供,未经被审计单位有关职员之手,从而减少了伪造、更改凭证或业务记录的可能性,因而其证明力最强,此类证据如银行询证函回函、应收账款询证函回函、保险公司等机构出具的证明等;从其他来源获取的审计证据,由于证据提供者与被审计单位存在经济或行政等关系,其可靠性比较差,如被审计单位内部的会计记录、会议记录等。

② 内部控制有效时内部生成的审计证据比内部控制薄弱时内部生成的审计证据更可靠,例如,如果与销售业务相关的内部控制有效,注册会计师就能从销售发票和发货单中取得比内部控制不健全时更加可靠的审计证据。

③ 直接获取的审计证据比间接获取或推论得出的审计证据更可靠。例如,注册会计师观察某项控制的运行得到的证据比询问被审计单位某项内部控制的运行得到的证据更

可靠；间接获取的证据有被涂改及伪造的可能性，降低了可信赖程度；推论得出的审计证据，其主观性较强，人为因素较多，可信赖程度也受到影响。

④ 以文件、记录形式（无论是纸质、电子或其他介质）存在的审计证据比口头形式的审计证据更可靠。

⑤ 从原件获取的审计证据比从传真件或复印件获取的审计证据更可靠。

(3) 充分性和适当性之间的关系。充分性和适当性是审计证据的两个重要特征，两者缺一不可，只有充分且适当的审计证据才是有证明力的。

注册会计师需要获取的审计证据的数量也受审计证据质量的影响。审计证据质量越高，需要的审计证据数量可能越少。也就是说，审计证据的适当性会影响审计证据的充分性。例如，被审计单位内部控制健全时生成的审计证据更可靠，注册会计师只需获取适量的审计证据，就可以为发表审计意见提供合理的基础。

另外，注册会计师在获取审计证据时还应考虑相关性、成本与效益等问题。

3) 获取审计证据的审计程序

在审计过程中，注册会计师可根据需要单独或综合运用上述程序，以获取充分、适当的审计证据。

(1) 检查。检查是指注册会计师对被审计单位内部或外部生成的，以纸质、电子或其他介质形式存在的记录或文件进行审查或对资产进行实物审查。

检查记录或文件可提供可靠程度不同的审计证据，审计证据的可靠性取决于记录或文件的来源和性质（外部记录或文件通常被认为比内部记录或文件可靠），而在检查内部记录或文件时，其可靠性则取决于生成该记录或文件的内部控制的有效性。将检查用作控制测试的一个例子，是检查记录以获取关于授权的审计证据。

某些文件是表明一项资产存在的直接审计证据，如构成金融工具的股票或债券，但检查此类文件并不一定能提供有关所有权或计价的审计证据。此外，检查已执行的合同可以提供与被审计单位运用会计政策（如收入确认）相关的审计证据。

检查有形资产可为其存在提供可靠的审计证据，但不一定能够为权利和义务或计价等认定提供可靠的审计证据。对个别存货项目进行的检查，可与存货监盘一同实施。

(2) 观察。观察是指注册会计师查看相关人员正在从事的活动或执行的程序。例如，对客户执行的存货盘点或控制活动进行观察。

观察可以提供执行有关过程或程序的审计证据，但观察所提供的审计证据仅限于观察发生的时点，而且被观察人员的行为可能因被观察而受到影响，这也会使观察提供的审计证据受到限制，因此，注册会计师有必要获取其他类型的佐证证据。

(3) 询问。询问是指注册会计师以书面或口头方式，向被审计单位内部或外部的知情人员获取财务信息和非财务信息，并对答复进行评价的过程。作为其他审计程序的补充，询问广泛应用于整个审计过程中。

一方面，知情人员对询问的答复可能为注册会计师提供尚未获悉的信息或佐证证据；另一方面，对询问的答复也可能提供与注册会计师已获取的其他信息存在重大差异的信息，例如，关于被审计单位管理层凌驾于控制之上的可能性的信息。在某些情况下，对询问的答复为注册会计师修改审计程序或实施追加的审计程序提供了基础。

(4) 函证。函证是指注册会计师直接从第三方（被询证者）获取书面答复以作为审计证据的过程。书面答复可以采用纸质、电子或其他介质等形式。当针对的是与特定账户余额及其项目相关的认定时，函证常常是相关的程序。函证程序还可以用于获取不存在的某些情况的审计证据，如不存在可能影响被审计单位收入确认的"背后协议"。

(5) 重新计算。重新计算是指注册会计师以人工方式或使用计算机辅助审计技术，对记录或文件中的数据计算的准确性进行核对。重新计算通常包括计算销售发票和存货的总金额，加总日记账和明细账，检查折旧费用和预付费用的计算，检查应纳税额的计算等。

(6) 重新执行。重新执行是指注册会计师独立执行原本作为被审计单位内部控制组成部分的程序或控制。例如，注册会计师利用被审计单位的银行存款日记账和银行对账单，重新编制银行存款余额调节表，并与被审计单位编制的银行存款余额调节表进行比较。

(7) 分析程序。分析程序是指注册会计师通过研究不同财务数据之间以及财务数据与非财务数据之间的内在关系，对财务信息作出评价。分析程序还包括调查识别出的、与其他相关信息不一致或与预期值差异重大的波动和关系进行调查。

上述审计程序基于审计的不同阶段和目的单独或组合起来，可用作风险评估程序、控制测试和实质性程序。

分析程序用作风险评估程序，可以了解被审计单位及其环境。分析程序可以帮助注册会计师发现财务报表中的异常变化，或者预期发生而未发生的变化，识别存在潜在重大错报风险的领域。分析程序还可以帮助注册会计师发现财务状况或赢利能力发生变化的信息和征兆，识别那些表明被审计单位持续经营能力问题的事项。

当使用分析程序比细节测试能更有效地将认定层次的检查风险降至可接受的水平时，分析程序可以用作实质性程序。在针对评估的重大错报风险实施进一步审计程序时，注册会计师可以将分析程序作为实质性程序的一种，单独或结合其他细节测试，收集充分、适当的审计证据。此时运用分析程序可以减少细节测试的工作量，节约审计成本，降低审计风险，使审计工作更有效率和效果。

在审计结束或临近结束时，注册会计师应当运用分析程序，在已收集的审计证据的基础上，对财务报表整体的合理性作最终把握，评价报表仍然存在重大错报风险而未被发现的可能性，考虑是否需要追加审计程序，以便为发表审计意见提供合理基础。

2. 审计工作底稿

1) 审计工作底稿的基本内容

审计工作底稿，是指注册会计师对制订的审计计划、实施的审计程序、获取的相关审计证据，以及得出的审计结论作出的记录。审计工作底稿是审计证据的载体，是注册会计师在审计过程中形成的审计工作记录和获取的资料。它形成于审计过程，也反映整个审计过程。

(1) 审计工作底稿的编制目的。注册会计师应当及时编制审计工作底稿，以实现下列目的。

① 提供充分、适当的记录，作为审计报告的基础。审计工作底稿是注册会计师形成审计结论、发表审计意见的直接依据。及时编制审计工作底稿有助于提高审计工作的质量，便于在出具审计报告之前，对取得的审计证据和得出的审计结论进行有效复核和评价。

② 提供证据，证明其按照中国注册会计师审计准则的规定执行了审计工作。在会计师事务所因执业质量而涉及诉讼或有关监管机构进行执业质量检查时，审计工作底稿能够提供证据，证明会计师事务所是否按照审计准则的规定执行了审计工作。

(2) 审计工作底稿的内容。审计工作底稿通常包括总体审计策略、具体审计计划、分析表、问题备忘录、重大事项概要、询证函回函、管理层声明书、核对表、有关重大事项的往来信件（包括电子邮件），以及对被审计单位文件记录的摘要或复印件等。此外，审计工作底稿通常还包括业务约定书、管理建议书、项目组内部或项目组与被审计单位举行的会议记录、与其他人士（如其他注册会计师、律师、专家等）的沟通文件及错报汇总表等。本书项目1的表1-1、表1-2均属审计初步业务活动的审计工作底稿。

(3) 编制审计工作底稿的总体要求。注册会计师编制的审计工作底稿，应当使得未曾接触该项审计工作的有经验的专业人士清楚地了解：①按照审计准则的规定实施的审计程序的性质、时间和范围；②实施审计程序的结果和获取的审计证据；③就重大事项得出的结论。

(4) 审计工作底稿的要素。通常，审计工作底稿包括下列全部或部分要素：被审计单位名称；审计项目名称；审计项目时点或期间；审计过程记录；审计结论；审计标识及其说明；索引号及编号；编制者姓名及编制日期；复核者姓名及复核日期；其他应说明事项。

2) 审计工作底稿的归档

《会计师事务所质量控制准则第5101号——业务质量控制》和《中国注册会计师审计准则第1131号——审计工作底稿》对审计工作底稿的归档作出了具体规定，涉及归档工作的性质和期限、审计工作底稿保管期限等方面。

在出具审计报告前，注册会计师应完成所有必要的审计程序，取得充分、适当的审计证据并得出适当的审计结论。由此，在审计报告日后将审计工作底稿归整为最终审计档案是一项事务性的工作、不涉及实施新的审计程序或得出新的结论。

审计档案分为永久性档案和当期档案。

(1) 永久性档案。永久性档案是指那些记录内容相对稳定，具有长期使用价值，并对以后审计工作具有重要影响和直接作用的审计档案。例如，被审计单位的组织结构、批准证书、营业执照、章程、重要资产的所有权或使用权的证明文件复印件等。若永久性档案中的某些内容已发生变化，注册会计师应当及时予以更新。为保持资料的完整性以便满足日后查阅历史资料的需要，永久性档案中被替换下的资料一般也需保留。例如，被审计单位因增加注册资本而变更了营业执照等法律文件，被替换的旧营业执照等文件，可以汇总在一起，与其他有效的资料分开，作为单独部分归整在永久性档案中。

(2) 当期档案。当期档案是指那些记录内容经常变化，主要供当期和下期审计使用的审计档案。例如，总体审计策略和具体审计计划。

注册会计师应当按照会计师事务所质量控制政策和程序的规定，及时将审计工作底稿归整为最终审计档案。审计工作底稿的归档期限为审计报告日后60天内。如果注册会计师未能完成审计业务,审计工作底稿的归档期限为审计业务中止后的60天内。

如果针对客户的同一财务信息执行不同的委托业务,出具两个或多个不同的报告,会计师事务所应当将其视为不同的业务,根据会计师事务所内部制定的政策和程序,在规定的归档期限内分别将审计工作底稿归整为最终审计档案。

会计师事务所应当自审计报告日起,对审计工作底稿至少保存10年。如果注册会计师未能完成审计业务,会计师事务所应当自审计业务中止日起,对审计工作底稿至少保存10年。值得注意的是,对于连续审计的情况,当期归整的永久性档案虽然包括以前年度获取的资料(有可能是10年以前),但由于其作为本期档案的一部分,并作为支持审计结论的基础。因此,注册会计师对于这些对当期有效的档案,应视为当期取得并保存10年。如果这些资料在某个审计期间被替换,被替换资料可以从被替换的年度起至少保存10年。

在完成最终审计档案的归整工作后,注册会计师不得在规定的保存期限届满前删除或废弃审计工作底稿。

七、审计重要性与审计风险

审计重要性是审计学的一个基本概念。审计重要性概念的运用贯穿于整个审计过程。在计划审计工作时,注册会计师应当考虑导致财务报表发生重大错报的原因,并应当在了解被审计单位及其环境的基础上,确定一个可接受的重要性水平,即首先为财务报表层次确定重要性水平,以发现在金额上重大的错报。同时,注册会计师还应当评估各类交易、账户余额以及列报认定层次的重要性,以便确定进一步审计程序的性质、时间和范围,将审计风险降至可接受的低水平。在确定审计意见类型时,注册会计师也需要考虑重要性水平。

1. 审计重要性

1) 重要性的含义

财务报告编制基础通常从编制和列报财务报表的角度阐释重要性概念。财务报告编制基础可能以不同的术语解释重要性,但通常而言,重要性概念可从以下几方面进行理解。

审计重要性

(1) 如果合理预期错报(包括漏报)单独或汇总起来可能影响财务报表使用者依据财务报表作出的经济决策,则通常认为错报是重大的。

(2) 对重要性的判断是根据具体环境作出的,并受错报的金额或性质的影响,或受两者共同作用的影响。

(3) 判断某事项对财务报表使用者是否重大,是在考虑财务报表使用者整体共同的财务信息需求的基础上作出的。由于不同财务报表使用者对财务信息的需求可能差异很大,因此不考虑错报对个别财务报表使用者可能产生的影响。

在审计开始时,就必须对重大错报的规模和性质作出一个判断,包括制定财务报表层

次的重要性和特定交易类别、账户余额和披露的重要性水平。当错报金额低于整体重要性水平时,就很可能被合理预期将对使用者根据财务报表作出的经济决策产生影响。

注册会计师使用整体重要水平的目的:①决定风险评估程序的性质、时间安排和范围;②识别和评估重大错报风险;③确定进一步审计程序的性质、时间安排和范围。在整个业务过程中,随着审计工作的进展,注册会计师应当根据所获得的新信息更新重要性。在形成审计结论阶段,要使用整体重要性水平和为了特定交易类别、账户余额和披露而制定的较低金额的重要性水平来评价已识别的错报对财务报表的影响和对审计报告中审计意见的影响。

2) 重要性水平的确定

在计划审计工作时,注册会计师应当确定一个可接受的重要性水平,以发现在金额上重大的错报。注册会计师在确定计划的重要性水平时,需要考虑对被审计单位及其环境的了解、审计的目标、财务报表各项目的性质及其相互关系、财务报表项目的金额及其波动幅度。

(1) 财务报表整体的重要性。由于财务报表审计的目标是注册会计师通过执行审计工作对财务报表发表审计意见,因此,注册会计师应当考虑财务报表整体的重要性。只有这样,才能得出财务报表是否公允反映的结论。注册会计师在制定总体审计策略时,应当确定财务报表整体的重要性。

确定多大错报会影响到财务报表使用者所做决策,是注册会计师运用职业判断的结果。很多注册会计师根据所在会计师事务所的惯例及自己的经验,考虑重要性。

确定重要性需要运用职业判断。通常先选定一个基准,再乘以某一百分比作为财务报表整体的重要性。在选择基准时,需要考虑以下因素。

① 财务报表要素(如资产、负债、所有者权益、收入和费用)。

② 是否存在特定会计主体的财务报表使用者特别关注的项目(如为了评价财务业绩,使用者可能更关注利润、收入或净资产)。

③ 被审计单位的性质、所处的生命周期阶段以及所处行业和经济环境。

④ 被审计单位的所有权结构和融资方式(例如,如果被审计单位仅通过债务而非权益进行融资,财务报表使用者可能更关注资产及资产的索偿权,而非被审计单位的收益)。

⑤ 基准的相对波动性。适当的基准取决于被审计单位的具体情况,包括各类报告收益(如税前利润、营业收入、毛利和费用总额),以及所有者权益或净资产。对于以营利为目的的实体,通常以经常性业务的税前利润作为基准。如果经常性业务的税前利润不稳定,选用其他基准可能更加合适,如毛利或营业收入。就选定的基准而言,相关的财务数据通常包括前期财务成果和财务状况、本期最新的财务成果和财务状况、本期的预算和预测结果。当然,本期最新的财务成果和财务状况、本期的预算和预测结果需要根据被审计单位情况的重大变化(如重大的企业并购)和被审计单位所处行业和经济环境情况的相关变化等作出调整。例如,当按照经常性业务的税前利润的一定百分比确定被审计单位财务报表整体的重要性时,如果被审计单位本年度税前利润因情况变化出现意外增加或减少,注册会计师可能认为按照近几年经常性业务的平均税前利润确定财务报表整体的重

要性更加合适。

为选定的基准确定百分比需要运用职业判断。百分比和选定的基准之间存在一定的联系,如经常性业务的税前利润对应的百分比通常比营业收入对应的百分比要高。例如,对以营利为目的的制造行业实体,注册会计师可能认为经常性业务的税前利润的5%是适当的;而对非营利组织,注册会计师可能认为总收入或费用总额的1%是适当的。百分比无论是高一些还是低一些,只要符合具体情况,都是适当的。

(2) 特定类别交易、账户余额或披露的重要性水平。根据被审计单位的特定情况,下列因素可能表明存在一个或多个特定类别的交易、账户余额或披露,其发生的错报金额虽然低于财务报表整体的重要性,但合理预期将影响财务报表使用者依据财务报表作出的经济决策:①法律、法规或使用的财务报告编制基础是否影响财务报表使用者对特定项目(如关联方交易、管理层和治理层的薪酬)计量和披露的预期;②与被审计单位所处行业相关的关键性披露(如制药业的研究与开发成本);③财务报表使用者是否特别关注财务报表中单独披露的业务的特定方面(如新收购的业务)。

在根据被审计单位的特定情况考虑是否存在上述交易、账户余额或披露时,注册会计师可能会发现了解治理层和管理层的看法和预期是有用的。

(3) 实际执行的重要性。实际执行的重要性,是指注册会计师确定的低于财务报表整体的重要性的一个或多个金额,旨在将未更正和未发现错报的汇总数超过财务报表整体的重要性的可能性降至适当的低水平。如果适用,实际执行的重要性还指注册会计师确定的低于特定类别的交易、账户余额或披露的重要性水平的一个或多个金额。

仅为发现单项重大的错报而计划审计工作将忽视这样一个事实,即单项非重大错报的汇总数可能导致财务报表出现重大错报,更不用说还没有考虑可能存在的未发现错报。确定财务报表整体的实际执行的重要性,旨在将财务报表中未更正和未发现错报的汇总数超过财务报表整体的重要性的可能性降至适当的低水平。

与确定特定的交易、账户余额或披露的重要性水平相关的实际执行的重要性,旨在将这些交易、账户余额或披露中未更正与未发现错报的汇总数超过这些交易、账户余额或披露的重要性水平的可能性降至适当的低水平。

确定实际执行的重要性并非简单机械的计算,需要注册会计师运用职业判断,并考虑以下因素的影响:①对被审计单位的了解;②前期审计工作中识别出的错报的性质和范围;③根据前期识别出的错报对本期错报作出的预期。

通常而言,实际执行的重要性通常为财务报表整体重要性的50%~75%。接近财务报表整体重要性50%的情况:①经常性审计;②以前年度审计调整较多项目总体风险较高(如处于高风险行业,经常面临较大市场压力,首次承接的审计项目或者需要出具特殊目的的报告等)。接近财务报表整体重要性75%的情况:①经常性审计,以前年度审计调整较少;②项目总体风险较低(如处于低风险行业,市场压力较小)。

(4) 审计过程中修改的重要性。由于存在下列原因,注册会计师可能需要修改财务报表整体的重要性和特定类别的交易、账户余额或披露的重要性(如适用):①审计过程中情况发生重大变化(如决定处置被审计单位的一个重要组成部分);②获取新信息;③通过实施进一步审计程序,注册会计师对被审计单位及其经营的了解发生变化。

2. 错报

1) 错报的定义

错报是指某一财务报表项目的金额、分类、列报或披露,与按照适用的财务报告编制基础应当列示的金额、分类、列报或披露之间存在的差异;或根据注册会计师的判断,为使财务报表在所有重大方面实现公允反映,需要对金额、分类、列报或披露作出的必要调整。错报可能是由于错误或舞弊导致的。

错报可能由下列事项导致。

(1) 收集或处理用以编制财务报表的数据时出现错误。

(2) 遗漏某项金额或披露。

(3) 由于疏忽或明显误解有关事实导致作出不正确的会计估计。

(4) 注册会计师认为管理层对会计估计作出不合理的判断或对会计政策作出不恰当的选择和运用。

2) 累积识别出的错报

注册会计师应当累积审计过程中识别出的错报,除非错报明显微小。为了帮助注册会计师评价审计过程中累积的错报的影响以及与管理层和治理层沟通错报事项,将错报区分为事实错报、判断错报和推断错报。

(1) 事实错报。事实错报是毋庸置疑的错报。这类错报产生于被审计单位收集和处理数据的错误,对事实的忽略或误解,或故意舞弊行为。例如,注册会计师在实施测试时发现最近购入存货的实际价值为 15 000 元,但账面记录的金额为 10 000 元。因此,存货和应付账款分别被低估了 5 000 元,这里被低估的 5 000 元就是已识别的对事实的具体错报。

(2) 判断错报。由于注册会计师认为管理层对会计估计作出不合理的判断或不恰当地选择和运用会计政策而导致的差异。这类错报出于两种情况:一是管理层和注册会计师对会计估计值的判断差异,例如,由于包含在财务报表中的管理层作出的估计值超出了注册会计师确定的一个合理范围,导致出现判断差异;二是管理层和注册会计师对选择和运用会计政策的判断差异,由于注册会计师认为管理层选用会计政策造成错报,管理层却认为选用会计政策适当,导致出现判断差异。

(3) 推断错报。注册会计师对总体存在的错报作出的最佳估计数,涉及根据在审计样本中识别出的错报来推断总体的错报。推断误差通常指通过测试样本估计出的总体的错报减去在测试中发现的已经识别的具体错报。例如,应收账款年末余额为 2 000 万元,注册会计师抽查样本发现金额有 100 万元的高估,高估部分为账面金额的 20%,据此注册会计师推断总体的错报金额为 400 万元(2 000×20%),那么上述 100 万元就是已识别的具体错报,其余 300 万元即推断误差。

3) 对审计过程识别出的错报的考虑

错报可能不会孤立发生,一项错报的发生还可能表明存在其他错报。例如,注册会计师识别出由于内部控制失效而导致的错报,或被审计单位广泛运用不恰当的假设或评估方法而导致的错报,均表明可能还存在其他错报。

抽样风险和非抽样风险可能导致某些错报未被发现。审计过程中累计错报的汇总数接近按照《中国注册会计师审计准则第1221号——计划和执行审计工作时的重要性》的规定确定的重要性,则表明存在比可接受的低风险水平更大的风险,及可能未被发现的错报连同审计过程中累计错报的汇总数,可能超过重要性。

3. 审计风险

审计风险是指财务报表存在重大错报而注册会计师发表不恰当审计意见的可能性。审计风险并不包含这种情况,即财务报表不含有重大错报,而注册会计师错误地发表了财务报表含有重大错报的审计意见的风险。可接受的审计风险的确定,需要考虑会计师事务所对审计风险的态度、审计失败对会计师事务所可能造成的损失的大小因素。其中,审计失败对会计师事务所可能造成的损失的大小又受所审计财务报表的用途、使用者的范围等因素的影响。但必须注意,审计业务是一种保证程度高的鉴证业务,可接受的审计风险应当足够低,以使注册会计师能够合理保证所审计财务报表不含有重大错报。审计风险取决于重大错报风险和检查风险。

审计风险

1) 重大错报风险

重大错报风险是指财务报表在审计前存在重大错报的可能性。重大错报风险与被审计单位的风险相关,且独立于财务报表审计而存在。在设计审计程序以确定财务报表整体是否存在重大错报时,注册会计师应当从财务报表层次和各类交易、账户余额和披露认定层次考虑重大错报风险。《中国注册会计师审计准则第1211号——了解被审计单位及其环境并评估重大错报风险》对注册会计师如何评估财务报表层次和认定层次的重大错报风险提出了详细的要求。

(1) 两个层次的重大错报风险。财务报表层次重大错报风险与财务报表整体存在广泛联系,它可能影响多项认定。此类风险通常与控制环境有关,如管理层缺乏诚信、治理层形同虚设而不能对管理层进行有效监督等;但也可能与其他因素有关,如经济萧条、企业所处行业处于衰退期。此类风险难以被界定于某类交易、账户余额、列报的具体认定;相反,此类风险增大了一个或多个不同认定发生重大错报的可能性。此类风险对注册会计师考虑由舞弊引起的风险特别相关。

注册会计师同时考虑各类交易、账户余额、披露认定层次的重大错报风险,考虑的结果直接有利于注册会计师确定认定层次上实施的进一步审计程序的性质、时间和范围。注册会计师在各类交易、账户余额、列报认定层次获取审计证据,以便在审计工作完成时,以可接受的低审计风险水平对财务报表整体发表意见。

(2) 固有风险和控制风险。认定层次的重大错报风险又可进一步细分为固有风险和控制风险。

固有风险是指假设不存在相关的内部控制,某一认定发生重大错报风险的可能性,无论该错报单独考虑,还是连同其他错报构成重大错报。

某些类别的交易、账户余额、披露及其认定,固有风险很高。例如,复杂的计算比简单的计算更可能出错;受重大计量不确定性影响的会计估计发生错报的可能性较大。产生

经营风险的外部因素也可能影响固有风险,比如,技术进步可能导致某项产品陈旧,进而导致存货易于发生高估错报(计价认定)。被审计单位及其环境中的某些因素还可能与多个甚至所有类别的交易、账户余额、列报有关,进而影响多个认定的固有风险。这些因素包括维持经营的流动资金匮乏、被审计单位处于夕阳行业等。

控制风险是指某项认定发生了错报,该错报单独或连同其他错报是重大的,但没有被单位的内部控制及时防止、发现和纠正的可能性。控制风险取决于与财务报表编制有关的设计和运行的有效性。由于控制的固有局限性,某种程序的控制风险始终存在。

2) 检查风险

检查风险是指某一认定存在错报,该错报单独或连同其他错报是重大的,但注册会计师未能发现这种错报的可能性。检查风险取决于审计程序设计的合理性和执行的有效性。由于注册会计师通常并不对所有的交易、账户余额和列报进行检查,以及其他原因,检查风险不可能降低为零。其他原因包括注册会计师可能选择了不恰当的审计程序、审计程序执行不当,或者错误理解了审计结论。这些其他因素可以通过适当计划、在项目组成员之间进行恰当的职责分配、保持职业怀疑态度以及监督、指导和复核助理人员所执行的审计工作得以解决。

3) 检查风险与重大错报风险的反向关系

在既定的审计风险水平下,可接受的检查风险水平与认定层次重大错报风险的评估结果呈反向关系。评估的重大错报风险越高,可接受的检查风险越低;评估的重大错报风险越低,可接受的检查风险越高。检查风险与重大错报风险的反向关系用数学模型表示为

$$审计风险 = 重大错报风险 \times 检查风险$$

这个模型也就是审计风险模型。假设针对某一认定,注册会计师将可接受的审计风险水平设定为 5%,注册会计师实施风险评估程序后将重大错报风险评估为 25%,则根据这一模型,可接受的检查风险为 20%。当然,在实务中,注册会计师不一定用绝对数量表达这些风险水平,而选用"高""中""低"等文字描述。

注册会计师应当合理设计审计程序的性质、时间和范围,并有效执行审计程序,以控制检查风险。上例中,注册会计师根据确定的可接受的检查风险(20%),设计审计程序的性质、时间和范围。审计计划在很大程度上,围绕确定设计审计程序的性质、时间和范围而展开。

4. 重要性与审计风险的关系

重要性与审计风险之间存在反向关系。重要性水平越高,审计风险越低;重要性水平越低,审计风险越高。这里所说的重要性水平高低是指金额的大小。通常,4 000 元的重要性水平比 2 000 元的重要性水平高。在理解两者之间的关系时,必须注意,重要性水平是注册会计师从财务报表使用者的角度进行判断的结果。如果重要性水平是 4 000 元,则意味着低于 4 000 元的错报不会影响财务报表使用者的决策,此时注册会计师需要通过执行有关审计程序合理保证能发现高于 4 000 元的错报。如果重要性水平是 2 000 元,则金额在 2 000 元以上的错报就会影响财务报表使用者的决策,此时注册会计师需要通过执行有关审计程序合理保证能发现金额在 2 000 元以上的错报。显然,

重要性水平为2 000元时审计不出这样的重大错报的可能性即审计风险,要比重要性水平为4 000元时的审计风险高。审计风险越高,越要求注册会计师收集更多更有效的审计证据,以将审计风险降至可接受的低水平。因此,重要性和审计证据之间也是反向变动关系。

值得注意的是,注册会计师不能通过不合理地人为调高重要性水平,降低审计风险;因为重要性是依据重要性概念中所述的判断标准确定的,而不是由主观期望的审计风险水平决定。

由于重要性和审计风险存在上述反向关系,而且这种关系对注册会计师将要执行的审计程序的性质、时间和范围有直接的影响,因此,注册会计师应当综合考虑各种因素,合理确定重要性水平。

八、内部控制

1. 内部控制的含义和要素

内部控制是被审计单位为了合理保证财务报告的可靠性、经营的效率和效果,以及对法律、法规的遵守,由治理层、管理层和其他人员设计与执行的政策及程序。

可以从以下几个方面理解内部控制。

(1) 内部控制的目标是合理保证。①财务报告的可靠性,这一目标与管理层履行财务报告编制责任密切相关;②经营的效率和效果,即经济有效地使用企业资源,以最优方式实现企业的目标;③在所有经营活动中遵守法律、法规的要求,即在法律、法规的框架下从事经营活动。

(2) 设计和实施内部控制的责任主体是治理层、管理层和其他人员,组织中的每一个人都对内部控制负有责任。

(3) 实现内部控制目标的手段是设计和执行控制政策和程序。内部控制包括以下要素:①控制环境;②风险评估过程;③信息系统与沟通;④控制活动;⑤对控制的监督。内部控制包括上述的五项要素;控制包括上述的一项或多项要素,或要素表现出的各个方面。

2. 控制环境

1) 控制环境的含义

控制环境包括治理职能和管理职能,以及治理层和管理层对内部控制及其重要性的态度、认识和措施。控制环境设定了被审计单位内部控制基调,影响员工对内部控制的认识和态度。良好的控制环境是实施有效内部控制的基础。防止或发现并纠正舞弊和错误是被审计单位治理层和管理层的责任。

2) 对诚信和道德价值观念的沟通与落实

诚信和道德价值观念是控制环境的重要组成部分,影响到重要业务流程的设计和运行。内部控制的有效性直接依赖于负责创建、管理和监控内部控制的人员的诚信和道德

价值观念。被审计单位是否存在道德行为规范,以及这些规范如何在被审计单位内部得到沟通和落实,决定了是否能产生诚信和道德的行为。对诚信和道德价值观念的沟通与落实既包括管理层如何处理不诚实、非法或不道德行为,也包括在被审计单位内部,通过行为规范以及高层管理人员的身体力行,对诚信和道德价值观念的营造和保持。

例如,管理层在行为规范中指出,员工不允许从供货商那里获得超过一定金额的礼品,超过部分都须报告和退回。尽管该行为规范本身并不能绝对保证员工都照此执行,但至少意味着管理层已对此进行明示,它连同其他程序,可能构成一个有效的预防机制。

3) 对胜任能力的重视

胜任能力是指具备完成某一职位的工作所应有的知识和能力。管理层对胜任能力的重视包括对于特定工作所需的胜任能力水平的设定,以及对达到该水平所必需的知识和能力的要求。

注册会计师应当考虑主要管理人员和其他相关人员是否能够胜任承担的工作和职责,例如,财务人员是否对编报财务报表所适用的会计准则和相关会计制度有足够的了解并能正确运用。

4) 治理层的参与程度

被审计单位的控制环境在很大程度上受治理层的影响。治理层的职责应在被审计单位的章程和政策中予以规定。治理层(董事会)通常通过其自身的活动,并在审计委员会或类似机构的支持下,监督被审计单位的财务报告政策和程序。因此,董事会、审计委员会或类似机构应关注被审计单位的财务报告,并监督被审计单位的会计政策以及内部、外部的审计工作和结果。治理层的职责还包括监督用于复核内部控制有效性的政策和程序设计是否合理,执行是否有效。

治理层对控制环境影响的要素有:治理层相对于管理层的独立性、成员的经验和品德、对被审计单位业务活动的参与程度、治理层行为的适当性、治理层所获得的信息、管理层对治理层所提出问题的追踪程度,以及治理层与内部审计人员和注册会计师的联系程度等。

5) 管理层的理念和经营风格

管理层负责被审计单位的运作以及经营策略和程序的制定、执行与监督。控制环境的每个方面在很大程度上都受管理层采取的措施和作出决策的影响,或在某些情况下受管理层不采取某些措施或不作出某种决策的影响。在有效的控制环境中,管理层的理念和经营风格可以创造一个积极的氛围,促进业务流程和内部控制的有效运行,同时创造一个减少错报发生可能性的环境。在管理层以一个或少数几个人为主时,管理层的理念和经营风格对内部控制的影响尤为突出。

6) 组织结构及职权与责任的分配

被审计单位的组织结构为计划、运作、控制及监督经营活动提供了一个整体框架。通过集权或分权决策,可在不同部门间进行适当的职责划分、建立适当层次的报告体系。组织结构将影响权利、责任和工作任务在组织成员中的分配。被审计单位的组织结构将在一定程度上取决于被审计单位的规模和经营活动的性质。

7）人力资源政策与实务

政策与程序（包括内部控制）的有效性，通常取决于执行人。因此，被审计单位员工的能力与诚信是控制环境中不可缺少的因素。人力资源政策与实务涉及招聘、培训、考核、晋升和薪酬等方面。被审计单位是否有能力招聘并保留一定数量既有能力又有责任心的员工在很大程度上取决于其人事政策与实务。例如，如果招聘录用标准要求录用最合适的员工，包括强调员工的学历、经验、诚信和道德，这表明被审计单位希望录用有能力并值得信赖的人员。被审计单位有关培训方面的政策应显示员工应达到的工作表现和业绩水准。通过定期考核的晋升政策表明被审计单位希望具备相应资格的人员承担更多的职责。

3. 被审计单位的风险评估过程

任何经济组织在经营活动中都会面临各种各样的风险，风险对其生存和竞争能力产生影响。很多风险并不为经济组织所控制，但管理层应当确定可以承受的风险水平，识别这些风险并采取一定的应对措施。

可能产生风险的事项和情形包括以下几类。

（1）监管及经营环境的变化。监管和经营环境的变化会导致竞争压力的变化以及重大的相关风险。

（2）新员工的加入。新员工可能对内部控制有不同的认识和关注点。

（3）新信息系统的使用或对原系统进行升级。信息系统的重大变化会改变与内部控制相关的风险。

（4）业务快速发展。快速的业务扩张可能会使内部控制难以应对，从而增加内部控制失效的可能性。

（5）新技术。将新技术运用于生产过程和信息系统可能改变与内部控制相关的风险。

（6）新生产型号、产品和业务活动。进入新的业务领域和发生新的交易可能带来新的与内部控制相关的风险。

（7）企业重组。重组可能带来裁员以及管理职责的重新划分，将影响与内部控制相关的风险。

（8）发展海外经营。海外扩张或收购会带来新的并且往往是特别的风险，进而可能影响内部控制，如外币交易的风险。

（9）新的会计准则。采用新的或变化了的会计准则可能会增大财务报告发生重大错报的风险。

风险评估过程的作用是识别、评估和管理影响被审计单位实现经营目标能力的各种风险。而针对财务报告目标的风险评估过程则包括识别与财务报告相关的经营风险，评估风险的重大性和发生的可能性，以及采取措施管理这些风险。例如，风险评估可能会涉及被审计单位如何考虑对某些交易未予记录的可能性，或者识别和分析财务报告中的重大会计估计发生错报的可能性。与财务报告相关的风险也可能与特定事项和交易有关。

被审计单位的风险评估过程包括识别与财务报告相关的经营风险，以及针对这些风险所采取的措施。注册会计师应当了解被审计单位的风险评估过程和结果。

4. 信息系统与沟通

与财务报告相关的信息系统,包括用以生成、记录、处理和报告交易、事项和情况,对相关资产、负债和所有者权益履行经营管理责任的程序和记录。交易可能通过人工或自动化程序生成。记录包括识别和收集与交易、事项有关的信息。处理包括编辑、核对、计量、估价、汇总和调节活动,可能由人工或自动化程序来执行。报告是指用电子或书面形式编制财务报告和其他信息,供被审计单位用于衡量和考核财务及其他方面的业绩。

与财务报告相关的沟通包括使员工了解各自在与财务报告有关的内部控制方面的角色和职责、员工之间的工作联系,以及向适当级别的管理层报告例外事项的方式。公开的沟通渠道有助于确保例外情况得到报告和处理。沟通可以采用政策手册、会计和财务报告手册及备忘录等形式进行,也可以通过发送电子邮件、口头沟通和管理层的行动来进行。

5. 控制活动

控制活动是指有助于确保管理层的指令得以执行的政策和程序,包括与授权、业绩评价、信息处理、实物控制和职责分离等相关的活动。

1) 授权

授权的目的在于保证交易在管理层授权范围内进行,包括一般授权和特别授权。一般授权是指管理层制定的要求组织内部遵守的普遍适用于某类交易或活动的政策。特别授权是指管理层针对特定类别的交易或活动逐一设置的授权,如重大资本支出和股票发行等。特别授权也可能用于超过一般授权限制的常规交易。例如,同意因某些特别原因,对某个不符合一般信用条件的客户赊购商品。

2) 业绩评价

被审计单位业绩评价有关的控制活动,主要包括被审计单位分析评价实际业绩与预算(或预测、前期业绩)的差异,综合分析财务数据与经营数据的内在关系,将内部数据与外部信息来源相比较,评价职能部门、分支机构或项目活动的业绩(如银行客户信贷经理复核各分行、地区和各种贷款类型的审批和收回),以及对发现的异常差异或关系采取必要的调查与纠正措施。

3) 信息处理

被审计单位通常执行各种措施,检查各种类型信息处理环境下的交易的准确性、完整性和授权。信息处理控制可以是人工的、自动化的,或是基于自动流程的人工控制。信息处理控制分为两类,即信息技术的一般控制和应用控制。

(1) 信息技术一般控制是指与多个应用系统有关的政策和程序,有助于保证信息系统持续恰当地运行(包括信息的完整性和数据的安全性),支持应用控制作用的有效发挥,通常包括数据中心和网络运行控制,系统软件的购置、修改及维护控制,接触或访问权限控制,应用系统的购置、开发及维护控制。

(2) 信息技术应用控制是指主要在业务流程层次运行的人工或自动化程序,与用于生成、记录、处理、报告交易或其他财务数据的程序相关,通常包括检查数据计算的准确性,审核账户和试算平衡表,设置对输入数据和数字序号的自动检查,以及对例外报告进行人工干预。

4) 实物控制

被审计单位的实物控制主要包括了解对资产和记录采取适当的安全保护措施,对访问计算机程序和数据文件设置授权,以及定期盘点并将盘点记录与会计记录相核对。例如,现金、有价证券和存货的定期盘点控制。实物控制的效果影响资产的安全,从而对财务报表的可靠性及审计产生影响。

5) 职责分离

被审计单位的职责分离主要包括了解企业如何将交易授权、交易记录以及资产保管等职责分配给不同员工,以防范同一员工在履行多项职责时可能发生的舞弊或错误。当信息技术运用于信息系统时,职责分离可以通过设置安全控制来实现。

6. 对控制的监督

管理层的重要职责之一就是建立和维护控制并保证其持续有效运行,对控制的监督可以实现这一目标。监督是由适当的人员,在适当、及时的基础上,评估控制的设计和运行情况的过程。对控制的监督是指企业评价内部控制在一段时间内运行有效性的过程。对控制的监督涉及及时评估控制的有效性并采取必要的补救措施。例如,管理层对是否定期编制银行存款余额调节表进行复核,内部审计人员评价销售人员是否遵守公司关于销售合同条款的政策,法律部门定期监控公司的道德规范和商务行为准则是否得以遵循等。监督对控制的持续有效运行十分重要。

7. 内部控制固有的局限性

内部控制无论如何有效,都只能为被审计单位实现财务报告目标提供合理的保证。内部控制实现目标的可能性受其固有限制影响,这些限制包括以下内容。

(1) 在决策时人为判断可能出现错误和由于人为失误而导致内部控制失效。例如,控制的设计和修改可能存在失误。同样地,控制的运行可能无效,例如,由于负责复核信息的人员不了解复核的目的或没有采取适当的措施,内部控制生成的信息(如例外报告)没有得到有效使用。

(2) 可能由于两个或更多的人员进行串通或管理层凌驾于内部控制之上而被规避。例如,管理层可能与客户签订背后协议,对标准的销售合同作出变动,从而导致收入确认发生错误。再如,软件中的编辑控制旨在发现和报告超过赊销信用额度的交易,但这一控制可能被逾越或规避。

此外,如果被审计单位内部行使控制职能的人员素质不适应岗位要求,也会影响内部控制功能的正常发挥。被审计单位实施内部控制的成本效益问题也会影响其职能,当实施某项控制成本大于控制效果而发生损失时,就没有必要设置控制环节或控制措施。内部控制一般都是针对经常而重复发生的业务而设置的,如果出现不经常发生或未预计到的业务,原有控制就可能不适用。

项目 1　审计初步业务活动操作流程

Xiangmu 1

技 能 目 标

1. 能按照审计初步业务活动的要求,收集客户相关信息并记录于审计工作底稿。
2. 能编制审计业务约定书。
3. 能比较熟练地收集与风险评估相关的信息并记录于审计工作底稿。
4. 能制订初步的总体审计策略和具体审计计划。

知 识 目 标

1. 理解和掌握接受审计委托阶段的工作目标和内容。
2. 理解审计计划编制过程和要求。
3. 理解审计重要性、审计风险的概念和意义。
4. 了解审计风险评估过程。

案 例 导 入

张凡的错误

2021年1月5日,诚信会计师事务所的注册会计师张凡接到好朋友李杰的电话,说有一个亲戚开办的华东高科技公司2020年度的会计报表拟委托会计师事务所审计,正在寻找合适的会计师事务所。李杰希望张凡能够承接对该公司的审计。一方面受朋友所托;另一方面也认为开拓了一个新客户,张凡非常爽快地答应了。通过电话联系与该公司形成业务约定,同时张凡考虑该项业务的复杂性和特殊性,除按规定标准收取审计费外,另在业务约定中提出增加2万元赶工费,并于2021年2月6日亲自带领审计小组直接到华东高科技公司实施报表审计。

2月12日张凡带领的审计小组结束了审计工作,并于2月15日按华东高科技公司的要求提交了审计报告。由于华东高科技公司有一处对会计报表有重大影响的会计核算与所采用的会计准则和会计制度不相符,张凡要求华东高科技公司做调整,但遭到该公司拒绝,张凡出具了保留意见的审计报告。华东高科技公司一看审计报告的意见为保留意见,就拒绝支付审计费用和赶工费。张凡与华东高科技公司力争,但华东高科技公司认为双方没有业务合同,且张凡还收取审计附加费,违反了有关行业规定,坚持拒付款项。

华东高科技公司属于私营公司,主营计算机软件开发,兼营计算机硬件、配件等,自开业5年来业务发展很不错,但从没有接受过注册会计师审计。注册会计师张凡是诚信会计师事务所的出资人之一,业务专长是对工业企业尤其是国有工业企业进行会计报表审计。

为什么张凡带领审计小组辛辛苦苦工作了一番,客户会拒绝付款呢?张凡究竟错在哪里?

任务 1.1　接受业务委托

1.1.1　客户的接受和保持

从会计师事务所与客户的接触起,审计活动就开始了,我们称之为初步业务活动。初步业务活动是控制及降低审计风险的第一道也是非常重要的屏障。注册会计师开展初步业务活动,是为了实现以下3个主要目的。

(1) 注册会计师已具备执行业务所需要的独立性和专业胜任能力。
(2) 不存在因管理层诚信问题而影响注册会计师承接或保持该项业务意愿的情况。
(3) 与被审计单位不存在对业务约定条款的误解。

初步业务活动主要包括以下内容。
(1) 针对保持客户关系和具体审计业务实施相应的质量控制程序。
(2) 评价遵守职业道德规范的情况,包括评价独立性。
(3) 就业务约定条款与被审计单位达成一致理解。

初步业务活动的具体程序如表1-1所示。

1. 保持客户关系和具体审计业务实施相应的质量控制程序

(1) 会计师事务所可以区别首次接受委托和针对连续审计的情况制定不同的质量控制程序,以提高审计工作的效率及效果。
(2) 在连续审计的情况下,注册会计师已经积累了一定的审计经验,因此在决定是否保持与某一客户的关系时,项目负责人通常重点考虑本期或上期审计中发现的重大事项,及其对保持该客户关系及审计业务的影响。

2. 评价遵守职业道德规范的情况

(1) 质量控制准则包括了对保持独立性在内的有关职业道德规范,注册会计师应当按照其规定执行。

表 1-1 初步业务活动程序

被审计单位：_____　　索引号：_____
项目：初步业务活动_____　　财务报表截止日/期间：_____
编制：_____　　复核：_____
日期：_____　　日期：_____

初步业务活动目标：
确定是否接受业务委托，如接受业务委托，确保在计划审计工作时达到下列要求。
（1）注册会计师已具备执行业务所需要的独立性和专业胜任能力；
（2）不存在因管理层诚信问题而影响注册会计师承接或保持该项业务意愿的情况；
（3）与被审计单位不存在对业务约定条款的误解。

初步业务活动程序	索引号	执行人
1. 如果首次接受审计委托，实施下列程序。 （1）与被审计单位面谈，讨论下列事项。 ① 审计的目标； ② 审计报告的用途； ③ 管理层对财务报表的责任； ④ 审计范围； ⑤ 执行审计工作的安排，包括出具审计报告的时间要求； ⑥ 审计报告格式和对审计结果的其他沟通形式； ⑦ 管理层提供必要的工作条件和协助； ⑧ 注册会计师不受限制地接触任何与审计有关的记录、文件和所需要的其他信息； ⑨ 利用被审计单位专家或内部审计人员的程度（必要时）； ⑩ 审计收费。 （2）初步了解被审计单位及其环境，并予以记录。 （3）征得被审计单位书面同意后，与前任注册会计师沟通。		
2. 如果是连续审计，实施下列程序。 （1）了解审计的目标、审计报告的用途、审计范围和时间安排等； （2）查阅以前年度审计工作底稿，重点关注非标准审计报告涉及的说明事项，管理建议书的具体内容，重大事项概要等； （3）初步了解被审计单位及其环境发生的重大变化，并予以记录； （4）考虑是否需要修改业务约定条款，以及是否需要提醒被审计单位注意现有的业务约定条款。		
3. 评价是否具备执行该项审计业务所需要的独立性和专业胜任能力。		
4. 完成业务承接评价表或业务保持评价表。		
5. 签订审计业务约定书（适用于首次接受业务委托，以及连续审计中修改长期审计业务约定书条款的情况）。		

（2）职业道德规范要求项目组成员恪守独立、客观、公正的原则，保持专业胜任能力和应有的关注，并对审计过程中获知的信息保密。

（3）对于保持独立性，质量控制准则要求会计师事务所制定政策和程序，及项目负责人实施相应措施，以保持独立性。例如，会计师事务所应当每年至少一次向所有受独立性要求约束的人员获取其遵守独立性政策和程序的书面确认函。

由于在审计工作中情况会发生变化，注册会计师在审计业务的全过程中均应考虑针对保持客户关系和具体审计业务实施的质量控制程序以及评价遵守职业道德的情况。例如,在现场审计过程中,如果注册会计师发现财务报表存在舞弊,使其对管理层、治理层的胜任能力或诚信产生了极大疑虑,则注册会计师需要针对这一新情况,考虑并在必要时重新实施相应的质量控制程序,以决定是否继续保持客户关系及其该项业务。

虽然保持客户关系及具体审计业务和评价职业道德的工作贯穿审计业务的全过程,但是初始进行这两项活动需要安排在其他重要审计工作之前,以确保注册会计师已具备执行业务所需要的独立性和专业胜任能力,且不存在因管理层诚信问题而影响注册会计师保持该项业务意愿等情况。

1.1.2 了解和评价被审计单位

了解和评价被审计单位的目的,是评价被审计单位的可审性。因此了解和评价被审计单位的主要工作内容是了解其基本情况。注册会计师了解被审计单位基本情况,不仅有助于确定是否接受业务委托,还有利于计划和执行审计业务。注册会计师应了解被审计单位以下基本情况。

(1) 业务性质、经营规模和组织结构。
(2) 经营情况和经营风险。
(3) 以前年度接受审计的情况。
(4) 财务会计机构和工作组织。
(5) 其他与签订审计业务约定书相关的事项。

注册会计师在了解被审计单位基本情况后,一般通过"业务承接评价表"和"业务保持评价表"对客户作出评价,从而决定是否接受审计委托,即决定是否接受或保持该客户。

业务承接评价表内容与格式如表1-2所示(业务保持评价表的内容与格式与之相似,此处略)。

表1-2 业务承接评价表

被审计单位:_____	索引号:_____
项目:_____	财务报表截止日/期间:_____
编制:_____	复核:_____
日期:_____	日期:_____

1. 客户法定名称(中/英文):	
2. 客户地址:	
电话:	传真:
电子信箱:	网址:
联系人	
3. 客户性质(国有/外商投资/民营/其他):	
4. 客户所属行业、业务性质与主要业务:	

5. 最初接触途径(详细说明): 　(1) 本所职工引荐_____ 　(2) 外部人员引荐_____ 　(3) 其他(详细说明)
6. 客户要求我们提供审计服务的目的以及出具审计报告的日期:
7. 治理层及管理层关键人员(姓名与职位): <table><tr><th>姓　名</th><th>职　位</th></tr><tr><td></td><td></td></tr><tr><td></td><td></td></tr><tr><td></td><td></td></tr></table>
8. 主要财务人员(姓名与职位): <table><tr><th>姓　名</th><th>职　位</th></tr><tr><td></td><td></td></tr><tr><td></td><td></td></tr></table>
9. 直接控股母公司、间接控股母公司、最终控股母公司的名称、地址、相互关系、主营业务及持股比例:
10. 子公司的名称、地址、相互关系、主营业务及持股比例:
11. 合营企业的名称、地址、相互关系、主营业务及持股比例:
12. 联营企业的名称、地址、相互关系、主营业务及持股比例:
13. 分公司名称、地址、相互关系、主营业务:
14. 客户主管税务机关:
15. 客户法律顾问或委托律师(机构、经办人、联系方式):
16. 客户常年会计顾问(机构、经办人、联系方式):
17. 前任注册会计师(机构、经办人、联系方式),变更会计师事务所的原因,以及最近3年变更会计师事务所的频率。

续表

18. 根据对客户及其环境的了解,记录下列事项。	
客户的诚信	
信 息 来 源	审计说明
(1) 与为客户提供专业会计服务的现任或前任人员沟通,并与其讨论 (2) 向会计师事务所其他人员、监管机构、金融机构、法律顾问和客户的同行等第三方询问 (3) 从相关数据库中搜索客户的背景信息	
考 虑 因 素	审计说明
(1) 客户主要股东、关键管理人员、关联方及治理层的身份和商业信誉	
(2) 客户的经营性质	
(3) 客户主要股东、关键管理人员及治理层对内部控制环境和会计准则等的态度	
(4) 客户是否过分考虑将会计师事务所的收费维持在尽可能低的水平	
(5) 工作范围受到不适当限制的迹象	
(6) 客户可能涉嫌洗钱或其他刑事犯罪行为的迹象	
(7) 变更会计师事务所的原因	
(8) 关键管理人员是否更换频繁	
……	
经营风险	
信 息 来 源	审计说明
(1) 从相关数据库中搜索客户的背景信息	
……	
考 虑 因 素	审计说明
(1) 行业内类似企业的经营业绩	
(2) 法律环境	
(3) 监管环境	
(4) 受国家宏观调控政策的影响程度	
(5) 是否涉及重大法律诉讼或调查	
(6) 是否计划或有可能进行合并或处置资产	
(7) 客户是否依赖主要客户(来自该客户的收入占全部收入的大部分)或主要供应商(来自该供应商的采购占全部采购的大部分)	
(8) 管理层是否倾向于异常或不必要的风险	
(9) 关键管理人员的薪酬是否基于客户的经营状况确定	
(10) 管理层是否在达到财务目标或降低所得税方面承受不恰当的压力	
……	
财务状况	
信 息 来 源	审计说明
(1) 近三年财务报表	
……	

续表

考 虑 因 素	审计说明
(1) 现金流量或营运资金是否能够满足经营、债务偿付以及分发股利的需要	
(2) 是否存在对发行新债务和权益的重大需求	
(3) 贷款是否延期未清偿,或存在违反贷款协议条款的情况	
(4) 最近几年销售、毛利率或收入是否存在恶化的趋势	
(5) 是否涉及重大关联方交易	
(6) 是否存在复杂的会计处理问题	
(7) 客户融资后,其财务比率是否恰好达到发行新债务或权益的最低要求	
(8) 是否使用衍生金融工具	
(9) 是否经常在年末或临近年末发生重大异常交易	
(10) 是否对持续经营能力产生怀疑	
……	

客户的风险级别(高/中/低):

19. 根据本所目前的情况,考虑下列事项。

项目组的时间和资源

考 虑 因 素	审计说明
(1) 根据本所目前的人力资源情况,是否拥有足够的具有必要素质和专业胜任能力的人员组建项目组	
(2) 是否能够在提交报告的最后期限内完成业务	
……	

项目组的专业胜任能力

考 虑 因 素	审计说明
(1) 初步确定的项目组关键人员是否熟悉相关行业或业务对象	
(2) 初步确定的项目组关键人员是否具有执行类似业务的经验,或是否具备有效获取必要技能和知识的能力	
(3) 在需要时,是否能够得到专家的帮助	
(4) 如果需要项目质量控制复核,是否具备符合标准和资格要求的项目质量控制复核人员	
……	

独立性

经济利益

考 虑 因 素	审计说明
(1) 本所或项目组成员是否存在经济利益对独立性的损害	
(2) 与客户存在专业服务收费以外的直接经济利益或重大的间接经济利益	
(3) 过分依赖向客户收取的全部费用	
(4) 与客户存在密切的经营关系	
(5) 过分担心可能失去业务	
(6) 可能与客户发生雇佣关系	
(7) 存在与该项审计业务有关的或有收费	
……	

续表

自我评价	
考 虑 因 素	审计说明
(1) 本所或项目组成员是否存在自我评价对独立性的损害	
(2) 项目组成员曾是客户的董事、经理、其他关键管理人员或能够对本业务产生直接重大影响的员工	
(3) 为客户提供直接影响财务报表的其他服务	
(4) 为客户编制用于生成财务报表的原始资料或其他记录	
……	
关联关系	
考 虑 因 素	审计说明
(1) 本所或项目组成员是否存在关联关系对独立性的损害	
(2) 与项目组成员关系密切的家庭成员是客户的董事、经理、其他关键管理人员或能够对本业务产生直接重大影响的员工	
(3) 客户的董事、经理、其他关键管理人员或能够对本业务产生直接重大影响的员工是本所的前高级管理人员	
(4) 本所的高级管理人员或签字注册会计师与客户长期交往	
(5) 接受客户或其董事、经理、其他关键管理人员或能够对本业务产生直接重大影响的员工的贵重礼品或超出社会礼仪的款待	
……	
外界压力	
考 虑 因 素	审计说明
(1) 本所或项目组成员是否存在外界压力对独立性的损害	
(2) 在重大会计、审计等问题上与客户存在意见分歧而受到解聘威胁	
(3) 受到有关单位或个人不恰当的干预	
(4) 受到客户降低收费的压力而不恰当地缩小工作范围	
……	
预计收取的费用及可回收比率	
预计审计收费:	
预计成本(计算过程):	
可回收比率:	
20. 其他方面的意见。	

项目负责合伙人：
　　基于上述方面，我们_____(接受或不接受)此项业务。
签名_____
日期_____

风险管理负责人(必要时)：
　　基于上述方面，我们_____(接受或不接受)此项业务。
签名_____
日期_____

最终结论：

签名：　　　　日期：

1.1.3 确定业务约定书的条款

当注册会计师决定接受或保持客户的审计委托后,需同客户签订审计业务约定书,才可实施审计。

审计业务约定书是指会计师事务所与被审计单位签订的,用以记录和确认审计业务的委托与受托关系、审计目标和范围、双方的责任以及报告的格式等事项的书面协议。

审计业务约定书的含义可从以下几个方面加以理解。

(1) 签约主体通常是会计师事务所和被审计单位,但也存在委托人与被审计单位不是同一方的情形,在这种情形下,签约主体通常还包括委托人。

(2) 约定内容主要涉及审计业务的委托与受托关系、审计目标和范围、双方责任以及报告的格式。

(3) 文件性质属于书面协议,具有委托合同的性质,一经有关签约主体签字或盖章,在各签约主体之间即具有法律约束力。

注册会计师应当在审计业务开始前,与被审计单位就审计业务约定条款达成一致意见,并签订审计业务约定书,以避免双方对审计业务的理解产生分歧。

如果被审计单位不是委托人,在签订审计业务约定书前,注册会计师应当与委托人、被审计单位就审计业务约定相关条款进行充分沟通,并达成一致意见。

1. 审计业务约定书的必备条款

审计业务约定书的具体内容可能因被审计单位的不同而存在差异,但应当包括下列主要内容。

(1) 财务报表审计的目标。财务报表审计的目标是注册会计师通过执行审计工作,对财务报表是否按照适用的会计准则和相关会计制度的规定编制,是否在所有重大方面公允反映被审计单位的财务状况、经营成果和现金流量发表审计意见。

(2) 管理层对财务报表的责任。在被审计单位治理层的监督下,按照适用的会计准则和相关会计制度的规定编制财务报表是被审计单位管理层的责任;管理层编制财务报表采用的会计准则和相关会计制度;管理层为注册会计师提供必要的工作条件和协助;管理层对其作出的与审计有关的声明予以书面确认。

(3) 审计范围,包括指明在执行财务报表审计业务时遵守的中国注册会计师审计准则(以下简称审计准则)。审计范围是指为实现财务报表审计目标,注册会计师根据审计准则和职业判断实施的恰当的审计程序的总和。

(4) 执行审计工作的安排,包括出具审计报告的时间要求;审计报告格式和对审计结果的其他沟通形式。

(5) 由于测试的性质和审计的其他固有限制,以及内部控制的固有局限性,不可避免地存在某些重大错报未被发现的风险。

(6) 注册会计师不受限制地接触任何与审计有关的记录、文件和所需要的其他信息,应对执业过程中获知的信息保密。

(7) 审计收费,包括收费的计算基础和收费安排。在签订审计业务约定书前,注册会计师应当与委托人商定审计收费。在确定收费时,注册会计师应当考虑以下因素：审计服务所需的知识和技能；所需专业人员的数量、水平和经验；每一专业人员提供服务所需的时间；提供审计服务所需承担的责任；各地有关审计收费标准的规定。

(8) 违约责任。

(9) 解决争议的方法。

(10) 签约双方法定代表人或其授权代表的签字盖章,以及签约双方加盖的公章。

上述条款都是审计业务约定书的必备条款。之所以将这些条款作为审计业务约定书的必备条款,主要是由于审计工作专业性强,而委托人可能混淆被审计单位管理层与注册会计师的责任,或不了解审计的固有限制而对审计有不恰当的预期。在这种情况下,在审计业务约定书中明确上述条款,有助于避免委托人对审计业务的目标和作用等产生误解。

2. 在情况需要时应当考虑增加的业务约定条款

如果情况需要,注册会计师应当考虑在审计业务约定书中列明下列内容。

(1) 在某些方面对利用其他注册会计师和专家工作的安排。

(2) 与审计涉及的内部审计人员和被审计单位其他员工工作的协调。

(3) 预期向被审计单位提交的其他函件或报告。

(4) 与治理层整体直接沟通。

(5) 在首次接受审计委托时,对与前任注册会计师沟通的安排。

(6) 注册会计师与被审计单位之间需要达成进一步协议的事项。

注册会计师与被审计单位之间就有关审计的各事项达成一致后,就可以签订正式的审计业务约定书了。企业年度报表审计的审计业务约定书(适用于单一企业、年报审计)一般格式如下。

审计业务约定书

编号：

甲方：_____

乙方：_____会计师事务所

兹由甲方委托乙方对20____年度财务报表进行审计,经双方协商,达成以下约定。

一、业务范围与审计目标

1. 乙方接受甲方委托,对甲方按照企业会计准则和《_____会计制度》编制的20____年12月31日的资产负债表、20____年度的利润表、所有者权益变动表和现金流量表,以及财务报表附注(以下统称财务报表)进行审计。

2. 乙方通过执行审计工作,对财务报表的下列方面发表审计意见。

(1) 财务报表是否按照企业会计准则和《_____会计制度》的规定编制。

(2) 财务报表是否在所有重大方面公允反映被审计单位的财务状况、经营成果和现金流量。

二、甲方的责任与义务

（一）甲方的责任

1. 根据《中华人民共和国会计法》及《企业财务会计报告条例》，甲方及甲方负责人有责任保证会计资料的真实性和完整性。因此，甲方管理层有责任妥善保存和提供会计记录及相关资料，这些资料必须真实、完整地反映甲方的财务状况、经营成果和现金流量。

2. 按照企业会计准则和《_____会计制度》的规定编制财务报表是甲方管理层的责任，这种责任包括：①设计、实施和维护与财务报表编制相关的内部控制，以使财务报表不存在由于舞弊或错误而导致的重大错报；②选择和运用恰当的会计政策；③作出合理的会计估计。

（二）甲方的义务

1. 及时为乙方的审计工作提供其所要求的全部会计资料和其他有关资料（在20____年____月____日之前提供审计所需的全部资料），并保证所提供资料的真实性和完整性。

2. 确保乙方不受限制地接触任何与审计有关的记录、文件和所需的其他信息。

3. 甲方管理层对其作出的与审计有关的声明予以书面确认。

4. 为乙方派出的有关工作人员提供必要的工作条件和协助，主要事项将由乙方于外勤工作开始前提供清单。

5. 按本约定书的约定及时足额支付审计费用以及乙方人员在审计期间的交通、食宿和其他相关费用。

三、乙方的责任和义务

（一）乙方的责任

1. 乙方的责任是在实施审计工作的基础上对甲方财务报表发表审计意见。乙方按照中国注册会计师审计准则（以下简称审计准则）的规定进行审计。审计准则要求注册会计师遵守职业道德规范，计划和实施审计工作，以对财务报表是否存在重大错报获取合理保证。

2. 审计工作涉及实施审计程序，以获取有关财务报表金额和披露的审计证据。选择的审计程序取决于乙方的判断，包括对由于舞弊或错误导致的财务报表重大错报风险的评估。在进行风险评估时，乙方考虑与财务报表编制相关的内部控制，以设计恰当的审计程序，但目的并非对内部控制的有效性发表意见。审计工作还包括评价管理层选用会计政策的恰当性和作出会计估计的合理性，以及评价财务报表的总体列报。

3. 乙方需要合理计划和实施审计工作，以使乙方能够获取充分、适当的审计证据，为甲方财务报表是否不存在重大错报获取合理保证。

4. 乙方有责任在审计报告中指明所发现的甲方在重大方面没有遵循企业会计准则和《_____会计制度》编制财务报表且未按乙方的建议进行调整的事项。

5. 由于测试的性质和审计的其他固有限制，以及内部控制的固有局限性，不可避免地存在某些重大错报在审计后仍未被乙方发现的风险。

6. 在审计过程中，乙方若发现甲方内部控制存在乙方认为的重要缺陷，应向甲方提交管理建议书。但乙方在管理建议书中提出的各种事项，并不代表已全面说明所有可能存在的缺陷或已提出所有可行的改善建议。甲方在实施乙方提出的改善建议前应全面评估其影响。未经乙方书面许可,甲方不得向任何第三方提供乙方出具的管理建议书。

7. 乙方的审计不能减轻甲方及甲方管理层的责任。

（二）乙方的义务

1. 按照约定时间完成审计工作,出具审计报告。乙方应于20＿＿年＿＿月＿＿日前出具审计报告。

2. 除下列情况外,乙方应当对执行业务过程中知悉的甲方信息予以保密：①取得甲方的授权；②根据法律、法规的规定,为法律诉讼准备文件或提供证据,以及向监管机构报告发现的违反法规行为；③接受行业协会和监管机构依法进行的质量检查；④监管机构对乙方进行行政处罚（包括监管机构处罚前的调查、听证）以及乙方对此提起行政复议。

四、审计收费

1. 本次审计服务的收费是以乙方各级别工作人员在本次工作中所耗费的时间或甲方的资产总额为基础,依据＿＿＿＿＿省物价局＿＿＿＿＿号《会计、审计、税务、资产评估中介服务收费管理办法》的规定标准计算的。经双方商定,本次审计服务的费用总额为人民币＿＿＿＿＿元。

（乙方账户名称：＿＿＿＿＿＿＿＿；开户银行：＿＿＿＿＿＿＿＿；账号：＿＿＿＿＿＿＿＿）

2. 甲方应于本约定书签署之日起＿＿日内支付＿＿％的审计费用,剩余款项于审计报告草稿完成日结清。

3. 如果由于无法预见的原因,致使乙方从事本约定书所涉及的审计服务的工作量有明显的增加或减少时,甲、乙双方应通过协商,相应调整本约定书第四条第1项下所述的审计费用。

4. 与本次审计有关的其他费用(包括交通费、食宿费等)由甲方承担。

五、审计报告和审计报告的使用

1. 乙方按照《中国注册会计师审计准则第1501号——对财务报表形成审计意见和出具审计报告》和《中国注册会计师审计准则第1502号——在审计报告中发表非无保留意见》规定的格式和类型出具审计报告。

2. 乙方向甲方出具审计报告一式＿＿份。

3. 甲方在提交或对外公布审计报告时,不得修改或删除乙方出具的审计报告；不得修改或删除重要的会计数据、重要的报表附注和所作的重要说明。

六、本约定书的有效期间

本约定书自签署之日起生效,并在双方履行完本约定书约定的所有义务后终止。但其中第三(二)2、四、五、八、九、十项并不因本约定书终止而失效。

七、约定事项的变更

如果出现不可预见的情况,影响审计工作如期完成,或需要提前出具审计报告时,甲、乙双方均可要求变更约定事项,但应及时通知对方,并由双方协商解决。

八、终止条款

1. 如果根据乙方的职业道德及其他有关专业职责、适用的法律和法规规定,乙方不适宜继续为甲方提供本约定书约定的审计服务时,乙方可以提出终止履行本约定书。

2. 在终止业务约定的情况下,乙方有权就其于本约定书终止之日前对约定的审计服务项目所做的工作收取合理的审计费用。

九、违约责任

甲、乙双方按照《中华人民共和国合同法》的规定承担违约责任。

十、适用法律和争议解决

本约定书的所有方面均应适用中华人民共和国法律进行解释并受其约束。本约定书履行地为乙方出具审计报告所在地,因本约定书所引起的或与本约定书有关的任何纠纷或争议(包括关于本约定书条款的存在、效力或终止,或无效之后果),双方选择以下第_____种解决方式。

1. 向有管辖权的人民法院提起诉讼;
2. 提交_____仲裁委员会仲裁。

十一、双方对其他有关事项的约定

本约定书一式两份,甲、乙方各执一份,具有同等法律效力。

甲方:_____(盖章)　　乙方:_____会计师事务所(盖章)

授权代表:(签章)　　　　　　　　授权代表:(签章)

电话:　　　　　　　　　　　　　　电话:

传真:　　　　　　　　　　　　　　传真:

联系人:　　　　　　　　　　　　　联系人:

20____年____月____日　　　　　　20____年____月____日

1.1.4 实训

1. 任务描述

(1) 阅读并熟悉实训资料、实训材料。
(2) 在教师指导下,根据实训资料填写业务承接评价表。
(3) 在教师指导下,完成审计业务约定书的编写。
(4) 在教师指导下,进行接受审计委托的角色模拟情景实训(可选)。

2. 实训条件

(1) 实训环境:上课教室或审计实训室。
(2) 实训材料:业务承接评价表、审计业务约定书、角色情景模拟实训剧本。

(3) 实训学时：2～4 学时。

(4) 实训操作：首先由教师引导学生阅读、熟悉实训资料和审计工作底稿，然后由学生自主编写、讨论、总结，教师现场指导，最后由教师讲解答案、分析问题。

(5) 实训方式：可采用小组手工实训方式、单人手工实训方式、分组角色情境模拟实训方式。

3. 实训资料

1) 会计师事务所基本资料

浙江德诚会计师事务所有限责任公司为全国百强会计师事务所之一，是一家具有一定规模的集团化公司；拥有注册会计师 160 名，其中 120 名同时具有注册税务师、注册资产评估师、期货证券师资格。事务所主要业务部门：企业审计业务部 4 个，税务业务部 2 个，咨询业务部 2 个，资产评估部 2 个。

德诚会计师事务所地址：浙江省杭州市下沙区学林街 280 号；开户银行：中国银行杭州下沙支行；银行账号：4560141000868；联系电话：0571-87929917；传真：0571-87929709。

2) 客户基本资料

浙江伟云股份有限公司(简称伟云公司)一直请浙江嘉信会计师事务所(经办人苗楚英，手机号 1385788××××)对其财务报表进行审计，由于该事务所 2021 年 1 月 1 日机构重组不能再为伟云公司服务，伟云公司欲重新选择会计师事务所为其 2020 年财务报表进行审计，并在 2021 年 4 月 10 日前出具财务报表审计报告。

事务所企业审计一部经理王幼斌与伟云公司总经理为五代以外表兄弟关系。事务所企业审计二部注册会计师王华 3 年前曾经以私人名义为伟云公司进行会计内部控制制度设计咨询和指导。

浙江德诚会计师事务所接到浙江伟云股份有限公司的业务请求后，于 2020 年 11 月 20 日安排审计一部李烨和张军 2 名注册会计师(李烨为项目经理，审计一部经理为王幼斌)，对伟云公司的基本情况进行了调查了解。

截至 2020 年 11 月 20 日浙江伟云股份有限公司的资料如下。

(1) 公司基本情况简介。

公司名称：浙江伟云股份有限公司

法定代表人：张越龙

注册资本：290 000 000 元

实收资本：290 129 478 元

注册地址：浙江省杭州市下沙工业园区 130 号

办公地址：浙江省杭州市下沙工业园区 130 号

邮政编码：310018

电　　话：0571-83064088

传　　真：0571-83068590

公司网址：http://www.zjwygf.cn

公司电子信箱：weiyun@zjgf.cn

公司首次注册登记日期：1996年6月26日

统一社会信用代码：91530000000002692M

公司经营范围：化工及化纤材料、水泥、氧气产品生产和销售，机械，机电，五金，金属材料的批发、零售、代购代销；汽车客货运输、汽车维修经营；经营企业自产产品及技术的出口业务，进口本企业所需的原辅材料、仪器仪表、机械设备及技术，纯碱、氯化铵（涉及行业审批的许可证经营）。业务分布国内各个省份及美国、日本、法国、德国、英国等国家。

公司是于1996年6月26日由伟云集团独家发起设立的股份有限公司，成立时公司总股本11 000万股，控股股东伟云集团持股65.91%，公司股票于1996年7月2日在上海证券交易所上市。2005年公司实施了送红股、资本公积转增股本的利润分配后，总股本增至16 500万股，在2006年2月公司完成股权分置改革工作，2011年8月公司完成非公开发行后，公司总股本增至29 012.947 8万股，国有法人股权由实际控制人焦化集团和控股股东伟云集团分别持有，持股比例合计68.71%。

公司名列"中国最大化纤企业100强"，是浙江省重要的化工生产基地，具有年产电石8.5万吨、商品醋酸乙烯3.5万吨、聚乙烯醇2.8万吨、水泥40万吨、纯碱和氯化铵各20万吨的生产能力，产品广泛应用于化工、纺织、建材、造纸、玻璃、涂料、农业、化肥等行业。主产品聚乙烯醇、醋酸乙烯、氯化铵、纯碱荣获"浙江名牌产品"称号。

2011年8月，公司完成非公开定向增发工作，向实际控制人焦化集团、控股股东伟云集团合计发行110 279 478股人民币普通股（A股），焦化集团、伟云集团以资产（即焦化集团、伟云集团合计持有的浙江大化制焦有限公司90.91%股权，伟云集团持有的大化焦化制供气有限公司54.8%股权）进行认购。浙江大化制焦有限公司、杭州大化焦化制供气有限公司成为本公司控股子公司。公司在原有煤电石化工行业、部分煤气化行业的基础上，进入煤焦化行业，在产业布局上涵盖煤化工行业下的三个子行业，即煤电石化工、煤气化工和煤焦化工，成为产业链最完整的煤化工上市公司。

(2) 公司控制关系、实际控制人、控股股东情况介绍。

公司实际控制人浙江焦化集团有限公司（地址：浙江省杭州市萧山临江工业园区116号，主营：焦化产品及其附产品生产销售）持有公司控股股东浙江伟云集团有限公司65.01%的股权。实际控制人持有本公司股份56 282 750股，占公司总股本19.40%。截至2020年11月30日，焦化集团总资产为211.34亿元、净资产为63.61亿元（归属于母公司的为41.46亿元）。

公司控股股东浙江伟云集团有限公司持有公司股份143 059 228股，占公司总股本49.30%。截至2020年11月30日，浙江伟云集团总资产为101.66亿元、净资产为25.21亿元（归属于母公司的为10.63亿元）。

(3) 公司主要子公司情况介绍。

公司主要子公司情况如表1-3所示。

表 1-3　公司主要子公司情况

单 位 名 称	出资金额/万元	持股比例/%
浙江大化制焦有限公司	75 417.68	90.91
杭州大化焦化制供气有限公司	13 912.68	54.80
浙江伟云乙炔化工有限公司	21 320.00	82.00
浙江伟云化工精制有限公司	6 000.00	100.00

① 浙江大化制焦有限公司主营全焦、甲醇、焦油等化工产品。建成投产后生产能力为年产焦炭 200 万吨,甲醇 20 万吨,煤焦油 30 万吨。地址:浙江省绍兴市工业园区 136 号。

伟云公司直接持有大化制焦 90.91% 的股份,通过大化焦化间接持有大化制焦 5.45% 的股份,合计持股比例为 96.36%,处于控股地位。

② 杭州大化焦化制供气有限公司主营焦炭、甲醇及其他煤化工产品。生产能力为年产焦炭 105 万吨,甲醇 10 万吨。公司持有其 54.80% 的股份,处于控股地位。地址:浙江省杭州市工业园区 268 号。

③ 浙江伟云乙炔化工有限公司,2020 年 10 月 31 日完成工商登记,该公司目前处于建设筹备阶段。地址:浙江省温州市高新技术开发区 489 号。

④ 浙江伟云化工精制有限公司,2020 年 2 月 2 日完成工商登记,该公司目前处于建设筹备阶段。地址:浙江省金华市经济开发区 366 号。

(4) 主要会计政策。

① 公司会计核算执行的是新企业会计准则、《企业会计制度》;记账本位币为人民币;外汇收入按当月 1 日的汇率计算。

② 交易性金融资产期末按成本市价孰低计价,无其他短期投资。

③ 坏账计提率为 0.3%;存货一律采用实际成本法进行核算,发出计价采用加权平均法;产品成本采用分步法;在产品按约当产量法计算期末成本;在产品期末成本包括料工费;周转材料采用五五摊销法;期末按单项存货成本高于可变现净值的差额计提存货跌价准备。

④ 长期投资按会计准则规定进行核算,期末不计提减值准备。

⑤ 固定资产采用直线折旧法计提折旧,残值率为 5%;固定资产折旧年限分别为:房屋建筑物 30 年,机器设备 15 年,运输工具 8 年,电子设备 5 年。

⑥ 固定资产建设贷款利息均按规定进行了资本化和非资本化会计核算;固定资产、在建工程、无形资产不计提减值准备;无形资产只有一项专利权按 10 年平均摊销;无长期待摊费用。

⑦ 收入、成本、费用严格按照会计准则和企业会计制度要求进行会计核算。

⑧ 各种税率:所得税 25%、增值税 13%、城建税 5%、教育费附加 3%、地方教育附加费 1%。

⑨ 盈余公积计提比例为 10%、公益金 5%。

(5) 治理层及管理层关键人员(职位与姓名)。

董事长:张越龙

总经理：黎明

副总经理：马云昀　魏闲

(6) 主要财务人员(职位与姓名)。

总会计师：纪晓兰

财务经理：何深坤

会计主管：上官婉云(业务联系人)

(7) 律师及联系方法。

伟云公司长期聘用正则律师事务所律师陈刚担任其法律顾问。

陈刚律师的联系电话是1330571××××。

(8) 信用情况。

通过浙江省信用管理中心了解到该公司信用等级为AAA。通过前任会计师事务所了解到该公司财务报表一直无重大差错和舞弊。

(9) 其他情况。

通过伟云公司3年财务报表和现有经济、社会环境因素分析，伟云公司在未来3年内暂无经营风险。该公司未发行任何债券，也无其他融资行为。该公司财务报表按照企业会计准则和《企业会计制度》的规定编制。(3年财务报表略)

按浙江省物价局：［1998］浙价费第503号《会计、审计、税务、资产评估中介服务收费管理办法》的规定标准计算，伟云公司此次审计费用应为25 000元。伟云公司承诺在审计约定书签署之日起30日内预付10%的定金，剩余款项于审计报告送达之日起7日内结清。如有任何纠纷选择在杭州市仲裁委员会解决。

伟云公司对外业务联络员为公司经理办公室职员范冰彬，联系电话0571-83064086，1350571××××。

任务1.2　编制审计计划

计划审计工作是一项持续的过程，通常注册会计师在前一期审计工作结束后即开始本期的审计计划工作，直到本期审计工作结束为止。在计划审计工作时，注册会计师需要进行初步业务活动、制定总体审计策略和具体审计计划。在此过程中，需要作出很多关键决策，包括确定可接受的审计风险水平和重要性、配置项目人员等。

审计计划分为总体审计策略和具体审计计划两个层次。

1.2.1　制定总体审计策略应考虑的事项

总体审计策略用以确定审计范围、时间和方向，并指导制订具体审计计划。在制定总体审计策略时，应当考虑以下主要事项。

1. 确定审计范围

注册会计师应当确定审计业务的特征,包括采用的会计准则和相关会计制度、特定行业的报告要求以及被审计单位组成部分的分布等,以确定审计范围。

具体来说,在确定审计范围时,注册会计师需要考虑下列事项。

(1) 编制拟审财务信息所依据的财务报告编制基础,包括是否需要将财务信息调整至按照其他财务报告编制基础编制。

(2) 特定行业的报告要求,如某些行业的监管部门要求提交的报告。

(3) 预期的审计工作涵盖范围,包括需审计的集团内组成部分的数量及所在地点。

(4) 母公司和集团内其他组成部分之间存在的控制关系的性质,以确定如何编制合并财务报表。

(5) 其他注册会计师参与组成部分审计的范围。

(6) 拟审计的业务分部性质,包括是否需要具备专门知识。

(7) 外币折算,包括外币交易的会计处理、外币财务报表的折算和相关信息的披露。

(8) 除对合并目的执行审计工作之外,对个别财务报表进行法定审计的需求。

(9) 内部审计工作的可获得性及注册会计师拟信赖内部审计工作的程度。

(10) 被审计单位使用服务机构的情况,及注册会计师如何取得有关服务机构内部控制设计、执行和运行有效性的证据。

(11) 对利用在以前审计工作中获取的审计证据(如获取的与风险评估程序和控制测试相关的审计证据)的预期。

(12) 信息技术对审计程序的影响,包括数据的可获得性和预期使用计算机辅助审计技术的情况。

(13) 协调审计工作与中期财务信息审阅的预期涵盖范围和时间安排,以及中期审阅所获取的信息对审计工作的影响。

(14) 被审计单位的人员和相关数据可获得性。

2. 确定报告目标、时间安排及所需沟通

总体审计策略的制定应当包括明确审计业务的报告目标,以计划审计的时间安排和所需沟通的性质,包括提交审计报告的时间要求,预期与管理层和治理层沟通的重要日期等。

为计划报告目标、时间安排和所需沟通,注册会计师需要考虑下列事项。

(1) 被审计单位对外报告的时间表,包括中间阶段和最终阶段。

(2) 与管理层和治理层举行会谈,讨论审计工作的性质、时间安排和范围。

(3) 与管理层和治理层讨论注册会计师拟出具的报告的类型和时间安排以及沟通的其他事项(口头或书面沟通),包括审计报告、管理建议书和向治理层通报的其他事项。

(4) 与管理层讨论预期就整个审计业务中审计工作的进展进行的沟通。

(5) 与组成部分注册会计师沟通拟出具的报告的类型和时间安排,以及与组成部分

审计相关的其他事项。

(6) 项目组成员之间沟通的预期性质和时间安排,包括项目组会议的性质和时间安排,以及复核已执行工作的时间安排。

(7) 预期是否需要和第三方进行其他沟通,包括与审计相关的法定或约定的报告责任。

3. 确定审计方向

总体审计策略的制定应当包括考虑影响审计业务的重要因素,以确定项目组工作方向,包括确定适当的重要性水平,初步识别可能存在较高的重大错报风险的领域,初步识别重要的组成部分和账户余额,评价是否需要针对内部控制的有效性获取审计证据,识别被审计单位、所处行业、财务报告要求及其他相关方面最近发生的重大变化等。

在确定审计方向时,注册会计师需要考虑下列事项。

(1) 重要性方面,具体包括:①为计划目的确定重要性;②为组成部分确定重要性且与组成部分的注册会计师沟通;③在审计过程中重新考虑重要性;④识别重要的组成部分和账户余额。

(2) 重大错报风险较高的审计领域。

(3) 评估的财务报表层次的重大错报风险对指导、监督及复核的影响。

(4) 项目组成员的选择(在必要时包括项目质量控制复核人员)和工作分工,包括向重大错报风险较高的审计领域分派具备适当经验的人员。

(5) 项目预算,包括考虑为重大错报风险可能较高的审计领域分配适当的工作时间。

(6) 向项目组成员强调在收集和评价审计证据过程中保持职业怀疑必要性的方式。

(7) 以往审计中对内部控制运行有效性评价的结果,包括所识别的控制缺陷的性质及应对措施。

(8) 管理层重视设计和实施健全的内部控制的相关证据,包括这些内部控制得以适当记录的证据。

(9) 业务交易量规模,以基于审计效率的考虑确定是否信赖内部控制。

(10) 管理层对内部控制重要性的重视程度。

(11) 影响被审计单位经营的重大发展变化,包括信息技术和业务流程的变化,关键管理人员变化,以及收购、兼并和分立。

(12) 重大的行业发展情况,如行业法规变化和新的报告规定。

(13) 会计准则及会计制度的变化。

(14) 其他重大变化,如影响被审计单位的法律环境的变化。

1.2.2 制定总体审计策略

注册会计师在确定好审计范围、时间和方向以后,就可以编写总体审计策略。总体审计策略的格式如表1-4所示。

表 1-4　总体审计策略

被审计单位：_____　　索引号：_____

项目：风险评估_____　　财务报表截止日/期间：_____

编制：_____　　复核：_____

日期：_____　　日期：_____

一、审计范围

报 告 要 求	举　　例
适用的会计准则和相关会计制度	
适用的审计准则	
与财务报告相关的行业特别规定	例如：监管机构发布的有关信息披露法规、特定行业主管部门发布的与财务报告相关的法规等
需审计的集团内组成部分的数量及所在地点	
需要阅读的含有已审计财务报表的文件中的其他信息	例如：上市公司年报
制定审计策略需考虑的其他事项	例如：单独出具报告的子公司范围等

二、审计业务时间安排

（一）对外报告时间安排：_____

（二）执行审计时间安排

执行审计时间安排	时　间
1. 期中审计	
（1）制定总体审计策略	
（2）制订具体审计计划	
……	
2. 期末审计	
（1）存货监盘	

（三）沟通的时间安排

所 需 沟 通	时　间
与管理层及治理层的会议	
项目组会议（包括预备会和总结会）	
与专家或有关人士的沟通	
与其他注册会计师沟通	
与前任注册会计师沟通	

三、影响审计业务的重要因素

（一）重要性

确定的重要性水平	索引号

续表

（二）可能存在较高重大错报风险的领域

可能存在较高重大错报风险的领域	索引号

（三）重要的组成部分和账户余额

重要的组成部分和账户余额	索引号
1. 重要的组成部分	
2. 重要的账户余额	

填写说明：

1. 记录所审计的集团内重要的组成部分；

2. 记录重要的账户余额，包括本身具有重要性的账户余额（如存货），以及评估出存在重大错报风险的账户余额。

四、人员安排

（一）项目组主要成员的责任

职　位	姓　名	主要职责

注：在分配职责时可以根据被审计单位的不同情况按会计科目划分，或按交易类别划分。

（二）与项目质量控制复核人员的沟通（如适用）

复核的范围：_____

沟通内容	负责沟通的项目组成员	计划沟通时间
风险评估、对审计计划的讨论		
对财务报表的复核		

五、对专家或有关人士工作的利用（如适用）

如果项目组计划利用专家或有关人士的工作，需要记录其工作的范围和涉及的主要会计科目等。另外，项目组还应按照相关审计准则的要求对专家或有关人士的能力、客观性及其工作等进行考虑及评估。

续表

（一）对内部审计工作的利用

主要报表项目	拟利用的内部审计工作	索引号
存货	内部审计部门对各仓库的存货每半年至少盘点一次。在中期审计时，项目组已经对内部审计部门盘点步骤进行观察，其结果满意，因此项目组将审阅其年底的盘点结果，并缩小存货监盘的范围	

（二）对其他注册会计师工作的利用

其他注册会计师名称	利用其工作范围及程度	索引号

（三）对专家工作的利用

主要报表项目	专家名称	主要职责及工作范围	利用专家工作的原因	索引号

（四）对被审计单位使用服务机构的考虑

主要报表项目	服务机构名称	服务机构提供的相关服务及其注册会计师出具的审计报告意见及日期	索引号

总体审计策略应能恰当地反映注册会计师考虑审计范围、时间和方向的结果。注册会计师应当在总体审计策略中清楚地说明以下内容。

（1）向具体审计领域调配的资源，包括向高风险领域分派有适当经验的项目组成员，就复杂的问题利用专家工作等。

（2）向具体审计领域分配资源的数量，包括安排到重要存货存放地观察存货盘点的项目组成员的数量，对其他注册会计师工作的复核范围，对高风险领域安排的审计时间预算等。

（3）何时调配这些资源，包括是在期中审计阶段还是在关键的截止日期调配资源等。

（4）如何管理、指导、监督这些资源的利用，包括预期何时召开项目组预备会和总结会，预期项目负责人和经理如何进行复核，是否需要实施项目质量控制复核等。

1.2.3 制订具体审计计划

注册会计师应当为审计工作制订具体审计计划。具体审计计划比总体审计策略更加详细，其内容包括为获取充分、适当的审计证据以将审计风险降至可接受的低水平，项目组成员拟实施的审计程序的性质、时间和范围。可以说，为获取充分、适当的审计证据，确定审计程序的性质、时间和范围的决策是具体审计计划的核心。

1. 具体审计计划的内容

具体审计计划应当包括风险评估程序、计划实施的进一步审计程序和其他审计程序。

1) 风险评估程序

具体审计计划应当包括按照《中国注册会计师审计准则第 1211 号——了解被审计单位及其环境并评估重大错报风险》的规定，为了足够识别和评估财务报表重大错报风险，注册会计师计划实施的风险评估程序的性质、时间和范围。

2) 计划实施的进一步审计程序

具体审计计划应当包括按照《中国注册会计师审计准则第 1231 号——针对评估的重大错报风险采取的应对措施》的规定，针对评估的认定层次的重大错报风险，注册会计师计划实施的进一步审计程序的性质、时间和范围。进一步审计程序包括控制测试和实质性程序。

为达到编制具体审计计划的要求，注册会计师需要完成风险评估程序，识别和评估重大错报风险，并针对评估的认定层次的重大错报风险，计划实施进一步审计程序的性质、时间和范围。通常，注册会计师计划的进一步审计程序可以分为进一步审计程序的总体方案和拟实施的具体审计程序(包括进一步审计程序的具体性质、时间和范围)两个层次。进一步审计程序的总体方案主要是指注册会计师针对各类交易、账户余额和列报决定采用的总体方案(包括实质性方案或综合性方案)。具体审计程序则是对进一步审计程序的总体方案的延伸和细化，它通常包括控制测试和实质性程序的性质、时间和范围。完整、详细的进一步审计程序的计划包括对各类交易、账户余额和列报实施的具体审计程序的性质、时间和范围，包括抽取的样本量等。

3) 其他审计程序

具体审计计划应当包括根据中国注册会计师审计准则的规定，注册会计师针对审计业务需要实施的其他审计程序。计划的其他审计程序可以包括上述进一步程序的计划中没有涵盖的、根据其他审计准则的要求注册会计师应当执行的既定程序。

2. 编制具体审计计划

具体审计计划的制订一般通过具体审计计划表完成，其格式如表 1-5 所示。

表 1-5　具体审计计划

被审计单位：_____　　索引号：_____
项目：_____　　财务报表截止日/期间：_____
编制：_____　　复核：_____
日期：_____　　日期：_____

序号	内　　容	执行否	执行人	执行时间
一	风险评估程序			
1-1	了解被审计单位及其环境(不包括内部控制)			
1-1-1	行业状况、法律环境与监管环境，以及其他外部因素			
1-1-2	被审计单位的性质			

续表

序号	内　容	执行否	执行人	执行时间
1-1-3	会计政策的选择和运用			
1-1-4	目标、战略及相关经营风险			
1-1-5	财务业绩的衡量和评价			
1-2	了解被审计单位内部控制			
1-2-1	在被审计单位整体层面了解内部控制			
1-2-1-1	了解和评价整体层面内部控制汇总表			
1-2-1-2	了解和评价控制环境			
1-2-1-3	了解和评价被审计单位风险评估过程			
1-2-1-4	了解和评价控制信息系统与沟通			
1-2-1-5	了解和评价被审计单位对控制的监督			
1-2-2	在业务流程层面了解和评价内部控制			
1-2-2-1	了解内部控制——采购与付款循环			
1-2-2-2	了解内部控制——工薪与人事循环			
1-2-2-3	了解内部控制——生产与仓储循环			
1-2-2-4	了解内部控制——销售与收款循环			
1-2-2-5	了解内部控制——筹资与投资循环			
1-2-2-6	了解内部控制——固定资产循环			
1-3	项目组讨论			
1-4	风险评估结果汇总			
1-4-1	识别的重大错报风险汇总			
1-4-2	财务报表层次风险应对方案			
1-4-3	特别风险应对措施及结果汇总			
1-4-4	对重要账户和交易采取的进一步审计程序方案(计划矩阵)			
二	计划实施的进一步审计程序			
2-1	内控测试			
2-1-1	控制测试——采购与付款循环			
2-1-2	控制测试——工薪与人事循环			
2-1-3	控制测试——生产与仓储循环			
2-1-4	控制测试——销售与收款循环			
2-1-5	控制测试——筹资与投资循环			
2-1-6	控制测试——固定资产循环			
2-2	实质性程序			
2-2-1				
2-2-2				
三	计划实施的其他审计程序			
3-1	舞弊风险评估与应对			
3-2	关联方及关联方交易			
3-3	持续经营			
3-4	首次接受委托时对期初余额的审计			
3-5	或有事项			
3-6	期后事项			
3-7	比较数据			
3-8	含有已审计财务报表的文件中的其他信息			

1.2.4 审计过程中对计划的更改

计划审计工作并非审计业务的一个孤立阶段,而是一个持续的、不断修正的过程,贯穿于整个审计业务的始终。由于未预期事项、条件的变化或在实施审计程序中获取的审计证据等原因,注册会计师应当在审计过程中对总体审计策略和具体审计计划作出必要的更新和修改。

审计过程可以分为不同阶段,通常前一阶段的工作结果会对后一阶段的工作计划产生影响,而后一阶段的工作过程中又可能发现需要对已制订的相关计划进行相应的更新和修改。通常来讲,这些更新和修改涉及比较重要的事项。例如,对重要性水平的修改,对某类交易、账户余额和列报的重大错报风险的评估和进一步审计程序(包括总体方案和拟实施的具体审计程序)的更新和修改等。一旦计划被更新和修改,审计工作也就应当进行相应修正。

例如,在制订审计计划时,注册会计师基于对材料采购交易的相关控制的设计和执行获取的审计证据,认为相关控制设计合理并得以执行,因此未将其评价为高风险领域并且计划执行控制测试。但是在执行控制测试时获得的审计证据与审计计划阶段获得的审计证据相矛盾,注册会计师认为该类交易的控制没有得到有效执行,此时,注册会计师可能需要修正对该类交易的风险评估,并基于修正的评估风险修改计划的审计方案,如采用实质性方案。

1.2.5 与治理层和管理层的沟通

与治理层和管理层的沟通有助于注册会计师协调某些计划的审计程序与被审计单位人员工作之间的关系,从而使审计业务更易于执行和管理,提高审计效率与效果。注册会计师可以就计划审计工作的基本情况与被审计单位治理层和管理层进行沟通。对此,注册会计师应当按照《中国注册会计师审计准则第1151号——与治理层的沟通》中的有关规定执行。沟通的内容可以包括审计的时间安排和总体策略、审计工作中受到的限制及治理层和管理层对审计工作的额外要求等。

当就总体审计策略和具体审计计划中的内容与治理层、管理层进行沟通时,注册会计师应当保持职业谨慎,以防止由于具体审计程序易于被管理层或治理层所预见而损害审计工作的有效性。

需要强调的是,虽然注册会计师可以就总体审计策略和具体审计计划的某些内容与治理层和管理层沟通,但是制定总体审计策略和具体审计计划仍然是注册会计师的责任。

1.2.6 总体审计策略与具体审计计划的关系

制定总体审计策略和具体审计计划的过程紧密联系,并且两者的内容也紧密相关。

总体审计策略一经制定，注册会计师应当针对总体审计策略中所识别的不同事项，制订具体审计计划，并考虑通过有效利用审计资源以实现审计目标。值得注意的是，虽然编制总体审计策略的过程通常在具体审计计划之前，但是两项计划活动并不是孤立、不连续的过程，而是内在紧密联系的，对其中一项的决定可能会影响甚至改变对另外一项的决定。例如，注册会计师在了解被审计单位及其环境的过程中，注意到被审计单位对主要业务的处理依赖复杂的自动化信息系统，因此计算机信息系统的可靠性及有效性对其经营、管理、决策，以及编制可靠的财务报告具有重大影响。对此，注册会计师可能会在具体审计计划中制订相应的审计程序，并相应调整总体审计策略的内容，作出利用信息技术专家的工作的决定。

因此，注册会计师应当根据实施风险评估程序的结果，对总体审计策略的内容予以调整。在实务中，注册会计师将制定总体审计策略和具体审计计划相结合进行，可能会使计划审计工作更有效率及效果，并且注册会计师也可以采用将总体审计策略和具体审计计划合并为一份审计计划文件的方式，提高编制及复核工作的效率，增强其效果。

任务1.3 审计风险评估

1.3.1 了解被审计单位及其环境

《中国注册会计师审计准则第1211号——了解被审计单位及其环境并评估重大错报风险》作为专门规范风险评估的准则，规定注册会计师应当了解被审计单位及其环境，以充分识别和评估财务报表重大错报风险，设计和实施进一步审计程序。

了解被审计单位及其环境是必要程序，特别是为注册会计师在下列关键环节作出职业判断提供重要基础：①确定重要性水平，并随着审计工作的进程评估对重要性水平的判断是否仍然适当；②考虑会计政策的选择和运用是否恰当，以及财务报表的列报（包括披露，下同）是否适当；③识别需要特别考虑的领域，包括关联方交易、管理层运用持续经营假设的合理性，或交易是否具有合理的商业目的等；④确定在实施分析程序时所使用的预期值；⑤设计和实施进一步审计程序，以将审计风险降至可接受的低水平；⑥评价所获取审计证据的充分性和适当性。

1. 风险评估程序

注册会计师了解被审计单位及其环境，目的是识别和评估财务报表重大错报风险。为了解被审计单位及其环境而实施的程序称为风险评估程序。注册会计师应当依据实施这些程序所获取的信息，评估重大错报风险。

注册会计师应当实施下列风险评估程序，以了解被审计单位及其环境。

1) 询问被审计单位管理层和内部其他相关人员

询问被审计单位管理层和内部其他相关人员是注册会计师了解被审计单位及其环境的一个重要信息来源。注册会计师可以考虑向管理层和财务负责人询问下列事项。

(1) 管理层所关注的主要问题。如新的竞争对手、主要客户和供应商的流失、新的税收法规的实施,以及经营目标或战略的变化等。

(2) 被审计单位最近的财务状况、经营成果和现金流量。

(3) 可能影响财务报告的交易和事项,或者目前发生的重大会计处理问题。如重大的购并事宜。

(4) 被审计单位发生的其他重要变化。如所有权结构、组织结构的变化,以及内部控制的变化。

尽管注册会计师通过询问管理层和财务负责人可获取大部分信息,但是询问被审计单位内部的其他人士可能为注册会计师提供不同的信息,有助于识别重大错报风险。注册会计师询问不同的人员可获得不同的信息,所起的作用也有所不同。

(1) 询问管理层,有助于注册会计师理解财务报表编制的环境。

(2) 询问内部审计人员,有助于注册会计师了解其针对被审计单位内部控制设计和运行有效性而实施的工作,以及管理层对内部审计发现的问题是否采取适当的措施。

(3) 询问参与生成、处理或记录复杂或异常交易的员工,有助于注册会计师评估被审计单位选择和运用某项会计政策的适当性。

(4) 询问内部法律顾问,有助于注册会计师了解有关法律法规的遵循情况、产品保证和售后责任、与业务合作伙伴的安排(如合营企业)、合同条款的含义,以及诉讼情况等。

(5) 询问营销或销售人员,有助于注册会计师了解被审计单位的营销策略及其变化、销售趋势,以及与客户的合同安排。

(6) 询问采购人员和生产人员,有助于注册会计师了解被审计单位的原材料采购和产品生产等情况。

(7) 询问仓库人员,有助于注册会计师了解原材料、产成品等存货的进出、保管和盘点等情况。

2) 实施分析程序

分析程序是指注册会计师通过研究不同财务数据之间以及财务数据与非财务数据之间的内在关系,对财务信息作出评价。分析程序还包括调查识别出的、与其他相关信息不一致或与预期数据严重偏离的波动和关系。

注册会计师实施分析程序有助于识别异常的交易或事项,以及对财务报表和审计产生影响的金额、比率和趋势。

3) 观察和检查

观察和检查可以印证对管理层和其他相关人员的询问结果,并可提供有关被审计单位及其环境的信息,注册会计师应当实施下列观察和检查程序。

(1) 观察被审计单位的生产经营活动。例如,观察被审计单位人员正在从事的生产活动和内部控制活动,可以增加注册会计师对被审计单位人员如何进行生产经营活动及实施内部控制的了解。

(2) 检查文件、记录和内部控制手册。例如，检查被审计单位的章程，与其他单位签订的合同、协议，各业务流程操作指引和内部控制手册，了解被审计单位组织结构和内部控制制度的建立、健全情况。

(3) 阅读由管理层和治理层编制的报告。例如，阅读被审计单位年度和中期财务报告，股东大会、董事会会议、高级管理层会议的会议记录或纪要，管理层的讨论和分析资料，经营计划和战略，对重要经营环节和外部因素的评价，被审计单位内部管理报告以及其他特殊目的报告（如新投资项目的可行性分析报告）等，了解自上一审计结束至本期审计期间被审计单位发生的重大事项。

(4) 实地察看被审计单位的生产经营场所和设备。通过现场访问和实地察看被审计单位的生产经营场所和设备，可以帮助注册会计师了解被审计单位的性质及其经营活动。

(5) 追踪交易在财务报告信息系统中的处理过程（穿行测试）。这是注册会计师了解被审计单位业务流程及其相关控制时经常使用的审计程序。通过追踪某笔或某几笔交易在业务流程中如何生成、记录、处理和报告，以及相关内部控制如何执行，注册会计师可以确定被审计单位的交易流程和相关控制是否与之前通过其他程序所获得的了解一致，并确定相关控制是否得到执行。

除了采用上述程序从被审计单位内部获取信息以外，如果根据职业判断认为从被审计单位外部获取的信息有助于识别重大错报风险，注册会计师应当实施其他审计程序以获取这些信息。例如，询问被审计单位聘请的外部法律顾问、专业评估师、投资顾问和财务顾问。阅读外部信息也可能有助于注册会计师了解被审计单位及其环境。注册会计师应当考虑在承接客户或续约过程中获取的信息，以及向被审计单位提供其他服务所获得的经验是否有助于识别重大错报风险。

2. 了解被审计单位及其环境的步骤

了解被审计单位及其环境主要通过收集和记录被审计单位及其环境（不包括内部控制）工作底稿所列信息完成，其格式如表 1-6 所示。

表 1-6 了解被审计单位及其环境（不包括内部控制）

被审计单位：_____ 索引号：_____
项目：风险评估_____ 财务报表截止日/期间：_____
编制：_____ 复核：_____
日期：_____ 日期：_____

一、审计目标

从以下几方面了解被审计单位及其环境，并评估相应重大错报风险：
1. 行业状况、法律环境与监管环境，以及其他外部因素；
2. 被审计单位的性质；
3. 被审计单位对会计政策的选择和运用；
4. 被审计单位的目标、战略，以及相关经营风险；
5. 被审计单位财务业绩的衡量和评价。

二、行业状况、法律环境与监管环境,以及其他外部因素
(一)实施的风险评估程序

风险评估程序	执行人	执行时间	索引号
1. 向被审计单位销售总监询问其主要产品、行业发展状况等信息			
2. 查阅券商编写的关于被审计单位及其所处行业的研究报告			
3. 将被审计单位的关键业绩指标(销售毛利率和市场占有率等)与同行业中规模相近的企业进行比较			
……			

(二)了解的内容和评估出的风险

1. 行业状况	审计说明
(1) 所在行业的市场供求与竞争 ① 被审计单位的主要产品是什么?所处什么行业? ② 行业的总体发展趋势是什么? ③ 行业处于哪一总体发展阶段(例如起步、快速成长、成熟或衰退阶段)? ④ 市场需求、市场容量和价格竞争如何? ⑤ 行业上下游关系如何? ⑥ 谁是被审计单位最重要的竞争者,他们所占的市场份额是多少? ⑦ 被审计单位及其竞争者主要的竞争优势是什么? …… (2) 生产经营的季节性和周期性 ① 行业是否受经济周期波动影响,以及采取了什么行动使波动的影响最小化? ② 行业生产经营和销售是否受季节影响? …… (3) 产品生产技术的变化 ① 本行业的核心技术是什么? ② 受技术发展影响的程度如何? ③ 行业是否开发了新的技术? ④ 被审计单位在技术方面是否具有领先地位? …… (4) 能源供应与成本 能源消耗在成本中所占比重,能源价格的变化对成本有什么影响? …… (5) 行业的关键指标和统计数据 ① 行业产品平均价格、产量是多少? ② 被审计单位业务的增长率和财务业绩与行业的平均水平及主要竞争者相比如何,存在重大差异的原因是什么? ③ 竞争者是否采取了某些行动,如购并活动、降低销售价格、开发新技术等,从而对被审计单位的经营活动产生影响? ……	

续表

2. 法律环境及监管环境	审计说明
(1) 适用的会计准则、会计制度和行业特定惯例 ① 被审计单位是属于上市公司、外商投资企业还是其他企业,相应地适用的会计准则或会计制度是什么,例如是企业会计准则,还是《企业会计制度》或者《小企业会计制度》? ② 是否仍采用行业核算办法? …… (2) 对经营活动产生重大影响的法律、法规及监管活动 国家对该行业是否有特殊监管要求? …… (3) 对开展业务产生重大影响的政府政策,包括货币、财政、税收和贸易等政策 现行货币政策、财政政策、关税和贸易限制或税务法规对被审计单位经营活动产生怎样的影响? …… (4) 与被审计单位所处行业和所从事经营活动相关的环保要求 是否存在新出台的法律、法规(如新出台的有关产品责任、劳动安全或环境保护的法律、法规等),对被审计单位有什么影响? ……	
3. 其他外部因素	审计说明
(1) 宏观经济的景气度 (2) 利率和资金供求状况 (3) 通货膨胀水平及币值变动 (4) 国际经济环境和汇率变动 ① 当前的宏观经济状况如何(萧条、景气),以及未来有什么发展趋势? ② 利率和资金供求状况如何影响被审计单位的经营活动? ③ 目前国内或本地区的经济状况(如增长率、通货膨胀、失业率、利率等)如何影响被审计单位的经营活动? ④ 被审计单位的经营活动是否受到汇率波动或全球市场力量的影响? ……	

三、被审计单位的性质
(一) 实施的风险评估程序

风险评估程序	执行人	执行时间	索引号
1. 向董事长等高管人员询问被审计单位所有权结构、治理结构、组织结构、近期主要投资、筹资情况			
2. 向销售人员询问相关市场信息,如主要客户和合同、付款条件、主要竞争者、定价政策、营销策略			
3. 查阅组织结构图、治理结构图、公司章程,主要销售、采购、投资、债务合同等			
4. 实地察看被审计单位主要生产经营场所			
……			

(二) 了解的内容和评估出的风险

续表

1. 所有权结构		
(1) 所有权性质(属于国有企业、外商投资企业、民营企业还是其他类型)		
(2) 所有者和其他人员或单位的名称，以及与被审计单位之间的关系		
所有者	主要描述(法人/自然人，企业类型，自然人的主要社会职务，企业所属地区、规模等)	与被审计单位之间的关系
(3) 控股母公司 ① 控股母公司的所有权性质、管理风格及其对被审计单位经营活动及财务报表可能产生的影响 ② 控股母公司与被审计单位在资产、业务、人员、机构、财务等方面是否分开，是否存在占用资金等情况 ③ 控股母公司是否施加压力，要求被审计单位达到其设定的财务业绩目标		审计说明
2. 治理结构		审计说明
(1) 获取或编制被审计单位治理结构图 (2) 对图示内容作出详细解释说明 ① 董事会的构成和运作情况 ② 董事会内部是否有独立董事，独立董事的人员构成 ③ 治理结构中是否设有审计委员会或监事会及其运作情况等		
3. 组织结构		审计说明
(1) 获取或编制被审计单位组织结构图 (2) 对图示内容作出详细解释说明 组织结构是否复杂，是否可能导致重大错报风险，包括财务报表合并、商誉减值、长期股权投资核算，以及特殊目的的实体核算等问题		
4. 经营活动		审计说明
(1) 主营业务的性质 (2) 主要产品及描述 (3) 与生产产品或提供劳务相关的市场信息 　　主要客户和合同、付款条件、利润率、市场份额、竞争者、出口、定价政策、产品声誉、质量保证、营销策略和目标等 (4) 业务的开展情况 ① 业务分部的设立情况 ② 产品和服务的交付情况 ③ 衰退或扩展的经营活动情况 (5) 联盟、合营与外包情况 (6) 从事电子商务的情况 　　是否通过互联网销售产品、提供服务或从事营销活动		

	续表
(7) 地区与行业分布 　　是否涉及跨地区经营和多种经营,各个地区和各行业分布的相对规模以及相互之间是否存在依赖关系 (8) 生产设施、仓库的地理位置及办公地点 (9) 关键客户 ① 销售对象是少量的大客户还是众多的小客户 ② 是否有被审计单位高度依赖的特定客户(如超过销售总额10％的顾客) ③ 是否有造成高回收性风险的若干客户或客户类别(如正处在一个衰退市场中的客户) ④ 是否与某些客户订立了不寻常的销售条款或条件 (10) 重要供应商 ① 主要供应商名单 ② 是否签订长期供应合同 ③ 原材料供应的可靠性和稳定性 ④ 付款条件 ⑤ 原材料是否受重大价格变动的影响 (11) 劳动用工情况 ① 分地区用工情况 ② 劳动力供应情况 ③ 工资水平、退休金和其他福利、股权激励或其他奖金安排 ④ 适用的劳动用工事项相关法规 (12) 研究与开发活动及其支出 ① 从事的研究与开发活动 ② 研发支出占收入比重 ③ 与同行业相比情况 (13) 关联方交易 ① 哪些客户或供应商是关联方 ② 对关联方和非关联方是否采用不同的销售和采购条款 ③ 关联方交易以及定价政策	
5. 投资活动	审计说明
(1) 近期拟实施或已实施的并购活动与资产处置情况 　　被审计单位的并购活动或某些业务的终止,如何与目前的经营业务相协调,并考虑其是否会引发进一步的经营风险 (2) 证券投资、委托贷款的发生与处置 (3) 资本性投资活动 ① 固定资产和无形资产投资 ② 近期发生的或计划发生的投资变动 ③ 重大的资本承诺 (4) 不纳入合并范围的投资 　　联营、合营或其他投资,包括近期计划的投资项目	

续表

6. 筹资活动	审计说明

(1) 债务结构和相关条款,包括担保情况及表外融资
① 获得的信贷额度是否可以满足营运需要
② 得到的融资条件及利率是否与竞争对手相似,如不相似,原因何在
③ 是否存在违反借款合同中限制性条款的情况
④ 是否承受重大的汇率与利率风险
(2) 固定资产的租赁
  通过融资租赁方式进行的筹资活动
(3) 关联方融资
① 关联方融资的特殊条款
② 关联方融资占融资总额的比重
(4) 实际受益股东
  被审计单位实际受益股东的名称、国籍、商业声誉和经验,以及可能对被审计单位产生的影响
(5) 衍生金融工具的运用
① 衍生金融工具是用于交易目的还是套期目的
② 衍生金融工具的种类
③ 使用衍生金融工具的范围
④ 交易对手	

四、被审计单位对会计政策的选择和运用

(一) 实施的风险评估程序

风险评估程序	执行人	执行时间	索引号
向财务总监询问被审计单位采用的主要会计政策、会计政策变更的情况、财务人员配备和构成情况等			
查阅被审计单位会计工作手册、操作指引等财务资料和内部报告			
……			

(二) 了解的内容和评估的风险

1. 被审计单位选择和运用的会计政策

重要的会计政策	被审计单位选择和运用的会计政策	对会计政策选择和运用的评价
发出存货成本的计量		
长期股权投资的后续计量		
固定资产的初始计量		
无形资产的确定		
非货币性资产交换的计量		
收入的确认		
借款费用的处理		
合并政策		

续表

2. 会计政策变更的情况

原会计政策	变更后会计政策	变更日期	变更原因	对变更的处理(调整、列报等)	对变更的评价

3. 披露

被审计单位是否按照适用的会计准则和会计制度对会计政策的选择和运用进行了恰当的披露

五、被审计单位的目标、战略,以及相关经营风险

(一)实施的风险评估程序

风险评估程序	执行人	执行时间	索引号
1. 向董事长等高级管理人员询问被审计单位实施的或准备实施的目标和战略			
2. 查阅被审计单位经营规划和其他文件			
……			

(二)了解的内容和评估出的风险

1. 目标与战略
2. 相关经营风险
3. 被审计单位的风险评估过程

六、被审计单位财务业绩的衡量和评价

(一)实施的风险评估程序

风险评估程序	执行人	执行时间	索引号
1. 查阅被审计单位管理层和员工业绩考核与激励性报酬政策、分布信息与不同层次部门的业绩报告等			
2. 实施分析程序,将内部财务业绩指标与被审计单位设定的目标值进行比较,与竞争对手的业绩进行比较,分析业绩趋势等			
……			

(二)了解的内容和评估出的风险

1. 关键业绩指标
2. 业绩趋势

续表

3. 预测、预算和差异分析
4. 管理层和员工业绩考核与激励性报酬政策
5. 分部信息与不同层次部门的业绩报告
6. 与竞争对手的业绩比较
7. 外部机构提出的报告

1.3.2 了解、测试和评价被审计单位的内部控制并记录于工作底稿

内部控制的目标旨在合理保证财务报告的可靠性、经营的效率和效果以及对法律、法规的遵守。注册会计师审计的目标是对财务报表是否存在重大错报发表审计意见,因此,在财务报表审计中考虑与财务报表编制相关的内部控制,是否能够合理保证财务报告的可靠性。为此,注册会计师往往要对被审计单位的内部控制进行了解、测试和评价,以防止和减少审计风险。

1. 了解和评价被审计单位的内部控制的内容

注册会计师需要了解和评价的内部控制只是与财务报表审计相关的内部控制,并非被审计单位所有的内部控制。主要包括为实现财务报告可靠性目标设计和实施的控制和其他与审计相关的控制。

与审计相关的控制,包括被审计单位为实现财务报告可靠性目标设计和实施的控制。注册会计师应当运用职业判断,考虑一项控制单独或连同其他控制是否与评估重大错报风险以及针对评估的风险设计和实施进一步审计程序有关。

如果用以保证经营效率、效果的控制以及对法律、法规遵守的控制与实施审计程序时评价或使用的数据相关,注册会计师应当考虑这些控制可能与审计相关。例如,对于某些非财务数据(如生产统计数据)的控制,如果注册会计师在实施分析程序时使用这些数据,这些控制就可能与审计相关。又如,某些法规(如税法)对财务报表存在直接和重大的影响(影响应交税费和所得税费用),为了遵守这些法规,被审计单位可能设计和执行相应的控制,这些控制也与注册会计师的审计相关。

2. 了解和评价被审计单位的内部控制的操作与记录方法

注册会计师主要在整体层面和业务流程层面对被审计单位的内部控制的设计与执行情况进行了解和评价。其过程均记录于相应工作底稿中,如表1-7和表1-8所示。

表 1-7　了解被审计单位内部控制

(在被审计单位整体层面了解内部控制)

被审计单位：_____　　索引号：_____
项目：风险评估_____　　财务报表截止日/期间：_____
编制：_____　　复核：_____
日期：_____　　日期：_____

在被审计单位整体层面了解和评价内部控制的工作包括：
1. 了解被审计单位整体层面内部控制的设计，并记录所获得的了解
2. 针对被审计单位/整体层面内部控制的控制目标，记录相关的控制活动
3. 执行询问、观察和检查程序，评价控制的执行情况
4. 记录在了解和评价整体层面内部控制的设计和执行过程中存在的缺陷以及拟采取的应对措施
了解被审计单位整体层面内部控制形成下列审计工作底稿：
1.(BB-1) 了解整体层面内部控制汇总表
2.(BB-2) 了解和评价控制环境
3.(BB-3) 了解和评价被审计单位的风险评估过程
4.(BB-4) 了解和评价信息系统与沟通
5.(BB-5) 了解和评价被审计单位对控制的监督

由于篇幅和可操作性所限，其他工作底稿不再逐一介绍。总之，为了控制风险评估程序的质量，中国注册会计师协会对风险评估的工作程序作了严格规定，并要求注册会计师在审计时严格将过程记录于相应的工作底稿。

1.3.3　评估重大错报风险

1. 识别和评估重大错报风险的审计程序

在识别和评估重大错报风险时，注册会计师应当实施下列审计程序。

(1) 在了解被审计单位及其环境的整个过程中识别风险，并考虑各类交易、账户余额、列报。

(2) 将识别的风险与认定层次可能发生错报的领域相联系。

(3) 考虑识别的风险是否重大。

(4) 考虑识别的风险导致财务报表发生重大错报的可能性。

2. 识别两个层次的重大错报风险

在对重大错报风险进行识别和评估后，注册会计师应当确定，识别的重大错报风险是与特定的某类交易、账户余额和披露的认定相关，还是与财务报表整体广泛相关，进而影响多项认定。

被审计单位：_____   索引号：_____
项目：风险评估   财务报表截止日/期间：_____
编制：_____   复核：_____
日期：_____   日期：_____

表 1-8 了解和评价控制环境

一、对诚信和道德价值观念的沟通与落实

索引号	控制目标	拟实施的风险评估程序	被审计单位的控制	询问	观察	检查	结论	存在的缺陷
	使员工行为守则及其他政策得到执行	询问、检查	(1) 公司制定了员工的行为守则，行为守则内容完备，涉及利益冲突、不当支出、公平竞争的保障、内幕交易等问题 (2) 员工定期承诺遵守这些制度 (3) 行为守则可供公开查阅（如可在公司的内网上查阅） (4) 指定专人回答关于行为守则中的问题 (5) 行为守则中充分描述了违反规定的内部汇报系统，指明向适当的人汇报违规行为 (6) 行为守则没有规范的重要性，通过企业文化强调操守及价值观的重要性，通过在员工大会上口头传达，通过一对一谈话或在处理日常事务中通过实例示范	于20___年___月___日询问人力资源部经理	N/A	《员工行为守则》员工定期守制度承诺员工大会的会议纪要		不适用
	建立信息传达机制，使员工能够清晰了解管理层的理念	询问	(1) 将对诚信和道德规范应当严格遵循的观念，通过文字和实际行动有效地灌输给所有员工 (2) 鼓励员工行为端正 (3) 当出现存在问题的迹象时，特别是当发现和解决问题的成本可能较高时，管理层能予以恰当地处理	于20___年___月___日询问人力资源部经理				不适用
	与公司的利益相关者（如投资者、债权人等）保持良好的关系	询问	(1) 管理层在处理交易业务时保持高度诚信，要求其员工和客户同样保持诚信 (2) 当不诚信的行为发生时，能尽快并严肃处理	于20___年___月___日询问部经理				不适用

· 64 ·

续表

索引号	控制目标	拟实施的风险评估程序	被审计单位的控制	询问	观察	检查	结论	存在的缺陷
	对背离公司规定的行为反时采取补救措施，并将这些措施传达至相应层次的员工	询问	(1) 管理层能立即对违反规定的行为作出反应 (2) 对违反规定的处理结果及时让全体员工知晓 (3) 对违反规定的管理人员采取撤职处理	于20___年___月___日询问___部经理				不适用
	对背离公司现有控制的行为进行调查和纠正	询问	(1) 明确地禁止管理人员逾越既定控制 (2) 任何与既定政策不一致的事件都会被调查并记录 (3) 鼓励员工举报任何企图逾越控制的情况	于20___年___月___日询问___部经理				不适用
	员工和管理层的工作压力恰当	询问、检查	(1) 公司完全建立合理的激励机制，并不完全在实现短期目标的基础上 (2) 薪酬体系设计着眼于调动员工个人及团队的积极性	于20___年___月___日询问___部经理		激励机制相关文件		不适用

二、对胜任能力的重视

索引号	控制目标	拟实施的风险评估程序	被审计单位的控制	询问	观察	检查	结论	存在的缺陷
	公司保持岗位责任明确，任职条件清晰	询问、检查	(1) 管理层对所有监管及其岗位的工作有正式的书面描述，任职条件规定了履行特定职责所需的知识和技能 (2) 岗位职责在组织内清晰地传达 (3) 每位员工的岗位责任与分派的权限相关	于20___年___月___日询问人力资源部经理	N/A	岗位说明书		不适用
	持续培训员工	询问	定期对员工培训，更新员工的知识	于20___年___月___日询问人力资源部经理		培训记录		不适用

续表

三、治理层的参与程度

索引号	控制目标	拟实施的风险评估程序	被审计单位的控制	询问	观察	检查	结论	存在的缺陷
	在董事会内部建立监督机制	询问、检查	在董事会内部建立审计委员会,审计委员会与总会计师、内部及外部审计人员讨论财务报告程序、内部控制体系、管理层的业绩、重要观点和建议等的合理性,每年审查内外部审计人员的审计活动范围	于20__年__月__日询问__部经理	N/A	董事会会议纪要		不适用
	保证董事会成员具备适当的经验和资历,并保持成员相对的稳定性	询问、检查	(1)对董事会成员的经验和资历有明确的书面规定,股东在提名董事成员时严格按照规定进行,不合格的提名无效。(2)每届任期3年,可以连任	于20__年__月__日询问__部经理		董事任职文件		不适用
	董事会、审计委员会或类似机构独立于管理层	询问、检查	(1)管理层的提案需经过董事会审议。(2)董事会监督经营成果,检查预算与实际的差异,并要求管理层作出解释。(3)董事会不是仅由部门领导和员工组成,董事会保持至少3位独立董事	于20__年__月__日询问__部经理		董事会会议纪要		不适用
	审计委员会正常运作	询问、检查	董事会审计委员每年召开3次会议,定期收到诸如财务报表、主要的市场营销活动、重要协议或谈判等的关键信息,监督编制财务报告的过程	于20__年__月__日询问__部经理		董事会会议纪要		不适用
	管理层不能由一人或少数几人控制		董事会、审计委员对管理层实施有效监督					不适用

续表

四、管理层的理念和经营风格

索引号	控制目标	拟实施的风险评估程序	被审计单位的控制	询问	观察	检查	结论	存在的缺陷
	对非经常的经营风险，管理层采取稳妥措施	询问、检查	管理层在承担经营风险，选择会计政策和作出会计估计时必须保守，并需要在内部民主讨论，对当事人规定明确的个人责任	于20__年__月__日询问__部经理		检查公司章程		不适用
	管理层对信息技术的控制给予适当关注	询问	定期召开信息技术工作会议，研究制订发展规划，安排足够的资金和人员	于20__年__月__日询问__部经理				不适用
	高级管理层对业务分支机构保持有效控制	询问、检查	(1) 高级经理经常深入附属机构或分支机构视察其运作情况 (2) 经常召开集团或区域管理人员会议	于20__年__月__日询问__部经理		检查信息技术工作会议纪要		不适用
	管理层对财务报告的态度合理	询问	管理层对财务报告的基本态度是财务报告应反映实际情况，反对收入最大化、平滑利润曲线、纳税最小化等行为。愿意因错报金额增长严重而调整财务报表	于20__年__月__日询问__部经理				不适用
	管理层对于重大的内部控制和会计事项、征询注册会计师的意见	询问、检查	(1) 管理层和注册会计师经常就会计和审计问题进行沟通 (2) 在审计调整和内部控制方面达成一致意见	于20__年__月__日询问__部经理		检查沟通记录		不适用

续表

五、组织结构

索引号	控制目标	拟实施的风险评估程序	被审计单位的控制	询问	观察	检查	结论	存在的缺陷
	组织结构合理，具备提供管理各类活动所需信息的能力	询问、检查	(1) 根据经营活动的性质，恰当地采用集权或者分权的组织结构设计 (2) 组织结构的设计上便于由上而下、由下而上或横向的信息传递	于20__年__月__日询问__部经理		检查组织结构文件		不适用
	对交易授权的控制建立在适当的层次上	询问、检查	(1) 董事会对董事长、总经理授予不同的权利 (2) 总经理对副总经理授权	于20__年__月__日询问__部经理		检查授权文件		不适用
	对于分散（分权）的交易存在适当的监控	询问	经理层密切关注该类交易，经常听取汇报	于20__年__月__日询问__部经理				不适用
	管理层制定和修订会计系统和控制活动的政策	询问、检查	(1) 管理层已经制定了会计系统和控制活动的标准并予以记录 (2) 管理层依其职责和权限从现有的报告系统中得到适当的信息 (3) 业务经理可通过沟通渠道接触到负责经营的高级主管	于20__年__月__日询问__部经理		检查会计系统和控制活动的标准		不适用
	保持员工，特别是负有监督和管理责任的员工数量充足	询问、检查	(1) 对加班严格审批 (2) 工作压力大时，及时招聘人员	于20__年__月__日询问__部经理		检查加班记录		不适用
	管理层定期评估组织结构的恰当性	询问、检查	董事会每年召开一次会议，讨论组织机构的设置	于20__年__月__日询问__部经理		检查董事会会议纪要		不适用

续表

六、职权与责任的分配

索引号	控制目标	拟实施的风险评估程序	被审计单位的控制	询问	观察	检查	结论	存在的缺陷
	员工的岗位职责，包括具体任务、报告关系及所受到限制等明确制定并传达到本人	询问，检查	(1) 公司制定管理层及负有监督责任的职务说明书，以及各级员工的职务说明书 (2) 职务说明书明确规定了与控制有关的责任	于20___年___月___日询问___部经理		检查职务说明书		不适用
	在被审计单位内部有明确的职责划分和岗位分离	询问，检查	将业务授权、业务记录、资产保管和维护，以及业务执行的职责尽可能地分离	于20___年___月___日询问___部经理		检查职务分离的文件		不适用
	保持权力和责任的对等	询问，检查	(1) 完成工作所需权力与高级管理人员的参与程度保持适当的平衡 (2) 授予合适级别的员工纠正问题或实施改进的权力，并且此授权也明确了所需的能力水平和明确的权限	于20___年___月___日询问___部经理		检查职务说明书		不适用
	对授权交易及系统改善的控制有适当的记录，对数据处理的控制适当记录	询问	建立授权交易及系统改善的控制制度	于20___年___月___日询问___部经理				不适用

七、人力资源的政策与实务

续表

索引号	控制目标	被审计单位的控制	拟实施的风险评估程序	询问	观察	检查	结论	存在的缺陷
	关键管理人员具备岗位所需的丰富知识和经验	(1) 招聘业务主管需具备执行任务、履行职责的知识及经验 (2) 对关键管理人员实施适当的培训	询问、检查	于20__年__月__日询问经理部		检查关键管理人员培训记录		不适用
	人事政策中强调员工需保持适当的伦理和道德标准	评估业绩时将员工的操守和价值观纳入评估标准之中	询问、检查	于20__年__月__日询问经理部		检查员工评价文件		不适用
	人力资源政策与程序清晰,定期发布和更新	(1) 每年检查人力资源政策与程序,不恰当地进行调整 (2) 对更新的文件及时传达	询问、检查	于20__年__月__日询问部经理		检查人力资源政策与程序		不适用

编制说明:

1. 本审计工作底稿中列示的被审计单位的控制目标和控制活动,仅为说明有关表格的使用方法,并非对所有控制目标和控制活动的全面列示。在执行财务报表审计业务时,注册会计师应根据被审计单位的实际情况予以填写。

2. 如果拟信赖以前审计中获取的审计证据,应通过询问并结合观察或者检查程序,获取控制活动是否已经发生变化的审计证据,并予以记录。

3. "拟实施的风险评估程序"一列,应根据注册会计师针对控制计划采取的审计程序,包括询问、观察和检查;"被审计单位实际采取的控制"一列应记录审计单位实际采取的控制活动,"询问"一列应填写该询问对象的姓名、级别、所在部门以反询问日期。

4. 注册会计师对控制的评价结论可能是:①控制设计合理,并得到执行;②控制设计合理,未得到执行;③控制设计无效或缺乏必要的控制。

某些重大错报风险可能与特定的各类交易、账户余额披露的认定相关。例如,被审计单位存在复杂的联营或合资,这一事项表明长期股权投资账户的认定可能存在重大错报风险。又如,被审计单位存在重大的关联方交易,该事项表明关联方及关联方交易的披露认定可能存在重大错报风险。

某些重大错报风险可能与财务报表整体广泛相关,进而影响多项认定。例如,在经济不稳定的国家和地区开展业务、资产的流动性出现问题、重要客户流失、融资能力受到限制,可能导致注册会计师对被审计单位的持续经营能力产生重大疑虑。又如,管理层缺乏诚信或承受异常的压力可能引发舞弊风险,这些风险与财务报表整体相关。

3. 控制环境对评估财务报表层次重大错报风险的影响

财务报表层次的重大错报风险很可能源于薄弱的控制环境。薄弱的控制环境带来的风险可能对财务报表产生广泛影响,难以限于某类交易、账户余额、列报,注册会计师应当采取总体应对措施。

例如,被审计单位治理层、管理层对内部控制的重要性缺乏认识,没有建立必要的制度和程序;或管理层经营理念偏于激进,又缺乏实现激进目标的人力资源等,这些缺陷源于薄弱的控制环境,可能对财务报表产生广泛影响,需要注册会计师采取总体应对措施。

4. 控制对评估认定层次重大错报风险的影响

在评估重大错报风险时,注册会计师应当将所了解的控制与特定认定相联系。这是由于控制有助于防止或发现并纠正认定层次的重大错报。在评估重大错报发生的可能性时,除了考虑可能的风险外,还要考虑控制对风险的抵销和遏制作用。有效的控制会减少错报发生的可能性,而控制不当或缺乏控制,错报就会有可能变成现实。

5. 考虑财务报表的可审计性

注册会计师在了解被审计单位内部控制后,可能对被审计单位财务报表的可审计性产生怀疑。例如,对被审计单位会计记录的可靠性和状况的担心可能会使注册会计师认为可能很难获取充分、适当的审计证据,以支持对财务报表发表意见。再如,管理层严重缺乏诚信,注册会计师认为管理层在财务报表中做出虚假陈述的风险高到无法进行审计的程度。因此,如果通过对内部控制的了解发现下列情况,并对财务报表局部或整体的可审计性产生疑问,注册会计师应当考虑出具保留意见或无法表示意见的审计报告:①被审计单位会计记录的状况和可靠性存在重大问题,不能获取充分、适当的审计证据以发表无保留意见;②对管理层的诚信存在严重疑虑。必要时,注册会计师应当考虑解除业务约定。

6. 需要特别考虑的重大错报风险

作为风险评估的一部分,注册会计师应当运用职业判断,确定识别的风险哪些是需要特别考虑的重大错报风险(以下简称特别风险)。

1) 确定特别风险时应考虑的事项

在确定风险的性质时,注册会计师应当考虑下列事项:①风险是否属于舞弊风险;②风险是否与近期经济环境、会计处理方法和其他方面的重大变化有关;③交易的复杂程度;④风险是否涉及重大的关联方交易;⑤财务信息计量的主观程度,特别是对不确定事项的计量存在较大区间;⑥风险是否涉及异常或超出正常经营过程的重大交易。

2) 非常规交易和判断事项导致的特别风险

日常的、不复杂的、经正规处理的交易不太可能产生特别风险。特别风险通常与重大的非常规交易和判断事项有关。

非常规交易是指由于金额或性质异常而不经常发生的交易。例如,企业购并、债务重组、重大或有事项等。由于非常规交易具有下列特征,与重大非常规交易相关的特别风险可能导致更高的重大错报风险:①管理层更多地干预会计处理;②数据收集和处理涉及更多的人工干预;③复杂的计算或会计处理方法;④非常规交易的性质可能使被审计单位难以对由此产生的特别风险实施有效控制。

判断事项通常包括作出的会计估计。如资产减值准备金额的估计、需要运用复杂估值技术确定的公允价值计量等。由于下列原因,与重大判断事项相关的特别风险可能导致更高的重大错报风险:①对涉及会计估计、收入确认等方面的会计原则存在不同的理解;②所要求的判断可能是主观和复杂的,或需要对未来事项作出假设。

3) 考虑与特别风险相关的控制

了解与特别风险相关的控制,有助于注册会计师制定有效的审计方案予以应对。对特别风险,注册会计师应当评价相关控制的设计情况,并确定其是否已经得到执行。由于与重大非常规交易或判断事项相关的风险很少受到日常控制的约束,注册会计师应当了解被审计单位是否针对该特别风险设计和实施了控制。

对重大错报风险的评估,注册会计师一般记录于风险评估结果汇总表工作底稿。该表格式如表1-9所示。

表1-9 风险评估结果汇总表

被审计单位:_____ 索引号:_____
项目:风险评估_____ 财务报表截止日/期间:_____
编制:_____ 复核:_____
日期:_____ 日期:_____

一、识别的重大错报风险汇总表

识别的重大错报风险	索引号	属于财务报表层次还是认定层次	是否属于特别风险	是否属于仅通过实质性程序无法应对的重大错报风险	受影响的交易类别、账户余额和列报认定

续表

二、财务报表层次风险应对方案表

财务报表层次重大错报风险	索引号	总体应对措施

三、特别风险应对措施及结果汇总表

项目	经营目标	经营风险	特别风险	管理层应对或控制措施	财务报表项目及认定	审计措施	向被审计单位报告的事项
举例	被审计单位通过发展中小城市的新客户和放宽授信额度争取销售收入比上一年度增长25%	不严格执行对新客户的信用记录调查和筛选、放宽授信额度会增加坏账风险	应收账款坏账准备的计提可能不足	(1) 财务部每月编制账龄分析报告 (2) 对超过一年未收回的账款由销售人员与客户签订还款协议，其条款须经区域销售经理和销售经理批准 (3) 销售部每月编制逾期应收账款还款协议签订及执行情况报告，经销售总监审阅并决定是否降低授信额度或暂停供货 (4) 财务经理根据该报告并结合账龄分析报告，对有可能难以收回的应收账款计提坏账准备	应收账款（相关认定：计价和分摊）	(1) 与销售经理讨论所执行的坏账风险评估程序 (2) 与财务经理讨论坏账准备的计提 (3) 审阅账龄分析报告和还款协议签订及执行报告 (4) 抽查还款协议和货款收回情况	无或详见与管理层或治理层沟通函

项目小结

接受审计委托是审计工作的第一步，注册会计师将收集客户相关信息并记录于审计工作底稿，对是否接受客户委托作出判断。如果接受委托，则将与审计委托单位签订审计业务约定书，并依据审计委托，初步确定审计重要性水平，进行风险评估，制定初步的总体审计策略和具体审计计划。从接受审计委托开始，注册会计师要把所实施的每一项审计工作、收集的每一个审计证据，详细、规范地记录于各种规定的工作底稿中。

课后练习

一、判断题

1. 按照"完整性"认定的要求，CPA应当关注被审计单位是否把应包括的项目遗漏

或省略,而不关注项目的金额是否正确。（   ）

2. 财务报表审计目标的确定与被审计单位管理层的认定是紧密相关的。（   ）

3. 认定与审计目标密切相关,注册会计师的基本职责就是确定被审计单位管理层对其财务报表的认定是否恰当。（   ）

4. 如果被审计单位在账簿中登记了未发生的经济业务,则违反了完整性认定。（   ）

5. 选择适用的会计准则和相关会计制度是注册会计师和被审计单位管理层双方的责任。（   ）

6. 计划审计工作包括针对审计业务制定总体审计策略和具体审计计划。（   ）

7. 实物证据通常是证明实物资产是否存在及数量的非常有说服力的证据,也最可靠。但实物资产的存在也能完全证实被审计单位对其拥有所有权和实物资产的质量。（   ）

8. 在一般情况下,外部证据是较被审计单位内部证据更具证明力的一种书面证据。（   ）

9. 初步业务活动是控制及降低审计风险的第一道也是非常重要的屏障。（   ）

10. 风险评估程序是可选程序,实质性程序是必要程序。（   ）

二、单项选择题

1. 关于被审计单位的会计责任和注册会计师的审计责任,以下提法（   ）是不正确的。

    A. 保证会计报表的质量,既是被审计单位管理层和治理层的责任,也是注册会计师的责任

    B. 注册会计师可以要求被审计单位管理层和治理层提供书面声明,以明确双方的责任

    C. 注册会计师的审计责任不能替代、减轻或免除被审计单位的会计责任

    D. 被审计单位的会计责任不能替代、减轻或免除注册会计师的审计责任

2. 注册会计师在对被审计单位存货进行盘点时,发现有盘盈情况,说明会计报表的（   ）认定有错误。

    A. 存在或发生   B. 完整性   C. 权利和义务   D. 分类和可理解性

3. （   ）是注册会计师在计划审计工作时应达到的要求。

    A. 注册会计师已具备执行业务所需要的独立性和专业胜任能力

    B. 存在因管理层诚信问题而影响注册会计师保持该项业务意愿的情况

    C. 与被审计单位存在对业务约定条款的误解

    D. 注册会计师不需具备执行业务所需要的独立性和专业胜任能力

4. 在（   ）情况下,应当考虑增加业务约定条款。

    A. 在某些方面对利用审计助理工作的安排

    B. 审计涉及被审计单位之外人员工作协调问题

    C. 与治理层整体直接沟通

    D. 连续审计

5. 对各类交易、账户余额、列报的具体细节进行的测试称为（　　）。
   A. 控制测试　　B. 细节测试　　C. 穿行测试　　D. 实质性分析程序
6. （　　）有助于确保管理层的指令得以执行的政策和程序,包括与授权、业绩评价、信息处理、实物控制和职责分离等相关的活动。
   A. 控制环境　　B. 控制测试　　C. 内部控制　　D. 控制活动
7. 注册会计师执行会计报表审计业务获取的下列证据中,可靠性最强的是（　　）。
   A. 购货发票　　　　　　　B. 应收账款函证回函
   C. 采购订货单副本　　　　D. 销售发票
8. 注册会计师应当考虑在承接客户或续约过程中获取的信息,以及向被审计单位提供其他服务所获得的经验是否有助于识别（　　）风险。
   A. 审计　　B. 控制　　C. 检查　　D. 重大错报
9. 某会计师事务所在2022年4月以后决定不再接受新华公司的审计委托,那么,该事务所对新华公司2021年度所形成的永久性审计档案应（　　）。
   A. 长期保存　　　　　　　B. 至少保存至2032年
   C. 至少保存至2033年　　　D. 至少保存至2034年
10. 注册会计师实施（　　）程序有助于识别异常的交易或事项,以及对财务报表和审计产生影响的金额、比率和趋势。
    A. 分析　　B. 实质性　　C. 控制测试　　D. 细节测试

三、多项选择题

1. 管理层对编制财务报表的责任包括（　　）。
   A. 选择适用的会计准则和相关会计制度
   B. 设计、实施和维护与财务报表编制相关的内部控制
   C. 根据企业的具体情况,作出合理的会计估计
   D. 选择和运用恰当的会计政策
2. 初步业务活动中,注册会计师应了解的被审计单位的基本情况,包括（　　）。
   A. 业务性质、经营规模和组织结构
   B. 国家法律
   C. 财务会计机构和工作组织
   D. 其他与签订审计业务约定书相关的事项
3. 审计证据的特性包括（　　）。
   A. 合法性　　B. 充分性　　C. 适当性　　D. 完整性
4. 获取审计证据的审计程序有（　　）。
   A. 询问　　　　　　　B. 观察
   C. 检查有形资产　　　D. 检查记录或文件
5. 注册会计师审计中及时编制审计工作底稿的目的是（　　）。
   A. 提供充分、适当的记录,作为审计报告的基础
   B. 提供证明其按照中国注册会计师审计准则的规定执行了审计工作的证据

C. 下次审计参考
D. 备忘用

6. 在确定审计工作底稿的格式、内容和范围时,注册会计师应当考虑下列(　　)因素。

A. 已识别的例外事项的性质和范围
B. 在执行审计工作和评价审计结果时需要作出判断的范围
C. 实施审计程序的性质
D. 已识别的重大错报风险

7. 在确定审计方向时,注册会计师需要考虑(　　)事项。

A. 项目组成员的选择(在必要时包括项目质量控制复核人员)和工作分工
B. 在制订审计计划时确定的重要性水平
C. 被审计单位净利润波动幅度较大
D. 管理层对内部控制重要性的重视程度

8. 属于内部控制的要素的有(　　)。

A. 控制环境　　　B. 控制测试　　　C. 控制活动　　　D. 风险评估过程

9. 在了解被审计单位及其环境时,所使用的风险评估程序的类型有(　　)。

A. 观察　　　　　B. 询问　　　　　C. 检查　　　　　D. 分析程序

10. 了解被审计单位及其环境时,需要了解被审计单位的(　　)。

A. 所有权结构、经营活动　　　　　B. 筹资活动
C. 经营活动　　　　　　　　　　　D. 产品生产技术的变化

货币资金审计

项目 2
Xiangmu 2

技能目标

1. 能在明确审计目标要求的前提下,结合该循环业务特点,按审计程序要求执行控制测试。
2. 能在明确审计目标要求的前提下,结合该循环业务特点,按审计程序要求执行实质性程序。
3. 能较熟练地将所搜集审计证据记录于审计工作底稿。

知识目标

1. 了解货币资金业务特性。
2. 了解货币资金审计目标与程序。
3. 理解货币资金控制测试、实质性程序的操作原理。
4. 掌握货币资金控制测试和账户实质性程序工作底稿的填写。

案例导入

华兴公司是一家中等规模的咨询服务公司,注册会计师李浩在检查银行日记账时,发现华兴公司每个月都有一笔向银信公司支付的劳务费,金额不等,于是就此事项询问会计人员"银信公司给公司提供什么服务"。会计总管、记账人员等回答不一致,但谁都说不清楚,这引起李浩的关注。经进一步询问,会计总管说与银信公司的业务往来是总经理单线联系,每月月初总经理会交给记账人员一份与银信公司的合同,记账人员据此作如下会计处理。

借:劳务成本
　　贷:应付账款——银信公司

过一段时间,总经理会拿一张银信公司的收据,签名后让出纳把款项支付出去,出纳付款时作如下会计处理。

借:应付账款——银信公司
　　贷:银行存款

注册会计师听了会计人员的解释,查阅了相应的原始凭证,没有发现异常,但由于该项业务的整个发生及其会计处理都受总经理一人控制,缺少相应的内部牵制,李浩对此仍有疑问。

在休息时,李浩与华兴公司一名副总经理(股东之一)聊天,故意轻描淡写地问起每月与银信公司的业务往来及其劳务费的支付情况,这位副总经理非常惘然,说华兴公司成立以来一直都没有一个固定的业务客户,这又加大了李浩的疑虑,于是决定向银信公司函证应付账款。

就在审计工作基本完成,李浩准备与华兴公司管理层交换意见的前一夜,那名副总经理与其他几名股东主动与李浩沟通,主要谈到对银信公司的怀疑,他们说他们派人调查了银信公司,银信公司自注册以来没有开展过任何业务,但经常为他人提供银行账户使用,他们怀疑总经理是利用银信公司把华兴公司的钱转移到自己口袋里,他们准备继续搜集证据,必要时要寻求法律诉讼。李浩听了他们的话后,又查阅了以前年度的相关账项,了解到这种情况已经发生很久,对会计报表的影响很大。他作为注册会计师,在审计工作底稿中详细记录了对此事项的询问及其产生的疑虑,但由于函证没有收到,他又不可能实施延伸审计取证,仅凭会计人员的表述及其副总经理的口头证据,不能完全支持注册会计师对虚构劳务支出及其应付账款的疑虑,因此,注册会计师出具了无法表示意见的审计报告。

知识链接

本书项目2至项目6,将以对企业的财务报表审计为例,介绍业务循环审计的具体内容,以及对各业务循环中重要的财务报表项目如何进行审计测试。

财务报表审计的组织方式大致有两种:一是对财务报表的每个账户余额单独进行审计,称为账户法;二是将财务报表分成几个循环进行审计,即把紧密联系的交易种类和账户余额归入同一循环中,按业务循环组织实施审计,称为循环法。账户法与财务报表格式相吻合,操作方便,但它将紧密联系的相关账户(如收入和应收账款)人为地予以分割,容易造成整个审计工作的脱节和重复,不利于提高审计效率。循环法则更符合被审计单位的业务流程和内部控制设计的实际情况,不仅可加深审计人员对被审计单位经济业务的理解,而且增强了审计人员分工的合理性,提高了审计工作的效率与效果。所以,实务中一般提倡采用循环法进行财务报表审计。本书将财务报表划分为货币资金循环、销售与收款循环、采购与付款循环、存货与仓储循环、筹资与投资循环五个业务循环,分章介绍各业务循环的审计。

按照各财务报表项目与业务循环的相关程度,可以建立起各业务循环与其所涉及的主要财务报表项目(本书不涉及特殊行业的财务报表项目)之间的对应关系,如表2-1所示。

表 2-1 业务循环与主要财务报表项目对照表

业务循环	资产负债表项目	利润表项目
货币资金循环	货币资金(包括库存现金、银行存货、其他货币资金)	—
销售与收款循环	应收票据、应收账款、长期应收款、预收款项、应交税费	营业收入、税金及附加、销售费用
采购与付款循环	预付款项、固定资产、在建工程、工程物资、固定资产清理、无形资产、开发支出、商誉、长期待摊费用、应付票据、应付账款、长期应付款	管理费用
存货与仓储循环	存货(包括材料采购或在途物资、原材料、材料成本差异、库存商品、发出商品、商品进销差价、委托加工物资、委托供销商品、受托代销商品、周转材料、生产成本、制造费用、劳务成本、存货跌价准备、受托代销商品款等)、应付职工薪酬	营业成本
筹资与投资循环	交易性金融资产、应收股利、应收利息、其他应收款、其他流动资产、以公允价值计量且其变动计入其他综合收益的金融资产、持有至到期投资、长期股权投资、投资性房地产、递延所得税资产、其他非流动资产、短期借款、交易性金融负债、应付利息、应付股利、其他应付款、其他流动负债、长期借款、应付债券、专项应付款、预计负债、递延所得税负债、其他非流动负债、实收资本(或股本)、资本公积、盈余公积、未分配利润	财务费用、资产减值损失、公允价值变动损益、投资收益、营业外收入、营业外支出、所得税费用

虽然在财务报表审计中将被审计单位的所有交易和账户余额划分为多个业务循环，并不意味着各业务循环之间互不关联。事实上，各业务循环之间存在着紧密的联系。

各业务循环的审计包括控制测试和对交易、账户余额实施实质性程序。控制测试是指用于评价内部控制在防止或发现并纠正认定层次重大错报方面的运行有效性的审计程序。控制测试与风险评估程序中的"了解内部控制"不同。"了解内部控制"的目的是评价被审计单位控制的设计是否合理以及控制是否得到执行。"控制测试"则是为了测试控制运行的有效性。实质性程序包括对各类交易、账户余额和披露的细节测试，以及实质性分析程序。

任务 2.1 货币资金控制测试

2.1.1 货币资金与业务循环

货币资金与各业务循环均直接相关，成为各个循环的枢纽，起到"资金池"的作用，如图 2-1 所示。

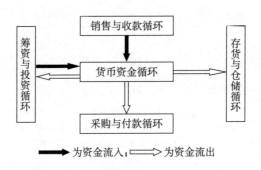

图 2-1　货币资金与各业务循环的关系

2.1.2　货币资金内部控制关键点

货币资金是企业生存和发展的基础,又是流动性最强的资产,同时货币资金受各个循环交易的交叉影响,容易发生重大错报风险,因此企业必须加强对货币资金的管理,建立良好的货币资金内部控制。

货币资金的内部控制应包括以下内容。

1. 岗位分工及授权批准

(1) 单位应当建立货币资金业务的岗位责任制,明确相关部门和岗位的职责权限,确保办理货币资金业务的不相容岗位相互分离、制约和监督。出纳人员不得兼任稽核、会计档案保管和收入、支出、费用、债权债务账目的登记工作。单位不得由一人办理货币资金业务的全过程。

(2) 单位应当对货币资金业务建立严格的授权批准制度,明确审批人对货币资金业务的授权批准方式、权限、程序、责任和相关控制措施,规定经办人办理货币资金业务的职责范围和工作要求。审批人应当根据货币资金授权批准制度的规定,在授权范围内进行审批,不得超越审批权限。经办人应当在职责范围内,按照审批人的批准意见办理货币资金业务。对于审批人超越授权范围审批的货币资金业务,经办人员有权拒绝办理,并及时向审批人的上级授权部门报告。

(3) 单位应当按照规定的程序办理货币资金支付业务。

① 支付申请。单位有关部门或个人用款时,应当提前向审批人提交货币资金支付申请,注明款项的用途、金额、预算、支付方式等内容,并附有效经济合同或相关证明。

② 支付审批。审批人根据其职责、权限和相应程序对支付申请进行审批。对不符合规定的货币资金支付申请,审批人应当拒绝批准。

③ 支付复核。复核人应当对批准后的货币资金支付申请进行复核,复核货币资金支付申请的批准范围、权限、程序是否正确,手续及相关单证是否齐备,金额计算是否准确。支付方式、支付单位是否妥当等。复核无误后,交由出纳人员办理支付手续。

④ 办理支付。出纳人员应当根据复核无误的支付申请,按规定办理货币资金支付手

续，及时登记现金和银行存款日记账。

（4）单位对于重要货币资金支付业务，应当实行集体决策和审批，并建立责任追究制度，防范贪污、侵占、挪用货币资金等行为。

（5）严禁未经授权的机构或人员办理货币资金业务或直接接触货币资金。

2. 现金和银行存款的管理

（1）单位应当加强现金库存限额的管理，超过库存限额的现金应及时存入银行。

（2）单位必须根据《现金管理暂行条例》的规定，结合本单位的实际情况，确定本单位现金的开支范围。不属于现金开支范围的业务应当通过银行办理转账结算。

（3）单位现金收入应当及时存入银行，不得用于直接支付单位自身的支出。因特殊情况需坐支现金的，应事先报经开户银行审查批准。

单位借出款项必须执行严格的授权批准程序，严禁擅自挪用、借出货币资金。

（4）单位取得的货币资金收入必须及时入账，不得私设"小金库"，不得账外设账，严禁收款不入账。

（5）单位应当严格按照《支付结算办法》等国家有关规定，加强银行账户的管理，严格按照规定开立账户，办理存款、取款和结算。

单位应当定期检查、清理银行账户的开立及使用情况，发现问题，及时处理。

单位应当加强对银行结算凭证的填制、传递及保管等环节的管理与控制。

（6）单位应当严格遵守银行结算纪律，不准签发没有资金保证的票据或远期支票，套取银行信用；不准签发、取得和转让没有真实交易和债权债务的票据，套取银行和他人资金；不准无理拒绝付款，任意占用他人资金；不准违反规定开立和使用银行账户。

（7）单位应当指定专人定期核对银行账户，每月至少核对一次，编制银行存款余额调节表，使银行存款账面余额与银行对账单调节相符。如调节不符，应查明原因，及时处理。

（8）单位应当定期和不定期地进行现金盘点，确保现金账面余额与实际库存相符。发现不符，及时查明原因，作出处理。

3. 票据及有关印章的管理

（1）单位应当加强与货币资金相关的票据的管理，明确各种票据的购买、保管、领用、背书转让、注销等环节的职责权限和程序，并专设登记簿进行记录，防止空白票据的遗失和被盗用。

（2）单位应当加强银行预留印鉴的管理。财务专用章应由专人保管，个人名章必须由本人或其授权人员保管。严禁一人保管支付款项所需的全部印章。

按规定需要有关负责人签字或盖章的经济业务，必须严格履行签字或盖章手续。

4. 监督检查

（1）单位应当建立对货币资金业务的监督检查制度，明确监督检查机构或人员的职责权限，定期和不定期地进行检查。

（2）货币资金监督检查主要包括以下内容。

① 货币资金业务相关岗位及人员的设置情况，重点检查是否存在货币资金业务不相容职务混岗的现象。

② 货币资金授权批准制度的执行情况，重点检查货币资金支出的授权批准手续是否健全，是否存在越权审批行为。

③ 支付款项印章的保管情况，重点检查是否存在办理付款业务所需的全部印章交由一人保管的现象。

④ 票据的保管情况，重点检查票据的购买、领用、保管手续是否健全，票据保管是否存在漏洞。

(3) 对监督检查过程中发现的货币资金内部控制中的薄弱环节，应当及时采取措施，加以纠正和完善。

2.1.3 货币资金内部控制的测试

1. 了解内部控制

注册会计师可以根据实际情况采用不同的方法实现对货币资金内部控制的了解。一般而言，注册会计师可以采用编制流程图的方法。编制货币资金内部控制流程图是货币资金控制测试的重要步骤。注册会计师在编制之前应通过询问、观察等调查手段收集必要的资料，然后根据所了解的情况编制流程网。对中小企业，也可采用编写货币资金内部控制说明的方法。若年度审计工作底稿中已有以前年度的流程网，注册会计师可根据调查结果加以修正，以供本年度审计之用。一般的，了解货币资金内部控制时注册会计师应当注意检查货币资金内部控制是否建立并严格执行。

2. 抽取并检查收款凭证

如果货币资金收款内部控制薄弱，很可能会发生贪污舞弊或挪用等情况。例如，在一个小企业中，出纳员同时记应收账款明细账。很可能发生循环挪用的情况。为测试货币资金收款的内部控制。注册会计师应选取适当样本的收款凭证，进行以下检查：①核对收款凭证与存入银行账户的日期和金额是否相符；②核对库存现金、银行存款日记账的收入金额是否正确；③核对收款凭证与银行对账单是否相符；④核对收款凭证与应收账款等相关明细账的有关记录是否相符；⑤核对实收金额与销售发票等相关凭据是否一致等。

3. 抽取并检查付款凭证

为测试货币资金付款内部控制，注册会计师应选取适当样本的货币资金付款凭证，进行以下检查：①检查付款的授权批准手续是否符合规定；②核对库存现金、银行存款日记账的付出金额是否正确；③核对付款凭证与银行对账单是否相符；④核对付款凭证与应付账款等相关明细账的记录是否一致；⑤核对实付金额与购货发票等相关凭据是否相符等。

4. 抽取一定期间的库存现金、银行存款日记账与总账核对

首先,注册会计师应抽取一定期间的库存现金、银行存款日记账,检查其有无计算错误,加总是否正确无误。如果检查中发现问题较多,说明被审计单位货币资金的会计记录不够可靠。其次,注册会计师应根据日记账提供的线索,核对总账中的库存现金、银行存款、应收账款、应付账款等有关账户的记录。

5. 抽取一定期间的银行存款余额调节表,查验其是否按月正确编制并经复核

为证实银行存款记录的正确性,注册会计师必须抽取一定期间的银行存款余额调节表,将其同银行对账单、银行存款日记账及总账进行核对。确定被审计单位是否按月正确编制并复核银行存款余额调节表。

6. 检查外币资金的折算方法是否符合有关规定,是否与上年度一致

对于有外币货币的被审计单位,注册会计师应检查外币货币资金有关的日记账及"财务费用""在建工程"等账户的记录,确定企业有关外币货币资金的增减变动是否采用交易发生日的即期汇率将外币金额折算为记账本位币金额,或者采用按照系统合理的方法确定的、与交易发生日即期汇率近似的汇率折合为记账本位币,选择采用汇率的方法前后各期是否一致;检查企业的外币货币资金的余额是否采用期末即期汇率折合为记账本位币金额;折算差额的会计处理是否正确。

7. 评价货币资金的内部控制

注册会计师在实施上述测试之后,应对货币资金的内部控制进行评价。评价时,注册会计师应首先确定货币资金内部控制可信赖的程度以及存在的薄弱环节和缺点,然后据以确定在货币资金实质性程序中对哪些环节可以适当减少审计程序,哪些环节应增加审计程序,作重点检查,以减少审计风险。

【案例 2-1】

达美股份有限公司是一家上市较早的商业类公司,公司主营为零售业务,同时有一部分房地产开发业务,并与某网站合作,开展网上售货业务。公司对零售业务部分采用售价金额核算法,毛利率的计算结转采用分类毛利率法,定期对库存商品进行盘点,有一套相对严密的内部管理制度。

审计人员根据多年的审计经验,认为零售企业现金流量比较大,所以把货币资金审计作为重点项目来安排,重要性水平确定为 5 000 元。

审计人员对该公司进行控制测试,首先通过调查表等方法对其进行调查了解(调查表如表 2-2 所示),并运用检查凭证法、实地考察法等对货币资金内部控制情况进行测试,在此基础上,对其进行评价。

审计人员除了对上述调查表的内容进行询问外,还走访了部分收款员和售货员,并观察了商场当天的交款过程。观察后发现,该公司货币资金的内部控制存在一定的漏洞,主

要表现在以下几个方面。

(1) 财务部稽核人员对收款台的现金盘点上坚持不够好,未能经常进行不定期盘点。

(2) 通过查看支票登记本发现,领用的票据号码不连续,存在领用支票不登记的现象。

(3) 对现金和银行存款的支付基本能坚持审批制度,但在审批的职责权限划分上不够明确,从抽查的支付凭证来看,经常出现对相同业务的审批有时是财务经理的签字,有时是业务经理的签字,控制不够严格。

表 2-2　内部控制调查表

被审计单位:达美股份有限公司　　　审计人员:　　　　　索引号:
调查内容:货币资金　　　　　　　　被调查人:　　　　　调查日期:

调查问题	是	否(较轻)	否(较重)	不适用	备注
1. 商场内是否设置收款台集中收款	√				
2. 每天是否统一内部交款时间,将当天销货款送存银行	√				
3. 财务部是否组织对各收款台现金突击盘点		√			
4. 当天收款台POS机的记录是否当天与各柜组的销售小票核对	√				
5. 销售退货业务是否授权进行审批	√				
6. 出纳与会计岗位是否分离	√				
7. 现金的收支是否有合法的凭证	√				
8. 支出是否均有核准手续	√				
9. 是否控制坐支现金	√				
10. 是否对库存现金进行日清月结,做到账实相符		√			
11. 出纳办理收付款手续后是否在收付款凭证加盖"收讫"或"付讫"戳记	√				
12. 是否定期或不定期盘点库存现金	√				
13. 期末现金日记账与总账是否核对相符	√				
14. 银行存款收支业务授权与经办职务是否分离		√			
15. 银行存款票据的签发与印鉴的保管职务是否分离	√				
16. 银行存款日记账与总账是否由不同的人员负责	√				
17. 独立人员是否定期编制银行存款余额调节表,调节未达账项	√				
18. 银行票据的领用是否经过批准,并进行连续登记		√			
19. 银行存款日记账与总账是否核对相符	√				
20. 现金和银行存款的支付是否坚持严格的审批制度		√			

任务 2.2　货币资金审计实质性程序

2.2.1　货币资金审计目标

在货币资金的审计中,注册会计师必须取得充分适当的审计证据验证货币资金的余额是否符合管理部门的认定。货币资金审计目标与财务报表的认定的对应关系如表2-3所示。

表 2-3 货币资金审计目标与财务报表的认定的对应关系

审计目标	财务报表的认定				
	存在	完整性	权利和义务	计价和分摊	列报
A. 资产负债表中列示的货币资金是否存在	√				
B. 所有记录的货币资金是否均已记录		√			
C. 记录的货币资金由被审计单位拥有或控制			√		
D. 货币资金以恰当的金额包括在财务报表中,与之相关的计价调整已恰当记录				√	
E. 货币资金已按照企业会计准则的规定在财务报表中作出恰当列报					√

货币资金审计涉及的凭证和会计记录主要有：①现金盘点表；②银行对账单；③银行存款余额调节表；④有关科目的记账凭证；⑤有关会计账簿。

2.2.2 库存现金审计实质性程序

1. 库存现金的实质性程序

库存现金审计中,注册会计师为了实现审计目标而实施的实质性程序见表 2-4。

表 2-4 库存现金审计目标与审计程序对应关系表

审计目标	可供选择的审计程序
D	1. 核对库存现金日记账与总账的金额是否相符,检查非记账本位币库存现金的折算汇率及折算金额是否正确。
ABCD	2. 监盘库存现金情况。 (1) 制订监盘计划,确定监盘时间； (2) 将盘点金额与现金日记账余额进行核对,如有差异,应要求被审计单位查明原因并作适当调整,如无法查明原因,应要求被审计单位按管理权限批准后作出调整； (3) 在非资产负债表日进行盘点时,应调整至资产负债表日的金额； (4) 若有充抵库存现金的借条、未提现支票、未作报销的原始凭证,需在盘点表中注明,如有必要应作调整(特别关注数家公司混用现金保险箱的情况)。
ABD	3. 抽查大额库存现金收支。检查原始凭证是否齐全、记账凭证与原始凭证是否相符、账务处理是否正确、是否记录于恰当的会计期间等项内容。
	4. 根据评估的舞弊风险等因素增加的其他审计程序。

2. 库存现金审计重点

1) 核对现金日记账与总账的余额是否相符

注册会计师测试现金余额的起点是,核对现金日记账与总账的余额是否相符,如果不相符,应查明原因,必要时应建议被审计单位作出适当调整。

2) 库存现金监盘

监盘库存现金是证实资产负债表中所列现金是否存在的一项重要程序。库存现金监盘表见表 2-5。在执行该程序时,应注意以下几个问题。

(1) 盘点方式：突击盘点。事先不通知出纳员,防止出纳员在盘点前采取措施掩盖错弊。

（2）盘点时间：最好选择在企业营业时间的上午上班前或下午下班时进行。

（3）盘点范围：一般包括企业各部门经管的现金，在盘点前应由出纳员将现金集中起来，存入保险柜。如果企业现金存放部门有两处或两处以上，应同时进行盘点。

（4）盘点人员：企业出纳员和会计主管人员必须参加，并由审计人员进行监盘。

（5）盘点确认：审计人员填制"库存现金监盘表"，由企业会计主管人员和出纳员在监盘表上签字，并加盖单位公章或财务专用章。

在监盘中，若发现白条等其他抵库凭证，如职工借条、无发票的费用、银行个人存折、个人信用卡等，应检查其款项性质，提请被审计单位作出调整。

在实务中，监盘一般在资产负债表日后进行。审计人员可逆推出报表日库存现金余额，即"报表日库存现金应有余额＝盘点日库存现金账面应有余额＋报表日至盘点日现金支出－报表日至盘点日现金收入"。由于现金日记账是逐笔序时登记的，如审计人员能确认盘点日的余额及报表日至盘点日的收支发生额是正确的，则可以判定报表日的库存现金余额也是正确的。

库存现金监盘
表编制方法

表 2-5　库存现金监盘表

被审计单位：_____　　索引号：_____
项　目：_____　　财务报表截止日/期间：_____
编　制：_____　　复　核：_____
日　期：_____　　日　期：_____

项　目	项　次	检查盘点记录		实有库存现金盘点记录				
		人民币	某外币	面额/元	人民币		某外币	
					张	金额	张	金额
上一日账面库存余额	①							
盘点日未记账传票收入金额	②			1 000				
盘点日未记账传票支出	③			500				
盘点日账面应有金额	④＝①＋②－③ ＝②－③			100				
盘点实有库存现金数额	⑤			50				
盘点日应有与实有差异	⑥＝④－⑤			10				
差异原因分析	白条抵库（张）			5				
				2				
				1				
				合计				
追溯调整	报表日至审计日库存现金付出总额							
	报表日至审计日库存现金收入总额							
	报表日库存现金应有余额							
	报表日账面汇率							
	报表日余额折合本位币金额							
	本位币合计							

出纳员：　　　　会计主管人员：　　　　　　监盘人：　　　　　　检查日期：
审计说明：

3) 抽查大额库存现金收支

审计人员应抽查大额库存现金收支事项的原始凭证,着重查明经济业务的内容是否完整,金额是否正确,有无授权批准;并核对收支事项与被审计单位生产经营业务是否无关,如有无关事项,则需查明原因并作相应的记录。

4) 根据评估的舞弊风险等因素增加的其他审计程序

在现金审计中要关注被审计单位是否有私设小金库行为。

被审计单位私设小金库的主要手法有:截留各种收入款项;非法侵占其他收入;虚列支出,虚报冒领;私自将投资、联营所得转移,存放于外单位或境外;隐匿佣金、回扣等;截留企业的各种罚没收入。

对私设小金库的行为,注册会计师通常采用的审计程序有:检查"固定资产清理""包装物""低值易耗品"等账户的明细账,查看这些账户中所反映的有关残值收入的记录;检查并核对"产品销售输入""产成品"等账户明细账中的记录,可以发现被审计单位是否存在销售收入未入账的情况;检查"长期投资"账户的明细记录及相关资料,查看被审计单位是否足额、及时地收回投资利润,如果存在不及时、不足额收取投资利润的现象,则需要进一步查明原因。

3. 库存现金主要审计工作底稿

(1) 库存现金实质性程序表见表 2-3 和表 2-4。这 2 个表列示了库存现金的认定,即审计目标和可供选择的审计程序之间的内在关系,可供注册会计师根据被审计单位的具体情况选择针对性的库存现金实质性程序。

(2) 库存现金监盘表见表 2-5。此表是注册会计师对被审计单位库存现金进行监盘时形成的工作底稿。

(3) 货币资金审定表见表 2-6。此表属于货币资金汇总类底稿,汇总了库存现金、银行存款和其他货币资金财务报表截止日未经审计的金额、审计调整的金额、审定的金额。

表 2-6 货币资金审定表

被审计单位:_____ 索引号:_____
项目:_____ 财务报表截止日/期间:_____
编制:_____ 复核:_____
日期:_____ 日期:_____

项目名称	期末未审数	账项调整		重分类调整		期末审定数	上期末审定数	索引号
		借方	贷方	借方	贷方			
库存现金								
银行存款								
其他货币资金								
合 计								
审计结论:								

(4) 凭证测试表见表 2-7。此表是注册会计师用来测试现金收支,记录所检查的记账凭证与原始凭证是否相符、账务处理是否正确、是否记录于恰当的会计期间等内容的工作底稿。

表 2-7　记账凭证测试表

被审计单位：_____　　索引号：_____
项目：_____　　财务报表截止日/期间：_____
编制：_____　　复核：_____
日期：_____　　日期：_____

测试序号	日期	凭证号	内容	金额	与原始凭证相符	会计处理正确	所属时间无误	备注
1								
2								
3								
4								
5								
6								
7								
8								
9								
10								

4. 实训

1) 任务描述

（1）阅读并熟悉实训资料。

（2）在教师指导下，根据实训资料填写记账凭证测试表、库存现金盘点表、货币资金审定表。

（3）在教师指导下，完成记账凭证测试表、库存现金盘点表、货币资金审定表的编写。

（4）在教师指导下，进行库存现金盘点的角色模拟情景实训（可选）。

2) 实训条件

（1）实训环境：上课教室或审计实训室。

（2）实训材料：记账凭证测试表、库存现金盘点表、货币资金审定表、角色情境模拟实训剧本及道具（包括公司和会计师事务所名牌、出纳岗位牌、适量不同面值的点钞纸、模拟保险柜等）。

（3）实训学时：2～4 学时。

（4）实训操作：首先由教师引导学生阅读、熟悉实训资料和审计工作底稿；然后由学生自主编写、讨论、总结，教师现场指导；最后由教师讲解答案、分析问题。

（5）实训方式：可采用小组手工实训方式、单人手工实训方式、分组角色情境模拟实训方式。

3) 实训资料

金睛会计师事务所审计项目经理高仁杰和陈亮等注册会计师，2021 年 2 月 15～20 日，对恒大公司 2020 年财务报表实施审计，2 月 16 日高仁杰和陈亮于早上 8：00 对该公司库存现金进行审计。

(1) 账实情况。

① 保险柜现金的实存数为 1 460 元。

② 保险柜中有下列单据已收付款,但未入账。

a. 某职工报销差旅费,金额为 1 830 元。手续齐全,时间为 2021 年 2 月 8 日。

b. 某职工借条一张,未说明用途,无主管领导审批,金额为 1 300 元,日期为 2020 年 12 月 25 日。经进一步查明为出纳挪用。

c. 盘点前现金日记账的余额为 4 590 元,2020 年 12 月 31 日库存现金余额为 3 825 元。

d. 经核对 2021 年 1 月 1 日至 2 月 16 日已登记入账的现金收入金额为 13 465 元,支出为 14 530 元,正确无误。

e. 银行核定的库存现金限额为 5 000 元。

(2) 现金盘点情况。100 元钞票 10 张,50 元钞票 6 张,20 元钞票 5 张,10 元钞票 5 张,5 元钞票 2 张。

(3) 账簿、凭证查阅情况。陈亮在审查现金日记账时,发现该公司 2020 年 10 月 12 日 60 号现付字记账凭证(表 2-8)有疑问,因此,又查阅了现金日记账、银行存款日记账、固定资产明细账和相关记账凭证、原始凭证,如表 2-9～表 2-11 所示,对相关人员和单位实施了相应的审计程序。

表 2-8 付款凭证

2020 年 10 月 12 日   现付字第 60 号

摘 要	会计科目		借方金额	贷方金额	记账
	总账科目	明细账科目	千百十万千百十元角分	千百十万千百十元角分	√
支付设备清理费	管理费用	其他	3 0 0 0 0 0		
	库存现金			3 0 0 0 0 0	
附件 1 张	合　计		¥3 0 0 0 0 0	¥3 0 0 0 0 0	

会计主管　　　　　记账　　　　　审核　　　　　制证 **吴娜**

表 2-9 现金支出凭单

2020 年 10 月 11 日   第 78 号

付给
　　　　　　　设备处李浩华
　　　　　　　报废机器拆除费　　　　　款
计人民币(大写)叁仟元整　　¥3000.00

收款人(盖章)李浩华　　　　　　　　现金付讫

审批人　　　　会计主管　　　　记账员　　　　出纳员 **曹艳君**

表 2-10　转 账 凭 证

2020 年 10 月 12 日　　　　　　　　　　　　　　　　　　转字第 8 号

摘　要	会计科目		借方金额										贷方金额										记账
	总账科目	明细账科目	千	百	十	万	千	百	十	元	角	分	千	百	十	万	千	百	十	元	角	分	√
报废机器一台	累计折旧					1	5	0	0	0	0												
	营业外支出					1	1	5	0	0	0	0											
	固定资产	生产用														1	3	0	0	0	0	0	
附件 1 张	合　计		¥	1	3	0	0	0	0	0			¥	1	3	0	0	0	0	0			

会计主管　　　　　　记账　　　　　　出纳　　　　　　审核　　　　　　制证　吴娜

表 2-11　固定资产报废申请表

编号：　　　　　　　　　　　　　2020 年 9 月 28 日

固定资产名称	变压器	规格型号	S9－M－100kVA
原　值	13 000 元	使用年限	10 年
预计清理费用		年折旧额	1 250 元
残值率	3%	资产编号	20190801
购入时间	2019.8.10　　使用时间	存放地点	设备处仓库
使用部门		责任人	
报废原因	雷电损坏		
使用部门意见			
技术部门意见	同意报废　　　　　　　负责人：成刚　　2020 年 9 月 28 日		
设备管理部门意见	同意报废　　　　　　　负责人：刘华飞　2020 年 9 月 28 日		
财务部门意见	同意报废　　　　　　　负责人：曹玉金　2020 年 9 月 28 日		
公司主管领导意见	同意报废　　　　　　　负责人：曾世华　2020 年 9 月 28 日		
备　注			

　　固定资产明细账中显示该设备于 2019 年 8 月以 13 000 元购入，因公司产品改产一直未投入使用，于是于 2020 年 10 月 6 日以 14 000 元转让给光华公司。陈亮实施了函证程序，得到光华公司证实。最后财务经理只好承认了"小金库"的事实，并交出 14 000 元的存折。该设备因未投入使用也未计提过折旧。

2.2.3 银行存款审计实质性程序

1. 银行存款的实质性程序

银行存款审计中,注册会计师为了实现审计目标而实施的实质性程序见表 2-12。

表 2-12 银行存款审计目标与审计程序对应关系表

审计目标	可供选择的审计程序
D	1. 获取或编制银行存款余额明细表。 (1) 复核加计是否正确,并与总账数和日记账合计数核对是否相符。 (2) 检查非记账本位币银行存款的折算汇率及折算金额是否正确。
ABD	2. 计算银行存款累计余额应收利息收入,分析比较被审计单位银行存款应收利息收入与实际利息收入的差异是否恰当,评估利息收入的合理性,检查是否存在高息资金拆借,确认银行存款余额是否存在,利息收入是否已经完整记录。
AC	3. 检查银行存单。编制银行存单检查表,检查是否与账面记录金额一致,是否被质押或限制使用,存单是否为被审计单位所拥有。 (1) 对已质押的定期存款,应检查定期存单,并与相应的质押合同核对,同时关注定期存单对应的质押借款有无入账。 (2) 对未质押的定期存款,应检查开户证实书原件。 (3) 对审计外勤工作结束日前已提取的定期存款,应核对相应的兑付凭证、银行对账单和定期存款复印件。
ABD	4. 取得并检查银行存款余额调节表。 (1) 取得被审计单位的银行存款余额对账单,并与银行询证函回函核对,确认是否一致,抽样核对账面记录的已付票据金额及存款金额是否与对账单记录一致。 (2) 获取资产负债表日的银行存款余额调节表,检查调节表中加计数是否正确,调节后银行存款日记账余额与银行对账单余额是否一致。 (3) 检查调节事项的性质和范围是否合理。 ① 检查是否存在跨期收支和跨行转账的调节事项。编制跨行转账业务明细表,检查跨行转账业务是否同时对应转入和转出,未在同一期间完成的转账业务是否反映在银行存款余额调节表的调整事项中。 ② 检查大额在途存款和未付票据。 a. 检查在途存款的日期,查明发生在途存款的具体原因,追查期后银行对账单存款记录日期,确定被审计单位与银行记账时间差异是否合理,确定在资产负债表日是否需审计调整。 b. 检查被审计单位的未付票据明细清单,查明被审计单位未及时入账的原因,确定账簿记录时间晚于银行对账单的日期是否合理。 c. 检查被审计单位未付票据明细清单中有记录,但截止资产负债表日银行对账单无记录且金额较大的未付票据,获取票据领取人的书面说明,确认资产负债表日是否需要进行调整。 d. 检查资产负债表日后银行对账单是否完整地记录了调节事项中银行未付票据金额。

续表

审计目标	可供选择的审计程序
ABD	(4) 检查是否存在未入账的利息收入和利息支出。 (5) 检查是否存在其他跨期收支事项。 (6) (当未经授权或授权不清支付货币资金的现象比较突出时)检查银行存款余额调节表中支付给异常的领款(包括没有载明收款人)、签字不全、收款地址不清、金额较大票据的调整事项,确认是否存在舞弊。
AC	5. 函证银行存款余额,编制银行函证结果汇总表,检查银行回函。 (1) 向被审计单位在本期存过款的银行发函,包括零账户和账户已结清的银行。 (2) 确定被审计单位账面余额与银行函证结果的差异,对不符事项作出适当处理。
C	6. 检查银行存款账户存款人是否为被审计单位,若存款人非被审计单位,应获取该账户户主和被审计单位的书面声明,确认资产负债表日是否需要调整。
CE	7. 关注是否存在质押、冻结等对变现有限制或存在境外的款项。是否已做必要的调整和披露。
E	8. 对不符合现金及现金等价物条件的银行存款在审计工作底稿中予以列明,以考虑对现金流量表的影响。
ABD	9. 抽查大额银行存款收支的原始凭证,检查原始凭证是否齐全、记账凭证与原始凭证是否相符、账务处理是否正确、是否记录于恰当的会计期间等项内容。检查是否存在非营业目的的大额货币资金转移,并核对相关账户的进账情况;如有与被审计单位生产经营无关的收支事项,应查明原因并作相应的记录。
AB	10. 检查银行存款收支的截止是否正确。选取资产负债表日前后_____张、_____金额以上的凭证实施截止测试,关注业务内容及对应项目,如有跨期收支事项,应考虑是否应进行调整。
	11. 根据评估的舞弊风险等因素增加的其他审计程序。

2. 银行存款审计重点

1) 获取或编制银行存款余额明细表

注册会计师获取或编制银行存款余额明细表,复核加计是否正确,并与总账数和日记账合计数核对是否相符;检查非记账本位币银行存款的折算汇率及折算金额是否正确。注册会计师测试银行存款余额的起点是核对银行存款日记账与总账的余额是否相符。如不相符,应查明原因,必要时应建议作出适当调整。此外,核对时还应认真合计银行存款日记账的收入数与支出数,查明有无人为地增加支出数或减少收入数,以掩盖挪用或贪污的情况。

2) 实施分析程序

计算银行存款累计余额应收利息收入,分析比较被审计单位银行存款应收利息收入与实际利息收入的差异是否恰当,评估利息收入的合理性,检查是否存在高息资金拆借,确认银行存款余额是否存在,利息收入是否已经完整记录。

3) 取得并检查银行存款余额对账单和银行存款余额调节表

取得并检查银行存款余额对账单和银行存款余额调节表是证实资产负债表中所列银行存款是否存在的重要程序。对银行存款余额调节表的检查通常应根据不同的银行账户及货币种类分别编制,其格式如表2-13所示。

表 2-13　对银行存款余额调节表的检查表

被审计单位：＿＿＿＿＿＿＿＿＿＿＿＿＿　　　索引号：＿＿＿＿＿＿＿＿＿＿＿＿＿
项目：＿＿＿＿＿＿＿＿＿＿＿＿＿＿＿＿　　　财务报表截止日/期间：＿＿＿＿＿＿＿
编制：＿＿＿＿＿＿＿＿＿＿＿＿＿＿＿＿　　　复核：＿＿＿＿＿＿＿＿＿＿＿＿＿＿
日期：＿＿＿＿＿＿＿＿＿＿＿＿＿＿＿＿　　　日期：＿＿＿＿＿＿＿＿＿＿＿＿＿＿

开户银行：		银行账号：	币种：
项　目	金额	调节项目说明	是否需要提请被审计单位调整
银行对账单余额			
加：企业已收，银行尚未入账合计金额			
其中：1.			
2.			
减：企业已付，银行尚未入账合计金额			
其中：1.			
2.			
调整后银行对账单余额			
企业银行存款日记账余额			
加：银行已收，企业尚未入账合计金额			
其中：1.			
2.			
减：银行已付，企业尚未入账合计金额			
其中：1.			
2.			
调整后企业银行存款日记账余额			

对于金额较大的银行存款未达账内容，应作以下测试。

（1）企业已收、银行未收款项。审查其原始凭证，并检查其是否已过入本期银行存款日记账，并与期后银行对账单核对一致。

如较长时间内银行尚未收到，查找原因，考虑该支票、汇票等收款凭据是否有效，并确定是否需要进行调整。

（2）企业已付、银行未付款项。测试其是否已经计入当期银行存款日记账，并在期后银行对账单上得以反映。审查对账单上所记载的内容（如支票编号、金额等）是否与支票存根一致。

如果在一段合理时间内银行仍未付款，查找原因，考虑支票、汇票等支付凭据是否会作废，据以提出调整意见。

（3）企业未收、银行已收款项。审查期后的银行存款日记账，以确认是否已经入账，并审核其相应的原始凭证和会计处理，核对收款单位及金额，并确定是否需要进行调整。如期后仍未入账，则要求企业向银行索取收款回单，检查其款项性质，视其金额大小作相应调整。

(4) 企业未付、银行已付款项。审查期后的银行存款日记账,以确认是否已经入账;并审核其相应的原始凭证和会计处理,核对付款单位及金额,确定是否需要进行调整。如期后仍未入账,则要求企业向银行索取付款回单,检查其款项性质,视其金额大小作相应调整。

4) 函证银行存款余额,编制银行函证结果汇总表,检查银行回函

(1) 向被审计单位在本期存过款的银行发函,包括零账户和账户已结清的银行。

(2) 确定被审计单位账面余额与银行函证结果的差异,对不符事项作出适当处理。

银行存款函证是指注册会计师在执行审计业务过程中,需要以被审计单位名义向有关单位发函询证,以验证被审计单位的银行存款是否真实、合法、完整。按照国际惯例,财政部和中国人民银行于1999年1月6日联合印发了《关于做好企业的银行存款、借款及往来款项函证工作的通知》(以下简称《通知》)。《通知》对函证工作提出了明确的要求,并规定:各商业银行、政策性银行、非银行金融机构要在收到询证函之日起10个工作日内,根据函证的具体要求,及时回函并可按照国家的有关规定收取询证费用;各有关企业或单位根据函证的具体要求回函。

函证银行存款余额是证实资产负债表所列银行存款是否存在的重要程序。通过向往来银行函证,注册会计师不仅可了解企业资产的存在,还可了解企业账面反映所欠银行债务的情况,并有助于发现企业未入账的银行借款和未披露的或有负债。

注册会计师应向被审计单位在本年存过款(含外埠存款、银行汇票存款、银行本票存款、信用卡存款、信用证保证金存款)的所有银行发函,其中包括企业存款账户已结清的银行,因为有可能存款账户已结清,但仍有银行借款或其他负债存在。并且,虽然注册会计师已直接从某一银行取得了银行对账单和所有已付支票,但仍应向这一银行进行函证。函证时应注意将同一银行的不同账户存款及贷款一并函证。银行询证函应由注册会计师亲自送至有关银行询函,或由注册会计师将询证函寄至银行,再由银行将回函寄回至会计师事务所。注册会计师收到回函应同时保留询证函回函和信封。函证结束需由注册会计师在询证回函上注明由××审计人员陪同客户前往银行盖章确认并签名。

表 2-14 列示了银行询证函参考格式,供参考。

表 2-14 银行询证函

编号:

××(银行):

本公司聘请的××会计师事务所正在对本公司××××年度财务报表进行审计,按照中国注册会计师审计准则的要求,应当询证本公司与贵行相关的信息。下列信息出自本公司记录,如与贵行记录相符,请在本函下端"信息证明无误"处签章证明;如有不符,请在"信息不符"处列明不符项目及具体内容;如存在与本公司有关的未列入本函的其他重要信息,也请在"信息不符"处列出其详细资料。回函请直接寄至××会计师事务所。

回函地址:

邮编: 电话: 传真: 联系人:

截至××××年××月××日,本公司与贵行相关的信息列示如下。

续表

1. 银行存款

账户名称	银行账号	币种	利率	余额	起止日期	是否被质押或用于担保或存在其他限制	备注

除上述列示的银行存款外,本公司并无在贵行的其他存款。

注:"起止日期"一栏今适用于定期存款,如为活期或保证金存款,可只填写"活期"或"保证金"字样。

2. 银行借款

账户名称	币种	余额	借款日期	还款日期	利率	其他借款条件	抵(质)押品/担保人	备注

除上述列示的银行借款外,本公司并无自贵行的银行借款。

注:此项仅函证截至资产负债表日本公司尚未归还的借款。

3. 截至函证日之前12个月内注销的账户

账户名称	银行账号	币种	注销账户日

除上述列示的账户外,本公司并无截至函证日之前12个月内在贵行注销的其他账户。

4. 委托存款

账户名称	银行账号	借款方	币种	利率	余额	存款起止日期	备注

除上述列示的委托存款外,本公司并无通过贵行办理的其他委托存款。

5. 委托贷款

账户名称	银行账号	贷款方	币种	利率	余额	贷款起止日期	备注

除上述列示的委托贷款外,本公司并无通过贵行办理的其他委托贷款。

6. 担保:除上述列示的银行借款外,本公司并无自贵行的银行借款

(1) 本公司为其他单位提供的,以贵行为担保受益人的担保。

被担保人	担保方式	担保金额	担保期限	担保事由	担保合同编号	被担保人与贵行就担保事项往来的内容(贷款)等	备注

除上述列示的担保外,本公司并无其以贵行为担保受益人的担保。

注:如采用抵押或质押方式提供担保的,应在备注中说明抵押或质押物情况。

续表

(2) 贵行向本公司提供的担保。

被担保人	担保方式	担保金额	担保期限	担保事由	担保合同编号	备 注

除上述列示的担保外,本公司并无贵行提供的其他担保。

7. 本公司为出票人且由贵行承兑尚未支付的银行承兑汇票

银行承兑汇票号码	票面金额	出票日	到期日

除上述列示的银行承兑汇票外,本公司并无由贵行承兑而尚未支付的其他银行承兑汇票。

8. 本公司向贵行已贴现而尚未到期的商业汇票

商业汇票号码	付款人名称	承兑人名称	票面金额	票面利率	出票日	到期日	贴现日	贴现率	贴现净额

除上述列示的商业汇票外,本公司并无向贵行已贴现而尚未到期的其他商业汇票。

9. 本公司为持票人且由贵行托收的商业汇票

商业汇票号码	承兑人名称	票面金额	出票日	到期日

除上述列示的商业汇票外,本公司并无由贵行托收的其他商业汇票。

10. 本公司为申请人,由贵行开具的、未履行完毕的不可撤销信用证

信用证号码	受益人	信用证金额	到期日	未使用金额

除上述列示的不可撤销信用证外,本公司并无由贵行开具的、未履行完毕的其他不可撤销信用证。

11. 本公司与贵行之间未履行完毕的外汇买卖合约

类 别	合约号码	买卖币种	未履行的合约买卖金额	汇率	交收日期
贵行卖予本公司					
本公司卖予贵行					

除上述列示的外汇买卖合约外,本公司并无与贵行之间未履行完毕的其他外汇买卖合约。

续表

12. 本公司存放于贵行的有价证券或其他产权文件

有价证券或其他产权文件名称	产权文件编号	数 量	金 额

除上述列示的有价证券或其他产权文件外,本公司并无存放于贵行的其他有价证券或其他产权文件。

注:此项不包括本公司存放在贵行保管箱中的有价证券或其他产权文件。

13. 其他重大事项

注:此项应填列注册会计师认为重大且应予以函证的其他事项,如信托存款等,如无则应填写"不适用"。

（公司盖章）
年 月 日

以下仅供被函证银行使用

结论:
1. 信息证明无误。

（银行盖章）
年 月 日

经办人:

2. 信息不符,请列明不符项目及具体内容(其他未在本函列出的项目,请列出金额及其详细资料)。

（银行盖章）
年 月 日

经办人:

5) 审查定期存单

对于定期存款的审计,要足够重视控制风险,特别注意要查看到定期存单原件,由审计人员亲自复印取证,如果由公司代复印,注册会计师还应核对正本。因为可能存在一些定期存单相关交易,如果不查看到正本,单取证复印件就难以发现以下问题。

（1）定期存单的存款期限跨越审计基准日。被审计单位先将定期存单复印留底,然后在定期存单到期之前,提前取现,用套取的货币资金虚增收入或挪用以及从事其他违规业务。

（2）定期存单作为质押物,作质押贷款。将定期存单复印留底,用质押贷款所得货币资金虚增收入或挪用以及从事其他违规业务。

（3）定期存单背书转让。将定期存单复印留底,用转让所得货币资金虚增收入或挪用以及从事其他违规业务。

6) 检查银行存款账户存款人是否为被审计单位

银行存款账户存款人非被审计单位,应获取该账户户主和被审计单位的书面声明,确认资产负债表日是否需要提请被审计单位进行调整。

7) 关注是否存在质押、冻结等对变现有限制或存在境外的款项

如果存在质押、冻结等对变现有限制或存在境外的款项,是否已提请被审计单位作必要的调整和披露。

8) 抽查大额银行存款的收支凭证

审计人员应抽查大额银行存款收支的原始凭证,查核内容是否完整,是否合法合规,有无授权批准,核对相关账户的进账情况,如有异常收支事项,应查明原因并作出记录;检查支票、付款委托书、汇出款项等结算凭证的存根和回单,查明被审计单位是否按规定使用支票和其他银行结算凭证。检查是否存在非营业目的的大额货币资金转移,并核对相关账户的进账情况;如有与被审计单位生产经营无关的收支事项,应查明原因并作相应的记录。

9) 检查银行存款收支的截止是否正确

资产负债表上列报的银行存款余额应当包括当年最后一天收到的所有存放于银行的款项,不得包括其后收到的款项;同样企业年终前开出的支票,不得在年后入账。为确保银行存款收支的正确截止,审计人员应当确定各银行账户最后一张支票的号码,同时查实该号码之前的所有支票均已开出。在结账日后收到或开出的支票,不得作为结账日的存款收付入账。如有跨期收支事项,应考虑是否提请被审计单位进行调整。

3. 银行存款主要审计工作底稿

(1) 银行存款实质性程序表见表 2-3 和表 2-12。这两个表列示了银行存款的认定,即审计目标和可供选择的审计程序之间的内在关系,可供注册会计师根据被审计单位的具体情况选择银行存款实质性程序。

(2) 银行存款明细表见表 2-15。该表记录了按开户行逐项检查账面余额与银行对账单、银行调节表、询证函回函核对的情况。

表 2-15 银行存款明细表

被审计单位:_____ 索引号:_____
项目:_____ 财务报表截止日/期间:_____
编制:_____ 复核:_____
日期:_____ 日期:_____

银行名称	账号	账面余额	银行对账单余额	对账单索引号	差额	调节表索引号	函证情况	询证函索引号

(3) 对银行存款余额调节表的检查表见表 2-13,是注册会计师对银行存款余额调节表实施必要的审验程序而形成的底稿。

(4) 银行存款询证函见表2-14,是注册会计师对审计单位在本年度存过款的所有银行实施函证程序形成的底稿。

(5) 凭证测试表见表2-7,是注册会计师用来抽查银行存款记账凭证形成的底稿。

4. 实训

1) 任务描述

(1) 阅读并熟悉实训资料、实训材料。

(2) 在教师指导下,根据实训资料填写银行存款询证函、银行存款余额调节表的检查表、货币资金收支检查情况表。

(3) 在教师指导下,完成银行存款询证函、银行存款余额调节表的检查表、货币资金收支检查情况表的编写。

2) 实训条件

(1) 实训环境:上课教室或审计实训室。

(2) 实训材料:银行存款询证函、银行存款余额调节表的检查表、货币资金收支检查情况表。

(3) 实训学时:2学时。

(4) 实训操作:首先由教师引导学生阅读、熟悉实训资料和审计工作底稿,然后由学生自主编写、讨论、总结,教师现场指导,最后由教师讲解答案、分析问题。

(5) 实训方式:可采用小组手工实训方式、单人手工实训方式。

3) 实训资料

注册会计师王凡2021年2月18日,审计恒大公司银行存款业务执行相关实质性程序,以下为部分实质性程序的情况。

(1) 撰写并寄发了银行存款询证函。

恒大公司2020年12月31日在工商银行的基本账户中存款余额为897 456.21元;1年期贷款(2020年9月15日借入,期限10个月,年利率5.7%)200 000元,3年期贷款(2019年6月30日借入,期限36个月,年利率6.6%,由中美力公司担保)500 000元;有公司为出票人且由中国工商银行承兑尚未支付的银行承兑汇票贴现(提前40天贴现,到期日2021年1月25日)65 000元。

(2) 对12月银行对账单和银行存款日记账进行核对,并编制了银行存款余额调节表。

2020年12月31日公司银行存款日记账余额为200 340.80元,银行对账单余额为244 940.80元。有下列未达账项。

① 5日,银行代付电费5 800元,企业尚未收到银行的付款通知,尚未入账。

② 13日,委托银行代收的外埠货款46 800元,银行收到已经入账,公司未收到银行的收款通知,尚未入账。

③ 18日,月末开出转账支票12 100元,银行尚未入账。

④ 25日,存入银行的转账支票8 500元,银行尚未入账。

⑤ 26日,银行委托代付的货款32 000元,公司尚未收到银行的收款通知,尚未入账。

(3) 结合审计重要性水平(银行存款的重要性水平为5 000元)确定的抽样样本量,查阅了会计凭证。

发现 11 月 5 日和 8 日兴隆公司的销售业务存在疑问,于是调阅了相关记账凭证、银行存款日记账、银行对账单和会计凭证,如表 2-16~表 2-21 所示。

表 2-16 银行存款日记账

2020 年		凭证编号	摘　要	借方(收入)		贷方(支出)		余额(结存)	
月	日			金额	√	金额	√	金额	√
11			承前页					367 892.12	
	3	记5	提现			10 000.00		357 892.12	
	4	记7	张利华购料			64 358.90		293 533.22	
	5	记8	收到兴隆公司货款	10 170.00				303 703.22	
	6	记9	缴纳五险			32 658.21		271 045.01	
	7	记10	收到宝云公司定金	50 000.00				321 045.01	
	8	记11	兴隆公司退货			10 530.00		310 515.01	
	9	记12	收到美和公司货款	23 400.00				333 915.01	
			……					……	

表 2-17 记账凭证

2020 年 11 月 5 日　　　　　　　　　　　　　　　　　第 8 号

摘　要	会计科目		借方金额	贷方金额	记账
	总账科目	明细账科目	千百十万千百十元角分	千百十万千百十元角分	√
收到兴隆公司货款	银行存款		1 0 1 7 0 0 0		
	应收账款	兴隆公司		1 0 1 7 0 0 0	
附件 1 张	合　计		¥1 0 1 7 0 0 0	¥1 0 1 7 0 0 0	

会计主管　　　　　记账　　　　　出纳　　　　　审核　　　　　制证　韩平

表 2-18 中国工商银行 进账单(回单) 1

2020 年 11 月 05 日　　　　　　　　　　　　　　　　　第　号

收款人	全　称	恒大公司	付款人	全　称	兴隆公司
	账　号	00421208023156		账　号	256200565226709
	开户银行	工商银行高新支行		开户银行	工商银行新华大道办事处

金额	人民币 (大写)壹万零壹佰柒拾元整	千百十万千百十元角分 ¥1 0 1 7 0 0 0
票据种类	转账支票	工商银行高新支行 2020.11.05 转讫
票据张数	1 张	
单位主管	会计	
复核	记账	出票开户银行盖章

表 2-19　记账凭证

2020 年 11 月 8 日　　　　　　　　　　　　　　　　　　第 11 号

摘　要	会计科目		借方金额	贷方金额	记账
	总账科目	明细账科目	千百十万千百十元角分	千百十万千百十元角分	√
支付兴隆公司退货款	主营业务收入		9 0 0 0 0 0		
	应交税费	应交增值税（销项税额）	1 0 7 0 0 0		
	银行存款			1 0 1 7 0 0 0	
附件 2 张	合　计		¥ 1 0 1 7 0 0 0	¥ 1 0 1 7 0 0 0	

会计主管　　　　　记账　　　　　出纳　　　　　审核　　　　　制证　**韩平**

表 2-20　支票存根

```
中国工商银行
转账支票存根
10203320
00812228
附加信息

出票日期：2020 年 11 月 8 日
收款人：兴隆公司
金　额：¥ 10 170.00
用　途：支付退货款
备　注：
单位主管　　　　会计
```

表 2-21　河南增值税专用发票

4100204130　　　　　　　　　（全国统一发票监制章　河南　国家税务总局监制）　　　　　　No.01035044

开票日期：2020.11.08

购买方	名　　　称：兴隆公司 纳税人识别号：91450121168168168M 地　址、电　话：高新开发区 0393-88776666 开户行及账号：工商银行新华大道办事处 256200565226709	密码区	（略）
货物或应税劳务、服务名称	规格型号	单位	数量	单价	金额	税率	税额
货物					-9 000.00	13%	-1 170.00
合计					-9 000.00		-1 170.00
价税合计（大写）	⊗壹万零壹佰柒拾元整				（小写）¥ 10 170.00		
销售方	名　　　称：恒大公司 纳税人识别号：91410312345678988N 地　址、电　话：高新开发区 0393-88656231 开户行及账号：工商银行高新支行 00421208023156	备注	恒大公司 91410312345678988N 发票专用章

第三联：发票联　购买方记账凭证

收款人：　　　　复核：　　　　开票人：张峰毅　　　　销售方：（章）

2020年11—12月的银行对账单中只有11月5日兴隆公司的收款记录10 170元,没有兴隆公司退货款记录,与公司银行存款日记账中11月8日的退货款10 170元记录不符;在11月8日有旺旺来公司同金额转账付款情况记录,而公司的日记账和会计凭证中无此记录。王凡向公司财务经理面询兴隆公司和旺旺来公司情况,财务经理只好说明真情,此笔业务实为公司将兴隆公司货款转为账外资金,为年末发奖金私筹资金。货币资金收支检查情况如表2-22所示。

表2-22 货币资金收支检查情况表

被审计单位:_____   索引号:_____
项目:货币资金收支情况检查 _____   财务报表截止日/期间:_____
编制:_____   复核:_____
日期:_____   日期:_____

记账日期	凭证编号	业务内容	对应科目	金额	核对内容 (用√或×表示)					备注
					1	2	3	4	5	

核对内容说明:①原始凭证是否齐全;②记账凭证与原始凭证是否相符;③账务处理是否正确;④是否记录于恰当的会计期间;⑤……

对不符事项的处理:

备注:当企业规模和业务量较大时,可分库存现金、银行存款、其他货币资金科目分别使用该表,应注意修改索引号。

审计说明:

任务 2.3 其他货币资金审计实质性程序

其他货币资金审计中,注册会计师为了实现审计目标而实施的实质性程序见表 2-23。

表 2-23 其他货币资金审计目标与审计程序对应关系表

审计目标	可供选择的审计程序
D	1. 获取或编制其他货币资金明细表。 (1) 复核银行汇票存款、银行本票存款、信用卡存款、信用证保证金存款、存出投资款、外埠存款等加计是否正确,并与总账数和日记账明细账合计数核对是否相符。 (2) 检查非记账本位币其他货币资金的折算汇率及折算是否正确。
ABD	2. 取得并检查其他货币资金余额调节表。 (1) 取得被审计单位银行对账单,检查被审计单位提供的银行对账单是否存在涂改或修改的情况,确定银行对账单金额的正确性,并与银行回函结果核对是否一致,抽样核对账面记录的已付款金额及存款金额是否与对账单记录一致。 ① 应将保证金户对账单与相应的交易进行核对,检查保证金与相关债务的比例和合同约定是否一致,特别关注是否存在有保证金发生,而被审计单位账面无对应的保证事项的情形。 ② 若信用卡持有人是被审计单位职员,应取得该职员提供的确认书,并应考虑进行调整。 (2) 获取资产负债表日的其他货币资金存款余额调节表,检查调节表中加计数是否正确,调节后其他货币资金日记账余额与银行对账单余额是否一致。 (3) 检查调节事项的性质和范围是否合理,如存在重大差异应作审计调整。
AC	3. 函证银行汇票存款、银行本票存款、信用卡存款、信用证保证金存款、存出投资款、外埠存款等期末余额,编制其他货币资金函证结果汇总表,检查银行回函。
C	4. 检查其他货币资金存款账户存款人是否为被审计单位,若存款人非被审计单位,应获取该账户户主和被审计单位的书面声明,确认资产负债表日是否需要调整。
E	5. 关注是否有质押、冻结等对变现有限制,或存放在境外,或有潜在回收风险的款项。
BA	6. 选取资产负债表日前后_____张、_____金额以上的凭证,对其他货币资金收支凭证实施截止测试,如有跨期收支事项,应考虑是否进行调整。
ABD	7. 抽查大额其他货币资金收付记录。检查原始凭证是否齐全、记账凭证与原始凭证是否相符、账务处理是否正确、是否记录于恰当的会计期间等项内容。 8. 根据评估的舞弊风险等因素增加的其他审计程序。
E	9. 检查货币资金,是否已按照企业会计准则的规定在财务报表中作出恰当列报。附注是否按库存现金、银行存款、其他货币资金分别列示货币资金情况。因质押或冻结等对使用有限制、存放在境外、有潜在回收风险的款项应单独说明。

项目小结

货币资金审计所涉及的主要凭证有银行对账单、现金监盘表、银行存款余额调节表及有关科目的记账凭证和账簿等。

审计人员应当了解被审计单位货币资金的内部控制,并根据需要综合运用询问、观察、检查、穿行测试和重新执行程序对内部控制进行测试,在此基础上评价货币资金内部控制运行的有效性。

审计人员在评价内部控制有效性的基础上,基于存在、权利和义务、完整性、计价和分摊的认定,综合利用各种审计程序如检查、重新计算、分析、函证等程序对库存现金、银行存款和其他货币资金实施实质性程序。

课后练习

一、判断题

1. 现金在企业资产总额中的比重很小,因此审计人员没必要重视现金的审计。（　　）
2. 出纳人员可以兼任现金总账的登记工作,不得由一人办理货币资金业务的全过程。（　　）
3. 单位现金收入应及时存入银行,不得直接用于单位自身的支出,因特殊情况需要坐支现金的,应事先报经开户银行审查批准。（　　）
4. 货币资金内部控制测试时,没必要抽取一定期间银行存款余额调节表来查验是否按月正确编制并经复核。（　　）
5. 证实资产负债表中所列示现金是否存在的重要程序是盘点库存现金。（　　）
6. 被审计单位资产负债表中的现金数额,应以盘点日实有数额为准。（　　）
7. 被审计单位资产负债表中银行存款数额应以编制或取得银行存款余额调节表日银行存款的数额为准。（　　）
8. 银行存款余额调节表应由被审计单位根据不同的银行账户及货币种类分别编制。（　　）
9. 函证银行存款的唯一目的是为了证实银行存款是否真实存在。（　　）
10. 在结账日未开出的支票及其后开出的支票,均不得作为结账日的银行存款收付入账。（　　）

二、单项选择题

1. 对企业库存现金进行监盘时,参加人员必须有(　　)。
   A. 出纳员或会计部门负责人
   B. 会计部门负责人或审计人员
   C. 出纳员与审计人员同时在场
   D. 出纳员、会计部门负责人、审计人员同时在场
2. 下列项目中,属于现金完整性目标的是(　　)。
   A. 登记入账的现金收入确定为企业实际收到的现金

B. 收到的现金收入已全部登记入账

C. 已经收到的现金确实为企业所有

D. 现金收入在资产负债表上的披露正确

3. 货币资金内部控制的以下关键控制环节中,存在重大缺陷的是( )。

  A. 财务专用章由专人保管,个人名章由本人或其授权人员保管

  B. 按月盘点现金,编制银行存款余额调节表

  C. 现金收入及时存入银行,不得可坐支现金

  D. 指定专人定期核对银行账户,每月核对一次,编制银行存款余额调节表,使银行存款账面余额与银行对账单调节相符

4. 测试现金余额的起点是( )。

  A. 核对现金日记账与总账的余额是否相符

  B. 盘点库存现金

  C. 抽查大额现金收支

  D. 检查现金收支的正确截止

5. 库存现金的盘点一般采用( )。

  A. 通知盘点   B. 突击盘点   C. 定期盘点   D. 无所谓

6. 检查银行存款余额调节表是为了( )认定。

  A. 完整性   B. 存在   C. 披露   D. 分摊

7. 函证银行存款时,回函应直接寄( )。

  A. 会计师事务所   B. 被审计单位

  C. 委托人   D. 被审计单位或会计师事务所

8. 注册会计师对被审计单位现金进行盘点,其范围是( )。

  A. 出纳员保管的现金   B. 财务部门保管的现金

  C. 各部门保管的现金   D. 存入银行的现金

9. 如果在资产负债表日后对库存现金进行监盘,应当根据盘点数、资产负债表日至( )的库存现金数,倒推计算资产负债表上所包含的库存现金数是否正确。

  A. 审计报告日   B. 资产负债表日

  C. 审计外勤工作结束日   D. 盘点日

10. 如果注册会计师已从被审计单位的某开户银行获取了银行对账单和所有已付支票清单,该注册会计师( )。

  A. 不需再向该银行函证

  B. 仍需向该银行函证

  C. 可根据实际需要,确定是否向该银行函证

  D. 可根据审计业务约定书的要求确定是否向该银行函证

三、多项选择题

1. 货币资金审计涉及的凭证和记录有( )。

  A. 现金监盘表   B. 银行存款余额调节表

C. 银行对账单　　　　　　　　　　D. 应收账款明细账及总账
2. 货币资金与(　　)有关。
　　　A. 销售与收款循环　　　　　　　B. 生产循环
　　　C. 购货与付款循环　　　　　　　D. 投资与筹资循环
3. 货币资金的内部控制可包括(　　)。
　　　A. 岗位分工及授权批准　　　　　B. 现金和银行存款管理
　　　C. 票据及有关印章的管理　　　　D. 监督检查
4. 银行存款的审计目标主要包括(　　)。
　　　A. 存在　　　　　　　　　　　　B. 权利和义务
　　　C. 完整性　　　　　　　　　　　D. 计价和分摊
5. 函证银行存款余额的目的包括(　　)。
　　　A. 了解企业银行存款是否存在　　B. 了解欠银行的债务
　　　C. 发现企业未登记的银行借款　　D. 验证资金的安全性
6. 银行存款函证的对象包括(　　)。
　　　A. 企业银行存款已结清的银行　　B. 信用证保证金存款所在银行
　　　C. 外埠存款所在银行　　　　　　D. 信用卡存款所在银行
7. 注册会计师实施的各项审计程序中,能够证明银行存款是否存在的是(　　)。
　　　A. 分析定期存款占银行存款的比例
　　　B. 检查银行存款余额调节表
　　　C. 函证银行存款余额
　　　D. 检查银行存款收支的正确截止
8. 检查外币银行存款的折算是否正确,主要检查(　　)事项。
　　　A. 外币银行存款的收支是否按选定汇率折算成记账本位币金额
　　　B. 外币银行存款期末余额是否按期末市场汇率折合为记账本位币金额
　　　C. 外币折合差额是否按规定记入相关账户
　　　D. 外币银行存款期末余额是否按期初市场汇率折合为记账本位币金额
9. 注册会计师寄发的银行询证函(　　)。
　　　A. 是以被审计单位的名义发往开户银行的
　　　B. 要求银行直接回函至会计师事务所
　　　C. 属于积极式询证函
　　　D. 包括银行存款和银行借款余额
10. 下列审计程序中,属于库存现金、银行存款账户实质性程序的有(　　)。
　　　A. 监盘库存现金,编制库存现金监盘表
　　　B. 抽查大额现金和银行存款收支
　　　C. 向开户银行函证银行存款余额
　　　D. 抽取银行存款余额调节表并作检查

销售与收款循环审计

项目 3
Xiangmu 3

技能目标

1. 能在明确审计目标要求的前提下,结合该循环业务特点,按审计程序要求执行控制测试。
2. 能在明确审计目标要求的前提下,结合该循环业务特点,按审计程序要求执行实质性程序。
3. 能较熟练地将所搜集审计证据记录于审计工作底稿。

知识目标

1. 理解销售与收款循环业务特性。
2. 了解销售与收款循环审计目标与程序。
3. 掌握销售与收款循环控制测试、实质性程序的操作原理。

案例导入

注册会计师张生审计通达公司的销售收入时,发现通达公司与子公司——嘉绿公司合作开发的清雅家苑1#、6#楼已开发完毕,且已通过建筑工程核验,通达公司就上述楼盘的部分房屋已与购买业主签订了销售合同,合同约定金额为人民币18 000万元,且收到部分售房款计人民币12 000万元,但尚未办理完毕业主入住手续。通达公司的账务处理已确认销售收入12 000万元。通达公司在其会计报表附注中对此予以披露。为此,注册会计师张生检查了相应的销售合同、收款凭证及其会计处理,认为不能获取其他充分的证据确定该商品房所有权上的重要风险和报酬已转移,因此,销售收入不能确认,提请通达公司作相应的调整分录。

在通达公司拒绝接受调整建议时,注册会计师张生发表了保留意见的审计报告,保留意见为"如贵公司会计报表附注六所述,截至2020年12月31日,贵公司与子公司——嘉绿公司合作开发的清雅家苑1#、6#楼已开发完毕,且已通过建筑工程核验,贵公司已就上述楼盘的部分房屋与购买业主签订了销售合同,合同约定金额为人民

币18 000万元,且收到部分售房款计人民币12 000万元,但尚未办理业主入住手续,我们未能获取其他充分的证据确定该商品房所有权上的重要风险和报酬已经转移,与该事项有关的利润为人民币6 000万元"。

任务3.1 销售与收款循环控制测试

根据财务报表项目与业务循环的相关程度,销售与收款循环涉及的资产负债表项目主要包括应收票据、应收账款、长期应收款、预收款项、应交税费;涉及的利润表项目主要包括营业收入、税金及附加、销售费用等。

销售与收款循环审计程序包括控制测试和实质性程序。控制测试包括销售交易控制测试和收款交易控制测试。

在销售与收款循环审计时,注册会计师要先通过了解被审计单位内部控制中获取的资料来评价该业务循环的内部控制风险,然后决定控制测试、实质性程序的性质、时间和范围。

3.1.1 了解被审计单位的销售与收款业务的特性与控制程序

销售与收款循环的业务特性主要包括两部分内容:一是本循环涉及的主要凭证与会计记录;二是本循环涉及的主要业务活动。

处理销售与收款业务,在内部控制比较健全的企业,通常需要使用很多凭证,进行相应的会计记录,这些凭证和会计记录是企业业务活动和控制程序的记录,也是审计人员进行该业务循环审计需搜集的审计证据的主要来源。典型的销售与收款循环中主要业务活动及对应的凭证、记录和控制程序如表3-1所示。

表3-1 销售与收款循环中主要业务活动及对应的凭证、记录和控制程序

主要业务活动	涉及的凭证及记录	相关的主要部门	相关的认定	重要控制程序
1. 接受顾客订单	顾客订货单、销售单	销售单管理部门	销售交易的发生	顾客名单已被授权审批
2. 批准赊销信用	销售单	信用管理部门	应收账款净额的计价和分摊	信用部门签署意见,降低坏账风险
3. 按销售单发货及装运	销售单、发运凭证	仓库、装运部门	销售交易的发生、完整性	防止未授权发货、装运商品
4. 向顾客开具销售发票	销售单、装运凭证、商品价目表、销售发票	开具账单部门	销售交易的完整性、发生、准确性	确保销售发票的正确性
5. 记录销售业务	销售发票及附件、转账凭证、现金、银行存款收款凭证、应收账款明细账、销售明细账及现金、银行存款明细账、顾客月末对账单	会计部门	发生、完整性、计价和分摊	主要关心销售发票是否记录正确,并归属适当的会计期间

续表

主要业务活动	涉及的凭证及记录	相关的主要部门	相关的认定	重要控制程序
6.办理和记录货币资金收入	汇款通知单、收款凭证、现金日记账、银行存款日记账	会计部门	发生、完整性、计价和分摊	最应关心的是货币资金失窃的可能性
7.办理和记录销货退回、折扣与折让	贷项通知单	会计部门、仓库	发生、计价和分摊、完整性	必须授权批准,控制实物流和会计处理
8.注销坏账与提取坏账准备	坏账审批表	赊销部门、会计部门	计价和分摊	应该获取货款无法收回的确凿证据,适当审批

3.1.2 销售交易内部控制目标、内部控制与审计测试的关系

在审计实务中,为了确保审计质量、审计效果,往往通过销售交易的控制目的、内部控制和测试一览表(见表3-2),结合被审计单位的行业、规模、内部控制制度的健全程度和执行结果、以前接受审计的情况,考虑审计时间、审计成本,尽可能地消除重复的测试程序,保证检查某一凭证时能够一次完成对该凭证的全部审计测试程序,并按最有效的顺序实施审计测试,从实际出发,将其转换为更实用、更高效的审计计划。

表3-2 销售交易的控制目的、内部控制和测试一览表

内部控制目标	关键内部控制	常用的控制测试	常用的交易实质性程序
登记入账的销售交易确系已经发货给真实的顾客(发生)	销售交易是以经过审核的发运凭证及经过批准的顾客订货单为依据登记入账的 在发货前,顾客的赊购已经被授权批准 销售发票均经事先编号,并已恰当地登记入账 每月向顾客寄送对账单,对顾客提出的意见作专门追查	检查销售发票副联是否附有发运凭证(或提货单)及顾客订货单 检查顾客的赊购是否经授权批准 检查销售发票连续编号的完整性 观察是否寄发过对账单,并检查顾客回函档案	复核主营业务收入总账、明细账,以及应收账款明细账中的大额或异常项目 追查主营业务收入明细账中的分录至销售单、销售发票副联及发运凭证 将发运凭证与存货永续记录中的发运分录进行核对 将主营业务收入明细账及应收账款明细账中的分录进行核对
所有销售交易均已登记入账(完整性)	发运凭证(或提货单)均经事先编号并已登记入账 销售发票均经事先编号,并已登记入账	检查发运凭证连续编号的完整性 检查销售发票连续编号的完整性	将发运凭证与相关的销售发票和主营业务收入明细账及应收账款明细账中的分录进行核对
登记入账的销售数量确系已发货的数量,已正确开具账单并登记入账(计价和分摊)	销售价格、付款条件、运费和销售折扣的确定已经适当的授权批准 由独立人员对销售发票的编制作内部核查	检查销售发票是否经适当的授权批准 检查有关凭证上的内部核查标记	复核销售发票上的数据 追查主营业务收入明细账中的分录至销售发票 追查销售发票上的详细信息至发运凭证、经批准的商品价目表和顾客订货单
销售交易的分类恰当(分类)	采用适当的会计科目表 内部复核和核查	检查会计科目表是否适当 检查有关凭证上内部复核和审查的标记	检查证明销售交易分类正确的原始凭证

续表

内部控制目标	关键内部控制	常用的控制测试	常用的交易实质性程序
销售交易的记录及时（截止）	采用尽量能在销售发生时开具收款账单和登记入账的控制方法 内部核查	检查尚未开具收款账单的发货和尚未登记入账的销售交易 检查有关凭证上内部核查的标记	将销售交易登记入账的日期与发运凭证的日期比较核对
销售交易已经正确地记入明细账，并经正确汇总（准确性、计价和分摊）	每月定期给顾客寄送对账单 由独立人员对应收账款明细账作内部核查 将应收账款明细账余额合计数与其总账余额进行比较	观察对账单是否已经寄出 检查内部核查标记 检查将应收账款明细账余额合计数与其总账余额进行比较的标记	将主营业务收入明细账加总，追查其至总账的过账

第一栏内部控制目标，列示了企业设立销售交易内部控制的目标，也就是注册会计师实施相应控制测试和实质性程序所要达到的审计目标。这些目标是由绪论中有关内部控制部分所建立的基本结构而来的，各种业务的基本目标是相同的，但其具体目标则有所不同；另外，某些控制固然可以实现几个目标，但分别考虑每一个目标，更有助于增加对销售与收款循环审计全过程的了解。

第二栏关键内部控制，列示了与上述各项内部控制目标相对应的一项或数项主要内部控制。设计销售交易内部控制，应达到绪论所述的控制目标。无论其他目标的控制如何有效，只要为实现某一项目标所必需的控制不健全，则与该目标有关的错误出现的可能性就随之增大，并且很可能影响企业整个内部控制的有效性。

第三栏常用的控制测试，列示了注册会计师针对上述关键内部控制所实施的测试程序。控制测试与内部控制之间有直接联系，注册会计师对每项关键控制至少要执行一项控制测试以核实其效果。因为控制测试如果不用来测试某一具体的内部控制就毫无意义；通常，根据内部控制的性质确定控制测试的性质大都比较容易。例如，内部控制如果是批准赊销后在顾客订货单上签字，则控制测试就是检查顾客订货单上有无恰当的签字。

第四栏常用的交易实质性程序，列示了注册会计师常用的实质性程序。实质性程序与第一栏所列的控制目标有着直接的联系，它是证明第一栏中具体审计的证据，其目的在于确定交易业务中与该控制目标有关的金额是否有错误。实质性程序虽然与关键控制及控制测试没有必然的关系，但实施实质性程序的性质、时间和范围，在一定程度上取决于关键控制是否存在和控制测试的结果。在确定交易实质性程序时，有些程序不管环境如何，是每一项审计所共同采用的，而有些则应视内部控制的健全程度和控制测试的结果而定。当然，审计重要性、以前期间的审计结果等因素，对实质性程序的确定也有影响。

表 3-2 中列示的方法，目的在于帮助注册会计师根据具体情况设计能够实现审计目标的审计方案。但它既未包含销售交易所有的内部控制、控制测试和实质性程序，也并不意味着审计实务中必须按此顺序与方法一成不变。一方面，被审计单位所处行业不同、规模不一、内部控制制度的健全程度和执行结果不同，以前期间接受审计的情况也各不相同；另一方面，受审计时间、审计费用的限制注册会计师除了确保审计质量、审计效果外，

还必须提高审计效率,尽可能地消除重复的测试程序,保证检查某一凭证对能够一次完成对该凭证的全部审计测试程序,并按最有效的顺序实施审计测试。在审计实务工作中,注册会计师应根据表3-2所列示的内容,从实际出发,将其转换为更实用、高效的审计计划。也正是由于被审计单位的上述特性,决定了将要讨论的销售交易的控制测试和交易的实质性程序都只是定性而非定量的,在具体审计时,注册会计师应当结合被审计单位情况,运用职业判断和审计抽样技术来合理确定审计测试的样本量。

3.1.3 销售交易的内部控制和控制测试

财政部发布的《企业内部控制应用指引第9号——销售业务》中,不仅明确了单位应当建立对销售与收款内部控制的监督检查制度,单位监督检查机构或人员应通过实施控制测试和实质性程序检查销售与收款业务内部控制制度是否健全,各项规定是否得到有效执行,而且明确了销售与收款内部控制监督检查的主要内容,具体包括以下内容。

（1）销售与收款业务相关岗位及人员的设置情况。重点检查是否存在销售与收款业务不相容职务混岗的现象。

（2）销售与收款业务授权批准制度的执行情况。重点检查授权批准手续是否健全,是否存在越权审批行为。

（3）销售的管理情况。重点检查信用政策、销售政策的执行是否符合规定。

（4）收款的管理情况。重点检查单位销售收入是否及时入账,应收账款的催收是否有效,坏账核销和应收票据的管理是否符合规定。

（5）销售退回的管理情况。重点检查销售退回手续是否齐全,退回货物是否及时入库。

结合上述规定注册会计师针对销售交易的内部控制,将执行以下控制测试。

1. 适当的职责分离

（1）适当的职责分离有助于防止各种有意或无意的错误。例如,主营业务收入账如果由记录应收账款之外的职员独立登记,并由另一位不负责账簿记录的职员定期调节总账和明细账,就构成了一项交互牵制。

（2）规定负责主营业务收入和应收账款记账的职员不得经手货币资金,也是防止舞弊的一项重要控制。

（3）赊销批准职能与销售职能的分离。销售人员通常有一种追求更大销售数量的自然倾向,而不问它是否将以巨额坏账损失为代价,赊销的审批则在一定程度上可以抑制这种倾向。因此,赊销批准职能与销售职能的分离,也是一种理想的控制。

为确保办理销售与收款业务的不相容岗位相互分离、制约与监督,一个企业销售与收款业务相关职责适当分离的基本要求通常包括以下内容。

（1）企业应当分别设立办理销售、发货、收款三项业务的部门（或岗位）。

（2）企业在销售合同订立之前,应当制定专门人员就销售价格、信用政策、发货及收款方式等具体事项与客户进行谈判。谈判人员至少应有两人以上,并与订立合同的人员相分离。

（3）编制销售发票通知单的人员与开具销售发票的人员应相互分离。

（4）销售人员应当避免接触销货现款；企业应收票据的取得和贴现必须经由保管票据以外的主管人员的书面批准。

2. 恰当的授权审批

对于授权审批问题，注册会计师应当关注以下 4 个关键点上的审批程序。

（1）在销售发生之前，赊销已经正确审批。

（2）非经正当审批，不得发出货物。

（3）销售价格、销售条件、运费、折扣等必须经过审批。

（4）审批人应当根据销售与收款授权批准制度的规定，在授权范围内进行审批，不得超越审批权限。对于超过单位既定销售政策和信用政策规定范围的特殊销售交易，需要经过适当的授权。

3. 充分的凭证和记录

只有具备充分的记录手续，才有可能实现各项控制目标。例如，企业在收到客户订购单后，就立即编制一份预先编号的一式多联的销售单，分别用于批准赊销、审批发货、记录发货数量以及向客户开具账单和销售发票等。在这种制度下，只要定期清点销售单和销售发票，漏开账单的情形几乎就不太会发生。相反的情况是，有的企业只在发货以后才开具账单，如果没有其他控制措施，这种制度下就很可能会发生漏开账单的情况。

4. 凭证的预先编号

对凭证预先进行编号，旨在防止销售以后忘记向顾客开具账单或登记入账，也可防止重复开具账单或重复记账。当然，如果对凭证的编号不作清点，预先编号就会失去其控制意义。由收款员对每笔销售开具账单后，将发运凭证按顺序归档，而由另一位职员定期检查全部凭证的编号，并调查凭证缺号的原因，就是实施这项控制的一种方法。

5. 按月寄出对账单

由不负责现金出纳和销售及应收账款记账的人员按月向顾客寄发对账单，能促使客户在发现应付账款余额不正确后及时反馈有关信息。为了使这项控制更加有效，最好将账户余额中出现的所有核对不符的账项，指定一位既不掌管货币资金也不记录主营业务收入和应收账款账目的主管人员处理，然后由独立人员按月编制对账情况汇总报告并交管理层审阅。

6. 内部核查程序

由内部审计人员或其他独立人员核查销售交易的处理和记录，是实现内部控制目标不可缺少的一项控制措施。表 3-3 中所列程序是针对相应控制目标的典型内部核查程序。注册会计师可以通过检查内部审计人员的报告，或其他独立人员在他们核查的凭证上的签字等方法实施控制测试。

表 3-3　内部核查程序

内部控制目标	内部核查程序举例
登记入账的销售交易是真实的	检查销售发票的连续性并检查所附的佐证凭证
销售交易均经适当审批	了解顾客的信用情况确定是否符合企业的赊销政策
所有销售交易均已登记入账	检查发运凭证的连续性并将其与主营业务收入明细账核对
登记入账的销售交易均经正确估价	将销售发票上的数量与发运凭证上的记录进行比较核对
登记入账的销售交易分类恰当	将登记入账的销售交易的原始凭证与会计科目表比较核对
销售交易的记录及时	检查开票员所保管的未开票发运凭证,确定是否包括所有应开票的发运凭证在内
销售交易已经正确地记入明细账并经正确汇总	从发运凭证追查至主营业务收入明细账和总账

3.1.4　收款交易的内部控制和控制测试

销售与收款循环包括销售与收款两个方面。在内部控制健全的企业,与销售相关的收款交易同样有其内部控制目标和内部控制。

由于每个企业的性质、所处行业、规模,以及内部控制健全程度等不同,而使得其与收款相关的内部控制内容有所不同,但其仍应遵守财政部发布的《企业内部控制应用指引第9号——销售业务》中的有关办理销售收款业务、不相容职务分离、应收账款及坏账管理等方面规定的内容。

注册会计师应针对每个具体的内部控制目标确定关键的内部控制,并对其实施相应的控制测试和交易的实质性程序。与销售交易测试一样,收款交易的控制测试的性质取决于内部控制的性质,而收款交易的实质性程序的范围在一定程度上取决于关键控制是否存在以及控制测试的结果。由于销售与收款交易同属一个循环,在经济活动中密切相连,因此,收款交易的一部分测试可与销售交易的测试一并执行,但收款交易的特殊性又决定其另一部分测试仍需单独实施。

3.1.5　销售与收款循环的控制测试的工作过程及内容

(1) 了解被审计单位销售与收款循环和财务报告相关的内部控制的设计,并记录获得的了解。

(2) 针对销售与收款循环的控制目标,记录相关控制活动,以及受该控制活动影响的交易和账户余额及其认定。

(3) 执行穿行测试,证实对交易流程和相关控制的了解,并确定相关控制是否得到执行。

(4) 记录在了解和评价销售与收款循环的控制设计和执行过程中识别的风险,以及拟采取的应对措施。

在执行本工作的过程中,注册会计师将形成以下工作底稿。

(1) 了解内部控制汇总表。

(2) 了解内部控制——控制流程。

(3) 评价内部控制设计——控制目标及控制活动。

(4) 确定控制是否得到执行(穿行测试)。

(5) 销售与收款循环控制执行情况的评价结果。

收款交易的实质性程序的范围在一定程度上取决于关键控制是否存在以及控制测试的结果。

3.1.6 针对销售交易的实质性程序

针对销售交易的实质性程序通常采用细节测试程序。

1. 登记入账的销售交易是真实的

不真实的销售登记入账的情况虽然极少,但其后果会导致高估资产和收入,需谨慎对待。对这一目标,注册会计师一般关注以下3类错误的可能性:①未曾发货却已将销售交易登记入账;②销售交易重复入账;③向虚构的顾客发货,并作为销售交易登记入账。

由于第三类错误肯定是有意,前两类错误包括有意和无意之分,如何以适当实质性程序来发现不真实的销售,取决于注册会计师认为可能在何处发生错误。对"发生"这一目标而言,注册会计师通常只在认为内部控制有弱点时,才实施实质性程序,因此,测试的性质取决于潜在的控制弱点的性质。

检查上述3类错误的可能性的另一种有效办法是追查应收账款明细账中贷方发生额的记录。如果应收账款最终得以收回货款或者由于合理的原因收到退货,则记录入账的销售交易一开始通常是真实的;如果贷方发生额是注销坏账,或者直到审计时所欠货款仍未收回,就必须详细追查相应的发运凭证和顾客订货单等,因为这些迹象都说明可能存在虚构的销售交易。

2. 已发生的销售交易均已登记入账

只有内部控制不健全,比如被审计单位没有由发运凭证追查至主营业务收入明细账这一独立内部核查程序,就有必要执行对完整性目标实施交易实质性程序。

首先,注册会计师应通过检查凭证的编号顺序来查明全部发运凭证均已归档。其次,从发货部门的档案中选取部分发运凭证,并追查有关的销售发票副本和主营业务收入明细账,以测试未开发票的发货。

在执行本程序时应注意事项:以主营业务收入明细账为起点,从中抽取一个发票号码样,追查至销售发票存根、发运凭证,以及顾客订货单,是测试发生目标;而以发运凭证为起点,从中选取样本追查至销售发票存根和主营业务收入明细账,以确定是否存在遗漏事项,是测试完整性目标。在设计发生目标和完整性目标审计过程中,确定追查凭证的起点即测试方向是重要的。

3. 登记入账的销售交易均经正确计价

销售交易计价的准确性包括:按订货数量发货、按发货数量准确地开具账单以及将账单上的数额准确地记入会计账簿,对这 3 个方面,每次审计中一般都要实施实质性程序,以确保其准确无误。

典型的实质性程序包括复算会计记录中的数据。通常的做法是:以主营业务收入明细账中的会计分录为起点,将所选择的交易业务的合计数与应收账款明细账和销售发票存根进行比较核对。销售发票存根上所列的单价,通常还要与经过批准的商品价目表进行比较核对,其金额小计和合计数也要进行复算。发票中列出的商品的规格、数量和顾客代号等,则应与发运凭证进行比较核对。另外,往往还要审核顾客订货单和销售单中的同类数据。

4. 登记入账的销售交易分类恰当

销售分类恰当的测试一般可与计价准确性测试一并进行。注册会计师可以通过审核原始凭证确定具体交易业务的类别是否恰当,并以此与账簿的实际记录作比较。

5. 销售交易的记录及时

在实施计价准确性实质性程序的同时,一般要将所选取的提货单或其他发运凭证的日期与相应的销售发票存根、主营业务收入明细账和应收账款明细账上的日期作比较。如有重大差异,被审计单位就可能存在销售截止期限上的错误。

6. 销售交易已正确地记入明细账并正确地汇总

在多数审计中,通常都要加总主营业务收入明细账数,并将加总和一些具体内容分别追查至主营业务收入总账和应收账款明细账或库存现金、银行存款日记账,以检查在销售过程中是否存在有意或无意的错报问题。

3.1.7 实训

1. 任务描述

(1) 阅读并熟悉实训资料、实训材料。
(2) 在教师指导下,根据实训资料填写销售与收款循环控制执行情况的评价结果。
(3) 在教师指导下,完成销售与收款循环控制执行情况的评价结果中被审计单位的控制活动、控制活动对实现控制目标是否有效(是/否)、控制活动是否得到执行(是/否)和是否测试该控制活动运行有效性(是/否)等内容的编写。

2. 实训条件

(1) 实训环境:上课教室或审计实训室。
(2) 实训材料:业务承接评价表、审计业务约定书、角色情境模拟实训剧本。

(3) 实训学时：2学时。

(4) 实训操作：首先由教师引导学生阅读、熟悉实训资料和审计工作底稿，然后由学生自主编写、讨论、总结，教师现场指导，最后由教师讲解答案、分析问题。

(5) 实训方式：可采用小组手工实训方式、单人手工实训方式。

3. 实训资料

中信达公司是一家生产和销售电子产品的中型制造企业，其现行的销售政策和程序已经董事会批准，如果需对该项政策和程序作出任何修改，均应经董事会批准后方能执行。本年度该项政策和程序没有发生变化。

中信达公司的产品主要为电子感应器、光感器、集成电路块，通用性较强。所有产品按订单生产，其中约计95%的产品系销售给国外中间商，全部采用海运方式，以货物离岸作为风险、报酬转移的时点。通常情况下，这些顾客于每年年初与公司签订一份包含全年预计所需商品数量、基本单价等条款的一揽子采购意向。顾客采购意向的重要条款由董事会审批，并授权总经理签署。中信达公司根据顾客采购意向总体安排采购原材料及生产计划，实际销售业务发生时，顾客还需要与公司签订出口销售合同。对于向国内销售的部分，中信达公司根据订单金额，估算毛利情况，分别授权不同级别人员确定是否承接。

中信达公司使用新中大系统处理销售与收款交易，自动生成记账凭证和顾客清单，并过至营业收入和应收账款明细账和总账。销售与收款业务涉及的主要人员如表3-4所示。

表3-4 销售与收款业务涉及的主要人员

职 务	姓 名	职 务	姓 名
总经理	韩金祥	业务员	甘彬
副总经理	马伟利	信息管理员	程信安
财务经理	江庆军	生产计划经理	陈成
会计主管	李娜娜	生产经理	赵俊业
出纳员	邵翠翠	技术经理	赵扬
应收账款记账员	张欣	供应与运输经理	贾保运
办税员	吴兰	仓库保管员	郑清
销售经理	肖平	单证员	李丽

注册会计师袁辉、冯咏2021年1月14日采用询问、观察和检查等方法，了解并记录了中信达公司2020年度销售与收款循环的主要控制流程，并已与财务经理江庆军、销售经理肖平确认下列所述内容。同时，因对销售与收款循环涉及的税金实施实质性程序更为有效，故以下控制程序中将不涉及税金。

1) 有关职责分工的政策和程序

中信达公司建立了下列职责分工政策和程序。

(1) 不相容职务相分离。其主要包括：订单的接受与赊销的批准、销售合同的订立与审批、销售与运货、实物资产保管与会计记录、收款审批与执行等职务相分离。

（2）各相关部门之间相互控制并在其授权范围内履行职责，同一部门或个人不得处理销售与收款业务的全过程。

2）主要业务活动介绍

（1）销售。具体包括以下几点。

① 新顾客。如果是新顾客，他们需要先填写顾客申请表，销售经理肖平将进行顾客背景调查，获取包括信用评审机构对顾客信用等级的评定报告等，填写新顾客基本情况表，并附相关资料交至副总经理马伟利审批。马伟利副总经理将在新顾客基本情况表上签字注明是否同意赊销。通常情况下，给予新顾客的信用额度不超过人民币30万元。若高于该标准，信用额度在人民币30万元以上的应由总经理韩金祥审批。

根据经恰当审批的新顾客基本情况表，信息管理员程信安将有关信息输入新中大系统，系统将自动建立新顾客档案。

完成上述流程后，新顾客即可与公司进行业务往来，向中信达公司发出采购订单。

对于新顾客的初次订单，不允许超过经审批的信用额度。如新顾客能够及时支付货款，信用良好，则可视同现有顾客进行交易。

② 现有顾客。收到现有顾客的采购订单后，业务员甘彬将订单金额与该顾客已被授权的信用额度以及至今尚欠的账款余额进行检查，经销售经理肖平审批后，交至副总经理马伟利复核。如果是超过信用额度的采购订单，应由总经理韩金祥审批。

③ 签订合同。经审批后，授权业务员甘彬与顾客正式签订销售合同。

信息管理员程信安负责将顾客采购订单和销售合同信息输入新中大系统，由系统自动生成连续编号的销售订单（此时系统显示为"待处理"状态）。每周，信息管理员程信安核对本周内生成的销售订单，将销售订单和合同存档管理，对任何不连续编号的情况将进行检查。

每周，应收账款记账员张欣汇总本周内所有签订的销售合同，并与销售订单核对，编制销售信息报告。如有不符，应收账款记账员张欣将通知信息管理员程信安，与其共同调查该事项。

业务员甘彬根据系统显示的"待处理"销售订单信息，与技术经理赵扬、生产经理赵俊业、财务经理江庆军分别确认技术、生产和质量标准以及收款结汇方式，由生产计划经理陈成制订生产通知单。如果顾客以信用证方式付款，则在收到信用证后开始投入生产；如果采用预收货款电汇方式，则在收到30%的预付货款后投入生产。

开始生产后，系统内的销售订单状态即由"待处理"自动更改为"在产"。

（2）记录应收账款。具体包括以下几种。

① 记录、确认应收账款。产品生产完工入库后，新中大系统内的销售订单状态由"在产"自动更改为"已完工"。

信息管理员程信安根据系统显示的"已完工"销售订单信息和销售合同约定的交货日期，开具连续编号的销售发票（出口发票一式六联），交销售经理肖平审核，发票存根联由销售部留存，其他联次分别用于报关、出口押汇、税务核销、外汇核销以及财务记账等。

报关部单证员李丽收到销售发票后办理报关手续，办妥后通知。同时，业务员甘彬在系统内填写出运通知单，确定装船时间。出运通知单的编号在业务员甘彬输入销售订单编号后自动生成。根据系统设置,如输入错误,如输入不存在的销售订单编号,则无法生成相对应的出运通知单。

供应与运输经理贾保运根据系统显示的出运通知信息,安排组织成品出库运输。

船运公司在货船离岸后,开出货运提单,通知中信达公司货物离岸时间。

信息管理员程信安将商品离岸信息输入系统,系统内的销售订单状态由"已完工"自动更改为"已离岸"。

应收账款记账员张欣根据系统显示的"已离岸"销售订单信息,将销售发票所载信息和报关单、货运提单等进行核对。如所有单证据核对一致,应收账款记账员张欣编制销售确认会计凭证,后附有关单证,交会计主管李娜娜复核。

若核对无误,会计主管李娜娜在发票上加盖"相符"印戳,应收账款记账员张欣据此确认销售收入实现,并将有关信息输入系统,此时系统内的采购订单状态即由"已离岸"自动更改为"已处理"。

如果期末商品已经发出但尚未离岸,则应收账款记账员张欣根据货运提出库单等单证记录应收账款,并于下月月初冲回,当系统显示"已离岸"销售订单信息时,记录销售收入实现。

国内销售除无须办理出口报关手续外,其他与出口销售流程基本一致。以下控制流程记录中将不再涉及国内销售。

② 调整应收账款销售退回、折扣与折让。由于中信达公司产品若发生质量等纠纷,顾客主要应采取索赔方式,根据双方确定的金额调整应收账款。业务员甘彬接到顾客的索赔传真件等资料后,编制连续编号的顾客索赔投诉处理表,先交至生产部门和技术部门,由生产经理赵俊业与技术经理赵扬确定是否确属产品质量问题,并签字确认。如确属中信达公司的责任,财务部应收账款记账员张欣在顾客索赔处理表注明货款结算情况,然后传递至生产部门和技术部门,由生产经理赵俊业、技术经理赵扬确定是否属质量问题,经他们签字后确认是否属中信达公司的责任。对于索赔金额10万元人民币以下的,由销售经理肖平批准;如索赔金额10万元以上的应由总经理韩金祥审核批准。索赔的方式为调整应收货款金额。

如果发生国内销售退货,其处理与索赔流程基本相同,对退回的商品应由供应运输部成品库验收并单独存放。

应收账款记账员张欣编制应收账款调整分录,后附经适当审批的顾客索赔投诉处理表,交会计主管李娜娜复核后进行账务处理。

③ 对账及差异处理。月末,会计主管李娜娜编制应收账款账龄报告,其内容还应包括应收账款总额与应收账款明细账合计数以及应收账款明细账与顾客对账单的核对情况。如有差异,会计主管李娜娜将立即进行调查。如调查结果表明需调整账务记录,会计主管李娜娜将编制应收账款调节表和调整建议,连同应收账款账龄分析报告交至财务经理江庆军批准后方可进行账务处理。

④ 计提坏账准备和核销坏账。中信达公司董事会制订并批准了应收账款坏账准备计提方法和计提比例的会计估计。

每年年末,销售经理肖平根据以往的经验、债务单位的实际财务状况和现金流量的情况,以及其他相关信息,编写应收账款可收回性分析报告,交财务部复核。

会计主管李娜娜编制应收账款可收回性分析报告,分析坏账准备的计提比例是否较原先的估计发生较大变化。如发生较大变化,会计主管李娜娜编写会计估计变更建议,经财务经理江庆军复核后报董事会批准。

中信达公司坏账准备由系统自动计算生成,对于需要计提特别坏账准备以及拟核销的坏账,由业务员甘彬填写连续编号的坏账变更申请表,并附顾客破产等相关资料,经销售经理肖平审批后,金额在5万元以下的,由财务经理江庆军审批,金额在5万元以上的,由总经理韩金祥审批。

应收账款记账员张欣根据经适当批准的更改申请表进行账务处理。

(3) 记录税金。报关部单证员李丽负责收集出口销售的相关单据,每月月末汇总交由财务部办税员吴兰复核,前往主管税务部门办理出口退税手续。办税员吴兰还负责编制国内销售部分的增值税纳税申报表。每月将增值税纳税申报表和由税务部门盖章确认的出口退税汇算清缴明细表交由财务经理汪庆军,核实无误后签字确认。如发现任何异常情况,将进一步调查处理。

实际收到税务部门的退税款时,由会计主管李娜娜将实际收到的退税款与退税申报表数字进行核对,并由财务经理江庆军复核,无误后在凭证上签字作为复核证据。

(4) 收款。信用证到期或收到顾客已付款通知,由出纳员邵翠翠前往银行办理托收。款项收妥后,应收账款记账员张欣将编制收款凭证,并附相关单证,如银行结汇单、银行到款通知单等,提交会计主管李娜娜复核审批。

在完成对收款凭证及相关单证的复核后,会计主管李娜娜在收款凭证上签字,作为复核证据,并在所有单证上加盖"核销"印戳。

出纳员邵翠翠根据经复核无误的收款凭证及时登记银行存款日记账。

(5) 维护顾客档案。如需对新中大系统内的顾客信息作出修改,业务员甘彬填写更改申请表,经销售经理肖平审批后交信息管理员程信安,程信安负责对更改申请表预先连续编配号码并在系统内进行更改。

信息管理部执行更改程序。信息管理员程信安每月复核顾客档案。对两年内未与中信达公司发生业务往来的顾客,通知业务员甘彬并由其填写更改申请表,经销售经理肖平审批后交信息管理部删除该顾客档案。

每月月末,信息管理员程信安编制月度顾客信息更改报告,附同更改申请表的编号记录交由财务经理江庆军复核。

财务经理江庆军核对月度顾客更改信息报告、检查实际更改情况和更改申请表是否一致、所有变更是否得到适当审批以及编号记录表是否正确,在月度顾客信息更改报告和编号记录表上签字作为复核的证据。如发现任何异常情况,将进一步调查处理。

应收账款记账员张欣每月复核顾客档案的准确性和真实性。

每半年,销售经理肖平复核顾客档案。

注册会计师袁辉、冯咏在测试后认为:中信达公司的内部控制活动对实现控制目标有效,控制活动得到了较好的执行且该控制活动运行均具有效性。

2021年1月20日该审计项目组组长张曼丽对该工作底稿进行了审核,如表3-5所示。

被审计单位：_____　　　　　索引号：_____
项目：风险评估　　　　　　　　　　　　财务报表截止日/期间：_____
编制：_____　　　　　　　　复核：_____
日期：_____　　　　　　　　日期：_____

表3-5　销售与收款循环控制执行情况的评价结果

主要业务活动	控制目标	受影响的相关交易和账户余额及其认定	被审计单位的控制活动	控制活动对实现控制目标是否有效（是/否）	控制活动是否得到执行（是/否）	是否测试该控制活动运行有效性（是/否）
销售	仅接受在信用额度内的订单	应收账款：计价和分摊	如果是新顾客，销售经理_____将对其进行客户背景调查，获取包括信用评审机构对顾客信用等级的评定报告等，并附相关资料交至副总经理_____审批。填写新顾客基本情况表，并在新顾客基本情况表上签字注明是否同意除销。通常情况下，给予新客户的信用额度不超过人民币_____元。若高于该标准，应经总经理_____审批。如果是现有顾客、业务员_____将订单金额与该顾客已被授权的信用额度以及尚欠今尚欠大的账款余额进行检查。如果超过信用额度，经销售经理_____复核，交至总经理_____审批			
	管理层核准销售订单的价格、条件	应收账款：存在 主营业务收入：发生	对于新顾客的初次订单，不允许超过经审批的信用额度。如新顾客能够及时支付货款，信用良好，则可视同"现有顾客"进行交易 收到现有授权的顾客的信用额度以及今尚欠大的账款余额以后，业务员_____将订单金额与该顾客已被授权的信用额度以及尚欠今尚欠大的账款余额进行检查。经销售经理_____复核，交至副总经理_____审批。如果是超过信用额度的采购订单，应由总经理_____审批			
	已记录的销售订单的内容准确	应收账款：计价和分摊	信息管理员_____负责将顾客采购订单和销售合同信息输入新中大系统，由系统自动生成连续编号的销售订单（此时系统显示为"待处理"状态）。每周，信息管理员_____核对本周内生成的销售订单，对任何不连续编号的情况将进行检查			

续表

主要业务活动	控制目标	受影响的相关交易和账户余额及其认定	被审计单位的控制活动	控制活动对实现控制目标是否有效(是/否)	控制活动是否得到执行(是/否)	是否测试该控制活动运行有效性(是/否)
销售	已记录的销售订单的内容准确	主营业务收入：准确性、分类	每周，应收账款记账员汇总本周内所有签订的销售合同，并与销售订单核对，编制销售信息报告。如有不符，应收账款记账员将通知共同管理员，将共同调查该事项			
	销售订单均已得到处理	应收账款：完整性；主营业务收入：完整性	信息管理员负责将顾客采购订单和销售订单信息输入新中大系统，由系统自动生成连续编号的销售订单(此时系统显示为"待处理"状态)。每周，信息管理员核对本周内生成的销售订单编号，对任何不连续编号的情况将进行检查			
	已记录的销售均已发出货物	应收账款：存在、权利和义务	船运公司在货船离岸后，开出货运提单，通知公司货物离岸时间。信息管理员将商品离岸信息输入系统，系统内的销售订单状态由"已完工"自动更改为"已离岸"			
		主营业务收入：发生	应收账款记账员根据系统显示的"已离岸"销售订单信息，将销售发票所载信息和报关单、货运提单等进行核对。如所有单证核对一致，在发票上加盖"相符"印戳，交应收账款信息输入系统，此时系统内的采购账订单状态即"已离岸"自动更改为"已处理"			
记录应收账款	已记录的销售交易计价准确	应收账款：计价和分摊；主营业务收入：准确性、分类	月末，会计主管编制应收账款账龄报告，其内容还应包括应收账款总额与应收账款明细账合计数以及应收账款明细账与顾客对账单的核对情况。如有差异，会计主管将进行调查			
	与销售货物相关的权利均已记录至应收账款	应收账款：完整性	信息管理员根据系统显示的"已完工"销售订单信息和销售合同约定的交货日期，开具并连续编号销售发票(出口发票一式六联)，交销售经理审核，发票存根联由销售部留存，其他联次分别用于销售、税务核算、外汇核销以及财务记账等			

续表

主要业务活动	控制目标	受影响的相关交易和账户余额及其认定	被审计单位的控制活动	控制活动对实现控制目标是否有效（是/否）	控制活动是否得到执行（是/否）	是否测试该控制活动运行有效性（是/否）
记录应收账款	与销售货物相关的权利均已记录至应收账款	主营业务收入：完整性	应收账款记账员___将销售发票所载信息和报关单、货运提单等进行核对。在发票上加盖"相符"印戳，并将有关信息输入系统，此时系统内的采购订单状态即由"已离岸"自动更改为"已处理"			
	销售货物交易均已于适当期间进行记录	应收账款：存在、完整性 主营业务收入：截止	如果期末存在商品已经发出尚未离岸，则应收账款记账员___根据货运提单等单证记录应收账款，并于下月月初冲回，当系统显示"已离岸"销售订单信息时，记录销售收入实现			
	已发生的销售退回与折让均为真实发生的	应收账款：完整性 主营业务收入：完整性	公司销售业务以___销售为主，与顾客签订的销售合同中不允许退货。若发生质量纠纷，应采取索赔方式，根据双方确定的金额调整应收账款。接到顾客的索赔单后，编制连续编号的顾客索赔处理表。___业务员___确定索赔责任，如确属公司经营___技术部门，由生产经理___问题，并签字确认。如确属公司经营___技术经理___量问题，应由确属公司经营___经理确认。对于索赔金额不在顾客索赔处理表注明货款经算情况，应收账款记账员超过人民币___元的，由销售经理___批准，如超过该金额准___应经总经理___审批			
	已发生的销售退回、折扣与折让均得到正确记录	应收账款：存在 主营业务收入：发生	月末，会计主管___编制应收账款账龄报告，其内容还应包括应收账款总额与应收账款明细账合计数以及应收账款明细账与顾客对账单的核对情况，如有差异，会计主管___将立即进行调查			
	已发生的销售退回、折扣与折让给予恰当期间进行记录	主营业务收入：截止	应收账款记账员___编制应收账款调整分录，后附经适当审批核的顾客索赔处理表，交会计主管___复核后进行账务处理			

续表

主要业务活动	控制目标	受影响的相关交易和账户余额及其认定	被审计单位的控制活动	控制活动对实现控制目标是否有效（是/否）	控制活动是否得到执行（是/否）	是否测试该控制活动运行有效性（是/否）
记录应收账款	已发生的销售退回、折扣与折让均准确记录	应收账款；计价和分摊；主营业务收入：准确性、分类	业务员____接到顾客的索赔处理案件等资料后，编制连续编号的顾客索赔处理单，交至生产部门和技术经理，由生产经理____确定是否确属质量问题，并签字确认。如确属技术经理____责任，应收账款记账员____在顾客索赔处理表注明顾客结算情况。对于索赔金额不超过____元的，由销售经理____批准；如超过该标准，应经总经理____审批			
	准确计提坏账准备和核销坏账，并恰当于记录期间	应收账款：存在、完整性、权利和义务	公司董事会制订并批准了应收账款坏账准备计提方法和计提比例的会计估计____每年年末，销售经理____根据以往的经验、债务单位的实际财务状况和现金流量的相关信息，以及其他相关信息，编写应收账款可收回性分析报告，交财务部复核____			
	准确计提坏账准备和核销坏账，并恰当于记录期间	坏账准备：计价和分摊、完整性	会计主管____根据应收账款可收回性较原先估计发生较大变化，复核后报董事会批准____备的计提比例是否提计估计和变更建议，经财务经理____			
	准确计提坏账准备和核销坏账，并恰当于记录期间	坏账准备：计价和分摊、完整性、存在	公司坏账准备由系统自动计算生成，对于需要计提特别坏账准备以及核销的坏账，并附顾客破产等相关资料，经销售经理____填写连续编号的坏账审批变更申请表，____元以下的，由业务员____审批，____元以上的，由总经理____审批。应收账款记账员____根据经适当批准的更改申请表进行账务处理			
收款	收款是真实发生的	应收账款、完整性、权利和义务	信用证到期或收到顾客已付款通知，由出纳员____办理托收，并附相关单证，如客款汇单、银行结付单等____将编制收款凭证，并附相关单证。在完成对收款凭证及相关单证的复核后，交会计主管____复核____。在收款凭证上签字作为审批依据，并在所有单证上加盖"核销"印戳			

续表

主要业务活动	控制目标	受影响的相关交易和账户余额及其认定	被审计单位的控制活动	控制活动对实现控制目标是否有效（是/否）	控制活动是否得到执行（是/否）	是否测试该控制活动运行有效性（是/否）
收款	准确记录收款	应收账款：计价和分摊	应收账款记账员____将编制收款凭证，并附相关单证，如银行结汇单、银行到款通知单等，提交会计主管____复核。在完成对收款凭证及相关单证的复核证据，并在所有单证上加盖"核销"印戳出纳员____根据经复核无误的收款凭证及时登记现金和银行存款日记账			
	收款均已记录	应收账款：完整性	每月月末，由会计主管指定出纳员____以外的人员核对银行存款日记账和银行对账单，编制银行存款余额调节表，并提交给财务经理____复核，财务经理____在银行存款余额调节表中签字作为其复核的证据			
	收款均已于恰当期间进行记录	应收账款：存在、完整性	每月月末，由会计主管指定出纳员____以外的人员核对银行存款日记账和银行对账单，编制银行存款余额调节表，并提交给财务经理复核，财务经理____在银行存款余额调节表中签字作为其复核的证据			
	监督应收账款及时收回	应收账款：权利和义务	月末，会计主管____编制应收账款账龄报告			
维护顾客档案	对顾客档案变更均为真实有效的	应收账款：完整性、主营业务收入：完整性、发生	信息管理员____负责对月度顾客更改申请表预先连续编配编号并在系统内进行更改 财务经理____核对月度顾客更改申请表是否得到适当审批以及更改情况和更改后顾客信息一致，所有变更是否真实更改报告，检查实际更改记录是否正确，在月度顾客更改报告和编号记录表上签字为复核的证据。如发现任何异常情况，将进一步调查处理			

续表

主要业务活动	控制目标	受影响的相关交易和账户余额及其认定	被审计单位的控制活动	控制活动对实现控制目标是否有效(是/否)	控制活动是否得到执行(是/否)	是否测试该控制活动运行有效性(是/否)
维护顾客档案	对顾客档案变更均为准确的	应收账款:计价和分摊	如需对系统内的顾客信息作出修改,业务员_____填写更改申请表,经销售经理_____审批后交信息管理员_____负责对更改申请表预先连续编配号码并在系统内进行更改处理。财务经理_____核对月度顾客变更信息报告,检查实际更改情况和更改申请表是否一致,所有变更信息是否得到适当审批和编号以及编号记录表是否正确,在月度顾客信息更改报告中对异常情况,如发现任何异常情况,将进一步调查签字作为复核的证据_____每半年,销售经理_____复核顾客档案			
		主营业务收入:准确性、分类				
	对顾客档案变更均于适当期间进行处理	应收账款:权利和义务、存在、完整性	信息管理员_____负责对更改申请表预先连续编配号码并在系统内进行更改处理。财务经理_____核对月度顾客变更信息报告,检查实际更改情况和更改申请表是否一致,所有变更信息是否得到适当审批和编号以及编号记录表是否正确,在月度顾客信息更改报告中对异常情况,如发现任何异常情况,将进一步调查签字作为复核的证据_____处理			
		主营业务收入:发生				
	确保顾客档案数据及时更新	应收账款:权利和义务、存在、完整性	信息管理员_____每月复核顾客档案。对两年内未与公司发生业务往来的顾客,通知业务员_____由其填写更改申请表,经销售经理_____审批后交信息管理部删除该顾客档案			

任务 3.2 主营业务收入审计

3.2.1 主营业务收入的审计目标

注册会计师在审计中根据被审计单位销售与收款循环业务的不同特点和情况,结合审计目标对审计程序制订计划实施的控制程序和实质性程序。主营业务收入审计目标与财务报表的认定的对应关系如表 3-6 所示。

表 3-6 主营业务收入审计目标与财务报表的认定的对应关系

审计目标	财务报表的认定					
	发生	完整性	准确性	截止	分类	列报
A. 利润表中记录的营业收入已发生,且与被审计单位有关	√					
B. 所有应当记录的营业收入均已记录		√				
C. 与营业收入有关的金额及其他数据已恰当记录			√			
D. 营业收入已记录于正确的会计期间				√		
E. 营业收入已记录于恰当的账户					√	
F. 营业收入已按照企业会计准则的规定在财务报表中作出恰当的列报						√

3.2.2 主营业务收入的实质性程序

主营业务收入审计中,注册会计师为了实现审计目标而实施的实质性程序如表 3-7 所示。

表 3-7 主营业务收入审计目标与审计程序对应关系表

审计目标	可供选择的审计程序
（一）主营业务收入	
C	1. 获取或编制主营业务收入明细表。 (1) 复核加计是否正确,并与总账数和明细账合计数核对是否相符,结合其他业务收入科目与报表数核对是否相符。 (2) 检查以非记账本位币结算的主营业务收入的折算汇率及折算是否正确。
ABC	2. 实质性分析程序(必要时)。 (1) 针对已识别需要运用分析程序的有关项目,并基于对被审计单位及其环境的了解,通过进行以下比较,同时考虑有关数据间关系的影响,以建立有关数据的期望值。 ① 将本期的主营业务收入与上期的主营业务收入进行比较,分析产品销售的结构和价格变动是否异常,并分析异常变动的原因。 ② 计算本期重要产品的毛利率,与上期比较,检查是否存在异常,各期之间是否存在重大波动,查明原因。 ③ 比较本期各月各类主营业务收入的波动情况,分析其变动趋势是否正常,是否符合被审计单位季节性、周期性的经营规律,查明异常现象和重大波动的原因。

续表

审计目标	可供选择的审计程序
ABC	④ 将本期重要产品的毛利率与同行业企业进行对比分析,检查是否存在异常。 ⑤ 根据增值税发票申报表或普通发票,估算全年收入,与实际收入金额比较。 (2) 确定可接受的差异额。 (3) 将实际的情况与期望值相比较,识别需要进一步调查的差异。 (4) 如果其差额超过可接受的差异额,调查并获取充分的解释和恰当的佐证审计证据(如通过检查相关的凭证等)。 (5) 评估分析程序的测试结果。
ABCD	3. 检查主营业务收入的确认条件、方法是否符合企业会计准则,前后期是否一致;关注周期性、偶然性的收入是否符合既定的收入确认原则、方法。
C	4. 获取产品价格目录,抽查售价是否符合价格政策,并注意销售给关联方或关系密切的重要客户的产品价格是否合理,有无以低价或高价结算的方法,相互之间有无转移利润的现象。
ABCD	5. 抽取_____张发货单,审查出库日期、品名、数量等是否与发票、销售合同、记账凭证等一致。
ACD	6. 抽取_____张记账凭证,审查入账日期、品名、数量、单价、金额等是否与发票、发货单、销售合同等一致。
AC	7. 结合对应收账款的审计,选择主要客户函证本期销售额。
A	8. 对于出口销售,应当将销售记录与出口报关单、货运提单、销售发票等出口销售单据进行核对,必要时向海关函证。
D	9. 销售的截止测试。 (1) 通过测试资产负债表日前后几天且金额较大的发货单据,将应收账款和收入明细账进行核对;同时,从应收账款和收入明细账选取在资产负债表日前后几天且金额较大的凭证,与发货单据核对,以确定销售是否存在跨期现象。 (2) 复核资产负债表日前后销售和发货水平,确定业务活动水平是否异常(如与正常水平相比),并考虑是否有必要追加截止程序。 (3) 取得资产负债表日后所有的销售退回记录,检查是否存在提前确认收入的情况。 (4) 结合对资产负债表日应收账款的函证程序,检查有无未取得对方认可的大额销售。 (5) 调整重大跨期销售。
A	10. 存在销货退回的,检查手续是否符合规定,结合原始销售凭证检查其会计处理是否正确。结合存货项目审计关注其真实性。
C	11. 销售折扣与折让。 (1) 获取或编制折扣与折让明细表,复核加计正确,并与明细账合计数核对相符。 (2) 取得被审计单位有关折扣与折让的具体规定和其他文件资料,并抽查较大的折扣与折让发生额的授权批准情况,与实际执行情况进行核对,检查其是否经授权批准,是否合法、真实。 (3) 销售折让与折扣是否及时足额提交对方,有无虚设中介、转移收入、私设账外"小金库"等情况。 (4) 检查折扣与折让的会计处理是否正确。
ABCDE	12. 检查有无特殊的销售行为,如委托代销、分期收款销售、商品需要安装和检验的销售、附有退回条件的销售、售后租回、售后回购、以旧换新、出口销售等,选择恰当的审计程序进行审核。

续表

审计目标	可供选择的审计程序
AC	13. 调查向关联方销售的情况,记录其交易品种、价格、数量、金额和比例,并记录占总销售收入的比例。对于合并范围内的销售活动,记录应予合并抵销的金额。
AC	14. 调查集团内部销售的情况,记录其交易价格、数量和金额,并追查在编制合并财务报表时是否已予以抵销。
	15. 根据评估的舞弊风险等因素增加的审计程序。
(二)列报	
F	16. 检查营业收入是否已按照企业会计准则的规定在财务报表中作出恰当列报。

3.2.3 主营业务收入的审计重点

1. 获取或编制主营业务收入明细表

(1) 复核加计是否正确,并与总账数和明细账合计数核对是否相符,结合其他业务收入科目与报表数核对是否相符。

(2) 检查以非记账本位币结算的主营业务收入的折算汇率及折算是否正确。

2. 主营业务收入的分析程序

注册会计师常采用以下分析程序来识别主营业务收入是否存在重大错报。

(1) 将收入、成本及毛利率与同行业数据对比分析,分析差异的合理性。

(2) 比较当年度及以前年度不同品种的主要产品的收入和毛利率,并查明异常情况的原因。

(3) 比较当年度及以前年度不同销售区域的主要产品的主营业务收入、毛利率,并查明异常情况的原因。

(4) 比较当年度及以前年度销售退回、销售折扣与折让的总额及其与主营业务收入的比率,并查明异常情况的原因。

(5) 比较当年度及以前年度各月主营业务收入,并查明异常波动的原因。

(6) 比较当年度及以前年度现销与赊销的比例,并查明异常情况的原因。

(7) 比较当年度及以前年度销售佣金率、销售折扣率、销售运费率和其他销售费用率,并查明异常情况的原因。

(8) 将主营业务收入与收入相关的税金如增值税进行对比分析,判断其比例关系十分合理。

(9) 根据产品生产能力、仓储能力和运输能力,原材料采购数量及单位产品材料耗用定额,生产工人数量、生产工时及劳动生产率分析产品生产量和销售量的合理性,并查明异常情况的原因。

(10) 核对相互独立部门的数据,如发票上记载的销售数量与发货单记载的数量、订单数量和产品销售成本中的销货数量等。

3. 检查主营业务收入的确认条件、方法

注册会计师应注意主营业务收入的确认条件、方法是否符合会计准则,前后期是否一致;关注周期性、偶然性的收入是否符合既定的收入确认原则、方法。

4. 抽查售价是否符合价格政策

注册会计师应获取产品价格目录,抽查售价是否符合价格政策,并注意销售给关联方或关系密切的重要客户的产品价格是否合理,有无低价或高价结算以转移收入的现象。

5. 销售凭证测试

注册会计师抽取企业被审计期间内一定数量的发运凭证,审查存货出库日期、品名、数量等是否与发票、销售合同、记账凭证等一致,同时抽取一定数量的记账凭证,审查入账日期、品名、数量、单价、金额等是否与销售发票、发运凭证、销售合同等一致,并编制测试表。

6. 销售截止性测试

1) 进行销售的截止性测试的目的

进行销售的截止性测试目的主要在于确定被审计单位主营业务收入业务的会计记录归属期是否正确;应计入本期或下期的主营业务收入是否被推迟至下期或提前至本期。

2) 3个与主营业务收入确认有着密切关系的日期

3个与主营业务收入确认有着密切关系的日期:①发票开具日期或者收款日期;②记账日期;③发货日期(服务业则是提供劳务的日期)。检查3者是否归属于同一适当会计期间是营业收入截止期测试的关键所在。

3) 3条实施营业收入的截止期测试的审计路线

(1) 以账簿记录为起点。从报表日前后若干天的账簿记录查至记账凭证,检查发票存根与发运凭证,目的是证实已入账收入是否在同一期间已开具发票并发货,有无多记收入。使用这种方法主要是为了防止多计收入。

(2) 以销售发票为起点。从报表日前后若干天的发票存根查至发运凭证与账簿记录,确定已开具发票的货物是否已发货并于同一会计期间确认收入。使用这种方法主要是为了防止少计收入。

注意:发运凭证是否齐全,是否在下期初用红字冲回;发票存根是否全部提供。

(3) 以发运凭证为起点。从报表日前后若干天的发运凭证查至发票开具情况与账簿记录,确定营业收入是否已记入恰当的会计期间。还应考虑被审单位的会计政策。使用这种方法主要也是为了防止少计收入。

上述3条审计路线可以在同一被审计单位会计报表审计中运用,甚至可以在同一主营业务收入项目审计中并用。

实施销售的截止期测试一般可通过销售截至检查情况表来进行,并记入审计工作底稿。其格式如表3-8所示。

表 3-8 主营业务收入截止测试

被审计单位：_____ 索引号：_____
项目：主营业务收入_____ 财务报表截止日/期间：_____
编制：_____ 复核：_____
日期：_____ 日期：_____

从发货单到明细账

编号	发货单		发票内容					明细账				是否跨期 √（×）
	日期	号码	日期	客户名称	货物名称	销售额	税额	日期	凭证号	主营业务收入	应交税金	
					截止日前							
				截止日期：20 年 月 日								
					截止日后							

7. 审计人员需要关注的被审计单位收入舞弊的主要手段

1）真实客户为基础，虚拟销售

公司对某些客户有一定的销售业务，为了粉饰业绩，在原销售业务的基础上虚构销售业务，人为扩大销售数量，使得公司在该客户名下确认的收入远远大于实际销售收入。

2）销售期间不恰当分割，调节销售收入

公司为了调节各会计期间的经营业绩，往往对销售期间进行不恰当的划分，提前或延后确认收入。

3）虚构客户，虚拟销售

公司虚拟销售对象及交易，对并不存在的销售业务，按正常销售程序进行模拟运转，伪造订单、发运凭证、合同。开具税务部门认可的销售发票等。

4）利用与某些公司的特殊关系制造销售收入

将产品销售给予其没有关联关系的第三方，然后再有其子公司将产品从第三方购回，这样即可增加销售收入，又可避免内部交易的抵销。

上述 4 种情况中，前两种情况可以通过询证发生额来进行确认，但后两种情况，询证发生额是无济于事的，需要通过分析现金流入来源是否正常、产能分析、投入产出是否合理、查验采购、存货真实性，分析子公司关联采购等方法进行综合分析判断。

3.2.4 主营业务收入主要审计工作底稿

（1）主营业务收入实质性程序表见表 3-6 和表 3-7，列示了主营业务收入的认定—审计目标—可供选择的审计程序之间的内在关系，可供注册会计师根据被审计单位的具体情况选择针对性的主营业务收入实质性程序。

（2）营业收入审定表见表 3-9，属于营业收入的汇总类底稿，汇总了主营业务收入、其他业务收入未经审计的金额、审计调整的金额、审定的金额。

表 3-9 营业收入审定表

被审计单位：_____　　　索引号：_____
项　目：_____　　　　　财务报表截止日/期间：_____
编　制：_____　　　　　复　核：_____
日　期：_____　　　　　日　期：_____

项目类别	本期未审数	账项调整		本期审定数	上期审定数	索引号
		借方	贷方			
一、主营业务收入						
小　计						
二、其他业务收入						
小　计						
营业收入合计						
审计结论：						

（3）主营业务收入明细表见表 3-10，记录了被审计单位各月营业收入明细情况，底稿中列示的"变动额""变动比例"是为了从中找到异常或重大的情况，以便进一步查证。

表 3-10 主营业务收入明细表

被审计单位：_____　　　索引号：_____
项　目：_____　　　　　财务报表截止日/期间：_____
编　制：_____　　　　　复　核：_____
日　期：_____　　　　　日　期：_____

月份	主营业务收入明细项目					
	合计					
1						
2						
3						
4						
5						
6						
7						
8						
9						

续表

月份	主营业务收入明细项目				
	合计				
10					
11					
12					
合计					
上期数					
变动额					
变动比例					
审计说明：					

(4) 业务/产品销售分析表和月度毛利率表(略)，记录了注册会计师执行实质性分析程序的情况，目的在于寻找主营业务收入确认中存在的异常或重大情况。

(5) 主营业务收入截止测试表见表 3-8，是注册会计师查证收入确认是否跨期的底稿。

3.2.5 常用的收入确认舞弊手段

了解被审计单位通常采用的收入确认舞弊手段，有助于注册会计师更加有针对性地实施审计程序。被审计单位通常采用的收入确认舞弊手段举例如下。

1. 为了达到粉饰财务报表的目的而虚增收入或提前确认收入

(1) 利用与未披露关联方之间的资金循环虚构交易。

(2) 通过未披露的关联方进行显失公允的交易。例如，以明显高于其他客户的价格向未披露的关联方销售商品。

(3) 通过出售关联方的股权，使之从形式上不再构成关联方，但仍与之进行显失公允的交易，或与未来或潜在的关联方进行显失公允的交易。

(4) 通过虚开商品销售发票虚增收入，而将货款挂在应收账款中，并可能在以后期间计提坏账准备，或在期后冲销。

(5) 为了虚构销售收入，将商品从某一地点移送至另一地点，凭出库单和运输单据为依据记录销售收入。

(6) 在与商品相关的风险和报酬尚未全部转移给客户之前确认销售收入。例如，销售合同中约定被审计单位的客户在一定时间内有权无条件退货，而被审计单位隐瞒退货条款，在发货时全额确认销售收入。

(7) 通过隐瞒售后回购或售后租回协议，而将以售后回购或售后租回方式发出的商品作为销售商品确认收入。

(8) 采用完工百分比法确认劳务收入时,故意低估预计总成本或多计实际发生的成本,以通过高估完工百分比的方法实现当期多确认收入。

(9) 在采用代理商的销售模式时,在代理商仅向购销双方提供帮助接洽、磋商等中介代理服务的情况下,按照相关购销交易的总额而非净额(扣除佣金和代理费等)确认收入。

(10) 当存在多种可供选择的收入确认会计政策或会计估计方法时,随意变更所选择的会计政策或会计估计方法。

(11) 选择与销售模式不匹配的收入确认会计政策。

2. 为了达到报告期内降低税负或转移利润等目的而少计收入或延后确认收入

(1) 被审计单位将商品发出、收到货款并满足收入确认条件后,不确认收入,而将收到的货款作为负债挂账,或转入本单位以外的其他账户。

(2) 被审计单位采用以旧换新的方式销售商品时,以新旧商品的差价确认收入。

(3) 在提供劳务或建造合同的结果能够可靠估计的情况下,不在资产负债表日按完工百分比法确认收入,而推迟到劳务结束或工程完工时确认收入。

3.2.6 实训

1. 任务描述

(1) 阅读并熟悉实训资料、实训材料。

(2) 在教师指导下,根据实训资料填写营业收入审定表、记账凭证测试表。

(3) 在教师指导下,完成营业收入审定表、记账凭证测试表的编写。

2. 实训条件

(1) 实训环境:上课教室或审计实训室。

(2) 实训材料:营业收入审定表、记账凭证测试表。

(3) 实训学时:2学时。

(4) 实训操作:首先由教师引导学生阅读、熟悉实训资料和审计工作底稿,然后由学生自主编写、讨论、总结,教师现场指导,最后由教师讲解答案、分析问题。

(5) 实训方式:可采用小组手工实训方式、单人手工实训方式、分组角色情境模拟实训方式。

3. 实训资料

浙江科华机械股份有限公司为一家机械制造公司,注册会计师张军、陈涛2021年2月3日在审计该公司2020年度主营业务收入时发现下列凭证(表3-11~表3-14),记录了该公司一笔销售业务。注册会计师张军、陈涛未发现其他销售业务存在不同或有问题处理。

表 3-11 记账凭证

2020 年 12 月 31 日　　　　　　　　　　　　　　　　银付字第 2 号

摘要	会计科目		借方金额	贷方金额	记账
	总账科目	明细账科目	千百十万千百十元角分	千百十万千百十元角分	
销售商品及代垫运杂费	应收账款	黄海机电公司	1 7 9 2 3 0 8 0 0		√
	主营业务收入	1# 机床		1 1 3 4 0 0 0 0 0	
		2# 机床		4 5 0 0 0 0 0 0	
	应交税费	应交增值税（销项税额）		2 0 5 9 2 0 0 0	
	银行存款	中国银行		2 3 8 8 0 0	
附件 3 张	合　　计		¥ 1 7 9 2 3 0 8 0 0	¥ 1 7 9 2 3 0 8 0 0	

会计主管　张明　　记账　李虎　　出纳　赵丽丽　　审核　王玉　　制证　吴娜

表 3-12　浙江增值税专用发票

3300204130　　　　　　　　　　　　　　　　　　　　No. 80021002

开票日期　2020 年 12 月 30 日

购买方	名　称：黄海机电公司 纳税人识别号：91440858430103232M 地　址、电话：广州站前路 350 号 020-88473928 开户行及账号：建行站前办 8450010012667	密码区	3/1＜＋＜＜389780－889a*024－ 88908＋＜－5064788972＜0*78863－ 873－＋223－－213210230011120 －5－1＜36＞＞3＋66554453＞＞3＞

货物或应税劳务、服务名称	规格型号	单位	数量	单价	金额	税率	税额
1# 机床		台	7	162 000.00	1 134 000.00	13%	147 420.00
2# 机床		台	5	90 000.00	450 000.00	13%	58 500.00
合　计					¥ 1 584 000.00		¥ 205 920.00

价税合计（大写）　⊗壹佰柒拾捌万玖仟玖佰贰拾元整　　　　　　1 789 920.00

销售方	名　称：浙江科华机械股份有限公司 纳税人识别号：91330647823904234N 地　址、电话：杭州西湖路 30 号 0571-83439088 开户行及账号：中行西湖办 8350010010012

收款人：赵丽丽　　复核：王玉　　开票人：马华　　销售方：(章)

表 3-13　支票存根

```
中国银行
转账支票存根
10401120
20106102

附加信息

出票日期：2020 年 12 月 30 日
收款人：杭州申通达运输公司
金　额：¥ 2 388.00
用　途：代垫运杂费
单位主管　　　　会计
```

表 3-14　托收承付凭证（回单）　1　第 3 号

委托日期：2021 年 1 月 3 日　　托收号码：3782

付款人	全　称	黄海机电公司	收款人	全称	浙江科华机械股份有限公司
	账号	8450010012667		账号	8350010010012
	开户银行	建行站前办		开户银行	中行西湖办

此联是收款人开户银行给收款人的回单

		千	百	十	万	仟	百	十	元	角	分
人民币（大写）	壹佰柒拾玖万贰仟叁佰零拾捌元整			1	7	9	2	3	0	8	0	0

附　件	商品发运情况	合同名称号码
附寄单证张数或册数　2	已发运　No.011089	01－1368
备注验单付款	款项收妥日期　　年　月　日	（收款人开户行盖章）　月　日

中国银行　2021.01.03　转讫

单位主管　　　会计　　　复核　　　记账

任务3.3　应收账款和坏账准备审计

3.3.1　应收账款审计

1. 应收账款的审计目标

应收账款的审计目标与财务报表的认定的对应关系如表 3-15 所示。

表 3-15　应收账款的审计目标与财务报表的认定的对应关系

审计目标	财务报表的认定				
	存在	完整性	权利和义务	计价和分摊	列报
A. 资产负债表中记录的应收账款是存在的	√				
B. 所有应当记录的应收账款均已记录		√			
C. 记录的应收账款由被审计单位拥有或控制			√		
D. 应收账款以恰当的金额包括在财务报表中，与之相关的计价调整已恰当记录				√	
E. 应收账款已按照企业会计准则的规定在财务报表中作出恰当列报					√

2. 应收账款的实质性程序

应收账款审计中，注册会计师为了实现审计目标而实施的实质性程序如表 3-16 所示。

表 3-16 应收账款审计目标与审计程序对应关系表

审计目标	可供选择的审计程序
D	1. 获取或编制应收账款明细表。 (1) 复核加计是否正确,并与总账数和明细账合计数核对是否相符;结合坏账准备科目与报表数核对是否相符。 (2) 检查非记账本位币应收账款的折算汇率及折算是否正确。 (3) 分析有贷方余额的项目,查明原因,必要时重分类调整。 (4) 结合其他应收款、预收账款等往来项目的明细余额,调查有无同一客户多处挂账、异常余额或与销售无关的其他款项(如代销账户、关联方账户或雇员账户)。如有,应作出记录,必要时作调整。 (5) 标识重要的欠款单位,计算其欠款合计数占应收账款余额的比例。
ABD	2. 检查涉及应收账款的相关财务指标。 (1) 复核应收账款借方累计发生额与主营业务收入是否配比,并将当期应收账款借方发生额占销售收入净额的百分比与管理层考核指标比较,如存在差异应查明原因。 (2) 计算应收账款周转率、应收账款周转天数等指标,并与被审计单位以前年度指标、同行业同期相关指标对比分析,检查是否存在重大异常。
D	3. 获取或编制应收账款账龄分析表。 (1) 测试计算的准确性。 (2) 将加总数与应收账款总分类账余额相比较,并调查重大调节项目。 (3) 检查原始凭证,如销售发票、运输记录等,测试账龄核算的准确性。 (4) 请被审计单位协助,在应收账款明细表上标出至审计时已收回的应收账款金额,对已收回金额较大的款项进行常规检查,如核对收款凭证、银行对账单、销货发票等,并注意凭证发生日期的合理性,分析收款时间是否与合同相关要素一致。
ACD	4. 对应收账款进行函证。 (1) 选取函证项目。 (2) 对函证实施过程进行控制:核对询证函是否由注册会计师直接收发;被询证者以传真、电子邮件等方式回函的,应要求被询证者寄回询证函原件;如果未能收到积极式函证回函,应当考虑与被询证者联系,要求对方作出回应或再次寄发询证函。 (3) 编制应收账款函证结果汇总表,对函证结果进行评价。核对回函内容与被审计单位账面记录是否一致,如不一致,分析不符事项的原因,检查销售合同、发运单等相关原始单据,分析被审计单位对于回函与账面记录之间差异的解释是否合理,编制应收账款函证结果调节表,并检查支持性凭证;如果不符事项构成错报,应重新考虑所实施审计程序的性质、时间和范围。 (4) 针对最终未回函的账户实施替代审计程序(如实施期后收款测试、检查运输记录、销售合同等相关原始资料及询问被审计单位有关部门等)。
A	5. 对未函证应收账款实施替代审计程序。抽查有关原始凭据,如销售合同、销售订单、销售发票副本、发运凭证及回款单据等,以验证与其相关的应收账款的真实性。
A	6. 抽查有无不属于结算业务的债权;抽查应收账款明细账,并追查至有关原始凭证,查证被审计单位有无不属于结算业务的债权。如有,应建议被审计单位作适当调整。

续表

审计目标	可供选择的审计程序
A	7. 通过检查自资产负债表日至_____日止被审计单位授予欠款单位的、金额大于_____的减免应收账款凭证以测试其准确性。检查资产负债表日前后销售退回和赊销水平,确定是否存在异常迹象(如与正常水平相比),并考虑是否有必要追加审计程序。
D	8. 评价坏账准备计提的适当性。 (1) 取得或编制坏账准备计算表,复核加计正确,与坏账准备总账数、明细账合计数核对相符。将应收账款坏账准备本期计提数与资产减值损失相应明细项目的发生额核对,是否相符。 (2) 检查应收账款坏账准备计提和核销的批准程序,取得书面报告等证明文件。评价计提坏账准备所依据的资料、假设及方法;复核应收账款坏账准备是否按经股东(大)会或董事会批准的既定方法和比例提取,其计算和会计处理是否正确。 (3) 根据账龄分析表中,选取金额较大的账户,逾期较长账户,以及认为必要的其他账户(如有收款问题记录的账户,收款问题行业集中的账户)。复核并测试所选取账户期后收款情况。针对所选取的账户,与授信部门经理或其他负责人员讨论其可回收性,并复核往来函件或其他相关信息,以支持被审计单位就此作出的声明。针对坏账准备计提不足情况进行调整。 (4) 实际发生坏账损失的,检查转销依据是否符合有关规定,会计处理是否正确。 (5) 已经确认并转销的坏账重新收回的,检查其会计处理是否正确。 (6) 通过比较前期坏账准备计提数和实际发生数,以及检查期后事项,评价应收账款坏账准备计提的合理性。
A	9. 复核应收账款和相关总分类账、明细分类账和现金日记账,调查异常项目。对大额或异常及关联方应收账款,即使回函相符,仍应抽查其原始凭证。
A	10. 检查应收账款减少有无异常。
D	11. 检查应收账款中是否存在债务人破产或者死亡,以其破产财产或者遗产清偿后仍无法收回,或者债务人长期未履行偿债义务的情况,如果是,应提请被审计单位处理。
ABCD	12. 标明应收关联方[包括持股5%以上(含5%)股东]的款项,执行关联方及其交易审计程序,并注明合并报表时应予抵销的金额;对关联企业、有密切关系的主要客户的交易事项作专门核查。 (1) 了解交易事项目的、价格和条件,作比较分析。 (2) 检查销售合同、销售发票、货运单证等相关文件资料。 (3) 检查收款凭证等货款结算单据。 (4) 向关联方、有密切关系的主要客户或其他注册会计师函询,以确认交易的真实性、合理性。
C	13. 检查银行存款和银行贷款等询证函的回函、会议纪要、借款协议和其他文件,确定应收账款是否已被质押或出售。
	14. 根据评估的舞弊风险等因素增加的审计程序。
E	15. 检查应收账款是否已按照企业会计准则的规定在财务报表中作出恰当列报。

3. 应收账款审计重点

1) 获取或编制应收账款明细表

(1) 从客户的电脑上直接下载"应收账款"1—12月最末级的科目余额表(包括期初余额、本期借方发生额、本期贷方发生额、期末余额);审计人员尽可能自行下载数据,避免客户在下载资料后,删除部分发生额。

(2) 分析明细账余额,对于出现贷方余额的项目,应查明原因,必要时作重分类调整;大额的贷方余额,必须查验相关合同和凭证,确认是预收账款,方可重分类调整。可能是公司利润、销售指标完成较好,财务未将已销售的货物发票入账,故收到回款,形成应收账款期末贷方余额,审计人员应依据发票、运(送)货单的回执,确认调整为收入。

(3) 复核加计,与报表数、总账和明细账核对相符。

2) 检查涉及应收账款的相关财务指标

(1) 将借方发生额除以(1+13%)与销售收入进行核对,查找差异原因。

差异原因主要包括以下内容。

① 与其他业务收入有关。

② 公司现金收付的销售款项未通过应收账款核算,可以下载银行、现金账,通过对方科目"应收账款"的排序、归集。

③ 公司红冲项目以反方向的借贷处理。

(2) 计算应收账款周转率、周转天数等指标,并与被审计单位相关赊销政策、被审计单位以前年度指标、同行业同期相关指标对比分析,检查是否存在重大异常。

3) 获取或编制应收账款账龄分析表

(1) 向被审计单位索取应收账款账龄的明细表。

(2) 按先进先出法测算本年收回期初的应收账款数,确定一年以上的应收账款金额,同时结合上年年底稿进一步确定两年以上的应收账款金额,并与被审计单位提供的账龄分析表进行核对。

(3) 找出差异原因。分析性复核是按先进先出法测试的,公司可能按实际的应收款项情况提供。在查验的基础上,确认被审计单位的账龄分析。

(4) 请被审计单位协助,在应收账款账龄分析表中标出审计时已收回的应收账款金额,对已收回金额较大的款项进行常规检查,如核对收款凭证、银行对账单、销货发票等,并注意凭证发生日期的合理性,分析收款时间是否与合同相关要素一致。

4) 向债务人函证应收账款

函证是指注册会计师为了获取影响财务报表或者相关披露认定的项目的信息,通过直接来自第三方对有关信息和现存状况的声明,获取和评价审计证据的过程。

函证应收账款的目的在于证实应收账款账户余额的真实性、正确性,防止或发现被审计单位及其有关人员在销售交易中发生错误或舞弊行为。通过函证应收账款,可以比较有效地证明被询证者(即债务人)的存在或被审计的记录的可靠性。

注册会计师应当考虑被审计单位的经营环境、内部控制的有效性、应收账款账户的性质、被询证者处理询证函的习惯做法及回函的可能性等，以确定应收账款函证范围、对象、方式和时间。

（1）函证的范围和对象。除非有充分证据表明应收账款对被审计单位财务报表而言是不重要或函证很可能无效，否则，注册会计师应对应收账款进行函证。如果不对应收账款进行函证，应在工作底稿中说明理由。如果认为函证很可能无效，注册会计师应当实施替代审计程序获取充分、适当的审计证据。

函证数量的多少，范围主要是由以下诸多因素决定的。

① 应收账款在全部资产中的重要性。如果应收账款在全部资产中所占的比重较大，则函证的范围应相应大一些。

② 被审计单位内部控制的强弱。如果内部控制制度较健全，则可以减少函证范围；反之，则应扩大函证范围。

③ 以前年度的函证结果。如果以前期间函证中发现过重大差异，或欠款纠纷较多，则函证范围应相应扩大些。

④ 函证方式的选择。如果采用积极式的函证方式，则可以相应减少函证量；若采用消极式的函证方式，则要相应增加函证量。

一般情况下，注册会计师应选择以下项目作为函证对象：大额或账龄较长的项目；与债务人发生纠纷的项目；关联方项目；主要客户（包括关系密切的客户）项目；交易频繁但期末余额较小甚至为零的项目；可能产生重大错报或舞弊的非正常的项目。

（2）函证的方式。函证方式分为积极的函证方式和消极的函证方式。注册会计师可采用积极的或消极的函证方式实施函证，也可以将两种方式结合起来使用。

① 积极的函证方式。积极的函证方式就是向债务人发出询证函，要求他证实所查证的欠款是否正确，无论对错都要求复函。

当债务人符合下列情况时，采用肯定式函证较好：个别账户欠款金额较大；有理由相信欠款可能会存在争议、差错等问题。

积极的函证方式有两种，一种是在询证函中列明函证的账户余额或其他信息，要求被询证者确认所函证的款项是否正确。通常认为，对这种询证函的回复能够提供可靠的审计证据。但是，其缺点是被询证者可能对所列示的信息根本不加验证就予以回函确认，存在一定审计风险。另一种是在询证函中不列明账户余额或其他信息，而要求被询证者填写有关信息或提供进一步的信息。由于这种询证函要求被询证者作出更多努力，可能会导致回函率降低，进而导致注册会计师执行更多的替代程序。

积极式的询证函（格式一）如表 3-17 所示。

积极式的询证函（格式二）如表 3-18 所示。

② 消极的函证方式。消极的函证方式是向债务人发出询证函，但所函证的款项相符时不必复函，只有在所函证的款项不符时才要求债务人向注册会计师复函。

积极的函证方式通常比消极的函证方式提供的审计证据可靠。当同时存在下列情况时，注册会计师可考虑采用消极的函证方式：重大错报风险评估为低水平；涉及大量余额较小的账户；预期不存在大量的错误；没有理由相信被询证者不认真对待函证。

消极式的询证函（格式三）如表 3-19 所示。

表 3-17 应收账款询证函(一)

索引号：
编号：

_____公司：

　　本公司聘请的_____会计师事务所正在对本公司_____年度财务报表进行审计，按照中华人民共和国注册会计师审计准则的要求，应当询证本公司与贵公司的往来账项等事项。下列信息出自本公司账簿记录，如与贵公司记录相符，请在本函下端"信息证明无误"处签章证明；如有不符，请在"信息不符"处列明不符项目。如存在与本公司有关的未列入本函的其他项目，也请在"信息不符"处列出这些项目的金额及详细资料。回函请直接寄至××会计师事务所。

回函地址：　　　　　　　　　　　　　　　　邮编：
电话：　　　　　　　　传真：　　　　　　　　联系人：

1. 本公司与贵公司的往来账项列示如下。　　　　　　　　　　　　　　　单位：元

截止日期	贵公司欠	欠贵公司	备　注

2. 其他事项。

本函仅为复核账目之用，并非催款结算。若款项在上述日期之后已经付清，仍请及时函复为盼。

（被审计单位盖章）
20　年　月　日

结论：

1. 信息证明无误。	2. 信息不符，请列明不符项目及具体内容。
（被询证公司盖章） 年　月　日 经办人：	（被询证公司盖章） 年　月　日 经办人：

表 3-18　应收账款询证函(二)

索引号：
编号：

_____公司：

　　本公司聘请的_____会计师事务所正在对本公司_____年度财务报表进行审计，按照中华人民共和国注册会计师审计准则的要求，应当询证本公司与贵公司的往来账项等事项。请列示截至_____年_____月_____日贵公司与本公司往来款项余额。回函请直接寄至××会计师事务所。

回函地址：　　　　　　　　　　　　　邮编：
电话：　　　　　　　传真：　　　　　　联系人：

本函仅为复核账目之用，并非催款结算。若款项在上述日期之后已经付清，仍请及时函复为盼。

（被审计单位盖章）
20　年　月　日

1. 贵公司与本公司的往来账项列示如下。

单位：元

截止日期	贵公司欠	欠贵公司	备　注

2. 其他事项。

（被询证公司盖章）
20　年　月　日
经办人：

表 3-19　应收账款询证函（三）

索引号：

编号：

_____公司：

　　本公司聘请的××会计师事务所正在对本公司_____年度财务报表进行审计，按照中华人民共和国注册会计师审计准则的要求，应当询证本公司与贵公司的往来账项等事项。下列信息出自本公司账簿记录，如与贵公司记录相符，则无须回复；如有不符，请直接回函寄至××会计师事务所，并在空白处列明贵公司认为正确的信息。

回函地址：　　　　　　　　　　　　　　　　邮编：

电话：　　　　　　　　传真：　　　　　　　联系人：

1. 本公司与贵公司的往来账项列示如下。

单位：元

截止日期	贵公司欠	欠贵公司	备　注

2. 其他事项。

本函仅为复核账目之用，并非催款结算。若款项在上述日期之后已经付清，仍请及时函复为盼。

（被审计单位盖章）

20　年　月　日

_____会计师事务所：

上面的信息不正确，差异如下。

（被询证公司盖章）

20　年　月　日

经办人：

由于消极的函证方式只有在所函证的款项不符时才要求债务人向注册会计师复函。对于有存在函证款项不符而不回函的情况,注册会计师无法判断,因此实际操作中,消极的函证方式很少使用,除非注册会计师认为被函证对象会认真对待函证。

在审计实务中,注册会计师也可将积极的、消极的函证方式结合使用,当应收账款余额是由少量的大额应收账款和大量的小额应收账款构成时,注册会计师可以对所有的或抽取的大额应收账款样本采用积极的函证方式,而对抽取的小额应收账款样本采用消极的函证方式。

(3) 函证时间的选择。为了充分发挥函证的作用,应恰当选择函证的实施时间。注册会计师通常以资产负债表日为截止日,在资产负债表日后适当时间实施函证。

如果重大错报风险评估为低水平,注册会计师可选择资产负债表日前适当的日期为截止日实施函证,并对所函证项目自该截止日起至资产负债表日止发生的变动实施实质性程序。

(4) 函证的控制。注册会计师通常利用被审计单位提供的应收账款明细账户名称及客户地址等资料据以编制询证函,但注册会计师应当对选择被询证者、设计询证函,以及发出和收回询证函保持控制。出于掩盖舞弊的目的,被审计单位可能想方设法拦截或更改询证函及回函的内容。如果注册会计师对函证程序控制不严密,就可能给被审计单位造成可乘之机,导致函证结果发生偏差和函证程序失效。

注册会计师应当采取以下措施对函证实施过程进行控制。

① 被询证者的名称、地址与被审计单位有关记录核对。
② 将询证函中列示的账户余额或其他信息与被审计单位有关资料核对。
③ 在询证函中指明直接向接受审计业务委托的会计师事务所回函。
④ 询证函经被审计单位盖章后,由注册会计师直接发出。
⑤ 将发出询证函的情况形成审计工作记录。
⑥ 将收到的回函形成审计工作记录,并汇总统计函证结果。

在审计实务中,注册会计师经常会遇到被询证者以传真、电子邮件等方式回函的情况。这些方式确实能使注册会计师及时得到回函信息,但由于这些方式易被截留、篡改或难以确定回函者的真实身份,因此,注册会计师应当直接接收,并要求被询证者及时寄回询证函原件。

在审计实务中,注册会计师还经常会遇到采用积极的函证方式实施函证而未能收到回函的情况。对此,注册会计师应当考虑与被询证者联系,要求对方作出回应或再次寄发询证函。如果未能得到被询证者的回应,注册会计师应当实施替代审计程序。所实施的替代程序因所涉及的账户和认定而异,但替代审计程序应当能够提供实施函证所能够提供的同样效果的审计证据。例如检查与销售有关的文件,包括销售合同或协议、销售订单、销售发票副本及发运凭证等,以验证这些应收账款的真实性。

注册会计师可通过函证结果汇总表的方式对询证函的收回情况加以控制。

函证结果汇总表如表 3-20 所示。

表 3-20 应收账款函证结果汇总表

被审计单位名称： 制表： 日期：
结账日： 年 月 日 复核： 日期：

询证函编号	债务人名称	债务人地址及联系方式	账面金额	函证方式	函证日期		回函日期	替代程序	确认余额	差异金额及说明	备注
					第一次	第二次					

(5) 对不符事项的处理。收回的询证函若有差异,即函证出现了不符事项,注册会计师应当首先提请被审计单位查明原因,并作进一步分析和核实。不符事项的原因可能是由于双方登记入账的时间不同,或是由于一方或双方记账错误,也可能是被审计单位的舞弊行为。对应收账款而言,登记入账的时间不同而产生的不符事项主要表现如下。

① 询证函发出时,债务人已经付款,而被审计单位尚未收到货款。

② 询证函发出时,被审计单位的货物已经发出并已做销售记录,但货物仍在途中,债务人尚未收到货物。

③ 债务人由于某种原因将货物退回,而被审计单位尚未收到。

④ 债务人对收到的货物的数量、质量及价格等方面有异议而全部或部分拒付货款等。

如果不符事项构成错报,注册会计师应当重新考虑所实施审计程序的性质、时间和范围。

5) 对未函证应收账款实施替代程序

通常,注册会计师不可能对所有应收账款进行函证,因此,对于未函证应收账款,注册会计师应抽查有关原始凭据,如销售合同、销售订购单、销售发票副本、发运凭证及回款单据等,以验证与其相关的应收账款的真实性。

6) 检查有无不属于结算业务的债权

(1) 借方发生额的查验与收入的符合性测试一并实施。

(2) 贷方发生额的查验通过实质性的凭证抽查实施,关注汇款人与明细记录一致。

如果回款人和明细记载不一致,可能涉嫌虚假交易或债务重组。

7) 对应收账款实施关联方及其交易审计程序

(1) 在众多客户中查找关联方,编制关联方应收账款分析性复核:分析关联方期末余额占总体的比例;分析关联方本期借方发生额占总体的比例;分析关联方本期贷方发生额的回款情况及占总体的比例。

(2) 对关联方销售实施收入符合性测试。对关联方销售真实性的查验尤为重要,需特别关注货物是否真实发出,是否存在季末、年末突击销售,或超常的大额销售。

(3) 对关联方的销售单价是否公允进行测试。客户为了销售规模和利润,可能通过不公允的关联交易进行收入或利润的操纵。

4. 应收账款主要审计工作底稿

（1）应收账款实质性程序表见表 3-15 和表 3-16，列示了应收账款的认定—审计目标—可供选择的审计程序之间的内在关系，可供注册会计师根据被审计单位的具体情况选择针对性的应收账款实质性程序。

（2）应收账款审定表见表 3-21，属于应收账款的汇总类底稿，汇总了应收账款未经审计的金额、审计调整的金额、审定的金额。

表 3-21　应收账款审定表

被审计单位：_____　　　索引号：_____
项目：_____　　　财务报表截止日/期间：_____
编制：_____　　　复核：_____
日期：_____　　　日期：_____

项目名称	期末未审数	账项调整		重分类调整		期末审定数	上期末审定数	索引号
		借方	贷方	借方	贷方			
一、账面余额合计								
1 年以内								
1～2 年								
2～3 年								
3 年以上								
二、坏账准备合计								
1 年以内								
1～2 年								
2～3 年								
3 年以上								
三、账面价值合计								
1 年以内								
1～2 年								
2～3 年								
3 年以上								
审计结论：								

(3) 应收账款明细表(略),是按客户单位列示应收账款期末余额的底稿。

(4) 应收账款询证函见表 3-17、表 3-18 和表 3-19、函证结果汇总表见表 3-20,是反映应收账款整个函证过程的底稿。

(5) 应收账款替代测试表见表 3-22,是对于未收到回函的应收账款实施替代程序形成的底稿。

表 3-22 应收账款替代测试表

被审计单位:＿＿＿＿＿＿＿＿＿＿＿＿＿＿＿＿   索引号:＿＿＿＿＿＿＿＿＿＿＿＿＿＿＿＿

项目:＿＿＿＿＿＿＿＿＿＿＿＿＿＿＿＿＿＿   财务报表截止日/期间:＿＿＿＿＿＿＿＿＿＿

编制:＿＿＿＿＿＿＿＿＿＿＿＿＿＿＿＿＿＿   复核:＿＿＿＿＿＿＿＿＿＿＿＿＿＿＿＿＿

日期:＿＿＿＿＿＿＿＿＿＿＿＿＿＿＿＿＿＿   日期:＿＿＿＿＿＿＿＿＿＿＿＿＿＿＿＿＿

内　　容							
一、期初余额							
二、本期借方发生额合计							
	入　账　金　额			检查内容(用"√""×"表示)			
序号	日期	凭证号	金额	①	②	③	④
1							
2							
3							
小计							
全年借方发生额合计							
测试金额占全年借方发生额的比例							
三、本期贷方发生额合计							
	入　账　金　额			检查内容(用"√""×"表示)			
序号	日期	凭证号	金额	①	②	③	④
1							
2							
3							
小计							
全年贷方发生额合计							
测试金额占全年贷方发生额的比例							
四、期末余额							
五、期后收款检查							
检查说明:①原始凭证是否齐全;②记账凭证与原始凭证是否相符;③账务处理是否正确;④是否记录于恰当的会计期间							
审计说明:							

5. 实训

1) 任务描述

(1) 阅读并熟悉实训资料、实训材料。

(2) 在教师指导下，根据实训资料进行函证对象、范围、方式、询证函格式等的选择。

(3) 在教师指导下，书写函证信、模拟公司在询证函上盖章、模拟注册会计师将盖好章的询证函装入写好地址的信封、将封好口的信件投入模拟的信箱。

(4) 在教师指导下，对函证回函结果进行分析，填写应收账款函证结果汇总表。

2) 实训条件

(1) 实训环境：上课教室或审计实训室。

(2) 实训材料：应收账款询证函、应收账款函证结果汇总表、模拟公司印章 1~2 个、模拟信箱 1 个、信封数个。

(3) 实训学时：2 学时。

(4) 实训操作：首先由教师引导学生阅读、熟悉实训资料和审计工作底稿，然后由学生自主编写、讨论、总结，教师现场指导，最后由教师讲解答案、分析问题。

(5) 实训方式：可采用小组手工实训方式、单人手工实训方式。

3) 实训资料

永清会计师事务所注册会计师李烨 2021 年 1 月 8 日，在对华美公司 2020 年应收账款进行预审计时了解到如表 3-23 所示的部分应收账款明细账。

表 3-23　部分应收账款明细账　　　　　　　　　　单元：万元

客户名称	年初余额	年末余额	账龄	本年度交易额
广东富豪公司	100	150	2 个月	350
上海光大公司	20	40	3 个月	100
浙江耀华公司	8	8	27 个月	0
江苏和润公司	0	30	3 个月	80
河北兴鑫公司	100	100	40 个月	200
辽宁宏远公司	0	100	15 天	100
四川晶锐公司	50	60	2 个月	130
山西旺达公司	300	0		600

华美公司本年销售总额为 3 200 万元。公司内部会计控制较为有效。

永清会计师事务所地址：浙江省杭州市高新开发区 20 号大街 280 号，邮政编码：310018，联系电话：0571-86993322，联系人：王淼冉。

截至 2021 年 2 月 15 日函证回函有差异的情况如下。

(1) 江苏和润公司：函件所述金额中有 20 万元，已于 2020 年 9 月 20 日汇往贵公司账户。

(2) 辽宁宏远公司：查无此单位，无法投递。

(3) 山西旺达公司：函证两次均未收到回函。

(4) 浙江耀华公司：所欠款项为未解决的质量纠纷，有 6.8 万元产品存在质量问题。

各个公司联系方式如表 3-24 所示。

表 3-24 各个公司联系方式

客户名称	地　　址	邮编	联系人
广东富豪公司供应部	广东省肇庆市高新技术开发区 312 号	526040	张丽红
上海光大公司供应处	上海市浦东新区福山路 346 号	200122	叶　强
浙江耀华公司供应部	浙江省温州市经济开发区 18 号	325060	韩东达
江苏和润公司供销部	江苏省徐州市彭城路 232 号	221009	陈发财
河北兴鑫公司供应科	河北省唐山市路南区 233 号	063000	刘新语
辽宁宏远公司供销科	辽宁省鞍山市铁西六道街 33 号	114011	赵爱花
四川晶锐公司供应部	四川省达州市罗江镇 105 号	635025	李欢瑞
山西旺达公司供应部	山西省大同市迎宾西路 170 号	037008	王军青

注册会计师将营业收入的重要性水平定在 0.4%。

3.3.2 坏账准备审计

企业会计准则规定,企业应当在期末对应收款项进行检查,并预计可能产生的坏账损失。应收款项包括应收票据、应收账款、预付款项、其他应收款和长期应收款等。下面以应收账款的坏账准备为例,阐述坏账准备审计的常用程序。

(1) 取得或编制坏账准备明细表,复核加计是否正确,与坏账准备总账数、明细账合计数核对是否相符。

(2) 将应收账款坏账准备本期计提数与资产减值损失相应明细项目的发生额核对是否相符。

(3) 检查应收账款坏账准备计提和核销的批准程序,取得书面报告等证明文件,评价计提坏账准备所依据的资料、假设及方法。

(4) 实际发生坏账损失的,检查转销依据是否符合有关规定,会计处理是否正确。

对于被审计单位在被审计期间内发生的坏账损失,注册会计师应检查其原因是否清楚,是否符合有关规定,有无授权批准,有无已作坏账处理后又重新收回的应收账款,相应的会计处理是否正确。对有确凿证据表明确实无法收回的应收账款,如债务单位已撤销、破产、资不抵债、现金流量严重不足等,企业应根据管理权限,经股东(大)会或董事会,或经理(厂长)办公室或类似机构批准作为坏账损失,冲销提取的坏账准备。

(5) 已经确认并转销的坏账重新收回的,检查其会计处理是否正确。

(6) 检查函证结果。对债务人回函中反映的例外事项及存在争议的余额,注册会计师应查明原因并记录;必要时,应建议被审计单位作相应的调整。

(7) 实施分析程序。通过比较前期坏账准备计提数和实际发生数,以及检查期后事项,评价应收账款坏账准备计提的合理性。

(8) 检查应收账款坏账准备的披露是否恰当。企业应当在财务报表附注中清晰地说明坏账的确认标准、坏账准备的计提方法和比例。并且,上市公司还应按有关规定在财务报表附注中分项披露其他有关事项。

应收账款坏账准备的审计一般应填制工作底稿"应收账款坏账准备计算表",其格式如表 3-25 所示。

表 3-25　应收账款坏账准备计算表

被审计单位：_____　　索引号：_____
项目：应收账款_____　　财务报表截止日/期间：_____
编制：_____　　复核：_____
日期：_____　　日期：_____

应收账款坏账准备计算表编制方法

计　算　过　程					索引号
一、坏账准备本期期末应有金额①＝②＋③					①
1. 期末单项金额重大且有客观证据表明发生了减值的应收款项对应坏账准备应有余额					
单位名称		金　额			
合　计					②
2. 期末单项金额非重大以及经单独测试后未减值的单项金额重大的应收款项对应坏账准备应有余额					
项　目	账　龄	应收款项余额	坏账准备计提比例	坏账准备应有余额	索引号
应收账款	1 年以内(含 1 年)				
	1～2 年(含 2 年)				
	2～3 年(含 3 年)				
	3 年以上				
合　计					③
二、坏账准备上期审定数					④
三、坏账准备本期转出(核销)金额					
单位名称		金　额			索引号
合　计					⑤
四、计算坏账准备本期全部应计提金额					
⑥＝①－④＋⑤					⑥
审计说明：					

3.3.3　实训

1. 任务描述

(1) 阅读并熟悉实训资料、实训材料。

(2) 在教师指导下,根据实训资料填写应收账款坏账准备计算表。

(3) 在教师指导下,完成应收账款坏账准备计算表的编写。

2. 实训条件

(1) 实训环境：上课教室或审计实训室。

(2) 实训材料：应收账款坏账准备计算表。

(3) 实训学时：2学时。

(4) 实训操作：首先由教师引导学生阅读、熟悉实训资料和审计工作底稿,然后由学生自主编写、讨论、总结,教师现场指导,最后由教师讲解答案、分析问题。

(5) 实训方式：可采用单人手工实训方式。

3. 实训资料

永清会计师事务所注册会计师李叶咏2021年2月18日,在对华美公司2020年应收账款和坏账准备进行审计时了解到如下情况。

(1) 华美公司坏账准备本期期末账面金额为248万元。

(2) 期末无单项金额重大且有客观证据表明发生了减值的应收款项。

(3) 华美公司董事会决定的坏账计提比例分别如下：1年以内(含1年)3%,1～2年(含2年)5%,2～3年(含3年)10%,3年以上20%。该公司年末应收款项余额情况为：1年以内(含1年)1 800万元,1～2年(含2年)780万元,2～3年(含3年)560万元,3年以上340万元。

(4) 坏账准备上期审定数189万元。

(5) 坏账准备本期转出(核销)金额：阳塑公司1.2万元；青鸟公司2.5万元。

任务3.4 其他相关账户审计

3.4.1 应收票据审计

1. 应收票据的审计目标

(1) 资产负债表中记录的应收票据是存在的。

(2) 所有应当记录的应收票据均已记录。

(3) 记录的应收票据由被审计单位拥有或控制。

(4) 应收票据以恰当的金额包括在财务报表中,与之相关的计价调整已恰当记录。

(5) 应收票据已按照企业会计准则的规定在财务报表中作出恰当列报。

2. 应收票据的实质性程序

(1) 获取或编制应收票据明细表。

① 复核加计是否正确,并与总账数和明细账合计数核对是否相符;结合坏账准备科目与报表数核对是否相符。

② 检查非记账本位币应收票据的折算汇率及折算是否正确。

③ 检查逾期票据是否已转为应收账款。

(2) 取得被审计单位应收票据备查簿,核对其是否与账面记录一致。在应收票据明细表上标出至审计时已兑现或已贴现的应收票据,检查相关收款凭证等资料,以确认其真实性。

(3) 监盘库存票据,并与应收票据备查簿的有关内容核对;检查库存票据,注意票据的种类、号数、签收的日期、到期日、票面金额、合同交易号、付款人、承兑人、背书人姓名或单位名称,以及利率、贴现率、收款日期、收回金额等是否与应收票据登记簿的记录相符;关注是否对背书转让或贴现的票据负有连带责任;注意是否存在已作质押的票据和银行退回的票据。

(4) 对应收票据进行函证,并对函证结果汇总、分析,同时对不符事项作出适当处理。

(5) 对于大额票据,应取得相应销售合同或协议、销售发票和出库单等原始交易资料并进行核对,以证实是否存在真实交易。

(6) 复核带息票据的利息计算是否正确;并检查其会计处理是否正确。

(7) 对贴现的应收票据,复核其贴现息计算是否正确,会计处理是否正确。编制已贴现和已转让但未到期的商业承兑汇票清单,并检查是否存在贴现保证金。

(8) 评价针对应收票据计提的坏账准备的适当性。

① 取得或编制坏账准备计算表,复核加计正确,与坏账准备总账数、明细账合计数核对相符;将应收票据坏账准备本期计提数与资产减值损失相应明细项目的发生额核对,并确定其是否相符。

② 检查应收票据坏账准备计提和核销的批准程序,取得书面报告等证明文件;评价坏账准备所依据的资料、假设及计提方法;复核应收票据坏账准备是否按经股东(大)会或董事会批准的既定方法和比例提取,其计算和会计处理是否正确。

③ 实际发生坏账损失的,检查转销依据是否符合有关规定,会计处理是否正确。

④ 已经确认并转销的坏账重新收回的,检查其会计处理是否正确。

⑤ 通过比较前期坏账准备计提数和实际发生数,以及检查期后事项,评价应收票据坏账准备计提的合理性。

(9) 标明应收关联方[包括持股5%以上(含5%)股东]的款项,执行关联方及其交易审计程序,并注明合并报表时应予抵销的金额;对关联企业、有密切关系的主要客户的交易事项作专门核查。

① 了解交易事项目的、价格和条件,作比较分析。

② 检查销售合同、销售发票、货运单证等相关文件资料。

③ 检查收款凭证等货款结算单据。

④ 向关联方、有密切关系的主要客户或其他注册会计师函证,以确认交易的真实性、合理性。

(10) 根据评估的舞弊风险等因素增加的审计程序。

(11) 检查应收票据是否已按照企业会计准则的规定在财务报表中作出恰当列报。

3.4.2 长期应收款审计

1. 长期应收款的审计目标

(1) 资产负债表中记录的长期应收款是存在的。

(2) 所有应当记录的长期应收款均已记录。

(3) 记录的长期应收款由被审计单位拥有或控制。

(4) 长期应收款以恰当的金额包括在财务报表中,与之相关的计价调整已恰当记录。

(5) 长期应收款已按照企业会计准则的规定在财务报表中作出恰当列报。

2. 长期应收款的实质性程序

(1) 获取或编制长期应收款明细表。

① 复核加计是否正确,并与总账数和明细账合计数核对是否相符,结合坏账准备科目和未实现融资收益科目与报表数核对是否相符。

② 检查非记账本位币长期应收款的折算汇率及折算是否正确。

(2) 分析长期应收款账龄及余额构成,了解每一明细项目的性质,查阅长期应收款相关合同协议,了解长期应收款是否按合同或协议规定按期收款,检查长期应收款是否真实。

(3) 选择长期应收款的重要项目函证其余额和交易条款,对未回函的再次发函或实施替代的审计程序。

(4) 对于融资租赁产生的长期应收款,取得相关的合同和契约。

① 关注租赁合同的主要条款,检查是否满足企业会计准则对于融资租赁的相关规定,检查授权批准手续是否齐全。

② 根据合同及协议,检查最低租赁收款额、每期租金、租赁期、担保余值和未担保余值等项目的金额是否正确;检查初始直接费用及其相关会计处理是否正确。

③ 检查租赁资产在租赁期开始日的公允价值,如与账面价值有差额,检查其会计处理是否正确。

(5) 对于采用递延方式、有融资性质的销售形成的长期应收款,取得相关的销售合同或协议,检查是否满足确认销售收入的条件;检查合同规定的售价、每期租金、收款期等要素;检查所销售资产在销售收入确认日的公允价值;检查会计处理是否正确。

(6) 对有实质上构成对被投资单位净投资的长期权益,检查在"长期股权投资"的账面价值减记至零以后还需承担的投资损失,检查是否冲减长期应收款;若无,应作出记录,必要时建议作适当调整。

(7) 检查长期应收款的坏账准备。确定长期应收款是否可收回,了解有无未能按合同规定收款或延期收款现象,坏账准备的计提方法和比例是否恰当,计提是否充分。

(8) 检查未实现融资收益。

① 获取或编制未实现融资收益明细表,复核加计正确,并与总账数和明细账合计数核对相符。

② 对于融资租赁产生的未实现融资收益,根据合同,进行以下检查:检查未实现融资收益的入账金额是否正确,摊销年限是否恰当,会计处理是否正确;检查未实现融资收益本期是否按实际利率摊销,复核摊销金额是否正确,相关的会计处理是否正确;检查期末租赁资产的未担保余值是否发生变动,若有证据表明未担保余值减少的,相应的租赁内含利率是否已作正确调整,并将由此引起的租赁投资净额的减少计入当期损益。

③ 对于有融资性质的销售形成的长期应收款,取得相关的销售合同或协议,检查未实现融资收益的入账金额是否正确,其摊销年限的确定是否恰当,是否按实际利率摊销,复核摊销金额是否正确,相关的会计处理是否正确。

④ 如果未实现融资收益对应的长期应收款的收回存在问题,检查未实现融资收益的会计处理是否恰当。

(9) 针对评估的舞弊风险等因素增加的审计程序。

(10) 检查长期应收款是否已按照企业会计准则的规定在财务报表中作出恰当列报。

3.4.3 预收账款审计

1. 预收账款的审计目标

(1) 资产负债表中记录的预收账款是存在的。
(2) 所有应当记录的预收账款均已记录。
(3) 记录的预收账款由被审计单位拥有或控制。
(4) 预收账款以恰当的金额包括在财务报表中,与之相关的计价调整已恰当记录。
(5) 预收账款已按照企业会计准则的规定在财务报表中作出恰当列报。

2. 预收账款的实质性程序

(1) 获取或编制预收账款明细表。

① 复核加计是否正确,并与报表数、总账数和明细账合计数核对是否相符。

② 以非记账本位币结算的预收账款,检查其采用的折算汇率及折算是否正确。

③ 检查是否存在借方余额,必要时进行重分类调整。

④ 结合应收账款等往来款项目的明细余额,检查是否存在应收、预收两方挂账的项目,必要时作出调整。

⑤ 标识重要客户。

(2) 检查预收账款长期挂账的原因,并作出记录,必要时提请被审计单位予以调整。

(3) 抽查预收账款有关的销货合同、仓库发货记录、货运单据和收款凭证,检查已实现销售的商品是否及时转销预收账款,确定预收账款期末余额的正确性和合理性。

(4) 对预收账款进行函证。

(5) 通过货币资金的期后测试,以确定预收账款是否已计入恰当期间。

(6) 标明预收关联方[包括持股5%以上(含5%)股东]的款项,执行关联方及其交易审计程序,并注明合并报表时应予抵销的金额。

(7) 根据评估的舞弊风险等因素增加的审计程序。

(8) 检查预收款项是否已按照企业会计准则的规定在财务报表中作出恰当列报。

3.4.4 应交税费审计

1. 应交税费的审计目标

(1) 资产负债表中记录的应交税费是存在的。

(2) 所有应当记录的应交税费均已记录。

(3) 记录的应交税费是被审计单位应当履行的现时义务。

(4) 应交税费以恰当的金额包括在财务报表中,与之相关的计价调整已恰当记录。

(5) 应交税费已按照企业会计准则的规定在财务报表中作出恰当列报。

2. 应交税费的实质性程序

(1) 获取或编制应交税费明细表。

① 复核加计是否正确,并与报表数、总账数和明细账合计数核对是否相符。

② 注意印花税、耕地占用税,以及其他不需要预计应缴数的税金有无误入应交税费项目。

③ 分析存在借方余额的项目,查明原因,判断是否由被审计单位预缴税款引起。

(2) 首次接受委托时,取得被审计单位的纳税鉴定、纳税通知、减免税批准文件等,了解被审计单位适用的税种、附加税费、计税(费)基础、税(费)率,以及征、免、减税(费)的范围与期限。如果被审计单位适用特定的税基式优惠或税额式优惠、相关或减低适用税率的,且该项税收优惠需办理规定的审批或备案手续的,应检查相关的手续是否完整、有效。连续接受委托时,关注其变化情况。

(3) 核对期初未交税金与税务机关受理的纳税申报资料是否一致,检查缓期纳税及延期纳税事项是否经过有权税务机关批准。

(4) 取得税务部门汇算清缴或其他确认文件、有关政府部门的专项检查报告、税务代理机构专业报告、被审计单位纳税申报资料等,分析其有效性,并与上述明细表及账面数据进行核对。对于超过法定交纳期限的税费,应取得主管税务机关的批准文件。

(5) 检查应交增值税。

① 获取或编制应交增值税明细表,加计复核其正确性,并与明细账核对相符。

② 将应交增值税明细表与被审计单位增值税纳税申报表进行核对,比较两者是否总体相符,并分析其差额的原因。

③ 通过"原材料"等相关科目匡算进项税是否合理。

④ 抽查一定期间的进项税抵扣汇总表,与应交增值税明细表相关数额合计数核对,如有差异,查明原因并作适当处理。

⑤ 抽查重要进项税发票、海关完税凭证、收购凭证或运费发票,并与网上申报系统进行核对,并注意进口货物、购进的免税农产品或废旧物资、支付运费、接受投资或捐赠、接受应税劳务等应计的进项税额是否按规定进行了会计处理;因存货改变用途或发生非常损失应计的进项税额转出数的计算是否正确,是否按规定进行了会计处理。

⑥ 根据与增值税、销项税额相关账户审定的有关数据,复核存货销售,或将存货用于投资、无偿馈赠他人、分配给股东(或投资者)应计的销项税额,以及将自产、委托加工的产品用于非应税项目的计税依据确定是否正确以及应计的销项税额是否正确计算,是否按规定进行会计处理。

⑦ 检查适用税率是否符合税法规定。

⑧ 取得《出口货物退(免)税申报表》及办理出口退税有关凭证,复核出口货物退税的计算是否正确,是否按规定进行了会计处理。

⑨ 对经主管税务机关批准实行核定征收率征收增值税的被审计单位,应检查其是否按照有关规定正确执行。如果申报增值税金额小于核定征收率计算的增值税金额,应注意超过申报额部分的会计处理是否正确。

⑩ 抽查本期已交增值税资料,确定已交款数的正确性。

(6) 检查应交消费税的计算是否正确。结合税金及附加等项目,根据审定的应税消费品销售额(或数量),检查消费税的计税依据是否正确。适用税率(或单位税额)是否符合税法规定,是否按规定进行了会计处理,并分项复核本期应交消费税税额;抽查本期已交消费税资料,确定已交数的正确性。

(7) 检查应交资源税的计算是否正确,是否按规定进行了会计处理。

(8) 检查应交土地增值税的计算是否正确,是否按规定进行了会计处理。

① 根据审定的预售房地产的预收账款,复核预交税款是否准确。

② 对符合项目清算条件的房地产开发项目,检查被审计单位是否按规定进行土地增值税清算;如果被审计单位已聘请中介机构办理土地增值税清算鉴证的,应检查、核对相关鉴证报告。

③ 如果被审计单位被主管税务机关核定征收土地增值税的,应检查、核对相关的手续。

(9) 检查应交城市维护建设税的计算是否正确。结合税金及附加等项目的审计,根据审定的计税基础和按规定适用的税率,复核被审计单位本期应交城市维护建设税的计算是否正确,是否按规定进行了会计处理;抽查本期已交城市维护建设税资料,确定已交数的正确性。

(10) 检查应交车船税和房产税的计算是否正确。获取被审计单位自有车船数量、吨位(或座位)及自有房屋建筑面积、用途、造价(购入原价)、构建年月等资料,并与固定资产(含融资租入固定资产)明细账复核一致;了解其使用、停用时间及其原因等情况;通过审核本期完税单,检查其是否如实申报和按期缴纳,是否按规定进行了会计处理。

(11) 检查应交城镇土地使用税的计算是否正确,是否按规定进行了会计处理。

(12) 获取或编制应交所得税测算表,结合所得税项目,确定应纳税所得额及企业所得税税率,复核应交企业所得税的计算是否正确,是否按规定进行了会计处理;抽查本期已交所得税资料,确定已交数的正确性。汇总纳税企业所得税汇算清缴,并按税法规定追加相应的程序。

(13) 检查教育费附加、矿产资源补偿费等计算是否正确,是否按规定进行了会计处理。

(14) 检查除上述税项外的其他税项及代扣税项的计算是否正确,是否按规定进行了会计处理。

(15) 检查被审计单位获得税费减免或返还时的依据是否充分、合法和有效,会计处理是否正确。

(16) 抽查一定笔数应交税费相关的凭证,检查是否有合法依据,会计处理是否正确。

(17) 根据评估的舞弊风险等因素增加的审计程序。

(18) 确定应交税费是否已按照企业会计准则的规定在财务报表中作出恰当列报。

3.4.5 税金及附加审计

1. 税金及附加审计的目标

(1) 利润表中记录的税金及附加已发生,且与被审计单位有关。
(2) 所有应当记录的税金及附加均已记录。
(3) 与税金及附加有关的金额及其他数据已恰当记录。
(4) 税金及附加已记录于正确的会计期间。
(5) 确定税金及附加中的交易和事项已记录于恰当的账户。
(6) 税金及附加已按照企业会计准则的规定在财务报表中作出恰当的列报。

2. 税金及附加的实质性程序

(1) 获取或编制税金及附加明细表,复核加计是否正确,并与报表数、总账数和明细账合计数核对是否相符。

(2) 根据审定的本期应纳营业收入和其他纳税事项,按规定的税率,分项计算、复核本期应纳税额,检查会计处理是否正确。

(3) 根据审定的本期应税消费品销售额(或数量),按规定适用的税率,分项计算、复核本期应纳消费税税额,检查会计处理是否正确。

(4) 根据审定的本期应纳资源税产品的课税数量,按规定适用的单位税额,计算、复核本期应纳资源税税额,检查会计处理是否正确。

(5) 检查城市维护建设税、教育费附加等项目的计算依据是否和本期应纳增值税、消费税合计数一致,并按规定适用的税率或费率计算、复核本期应纳城建税、教育费附加等,检查会计处理是否正确。

(6) 结合应交税费科目的审计,复核其钩稽关系。

(7) 根据评估的舞弊风险等因素增加的审计程序。

(8) 检查税金及附加是否已按照企业会计准则的规定在财务报表中作出恰当列报。

> **知识链接**
>
> 1. 企业常见错误与舞弊行为提示
>
> 销售与收款循环中常见的错弊行为有:①虚计销售收入,调节利润;②销售成本结转不实,调节利润;③收款结算方式选用不当,导致坏账;④销售费用失控。销售与收款循环是企业生产经营的一个重要业务循环。收入的确认会影响与之相关的成本、利润、资产、税收等项目,如何保证审计的真实性、合理性,帮助报表使用者获取真实经济信息,是注册会计师的责任,因此在审计中注册会计师应选择相对较低的重要性水平。
>
> 2. 管理部门违背认定的表现和常用手段
>
> 销售与收款业务循环如果内部控制失效,会增加主营业收入、应收账款、坏账准备等会计报表项目相关认定的风险性。在该业务循环中,被审计单位管理部门违背认定的常用方法如下。
>
> (1) 虚构销货业务,违背"发生"认定
>
> 如"琼民源"将股东香港冠联置业公司投入的股本及合作建房资金1.95亿元确认为收入;通过三次循环转账的手法,虚构转让北京民源大厦部分开发权和商场经营权收入2.7亿元,进而确认收入3.2亿元;将收到的民源大厦建设补偿费5 100万元确认为收入,即属虚构销货业务,违背"发生"的认定。
>
> (2) 提前或推迟确认收入,违背"计价和分摊"认定
>
> 如"东方锅炉"将1996年度的销售收入1.76亿元和销售利润3 800万元,调整到1997年度。在1997年度又以同样的方法,将该年度的销售收入2.26亿元和销售利润4 700万元转移到1998年,从而创造连续3年稳定赢利,净资产利润率增长平衡的假象。
>
> 又如美国马蒂尔公司采用"持有货单"(客户未来才会购买,而公司现在就入账)的销售方法,虚增销售收入1 500万美元,虚增税前利润800万美元。
>
> (3) 变更销售收入确认方式,违背"计价和分摊"认定
>
> 如山登公司随意改变收入确认标准,在1995—1997年共虚构了15.77亿美元的营业收入,超过5亿美元的利润总额和4.39亿美元的净利润,虚假净利润占对外报告净利润的56%。
>
> (4) 应收账款的入账金额不真实、不合法,违背"存在""完整性"等相关认定
>
> 如利用关联交易,被审单位虚增或虚减销货,认为调节利润;将应在"长期投资""应收票据""应收股利""其他应收款"等账户中反映的内容,在"应收账款"账户中进行反映,达到掩盖各种不正常经营行为的目的。

(5) 坏账处理不合理、合规,违背"计价和分摊"等相关认定

主要表现:混淆计提坏账准备的范围,认为扩大或缩小计提基数;对于符合坏账处理条件的应收账款不作处理,或将不符合坏账条件的应收账款作坏账处理;计提坏账准备的方法前后期不一致等。

项目小结

销售与收款业务是企业的主要经营业务之一,是决定企业收入的重要经营环节。其主要活动包括接受客户订单、批准赊销信用、按销售单发货及装运、向客户开具销售发票、记录销售业务、办理和记录货币资金收入、办理和记录销售退回、销售折扣与折让、定期向客户对账和催收货款、注销坏账与提取坏账准备等。

通过了解和描述销售与收款循环的内部控制,对该循环的内部控制进行控制测试并评价其控制风险。

审计人员根据内部控制的评价结果,运用检查、查询与函证、计算、分析性程序等方法,对销售与收款循环中涉及的各项账户余额和交易种类实施实质性程序,以实现特定的审计目标。

课后练习

一、判断题

1. 在实施计价准确性实质性程序的同时,一般要将所选取的提货单或其他发运凭证的日期与相应的销售发票存根、主营业务收入明细账和应收账款明细账上的日期作比较。如有重大差异,被审计单位就可能存在销售截止期限上的错误。( )

2. 销售与收款循环的特性主要包括两部分的内容:一是本循环所涉及的主要凭证和会计记录;二是本循环中的主要业务活动。( )

3. 注册会计师可通过函证结果汇总表的方式对询证函的收回情况加以控制。( )

4. 收款交易的实质性程序的范围在一定程度上取决于关键控制是否存在。( )

5. 应收账款函证的样本由审计人员和客户共同商定,但正式的询证函则由客户签发。( )

6. 三个与主营业务收入确认有着密切关系的日期是发票开具日期或者收款日期、记账日期、发货日期(服务业则是提供劳务的日期)。( )

7. 在实务操作中,审计人员需要关注是否存在真实客户为基础,虚拟销售和虚构客户,虚拟销售。( )

8. 公司为了调节各会计期间的经营业绩,往往对销售期间进行不恰当的划分,提前或延后确认收入。( )

9. 检查有无特殊的销售行为,如委托代销、分期收款销售、售后回购、以旧换新、出口销售等,确定恰当的程序进行审核,属于主营业务收入审计的较为重要的查验程序。（ ）

10. 注册会计师应当考虑被审计单位的经营环境、内部控制的有效性、应收账款账户的性质、被询证者处理询证函的习惯做法及回函的可能性等,以确定应收账款函证范围、对象、方式和时间。（ ）

二、单项选择题

1. 不属于坏账准备常用程序的是(   )。
   A. 取得或编制坏账准备明细表,复核加计是否正确,与坏账准备总账数、明细账合计数核对是否相符
   B. 将应收账款坏账准备本期计提数与资产减值损失相应明细项目的发生额核对是否相符
   C. 确定坏账准备的相关内部控制是否健全、有效
   D. 实际发生坏账损失的,检查转销依据是否符合有关规定,会计处理是否正确

2. 函证结果往往会出现程序不符事项,下列不属于因应收账款登记入账的时间不同而产生的不符事项主要表现的是(   )。
   A. 询证函发出时,债务人已经付款,而被审计单位尚未收到货款
   B. 询证函发出时,被审计单位的货物已经发出并已做销售记录,债务人已收到货物
   C. 债务人由于某种原因将货物退回,而被审计单位尚未收到
   D. 债务人将收到的货物的数量、质量及价格等方面有异议而全部或部分拒付货款等

3. 应收账款的回函应当直接寄给(   )。
   A. 客户   B. 会计师事务所
   C. 客户,由客户转交给会计师事务所   D. A和B均可

4. 下列(   )情况下,注册会计师可考虑采用积极的函证方式。
   A. 重大错报风险评估为低水平   B. 涉及大量余额较小的账户
   C. 预期不存在大量的错误   D. 个别账户欠款金额较大

5. 审计人员执行应收账款函证程序的主要目的是(   )。
   A. 符合专业标准的要求
   B. 确定应收账款能否收回
   C. 证实应收账款账户余额的真实性、正确性,防止和发现作弊行为
   D. 判定客户入账的坏账损失是否恰当

6. 应收账款正式询证函应当由(   )签章后发出。
   A. 审计人员   B. 会计师事务所
   C. 被审计单位   D. 被审计单位主管部门

7. 下列(   )不属于三条实施营业收入的截止期测试的审计路线。
   A. 以账簿记录为起点   B. 以会计报表为起点
   C. 以销售发票为起点   D. 以发运凭证为起点

8. 应收账款询证函的寄发一定要由( )亲自进行。
   A. 会计师事务所　　　　　　　　B. 委托人
   C. 被审计单位有关人员　　　　　D. 审计人员

9. 下列各项中,不属于应收票据的审计程序是( )。
   A. 取得被审计单位应收票据备查簿,核对其是否与账面记录一致
   B. 监盘库存票据,并与应收票据备查簿的有关内容核对
   C. 复核不带息票据的利息计算是否正确
   D. 确定应收票据在会计报表上的披露是否恰当

10. 审计人员实施产品销售收入截止测试,主要目的是发现( )。
    A. 年底应收账款余额不正确
    B. 当年营业收入业务的会计记录归属期是否正确
    C. 超额的销货折扣
    D. 未核准的销货退回

三、多项选择题

1. 审计测试包括( )。
   A. 控制测试　　　　　　　　　　B. 对交易实施实质性程序
   C. 对账户余额实施实质性程序　　D. 对报表实施实质性程序

2. 销售与收款循环审计程序包括控制测试和实质性程序,控制测试包括( )。
   A. 销售交易控制测试　　　　　　B. 细节测试
   C. 收款交易控制测试　　　　　　D. 风险评估

3. 应收票据明细表通常包括( )。
   A. 出票人姓名　　B. 出票日　　C. 到期日　　D. 票面金额

4. 销售与收款循环业务包括的资产负债表项目有( )。
   A. 预付账款　　　　　　　　　　B. 预收账款
   C. 受托代销商品款　　　　　　　D. 折扣与折让

5. 典型的销售与收款循环所涉及的主要凭证和会计记录有( )。
   A. 顾客订货单　　B. 销售单　　C. 汇款通知书　　D. 贷项通知单

6. 肯定式函证的使用范围有( )。
   A. 预计的差错率高
   B. 欠款余额小的债务人数量很少
   C. 有理由相信欠款可能会存在争议、差错
   D. 个别账户的欠款金额较大

7. 在销售与收款循环中,除"应收账款"和"坏账准备"账户外,其他相关账户审计的范围一般还应包括( )等。
   A. 预付账款　　B. 预收账款　　C. 销售费用　　D. 应收票据

8. 审计人员在确定应收账款函证数量的大小、范围时,应考虑的主要因素有( )。
   A. 应收账款在全部资产中的重要性　　B. 被审计单位内部控制的强弱

C. 以前年度的函证结果　　　　D. 函证方式的选择

9. 注册会计师应当采取下列(　　)措施对函证实施过程进行控制。

   A. 在询证函中指明直接向被审计单位回函
   B. 将收到的回函形成审计工作记录,并汇总统计函证结果
   C. 询证函经被审计单位盖章后,由被审计单位直接发出
   D. 被询证者的名称、地址与被审计单位有关记录核对

10. 执行查验应收账款账龄分析是否正确程序包括(　　)。

    A. 向公司索取应收账款账龄的明细表
    B. 按先进先出法测算本年收回期初的应收账款金额,计算占期初金额的比例
    C. 与分析性复核过程中确定的一年以上账龄的户名及金额进行核对
    D. 结合上年年底稿进一步对一年以上的应收账款的账龄分析复核

项目 4　采购与付款循环审计

技能目标

1. 能在明确审计目标要求的前提下，结合该循环业务特点，按审计程序要求执行控制测试。
2. 能在明确审计目标要求的前提下，结合该循环业务特点，按审计程序要求执行实质性程序。
3. 能较熟练地将所搜集的审计证据记录于审计工作底稿。

知识目标

1. 理解采购与付款循环业务特性。
2. 了解采购与付款循环审计目标与程序。
3. 理解采购与付款循环控制测试、实质性程序的操作原理。

案例导入

注册会计师吴生在审计新兴公司"应付账款"时，发现：①该公司于2020年12月28日购入的原材料棉花50万元，已按规定纳入2020年12月31日存货盘点范围进行了实物盘点，但本年度无进货和相应负债记录。卖方发票于2021年1月5日才收到，并在2021年的1月进行了账务处理；②一笔应付账款业务的记账凭证上的分录为

借：银行存款　　　　　　　　　　　　　　　200 000
　　贷：应付账款　　　　　　　　　　　　　200 000

针对问题①，注册会计师吴生询问了仓库保管员及财会人员，检查了相关货物以及存货盘点记录，确认货物确实存在也包含在盘点报告单上，但检查了接近资产负债表日的应付账款明细账和银行存款日记账并无付款和确认负债的记录。针对问题②，注册会计师吴生审阅了相关凭证，发现记账凭证后附的原始凭证为一张销售发票和金额200 000元的银行进账单回单。

在上述应付账款审计过程中,吴生实施的审计程序是否完备呢?根据上述审计过程中了解的问题以及获取的审计证据,注册会计师吴生会作怎样的处理呢?

任务 4.1 采购与付款循环控制测试

根据财务报表项目与业务循环的相关程度,采购与付款循环所涉及的资产负债表项目主要包括预付账款、固定资产、在建工程、工程物资、固定资产清理、无形资产、研发支出、长期待摊费用、应付票据、应付账款和长期应付款等;涉及的利润表项目通常为管理费用。

在正常的审计中,如果忽视采购与付款循环的控制测试及相应的交易实质性程序,仅仅依赖于对这些具体财务报表项目余额实施实质性程序,则可能不利于审计效率和审计质量的提高。如果被审计单位具有健全并且运行良好的相关内部控制,注册会计师把审计重点放在控制测试和交易的实质性程序上,则既可降低审计风险,又可大大减少报表项目实质性程序的工作量,提高审计效率。因此,在实施采购与付款循环审计时,注册会计师需要先了解被审计单位采购与付款循环的内部控制情况,并根据了解过程中获取的资料来评价该业务循环的内部控制风险,然后决定控制测试、实质性程序的性质、时间和范围。一般而言,如果被审计单位某类交易具有健全并且运行良好的相关内部控制,注册会计师应把审计重点放在该交易的控制测试和交易的实质性程序上;相反,如果被审计单位相关内部控制不健全或者虽健全但没有得以执行,注册会计师则不必对该交易实施控制测试而直接实施实质性程序。采购与付款循环审计过程如图4-1所示。

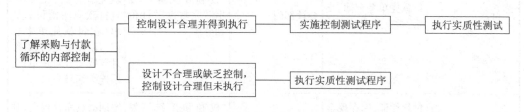

图 4-1 采购与付款循环审计过程

4.1.1 了解被审计单位采购与付款循环的特性与内部控制

采购与付款循环的业务特性主要包括两部分内容:一是本循环所涉及的主要凭证和会计记录;二是本循环涉及的主要业务活动。

采购与付款交易通常要经过请购→订货→验收→付款这样的程序,和销售与收款交易一样,在内部控制比较健全的企业,处理采购与付款业务通常也需要使用很多凭证和会计记录。这些凭证和会计记录是企业进行业务活动和实施控制程序的记录,也是审计人员进行该业务循环审计时所需搜集的重要审计证据。典型的采购与付款循环中主要业务活动所涉及的凭证、记录和控制程序如表 4-1 所示。

表 4-1　采购与付款循环中主要业务活动所涉及的凭证、记录和控制程序

主要业务活动	涉及的凭证及记录	相关的主要部门	相关的认定	内部控制要点
1. 请购商品（或劳务）	请购单	仓库、资产使用部门填写	采购交易的"发生"	请购单由相关支出预算负责人签字批准
2. 编制订购单	订购单、已经批准的请购单	采购部门编制	采购交易的"发生"和"完整性"	根据已经批准的请购单编制，并预先编号
3. 验收商品	验收单、订购单	验收部门编制	"存在""发生"和"完整性"	将商品与订购单核对；验收单预先编号
4. 储存已验收的存货	验收单	仓库保管部门签字	"存在"	商品采购与保管分离（以减少未经授权的采购发生和盗用商品的风险）
5. 编制付款凭单	付款凭单、请购单、订购单、验收单和卖方发票	应付凭单部门填制	"存在""发生""完整性""权利和义务"和"计价和分摊"	核查请购单、订购单、卖方发票和验收单，并据以编制付款凭单；凭单经适当批准并预先编号
6. 确认与记录负债	卖方发票及相关凭证、应付凭单登记簿、转账凭证、付款凭证、应付账款明细账	会计部门	"发生""完整性""计价和分摊""权利和义务"	记录前执行必要的核查程序，核对请购单、订购单、买房发票、付款凭单、验收单等，确保记录的正确性
7. 付款	付款凭单登记簿、支票、卖方月末对账单	会计部门	"权利和义务""发生""完整性""计价和分摊"	付款时，对采购发票、结算凭证、验收单等相关凭证审核，并核查付款凭单是否经批准；一旦付款应注销付款凭单（在付款凭单上标记），以免重复付款；按月获取卖方对账单；支票连续编号
8. 记录现金、银行存款支出	付款凭证、库存现金和银行存款日记账、应付账款明细账	会计部门	"权利和义务""发生""完整性""计价和分摊"	定期盘点库存现金，独立编制银行存款余额调节表

4.1.2　采购与付款循环的内部控制目标、内部控制与审计测试的关系

为了便于总括了解和把握采购与付款循环的控制目标、内部控制及相关的测试程序，与销售收款循环一样，这里也先给出采购交易的控制目标、内部控制和测试一览表（见表 4-2）。该表的结构与表 3-2 销售收款循环表相同，也分四栏，将与采购交易有关的内部控制目标、关键的内部控制，以及注册会计师常用的内部控制测试和交易实质性程序汇集在一起。

表 4-2 采购交易的控制目标、内部控制和测试一览表

内部控制目标	关键的内部控制	常用内部控制测试	常用交易实质性测试
所记录的采购都已收到物品或已接受劳务,并符合购货方的最大利益(存在)	请购单、订货单、验收单和卖方发票一应俱全,并附在付款凭证后;购货按正确的级别批准;注销凭证以防止重复使用;对卖方发票、验收单、订货单和请购单作内部核查	检查付款凭证后是否附有应有的单据;检查购货审批标志;检查注销凭证标志;检查内部核查标志	复核采购明细账、总账及应付账款明细账,注意是否有大额或不正常的金额;检查卖方发票、验收单、订货单和请购单的合理性和真实性;追查存货的采购至存货永续盘存记录;检查取得的固定资产
已发生的采购业务均已记录(完整性)	订货单均经事先编号并登记入账;验收单均经事先编号并登记入账	检查订货单连续编号的完整性;检查验收单连续编号的完整性	从验收单追查至采购明细账;从卖方发票追查至采购明细账
所记录的采购业务估价正确(准确性、计价和分摊)	计算和金额的内部核查;控制采购价格和折扣的批准	检查内部核查的标志;检查采购价格和折扣的审批标志	将采购明细账中记录的业务同卖方发票、验收单和其他证明文件比较;复算包括折扣和运费在内的卖方发票缮写的准确性
采购业务的分类正确(分类)	采用适当的会计科目表;分类的内部核查	检查工作手册和会计科目表;检查有关凭证上内部核查的标记	参照卖方发票,比较会计科目表上的分类
采购业务按正确的日期记录(截止)	要求一收到商品或接受劳务就记录购货业务;内部核查	检查工作手册并观察有无未记录的卖方发票存在;检查内部核查标志	将验收单和卖方发票上的日期与采购明细账中的日期进行比较
采购业务被正确记入应付账款和存货等明细账中,并被准确汇总(准确性、计价和分摊)	应付账款明细账内容的内部查核	检查内部核查的标志	通过加计采购明细账,追查过入采购总账和应付账款、存货明细账的数额是否准确,来测试过账和汇总的准确性

注:第一栏内部控制目标,列示了企业设立采购交易内部控制的目标,也就是注册会计师实施相应控制测试和交易实质性程序所要达到的审计目标。

表 4-2 的目的只在于为注册会计师根据具体审计情况和审计条件设计能够实现审计目标的审计方案提供参考。在审计实务工作中,注册会计师应根据表 4-2 所列示内容的精神实质,充分考虑被审计单位的具体情况和审计质量、审计成本效益原则将其转换为更实用、高效的审计方案。其具体分析思路为,注册会计师首先必须了解被审计单位相关的内部控制,确定其存在哪些关键的内部控制,并进一步确认与内部控制目标相关的有效控制和薄弱环节,从而对每一目标的控制风险作出初步评估,最终通过制订计划确定对哪些控制实施控制测试。而对与这些目标有关的、旨在发现金额错误的交易实质性程序,则应根据对控制风险的初步评估和计划实施的控制测试加以确定。当注册会计师对每一项目标制定了审计测试程序后,把这些审计测试程序综合起来即构成一个能够有效执行的审计计划。

4.1.3 采购与付款交易的内部控制和控制测试

采购与付款循环的控制测试包括采购交易控制测试、付款交易控制测试,以及固定资产的控制测试。需要强调的是,是否执行上述控制测试程序,取决于对这些内部控制的了解和初步评价结果。结合具体审计实务,并考虑采购交易与付款交易的关联性,将采购交易和付款交易的控制测试结合起来进行。

1. 采购与付款交易在内部控制方面的特殊之处

对于采购与付款循环的内部控制,可以结合表4-1和表4-2进行了解,以下仅就采购和付款交易在内部控制方面的特殊之处予以说明。

1) 适当的职责分离

和销售与收款交易一样,采购与付款交易也需要适当的职责分离。采购与付款业务不相容岗位至少包括:请购与审批;询价与确定供应商;采购合同的订立与审批;采购与验收;采购、验收与相关会计记录;付款审批与付款执行。对于上述不相容岗位应当在采购与付款交易内部控制测试中予以关注。

2) 内部核查程序

企业应当建立对采购与付款交易内部控制的监督检查制度。采购与付款内部控制监督检查主要包括以下内容。

(1) 采购与付款业务相关岗位及人员的设置情况。重点检查是否存在采购与付款业务不相容职务混岗的现象。

(2) 采购与付款业务授权批准制度的执行情况。重点检查大宗采购与付款业务的授权批准手续是否健全,是否存在越权审批的行为。

(3) 应付账款和预付账款的管理。重点审查应付账款和预付账款支付的正确性、时效性和合法性。

(4) 有关单据、凭证和文件的使用和保管情况。重点检查凭证的登记、领用、传递、保管、注销手续是否健全,使用和保管制度是否存在漏洞。

2. 采购与付款交易的内部控制审计内容

1) 了解采购与付款交易的内部控制

对于被审计单位采购与付款交易内部控制的了解,可以通过撰写内部控制说明、调查表或编制流程图等方式进行。采购与付款交易内部控制包括以下工作。

(1) 了解被审计单位采购与付款循环和财务报告相关的内部控制的设计,并记录获得的了解。

(2) 针对采购与付款循环的控制目标,记录相关控制活动,以及受该控制活动影响的交易和账户余额及其认定。

(3) 执行穿行测试,证实对交易流程和相关控制的了解,并确定相关控制是否得到执行。

（4）记录在了解和评价采购与付款循环的控制设计和执行过程中识别的风险，以及拟采取的应对措施。

在了解被审计单位采购与付款交易内部控制的过程中，注册会计师应当使用询问、检查和观察程序，并记录所获取的信息和审计证据的来源；如果拟利用以前审计获取控制有效运行的审计证据，应当考虑被审计单位的业务流程和相关控制自上次测试后是否发生重大变化。

在了解采购与付款交易内部控制过程中形成的审计工作底稿包括以下几点。

（1）了解内部控制汇总表——汇总对本循环内部控制了解的主要内容和结论。

（2）了解内部控制设计（控制流程）——记录通过询问、观察和检查程序了解到的本循环设计的重要交易的控制流程。

（3）评价内部控制设计（控制目标及控制活动）——记录与实现控制目标相关并计划执行穿行测试的控制活动。

（4）确定控制是否得到执行（穿行测试）——记录穿行测试的过程和结论。

（5）采购与付款循环控制执行情况的评价结果——详细记录通过了解内部控制程序得出的对本循环内部控制的评价结果，具体格式见表4-3。

2）执行控制测试

采购与付款循环相关内部控制测试包括以下工作。

（1）针对了解的被审计单位采购与付款循环的控制活动，确定拟进行测试的控制活动。

（2）测试控制运行的有效性，记录测试过程和结论。

（3）根据测试结论，确定对实质性程序的性质、时间和范围的影响。

在采购与付款循环内部控制测试过程中将形成的审计工作底稿包括以下方面。

（1）控制测试汇总表——汇总对本循环内部控制运行有效性进行测试的主要内容和结论。

（2）控制测试程序——记录控制测试程序。控制测试程序包括询问、观察、检查以及重新执行。需要强调的是，询问本身并不足以测试控制运行的有效性，注册会计师应当将询问与其他审计程序结合使用，以获取有关控制运行有效的审计证据。

（3）控制测试过程——记录控制测试过程。

4.1.4 固定资产的内部控制和控制测试

固定资产与商品存货同属一个交易循环，在内部控制和控制测试问题上固然有许多共性，但固定资产还存在不少特殊性，下面结合企业常用的固定资产内部控制，讨论注册会计师实施控制测试程序所应予以关注之处，具体见表4-3。

作为与固定资产密切相关的一个组成项目，在建工程项目有其特殊性。在建工程的内部控制包括以下内容。

（1）岗位分工与授权批准，具体包括以下几点。

① 实行岗位分工制度。工程项目业务不相容岗位一般包括：项目建议、可行性研究与项目决策；概预算编制与审核；项目实施与价款支付；竣工决算与竣工审计。

表 4-3 固定资产的内部控制、控制测试一览表

主要业务活动	内部控制目标	受影响的相关交易和账户余额及其认定	关键的内部控制	常用的控制测试
预算管理与审批	所有固定资产投资预算均经审批	固定资产：存在 在建工程：存在 工程物资：存在	固定资产预算管理制度（管理层必须核准所有固定资产采购预算，超过特定金额的预算应取得较高层次的管理层的人员核准。对特定的采购应取得董事会核准）	检查固定资产投资是否有预算并经恰当审批
购置	所有的固定资产采购均经核准	固定资产：存在 在建工程：存在 工程物资：存在	授权批准制度（管理层必须核准所有采购订单、采购合同）	检查采购订单、采购合同是否经适当核准
确认、记录固定资产	所有固定资产除总账外，还需设置明细分类账和固定资产登记卡 确保固定资产计价的正确性	固定资产：分类、计价和分摊 固定资产：计价和分摊	账簿记录制度（除固定资产总账外，被审计单位还需设置固定资产明细分类账和固定资产登记卡、按固定资产类别、使用部门和每项固定资产进行明细分类核算） 资本性支出和收益性支出的区分制度	检查被审计单位的固定资产相关账簿记录 检查固定资产投资中资本性支出和收益性支出制度的执行情况
固定资产折旧与减值	准确计提折旧费用、资产减值损失是准确的	累计折旧：计价和分摊 资产减值损失：计价和分摊	内部核查制度（管理层复核折旧费用和资产减值损失，包括考虑是否记录于适当账户）	检查内部核查标记
固定资产日常保管	确保企业资产安全、有效	固定资产：存在、权利和义务、完整性	固定资产维护保养制度 定期盘点制度	检查固定资产维护保养记录、盘点表
固定资产处置	充分保障固定资产的安全	固定资产：存在、权利和义务、完整性	固定资产处置制度	检查固定资产处置、报废单，检查处置、报废是否经适当批准和处理
注：职责分工制度，涉及多项业务活动和控制目标		固定资产：存在、计价和分摊、完整 累计折旧：存在、计价和分摊、完整 资产减值损失：存在、计价和分摊、完整	职责分工制度（对固定资产的取得、记录、保管、使用、维修、处置等，均应明确划分责任。由专门的部门和专人负责）	审查职责分工制度的相关文件并检查其执行情况
注：严格来讲，固定资产的保险不属于企业固定资产的内部控制范围，但它对企业非常重要。因此，注册会计师在检查、评价企业的内部控制时，应当了解企业对固定资产的保险情况		固定资产：存在、权利和义务	固定资产保险制度	检查固定资产保险单

② 制定并实施授权批准制度。明确审批人的授权批准方式、权限、程序、责任及相关控制措施，规定经办人的职责范围和工作要求。审批人应当根据工程项目相关业务授权批准制度的规定，在授权范围内进行审批，不得超越审批权限。经办人应当在职责范围内，按照审批人的批准意见办理工程项目业务。

③ 制定工程项目业务流程，明确项目决策、概预算编制、价款支付、竣工决算等环节的控制要求。

(2) 项目决策控制。单位应当建立工程项目决策环节的控制制度，对项目建议书和可行性研究报告的编制、项目决策程序等作出明确规定，确保项目决策科学、合理。

(3) 概预算控制。单位应当建立工程项目概预算环节的控制制度，对概预算的编制、审核等作出明确规定，确保概预算编制科学、合理。

(4) 价款支付控制。单位应当建立工程进度价款支付环节的控制制度，对价款支付的条件、方式，以及会计核算程序作出明确规定，确保价款支付及时、正确。

(5) 竣工决算控制。单位应当建立竣工决算环节的控制制度，对竣工清理、竣工决算、竣工审计、竣工验收等作出明确规定，确保竣工决算真实、完整、及时。

(6) 监督检查。单位应当建立对工程项目内部控制的监督检查制度，明确监督机构或人员的职责权限，定期或不定期地进行检查。主要包括如下内容。

① 工程项目业务相关岗位及人员的设置情况。重点检查是否存在不相容职务混岗的现象。

② 工程项目业务授权批准制度的执行情况。重点检查重要业务的授权批准手续是否健全，是否存在越权审批行为。

③ 工程项目决策责任制的建立及执行情况。重点检查责任制度是否健全，奖惩措施是否落实到位。

④ 概预算控制制度的执行情况。重点检查概预算编制的依据是否真实，是否按规定对概预算进行审核。

⑤ 各类款项支付制度的执行情况。重点检查工程款、材料设备款及其他费用的支付是否符合相关法规、制度和合同的要求。

⑥ 竣工决算制度的执行情况。重点检查是否按规定办理竣工决算、实施决算审计。

固定资产交易的内部控制审计包括了解内部控制和执行控制测试。

1. 了解内部控制

对于固定资产交易内部控制的了解，同样可以通过撰写内部控制说明、调查表或编制流程图等方式进行。了解固定资产交易内部控制包括以下工作。

(1) 了解被审计单位固定资产循环和与财务报告相关的内部控制的设计，并记录获得的了解。

(2) 针对固定资产循环的控制目标，记录相关控制活动，以及受该控制活动影响的交易和账户余额及其认定。

(3) 执行穿行测试，证实对交易流程和相关控制的了解，并确定相关控制是否得到执行。

(4) 记录在了解和评价固定资产循环的控制设计和执行过程中识别的风险,以及拟采取的应对措施。

在了解固定资产交易内部控制过程中将形成以下审计工作底稿。

(1) 了解内部控制汇总表。
(2) 了解评价内部控制设计(控制流程)。
(3) 评价内部控制设计(控制目标及控制活动)。
(4) 确定控制是否得到执行(穿行测试)。
(5) 固定资产交易循环控制执行情况的评价结果。

2. 执行控制测试

固定资产交易循环相关内部控制测试包括以下工作。

(1) 针对了解的被审计单位固定资产循环的控制活动,确定拟进行测试的控制活动。
(2) 测试控制运行的有效性,并记录测试过程和结论。
(3) 根据测试结论,确定对实质性程序的性质、时间和范围的影响。

在固定资产交易循环内部控制测试过程中将形成的审计工作底稿包括控制测试汇总表和控制测试程序,具体格式此处略。

任务4.2 应付账款审计

4.2.1 应付账款的审计目标

应付账款是随着企业赊购交易而产生的,注册会计师应结合赊购交易进行应付账款审计。应付账款审计目标与财务报表的认定的对应关系如表4-4所示。

表4-4 应付账款审计目标与财务报表的认定的对应关系

审计目标	财务报表的认定				
	存在	完整性	权利和义务	计价和分摊	列报
A. 资产负债表中记录的应付账款是存在的	√				
B. 所有应当记录的应付账款均已记录		√			
C. 记录的应付账款确属被审计单位的现实义务			√		
D. 账款以恰当的金额包括在财务报表中,与之相关的计价调整已恰当记录				√	
E. 付账款已按照企业会计准则的规定在财务报表中作出恰当列报					√

4.2.2 应付账款的实质性程序

应付账款审计中,注册会计师为了实现审计目标而实施的实质性程序见表 4-5。

表 4-5 应付账款审计目标与审计程序对应关系表

审计目标	可供选择的审计程序
D	1. 获取或编制应付账款明细表,复核加计正确并与总账数、报表数及明细账合计数核对是否相符。 (1) 复核加计正确,并与报表数、总账数和明细账合计数核对是否相符。 (2) 检查非记账本位币应付账款的折算汇率及折算是否正确。 (3) 分析出现借方余额的项目,查明原因,必要时,作重分类调整。 (4) 结合预付账款等往来项目的明细余额,调查有无同时挂账的项目、异常余额或与购货无关的其他款项(如关联方账户或雇员账户),如有,应作出记录,必要时再调整。
ABDE	2. 实施实质性分析程序(必要时)。 (1) 将期末与期初余额进行比较,分析波动原因。 (2) 计算应付账款与存货的比率,应付账款与流动负债的比率,并与以前年度相关比率对比分析,评价应付账款整体的合理性。 (3) 分析存货和营业成本等项目的增减变动判断应付账款增减变动的合理性。
AC	3. 选择应付账款的重要项目(包括零账户)函证其余额和交易条款,对未回函的再次发函或实施替代的检查程序(检查原始凭单,如合同、发票、验收单,核实应付账款的真实性)。
BD	4. 检查应付账款是否计入了正确的会计期间,是否存在未入账的应付账款。 (1) 检查债务形成的相关原始凭证,如供应商发票、验收报告或入库单等,查找有无未及时入账的应付账款,确定应付账款期末余额的准确性。
AB	(2) 检查资产负债表日后应付账款明细账贷方发生额的相应凭证,关注其购货发票的日期,确认其入账时间是否合理。
BD	(3) 获取被审计单位与其供应商之间的对账单(应从非财务部门,如采购部门获取),并将对账单和被审计单位财务记录之间的差异进行调节(如在途款项、在途货物、付款折扣、未记录的负债等),查找有无未入账的应付账款,确定应付账款金额的准确性。
B	(4) 针对资产负债表日后付款项目,检查银行对账单及有关付款凭证(如银行划款通知、供应商收据等),询问被审计单位内部或外部的知情人员,查找有无未及时入账的应付账款。
BA	(5) 结合存货监盘程序,检查被审计单位在资产负债日前后的存货入库资料(验收报告或入库单),检查是否有大额料到单未到的情况,确认相关负债是否计入了正确的会计期间。
B	(6) 复核截止审计现场工作日的全部未处理的供应商发票,并询问是否存在其他未处理的供应商发票,确认所有的负债都记录在正确的会计期间内。
ABDE	5. 分析长期挂账的应付账款的原因,判断被审计单位是否缺乏偿债能力或利用应付账款隐瞒利润;并注意其是否可能无须支付,对确实无须支付的应付款的会计处理是否正确,依据是否充分;关注账龄超过 3 年的大额应付账款在资产负债表日后是否偿还,检查偿还记录,单据及披露情况。
B	6. 针对已偿付的应付账款,追查至银行对账单、银行付款单据和其他原始凭证,检查其是否在资产负债表日前真实偿付。

续表

审计目标	可供选择的审计程序
AB	7. 针对异常或大额交易及重大调整事项(如大额的购货折扣或退回、会计处理异常的交易,未经授权的交易,或缺乏支持性凭证的交易等),检查相关原始凭证和会计记录,以分析交易的真实性、合理性。
D	8. 检查带有现金折扣的应付账款是否按发票上记载的全部应付金额入账,在实际获得现金折扣时再冲减财务费用。
ABCD	9. 被审计单位与债权人进行债务重组的,检查不同债务重组方式下的会计处理是否正确。
ABCD	10. 检查应付关联款项的真实性、完整性。
	11. 根据评估的舞弊风险等因素增加的审计程序。
E	12. 检查应付账款是否已按照企业会计准则的规定在财务报表中作出恰当列报。

4.2.3 应付账款审计重点

1. 获取或编制应付账款明细表

(1) 复核加计正确,并与报表数、总账数和明细账合计数核对是否相符。

① 计算明细表中借方余额、贷方余额,以及合计数复核明细表的正确性。

② 将明细表中的相关金额与被审计单位明细账核对是否相符。

③ 将明细账合计数与总账数核对是否相符。

(2) 分析出现借方余额的项目,查明原因,必要时,作重分类调整。

① 查找应付账款借方余额,应查验其原始凭证、采购合同等有关资料,分析借方余额的真实性,并决定是否作重分类调整。

② 对金额大的,有疑义的应实施函证程序。

提示:存在应付账款借方余额的原因主要有:①预付账款通过应付账款核算,在企业预付账款不多的情况下是合理合法的,但在编制报表时需要并入预付账款项目;②不符合预付账款性质的预付款故意或错误地计入了应付账款借方;③利用预付账款掩盖其挪用公款等不法目的。

(3) 结合预付账款等往来项目的明细余额,调查有无同挂的项目、异常余额或与购货无关的其他款项(如关联方账户或雇员账户),如有,应作出记录,必要时作调整。

提示:审计人员应尽可能从客户计算机上直接下载所需核对的相关数据,避免客户在下载资料后删除或修改相关金额。

2. 实施实质性分析程序

(1) 根据应付账款明细账编制各明细账户的期末、期初余额增减变动表。

(2) 对期末、期初余额变动原因进行总体分析,初步确定本科目是否为审计重点项目,是否需实施详查。

(3) 分析、复核各账户余额的增减及本期发生额变动情况及原因,确定重点审计的账户。

提示：对应付账款余额的分析性复核还可以包括：①前后两期账龄比例的变动；②应付账款与存货的比率、应付账款与流动负债的比率，以及前后两期的变动；③存货与营业成本的比率，以及前后两期的变动；④供应商集中度的变动等。

3. 函证应付账款

（1）选择函证对象：对于应付账款一般选择账龄长、金额较大、主要供应商（甚至在资产负债表日金额不大，甚至为零，但为企业重要供货人）、关联方等债权人，非常项目，大额或异常的借方余额也应函证。

提示：一般情况下，并不必须函证应付账款，这是因为，函证并不能保证查出未记录的应付账款，况且注册会计师能够取得采购发票等外部凭证来证实应付账款的金额。但如果控制风险较高，某应付账款明细账户金额较大或被审计单位处于财务困难阶段，则应进行应付账款的函证。对重要的原料供应商和关联方账户余额应进行重点审查。

（2）确定函证方式：最好采用积极（肯定）函证方式，并具体说明应付金额。

（3）实施函证程序：同应收账款的函证一样，注册会计师必须对函证的过程进行控制。具体函证过程：①根据确定的函证对象填列询证函，并要求债权人直接向注册会计师回函；②记录已发出的询证函；③根据回函情况编制函证结果汇总表；④对未回函的，应考虑是否再次函证或实施替代程序。

（4）对未收到回函的、回函金额不相符或未能发函的重大项目，实施替代程序，确定余额是否真实。

提示：对重要的原料供应商和关联方账户余额应进行重点审查。一般采用的替代程序：①抽查应付账款余额形成的相关凭证，核对购货合同、购货发票、入库凭证、付款记录等原始资料，核实交易事项的真实性；②抽查决算日后应付账款明细账及现金、银行日记账，核实其是否已支付货款并转销。

4. 检查应付账款是否计入了正确的会计期间，是否存在未入账的应付账款

（1）检查债务形成的相关原始凭证，如供应商发票、验收报告或入库单等，查找有无未及时入账的应付账款，确认应付账款期末余额的完整性。

（2）查阅决算日后应付账款明细账的贷方发生额的相应凭证，检查其购货发票的日期，确认其入账期间是否合理。

提示：①查阅决算日后的应付账款明细账，审查是否存在异常的项目（如资产负债表日后连续多笔应付账款入账、大额应付账款入账等）；②结合存货截至测试，查验是否存在采购入账截止性错误而影响应付账款的入账正确性，如查阅决算日后应付账款明细账相关采购原始凭证日期、记账凭证日期，确认其入账期间是否合理。

（3）获取被审计单位与其供应商之间的对账单，并将对账单和被审计单位财务记录之间的差异进行调节，查找有无未及时入账的应付账款，确认应付账款期末余额的准确性。

（4）针对资产负债表日后付款项目，检查银行对账单及有关付款凭证，询问被审计单位内部或外部的知情人员，查找有无未及时入账的应付账款。

(5) 结合存货监盘或盘点抽查检查被审计单位在决算日是否有大额料到单未到的经济业务。

提示：①检查公司账面明细余额，确认是否存在暂估余额，分析评价暂估入账金额是否合理，账务处理是否正确；②根据存货、固定资产盘点情况，判断是否需要作暂估入账，有无应暂估入账而未入账的情况；③如暂估入账时间较长还未收到发票等有关单证，应关注该项业务的真实性。

5. 检查应付账款长期挂账的原因

检查应付账款长期挂账的原因，并作出记录，对于确实无法支付的，检查是否根据企业会计准则的要求，按规定作出相应的处理

提示：应付账款长期挂账（一般账龄一年以上）的原因一般有：①货物存在质量问题，与供应商发生经济纠纷而挂账；②虚假业务形成负债、虚设账户隐匿利润，如将销售业务记为：借记银行存款，贷记应付账款，隐瞒收入、利润和税金；③债权人破产清算、债务重组债权人豁免债务未及时进行账务处理等原因造成无须支付的应付账款。

6. 执行应付账款的披露是否恰当程序

需查验披露的内容是否符合准则、制度的规定，是否与审定数相符。资产负债表中的应付账款项目金额，反映企业因采购商品或接受劳务应付而未付的款项，应该根据"应付账款""预付账款"相关明细科目的贷方余额合计填列，应付账款和预付账款有关明细科目存在借方余额的应列入"预付账款"项目。

提示：应付账款实质性程序表中的审计程序是在应付账款进行实质性审计时可选择的程序，并非对每一个被审计单位必须全部采用，在审计实务中应根据被审计单位的具体情况选择所采取的审计程序。但需要强调的是，应付账款审计的重点与应收账款不同，关键在于其完整性和舞弊审计，即是否存在未入账和入账期间不正确的应付账款，以及应付账款核算内容不规范，如利用应付账款隐瞒收入，或通过应付账款掩盖财务人员的不法行为等。

4.2.4 应付账款主要审计工作底稿

(1) 应付账款实质性程序表见表 4-4 和表 4-5，列示了应付账款的认定—审计目标—可供选择的审计程序之间的内在关系，可供注册会计师根据被审计单位的具体情况选择应付账款实质性程序。

(2) 应付账款审定表（略），属于应付账款审计的汇总类底稿，汇总了应付账款未经审计的金额、审计调整的金额、审定的金额。

(3) 应付账款明细表见表 4-6，是从关联方和非关联方两个方面对应付账款明细情况予以反映的审计底稿。

(4) 应付账款函证结果汇总表（略），是反映应付账款整个函证过程的底稿。

(5) 应付账款替代测试表（略），是注册会计师抽取样本核对应付账款明细账、发票和入库单等形成的底稿。

表 4-6 应付账款明细表

被审计单位：_____   索引号：_____
项目：_____   财务报表截止日/期间：_____
编制：_____   复核：_____
日期：_____   日期：_____

单位：元

项目名称	借方余额			贷方余额			合　计			备注
	原币	汇率	折合本位币	原币	汇率	折合本位币	原币	汇率	折合本位币	
一、关联方										
小　计										
二、非关联方										
小　计										
合　计										

审计说明：

4.2.5 实训

1. 任务描述

（1）阅读并熟悉实训资料、实训材料。

（2）在教师指导下，根据实训资料进行函证对象、范围、方式、询证函格式等的选择。

（3）在教师指导下，书写应付账款函证信、加盖公司印章、交寄信函。

（4）在教师指导下，根据实训资料分析回函差异原因所在，讨论如何进一步查明该公司应付账款的真实性和准确性。

2. 实训条件

（1）实训环境：上课教室或审计实训室。

（2）实训材料：应付账款询证函、信封、模拟公司印章。

（3）实训学时：2学时。

（4）实训操作：首先由教师引导学生阅读、熟悉实训资料和审计工作底稿，然后由学生自主编写、讨论、总结，教师现场指导，最后由教师讲解答案、分析问题。

（5）实训方式：可采用小组手工实训方式、单人手工实训方式、情景模拟实训方式。

3. 实训资料

星晨公司应付账款明细账户情况，如表4-7所示。

表 4-7　星晨公司应付账款明细账户情况　　　　　单位：元

明细账户	期初余额		本期发生额		期末余额	
	借方	贷方	借方	贷方	借方	贷方
威陆公司		60 000	2 590 000	2 600 000		70 000
远大公司		249 000	1 000 000	852 000		101 000
正阳公司		380 000	188 000	355 200		547 200
物华工司		200 900	500 000	390 100		91 000
奥翔商厦		200 500	220 000	195 500		176 000
超力公司		87 000				87 000
欣欣公司		76 800	445 000	358 200	10 000	
五帆公司		7 000	7 000	1 000		1 000

截止到审计结束前一日,共收到回函两封,一封为正阳公司的,表示所函证款项核对一致;另一封为欣欣公司的,表示所函证款项有一笔 2020 年 10 月的货款 45 000 元,星晨公司未入账,希望星晨公司核查,并提供了发货单和发票存根的复印件。其余函证均未回复。(注:需征询的公司地址可由学生自行模拟设计)。

任务 4.3　固定资产与累计折旧审计

4.3.1　固定资产与累计折旧的审计目标

固定资产审计目标与财务报表的认定的对应关系如表 4-8 所示。

表 4-8　固定资产审计目标与财务报表的认定的对应关系

审计目标	财务报表的认定				
	存在	完整性	权利和义务	计价和分摊	列报
A. 资产负债表中记录的固定资产是存在的	√				
B. 固定资产和累计折旧的增减变动均已记录		√			
C. 记录的固定资产由被审计单位拥有或控制			√		
D. 固定资产与累计折旧的金额是正确的				√	
E. 固定资产累计折旧已按照企业会计准则的规定在财务报表中作出恰当列报					√

4.3.2　固定资产与累计折旧的实质性程序

在固定资产与累计折旧的审计中,注册会计师为了实现审计目标而实施的实质性程序如表 4-9 所示。

表 4-9　固定资产与累计折旧审计目标与审计程序对应关系表

审计目标	可供选择的审计程序
D	1. 获取或编制固定资产明细表,复核加计是否正确,并与总账数和明细账合计数核对是否相符,结合累计折旧和固定资产减值准备与报表数核对是否相符。
ABD	2. 实质性分析程序。 (1) 基于对被审计单位及其环境的了解,通过进行以下比较,并考虑有关数据间关系的影响,建立有关数据的期望值。 ① 分类计算本期计提折旧额与固定资产原值的比率,并与上期比较。 ② 计算固定资产修理及维护费用占固定资产原值的比例,并进行本期各月、本期与以前各期的比较。 (2) 确定可接受的差异额。 (3) 将实际情况与期望值相比较,识别需要进一步调查的差异。 (4) 如果其差额超过可接受的差异额,调查并获取充分的解释和恰当的佐证审计证据(例如通过检查相关的凭证)。 (5) 评估分析程序的测试结果。
A	3. 实地检查重要固定资产(如为首次接受审计,应适当扩大检查范围),确定其是否存在,关注是否存在已报废但仍未核销的固定资产。
C	4. 检查固定资产的所有权或控制权。 对各类固定资产,获取、收集不同的证据以确定其是否归被审计单位所有:对外购的机器设备等固定资产,审核采购发票、采购合同等;对于房地产类固定资产,查阅有关的合同、产权证明、财产税单、抵押借款的还款凭证、保险单等书面文件;对融资租入的固定资产,检查有关融资租赁合同;对汽车等运输设备,检查有关运营证件等;对受留置权限制的固定资产,结合有关负债项目进行检查。
ABCD	5. 检查本期固定资产的增加情况。 (1) 询问管理层当年固定资产的增加情况,并与获取或编制的固定资产明细表进行核对。 (2) 检查本年度增加固定资产的计价是否正确,手续是否齐备,会计处理是否正确: ① 对于外购固定资产,通过核对采购合同、发票、保险单、发运凭证等资料,抽查测试其入账价值是否正确,授权批准手续是否齐备,会计处理是否正确;如果购买的是房屋建筑物,还应检查契税的会计处理是否正确;检查分期付款购买固定资产入账价值及会计处理是否正确。 ② 对于在建工程转入的固定资产,应检查固定资产确认时点是否符合会计准则的规定,入账价值与在建工程的相关记录是否核对相符,是否与竣工决算、验收和移交报告等一致;对已经达到预定可使用状态,但尚未办理竣工决算手续的固定资产,检查其是否已按估计价值入账,并按规定计提折旧。 ③ 对于投资者投入的固定资产,检查投资者投入的固定资产是否按投资各方确认的价值入账,并检查确认价值是否公允,交接手续是否齐全;涉及国有资产的,是否有评估报告并经国有资产管理部门评审备案或核准确认。 ④ 对于更新改造增加的固定资产,检查通过更新改造而增加的固定资产,增加的原值是否符合资本化条件,是否真实,会计处理是否正确;重新确定的剩余折旧年限是否恰当。 ⑤ 对于融资租赁增加的固定资产,获取融资租入固定资产的相关证明文件,检查融资租赁合同的主要内容,并结合长期应付款、未确认融资费用科目检查相关的会计处理是否正确。 ⑥ 对于企业合并、债务重组和非货币性资产交换增加的固定资产,检查产权过户手续是否齐备,检查固定资产入账价值及确认的损益和负债是否符合规定。 ⑦ 如果被审计单位为外商投资企业,检查其采购国产设备退还增值税的会计处理是否正确。

审计目标	可供选择的审计程序
ABD	6. 检查本期固定资产的减少情况。 (1) 结合固定资产清理科目,抽查固定资产账面转销额是否正确。 (2) 检查出售、盘亏、转让、报废或毁损的固定资产是否经授权批准,会计处理是否正确。 (3) 检查因修理、更新改造而停止使用的固定资产的会计处理是否正确。 (4) 检查投资转出固定资产的会计处理是否正确。 (5) 检查债务重组或非货币性资产交换转出固定资产的会计处理是否正确。
AB	7. 检查固定资产的后续支出情况。 检查固定资产有关的后续支出是否满足资产确认条件;如不满足,检查该支出是否在该后续支出发生时计入当期损益。
ABCD	8. 检查固定资产的租赁情况。 (1) 固定资产的租赁是否签订了合同、租约,手续是否完备,合同内容是否符合国家规定,是否经相关管理部门的审批。 (2) 租入的固定资产是否确属企业必需,或出租的固定资产是否确属企业多余、闲置不用的。 (3) 租金收取是否签有合同,有无多收、少收现象。 (4) 租入固定资产有无久占不用、浪费损坏的现象;租出的固定资产有无长期不收租金、无人过问,是否有变相馈赠、转让等情况。 (5) 租入固定资产是否已登记备查簿。 (6) 如果被审计单位的固定资产中融资租赁占有相当大的比例,复核新增加的租赁协议,检查租赁是否符合融资租赁的条件,会计处理是否正确(资产的入账价值、折旧、相关负债)。检查以下内容: ① 复核租赁的折现率是否合理。 ② 检查租赁相关税费、保险费、维修费等费用的会计处理是否符合企业会计准则的规定。 ③ 检查融资租入固定资产的折旧方法是否合理。 ④ 检查租赁付款情况。 ⑤ 检查租入固定资产的成新程度。 (7) 向出租人函证租赁合同及执行情况。 (8) 租入固定资产改良支出的核算是否符合规定。
D	9. 获取暂时闲置固定资产的相关证明文件,并观察其实际状况,检查是否已按规定计提折旧,相关的会计处理是否正确。
D	10. 获取已提足折旧仍继续使用固定资产的相关证明文件,并作相应记录。
A	11. 获取持有待售固定资产的相关证明文件,并作相应记录,检查对其预计净残值调整是否正确、会计处理是否正确。
B	12. 检查固定资产保险情况,复核保险范围是否足够。
ABD	13. 检查有无与关联方的固定资产购售活动,是否经适当授权,交易价格是否公允。对于合并范围内的购售活动,记录应予合并抵销的金额。
D	14. 对应计入固定资产价值的借款费用,应根据企业会计准则的规定,结合长短期借款、应付债券或长期应付款的审计,检查借款费用资本化的计算方法和资本化金额,以及会计处理是否正确。
DE	15. 检查购置固定资产时是否存在与资本性支出有关的财务承诺。
CE	16. 检查固定资产的抵押、担保情况。结合对银行借款等的检查,了解固定资产是否存在重大的抵押、担保情况。如存在,应取证,并作相应的记录,同时提请被审计单位作恰当披露。

续表

审计目标	可供选择的审计程序
D	17. 检查累计折旧情况。 (1) 获取或编制累计折旧分类汇总表,复核加计正确,并与总账数和明细账合计数核对。 (2) 检查被审计单位制定的折旧政策和方法是否符合相关会计准则的规定,确定其所采用的折旧方法能否在固定资产预计使用寿命内合理分摊其成本,前后期是否一致,预计使用寿命和预计净残值是否合理。 (3) 复核本期折旧费用的计提和分配。 ① 了解被审计单位的折旧政策是否符合规定,计提折旧范围是否正确,确定的使用寿命、预计净残值和折旧方法是否合理;如采用加速折旧法,是否取得批准文件。 ② 检查被审计单位折旧政策前后期是否一致。 ③ 复核本期折旧费用的计提是否正确,尤其关注已计提减值准备的固定资产的折旧。 ④ 检查折旧费用的分配方法是否合理,是否与上期一致;分配计入各项目的金额占本期全部折旧计提额的比例与上期比较是否有重大差异。 ⑤ 注意固定资产增减变动时,有关折旧的会计处理是否符合规定,查明通过更新改造、接受捐赠或融资租入而增加的固定资产的折旧费用计算是否正确。 (4) 将"累计折旧"账户贷方的本期计提折旧额与相应的成本费用中的折旧费用明细账户的借方相比较,检查本期所计提折旧金额是否已全部摊入本期产品成本或费用。若存在差异,应追查原因,并考虑是否应建议作适当调整。 (5) 检查累计折旧的减少是否合理、会计处理是否正确。
D	18. 检查固定资产的减值准备情况。 (1) 获取或编制固定资产减值准备明细表,复核加计正确,并与总账数和明细账合计数核对相符。 (2) 检查被审计单位计提固定资产减值准备的依据是否充分,会计处理是否正确。 (3) 检查资产组的认定是否恰当,计提固定资产减值准备的依据是否充分,会计处理是否正确。 (4) 计算本期末固定资产减值准备占期末固定资产原值的比率,并与期初该比率比较,分析固定资产的质量状况。 (5) 检查被审计单位处置固定资产时原计提的减值准备是否同时结转,会计处理是否正确。 (6) 检查是否存在转回固定资产减值准备的情况,确定减值准备在以后会计期间没有转回。
	19. 根据评估的舞弊风险等因素增加的审计程序。
E	20. 检查固定资产是否已按照企业会计准则的规定在财务报表中作出恰当列报。 (1) 固定资产的确认条件、分类、计量基础和折旧方法。 (2) 各类固定资产的使用寿命、预计净残值和折旧率。 (3) 各类固定资产的期初和期末原价、累计折旧额及固定资产减值准备累计金额。 (4) 当期确认的折旧费用。 (5) 对固定资产所有权的限制及其金额和用于担保的固定资产账面价值。 (6) 准备处置的固定资产名称、账面价值、公允价值、预计处置费用和预计处置时间等。

4.3.3 固定资产与累计折旧的审计重点

1. 获取或编制固定资产及累计折旧增减变动分类汇总表

(1) 向客户索取或根据明细账编制固定资产及累计折旧未审定明细表。

(2) 根据各账户余额,按房屋建筑物、机器设备、运输设备和办公设备等进行分类汇

总,编制固定资产及累计折旧增减变动及余额分类明细表,复核加计正确并总计与总账核对相符,并标注相应的审计标识。

提示:如未审数合计金额与总账不符,应查明原因并作更正,必要时向项目负责人进行咨询,并作相应的处理。"审计调整"与"审定数"在该项目审定后录入。

2. 实质性分析程序

(1) 分类计算本期计提折旧额与固定资产原值的比率,并与上期比较。

(2) 计算固定资产修理及维护费用占固定资产原值的比例,并进行本期各月、本期与以前各期的比较。

提示:通过分析上述相关比率的变动注意发现下列可能存在的问题:①折旧金额的合理性;②能存在未处理的已报废固定资产;③修理费发生额的合理性。

3. 实地检查重要的固定资产,确定其是否实际存在

提示:①检查的范围取决于客户内部控制情况、固定资产的重要性和注册会计师的经验。如果首次接受审计则应适当扩大检查范围。如果内控情况较好,且非初次审计,可对重要的及本期新增的固定资产进行实地抽查;②注册会计师可以以固定资产明细分类账为起点,进行实地追查,以证明会计记录中所列固定资产确实存在,并了解其目前的使用状况;也可以以固定资产实物为起点,追查至固定资产明细分类账,以获取实际存在的固定资产均已入账的证据。

具体做法如下。

(1) 从客户设备管理部门取得固定资产台账,与财务部门的固定资产明细清单核对相符。

(2) 会同客户财务人员和设备管理人员,对照台账上固定资产的名称、数量、规格和存放地点对实物进行盘点核对(从账到实物,确认真实性),并将所盘点到的实物与台账进行核对(从实物到账,确认完整性),并做好盘点核对记录。

(3) 编制盘点报告单。

提示:报告单内容应填写完整,如盘点时间、地点、盘点人、监盘人、盘点量(金额)占当年新增固定资产总金额的百分比、正确率为多少等,并注意盘点人员、监盘人员(即审计人员)要签名。

4. 检查固定资产的所有权或控制权

(1) 获取并查验有关所有权证明文件,与明细账核对。

提示:①获取公司相关权证原件,应复印并写明"已与原件核对一致",并请公司加盖公章,同时编制相应的底稿索引;如请公司人员复印,还需实施核对原件程序。②所有权证明文件一般包括:a. 房屋:房屋产权证发证单位为各地房地产交易管理部门;b. 土地:土地使用权证发证单位为国土资源管理部门;c. 运输设备:机动车登记证和车辆行驶证,发证单位为各地公安局交警支队车辆管理处。

(2) 检查权证上权利人名称是否与被审计单位名称一致。

(3) 检查产权证上所记录的资产相关明细信息与账面记录是否相符。

（4）关注有无抵押、质押、担保、查封、冻结等权利受限制事项。

提示：应结合贷款信息及银行询证了解有无抵、质押事项并由公司出具声明，说明有无抵、质押、查封、冻结等权利受限制事项，并向公司的律师发函询证。

5. 检查本期固定资产的增加

检查本期增加固定资产的凭证手续是否齐备，形成抽查记录。

（1）获取本期新增固定资产明细表，检查固定资产原值是否符合确认标准，如有不符，提请客户调整或作审计调整。

提示：应收集客户的会计政策，获取客户固定资产确认标准，将明细表中的固定资产与企业的判断标准核对，确定是否符合固定资产范围。

（2）抽查本年度增加的固定资产，检查其相关合同、发票、保险单、运单、竣工决算报告单等文件，核对文件上的单位名称是否与客户单位一致，其入账时间、价值是否正确，授权批准手续是否齐备，会计处理是否正确。

提示：①不同方式增加的固定资产，其入账价值的构成不同。需要注意以下情况：a. 购入的，增值税是否未计入入账价值（对于扩大增值税抵扣范围的试点地区除外）；b. 借款形成的，其资本化的借款费用计算是否正确；c. 在建工程转入的，固定与在建工程相关记录是否相符；d. 投资者投入的，其入账价值是否与投资合同规定作价一致，需经评估确认的，应检查是否已取得国有资产管理部门的确认，固定资产交接手续是否齐全；e. 更新改造而增加的，是否确实提高了固定资产的效用或延长了使用寿命、提高了其生产的产品质量或单位产量、降低了其生产的产品成本等，其入账价值是否扣除了所替换部分的成本，增加的原值是否真实，重新确定的剩余折旧年限是否恰当。②应结合对固定资产、在建工程的实地盘点，以及生产的实际情况，判断有无已达到预定可使用状态但未及时入账的固定资产。如存在已达到预定可使用状态但未及时入账的固定资产，可考虑以账面记载的实际发生数为基础，结合工程决算审价报告、累计工作量监理报告或者是按建造合同或购货合同约定尚未支付的价款等暂估入账，并与在建工程相关记录核对相符。

6. 检查本期固定资产的减少

（1）检查本期减少的固定资产，确认是否经授权批准，是否正确及时进行账务处理。

（2）将本期固定资产的减少金额与"固定资产清理"和"待处理固定资产净损失"科目的发生额进行核对，确认是否相符。

① 按本期减少的项目（固定资产名称）分别列示其原值、累计折旧、净值和清理收入。
② 将上述固定资产的净值与转入"固定资产清理"的数额核对。

提示：如有差异，需检查减少转出固定资产的相关合同、协议、交接清单等文件，检查是否经授权批准；查明原因，再作适当处理，形成工作底稿。

（3）检查固定资产减少的会计处理是否正确。

提示：固定资产处置减少和盘亏减少的会计处理不同，分别通过"固定资产清理"和"待处理财产损溢"科目核算。

（4）检查是否存在未作账务处理的固定资产减少业务。

提示：可以向客户的固定资产管理部门询问；复核本期是否有新增加的相似用途的固定资产替换了原有的固定资产，查明原有固定资产的去向；分析营业外收支等科目，查明有无处置固定资产所带来的收支；若本期某种产品因故停产，可追查其专用生产设备的最终去向以及处理情况。

7. 检查固定资产的后续支出

确定固定资产有关的后续支出是否满足资产确认条件；如不满足，该支出是否在该后续支出发生时计入当期损益。

提示：①固定资产修理费用，应当直接计入当期费用。②固定资产改良支出，应当计入固定资产账面价值，其增加后的金额不应超过该固定资产的可收回金额。③如果不能区分是固定资产修理还是固定资产改良，或固定资产修理和固定资产改良结合在一起，则企业应按上述原则进行判断，将发生的后续支出，分别计入固定资产价值或计入当期费用。④固定资产装修费用，符合上述原则可予资本化的，在两次装修期间与固定资产尚可使用年限两者中较短的期间内，采用合理的方法单独计提折旧。如果在下次装修时，该固定资产相关的固定资产装修项目仍有余额，应将该余额一次全部计入当期营业外支出。

8. 检查累计折旧

（1）获取或编制累计折旧分类汇总表，复核加计是否正确，并与总账数和明细账合计数核对是否相符。

（2）检查被审计单位制定的折旧政策和方法是否符合相关会计准则的规定。确定其所采用的折旧方法能否在固定资产预计使用寿命内合理分摊其成本。前后期是否一致，预计使用寿命和预计净残值是否合理。

（3）复核本期计算的折旧金额是否正确。

提示：计算复核本期折旧金额是否正确的方法：①分类综合折旧率法，即根据公司固定资产的分类，计算分类综合折旧率（本期计提折旧额与平均固定资产之比），并与上期相比，确认是否存在重大差异；若有重大差异，应进一步核实造成差异的原因。②分类匡算法，即根据固定资产的分类，分别按照期初固定资产、本期新增固定资产、本期减少固定资产计算相应的折旧金额，计算本期应计提的折旧金额。但如果在同一类别中，折旧年限又有不同时，只能采取逐项计算。③采用逐项计算的方法，复核本年度计提的折旧是否正确；差额数按重要性原则判断是否审计调整。

一般来说，方法①和②适用于常年客户以及核算较为规范的客户，而方法③适用于首次接受委托客户或核算较差的客户。

提示：在采用逐项计算的方法时应注意：①当月增加的固定资产，从下月开始计提折旧；当月减少的固定资产，当月照提折旧；②已计提部分减值准备的固定资产，应根据减值后的账面价值和尚可使用年限及预计净残值重新计算折旧额（已全额计提减值准备的固定资产不得计提折旧）；③因更新改造而停止使用的固定资产停止计提折旧，并在达到预定可使用状态时重新计算折旧额，因大修而停止使用的固定资产是否照提折旧；④对按规定予以资本化的固定资产装修费用在两次装修期间与固定资产尚可使用年限两者中较短的期间内,采用合理的方法单独计提折旧,并在下次装修时将该项固定资产装修余额一次全部计入了当期营业外支出;⑤未使用、不需用和闲置的固定资产是否按规定计提折旧。

(4)检查折旧费用的分配是否合理,是否与上期一致;分配计入各项目的金额占本期全部折旧计提额的比例与上期比较是否有重大差异。

提示:根据审定的固定资产的实际用途,判断本期计提的折旧在成本费用之间的分配是否合理,核对各列支金额是否一致,形成查验记录。若有差异记录于工作底稿。

9. 对已经交付使用但尚未办理竣工结算等手续的固定资产,检查其是否按规定计提折旧

根据审定的对已经交付使用但尚未办理竣工结算等手续的固定资产,了解实际开始使用日期及其估计的折旧年限,复核计算提取的折旧是否正确,形成查验记录。

4.3.4 固定资产与累计折旧主要审计工作底稿

(1)固定资产实质性程序表见表4-8和表4-9,列示了固定资产的认定—审计目标—可供选择的审计程序之间的内在关系,可供注册会计师根据被审计单位的具体情况选择固定资产实质性程序。

(2)固定资产审定表见表4-10,属于固定资产审计的汇总类底稿,从固定资产账面余额、累计折旧、减值准备、账面价值四个方面汇总了未经审计的金额、审计调整的金额、审定的金额。

表4-10 固定资产审定表

被审计单位:_____ 索引号:_____
项目:_____ 财务报表截止日/期间:_____
编制:_____ 复核:_____
日期:_____ 日期:_____

项目名称	期末未审数	账项调整		重分类调整		期末审定数	上期末审定数
		借方	贷方	借方	贷方		
一、固定资产原价合计							
其中:房屋、建筑物							
机器设备							
……							
二、累计折旧合计							
其中:房屋、建筑物							
机器设备							
……							
三、减值准备合计							
其中:房屋、建筑物							
机器设备							
……							

续表

项目名称	期末未审数	账项调整		重分类调整		期末审定数	上期末审定数
		借方	贷方	借方	贷方		
四、账面价值合计							
其中：房屋、建筑物							
机器设备							
……							
审计结论：							

（3）固定资产、累计折旧及减值准备明细表见表 4-11，是从固定资产账面余额、累计折旧、减值准备、账面价值四个方面对固定资产明细情况予以审计而形成的底稿。

表 4-11　固定资产、累计折旧及减值准备明细表

被审计单位：_____　　　索引号：_____
项目：_____　　　财务报表截止日/期间：_____
编制：_____　　　复核：_____
日期：_____　　　日期：_____

项目名称	期初余额	本期增加	本期减少	期末余额	备注
一、固定资产原价合计					
其中：房屋、建筑物					
机器设备					
……					
二、累计折旧合计					
其中：房屋、建筑物					
机器设备					
……					
三、减值准备合计					
其中：房屋、建筑物					
机器设备					
……					
四、账面价值合计					
其中：房屋、建筑物					
机器设备					
……					
审计说明：					

编制说明：备注栏可填列固定资产的折旧方法、使用年限、剩余使用年限、残值率和年折旧率等情况。

（4）固定资产增加检查表和固定资产减少检查表见表 4-12 和表 4-13，是对本年度发生增减变动的固定资产追查原始凭证而形成的底稿。

表 4-12　固定资产增加检查表

被审计单位：_____　　索引号：_____
项目：_____　　财务报表截止日/期间：_____
编制：_____　　复核：_____
日期：_____　　日期：_____

固定资产名称	取得日期	取得方式	固定资产类别	增加情况		凭证号	核对内容(用"√""×"表示)						
				数量	原价		1	2	3	4	5	6	7

核对内容说明：①与发票是否一致；②与付款单据是否一致；③与购买/建造合同是否一致；④与验收报告或评估报告等是否一致；⑤审批手续是否齐全；⑥与在建工程转出数核对是否一致；⑦会计处理是否正确（入账日期和入账金额）。

审计说明：

表 4-13　固定资产减少检查表

被审计单位：_____　　索引号：_____
项目：_____　　财务报表截止日/期间：_____
编制：_____　　复核：_____
日期：_____　　日期：_____

固定资产名称	取得日期	处置方式	处置日期	固定资产原价	累计折旧	减值准备	账面价值	处置收入	净损益	索引号	核对内容(用"√""×"表示)				
											1	2	3	4	5

核对内容说明：①与收款单据是否一致；②与合同是否一致；③审批手续是否完整；④会计处理是否正确；⑤……

审计说明：

(5) 折旧计算检查表见表 4-14 是复核折旧计提是否正确的审计底稿。

表 4-14　折旧计算检查表

被审计单位：＿＿＿＿＿＿＿＿＿＿＿＿　　索引号：＿＿＿＿＿＿＿＿＿＿＿＿
项目：＿＿＿＿＿＿＿＿＿＿＿＿＿＿　　财务报表截止日/期间：＿＿＿＿＿＿＿
编制：＿＿＿＿＿＿＿＿＿＿＿＿＿＿　　复核：＿＿＿＿＿＿＿＿＿＿＿＿
日期：＿＿＿＿＿＿＿＿＿＿＿＿＿＿　　日期：＿＿＿＿＿＿＿＿＿＿＿＿

固定资产名称	取得时间	使用年限	固定资产原值	残值率	累计折旧期初余额	减值准备期初余额	本期应提折旧	本期已提折旧	差异

审计说明：

4.3.5　实训

1. 任务描述

(1) 阅读并熟悉实训资料、实训材料。

(2) 在教师指导下，根据实训资料填写固定资产、累计折旧及减值准备明细表，固定资产增加检查表，固定资产减少检查表，固定资产审定表等审计工作底稿。

(3) 在教师指导下，完成固定资产、累计折旧及减值准备明细表，固定资产增加检查表，固定资产减少检查表，固定资产审定表的编写。

(4) 在教师指导下，进行审计差异调整分录的编制。

2. 实训条件

(1) 实训环境：上课教室或审计实训室。

(2) 实训材料：固定资产、累计折旧及减值准备明细表，固定资产增加检查表，固定资产减少检查表，固定资产审定表。

(3) 实训学时：2～4 学时。

(4) 实训操作：首先由教师引导学生阅读、熟悉实训资料和审计工作底稿，然后由学生自主编写、讨论、总结，教师现场指导，最后由教师讲解答案、分析问题。

(5) 实训方式：可采用小组手工实训方式、单人手工实训方式。

3. 实训资料

鸿达会计师事务所 2021 年 2 月 17 日接受宏远公司董事会委托,对宏远公司 2020 年度会计报表审计。宏远公司为生产、加工、销售电机设备的企业。在审计计划中确定的固定资产项目的重要性水平为 50 万元。该公司所得税税率为 25%,盈余公积计提比例为 10%,公益金计提比例 5%,增值税税率 13%。注册会计师李琳负责该公司固定资产、累计折旧审计,李琳在对固定资产、累计折旧进行实质性测试过程中通过下列审计程序实施了审计。

1) 索取固定资产及累计折旧明细表,复核加计是否正确,并与总账和明细账合计数核对

注册会计师李琳取得了全部固定资产的明细表,对其进行了复核,经查与明细账、总账核对一致。李琳还将期初余额与上年底稿中的审定数予以核对,证实公司已按上年审计要求予以调整,年初数核对一致。

2) 检查本期固定资产增加

李琳通过审查发现该公司 2020 年有下列固定资产增加业务。

(1) 3 月 8 日转字 100# 记账凭证标明自建办公用房一栋,办理竣工决算达到了预定可使用状态,工程成本 1 000 000 元。

(2) 6 月 5 日转字 32# 记账凭证标明自建营业用房一栋,办理竣工决算达到了预定可使用状态,结转固定资产,工程成本 800 000 元。

(3) 6 月 18 日转字 150# 记账凭证标明自建生产车间,办理竣工决算达到了预定可使用状态,结转固定资产,工程成本 780 000 元。

(4) 7 月 1 日银付 10# 记账凭证及相关原始凭证标明外购办公设备空调 20 台,每台原值 3 500 元,增值税 595 元。

(5) 10 月 16 日银付 113# 记账凭证及相关原始凭证标明购入运输用卡车 3 辆,每辆 300 000 元,增值税 51 000 元,当月投入使用。

(6) 9 月 9 日转字 180# 记账凭证标明改建工程完工,办理竣工决算达到了预定可使用状态,工程成本 600 000 元。

(7) 12 月 30 日银付 202# 凭证及相关原始凭证标明外购轿车 2 辆每辆 200 000 元,增值税 34 000 元。轿车用于公司行政办公使用。

李琳对上述增加的固定资产进行了详细检查、核对,发现以下问题。

(1) 本年度新增的固定资产中,9 月 9 日转字 180# 记账凭证标明改建工程完工,实属管理用办公楼装修装潢的费用支出结转,计入了固定资产的价值(装修的间隔期为 3 年,当时确认的固定资产的折旧年限为 3 年)。

(2) 有未办理竣工决算手续现行估价的固定资产价值 15 000 000 元,低于原预算价值的 25%(原预算为 20 000 000 元)。审计师现场观察和了解施工的结算情况,预计实际支出为 21 500 000 元。

(3) 上述 3 月 8 日自建工程办公用房所需工程款为专门为建造办公用房借入长期借

款 1 000 000 元,李琳检查了相关借款合同,该笔借款 2019 年 1 月 1 日借入,利率为 6%,借款期限 2 年,到期还本付息。于 2019 年 4 月 1 日开始建造办公楼,当日以 200 000 元预付了工程款。在检查相关凭证时发现:该工程资本化利息共计 75 000 元(已知企业该笔借款从借入至 2020 年 4 月 1 日发生存款利息收入 10 000 元),其他相关借款利息 20 000 元。

3) 检查本期固定资产的减少

在审查减少的固定资产时,李琳首先审查了固定资产减少的相关批准文件,并核对了合同、收款单据等相关凭证。此外,李琳还结合"固定资产清理"和"待处理财产损益"科目查验了固定资产账面转销情况。发现该公司本期减少固定资产两项。

(1) 报废运输卡车 1 辆,原值 140 000 元,累计折旧 120 000 元,公司对于这一报废卡车的处理如下。

① 借:固定资产清理　　　　　　　　　　　　　　　　20 000
　　　累计折旧　　　　　　　　　　　　　　　　　　120 000
　　　贷:固定资产　　　　　　　　　　　　　　　　　140 000
② 借:营业外支出　　　　　　　　　　　　　　　　　 20 000
　　　贷:固定资产清理　　　　　　　　　　　　　　　 20 000

(2) 报废办公设备一台,原值 40 000 元,累计折旧 8 000 元,公司对于这一办公设备报废的处理如下。

① 借:固定资产清理　　　　　　　　　　　　　　　　32 000
　　　累计折旧　　　　　　　　　　　　　　　　　　　8 000
　　　贷:固定资产　　　　　　　　　　　　　　　　　 40 000
② 借:营业外支出——非常损失　　　　　　　　　　　 32 000
　　　贷:固定资产清理　　　　　　　　　　　　　　　 32 000

随后,李琳又调阅了该公司该项固定资产卡片,发现该设备使用才 2 年,且无任何大修记录,同时询问了相关资产管理人员和财会人员,方知该设备并未报废,实为出售,但账上并无出售收入的处理。

4) 检查固定资产的所有权或控制权

李琳审阅了被审计单位的产权证书、财产保险单、财产税单、抵押贷款的相关合同等合法文件。对于新增的固定资产,李琳索取了产权证书的副本,同时进一步审阅了相关合同、发票、付款凭证,并与财税单核对。李琳在审计过程中未发现异常。

5) 固定资产折旧审计

李琳在核对固定资产明细表后,首先对折旧计提的总体合理性进行了复核。其次,计算了本期计提折旧额占固定资产原值的比率,并与上期比较,分析本期折旧计提额的合理性和准确性。此外,还计算了累计折旧占固定资产原值的比率,评估固定资产老化率,并估计因闲置、报废等原因可能发生的固定资产损失。在进行分析性复核后,李琳审查了折旧的计提和分配,并将"累计折旧"账户贷方的本期计提额与相应的成本费用中的折旧费明细账户的借方相比较,以查明计提折旧计提额是否已全部摊入了本期的成本或费用。最后,李琳对某些折旧的计算过程追查至固定资产登记卡,并且特别注意有无已经提足折旧而继续使用超提折旧的情况和在用固定资产不提折旧或少提折旧的情况。

在上述审计过程中,李琳发现以下问题。

(1) 办公设备 5—9 月的折旧额明显高于其他月份。结果查出公司所有的夏季使用的空调设备,只按实际使用月份(5—9 月)提取折旧,其他月份未提。因此,少提了 7 个月的折旧,金额为 140 000 元。

(2) 该公司按固定资产类别分类计提折旧,但未从期中扣除已提足折旧继续使用固定资产的价值,已提足折旧继续使用的固定资产的本期折旧额为 210 000 元。

6) 重点观察固定资产

一般来说,观察固定资产的实际存在主要是实地检查被审计单位年度内增加的主要固定资产,并不一定全面观察所有固定资产。观察范围的确定依赖于被审计单位内部控制的强弱、固定资产的重要性水平和注册会计师的经验。通过分析,李琳决定对期初存在的固定资产中的 30%抽盘,而对当期新增加的固定资产进行百分之百盘点。

李琳以经过核对相符的固定资产明细账为起点,进行了实地追查,以证明会计记录中所列固定资产确实存在,了解其目前的使用状况,并注意观察固定资产的保养和使用情况,运行是否正常等。

在抽盘过程中,李琳发现该公司 9 月 15 日接受某公司捐赠的客货车两辆,价值 95 万元,未进行账务处理。

任务4.4 其他相关账户审计

在采购与付款循环中,除前面介绍的项目外,还包括预付款项、在建工程、工程物资、固定资产清理、无形资产、研发支出、长期待摊费用、应付票据、长期应付款和管理费用等项目。这些项目的审计过程与应付账款、固定资产相同,不再赘述。限于篇幅,但为了便于理解和操作,对这些项目的审计目标和审计程序将以工作底稿的形式列出,并仅对其中某些特殊的审计程序作必要解释。

需要强调的是,各项目的审计目标和实质性程序并不是一成不变的,也不是完整无缺的,注册会计师在审计时,应视具体审计情况,运用专业判断对其作出合理增删。

4.4.1 预付款项审计

预付款项实质性程序见表 4-15。

表 4-15 预付款项实质性程序

被审计单位：_____　　索引号：_____
项目：_____预付款项_____　　财务报表截止日/期间：_____
编制：_____　　复核：_____
日期：_____　　日期：_____

第一部分　认定、审计目标和审计程序对应关系

一、审计目标与认定对应关系表

审计目标	财务报表的认定				
	存在	完整性	权利和义务	计价和分摊	列报
A. 资产负债表中记录的预付账款是存在的	√				
B. 所有应当记录的预付账款均已记录		√			
C. 记录的预付账款由被审计单位拥有或控制			√		
D. 账款以恰当的金额包括在财务报表中，与之相关的计价调整已恰当记录				√	
E. 付账款已按照企业会计准则的规定在财务报表中作出恰当列报					√

二、审计目标与审计程序对应关系表

审计目标	可供选择的审计程序	索引号
D	1. 获取或编制预付账款明细表。 （1）复核加计是否正确，并与总账数和明细账合计数核对是否相符，结合坏账准备科目与报表数核对是否相符。 （2）结合应付账款明细账审计，查核有无重复付款或将同一笔已付清的账款在预付账款和应付账款两个科目中同时挂账的情况。 （3）分析出现贷方余额的项目，查明原因，必要的建议进行重新分类调整。 （4）对期末预付账款余额与上期期末余额进行比较，解释其波动原因。	
ABD	2. 分析预付账款账龄及余额构成，确定： （1）该笔款项是否根据有关购货合同支付； （2）检查一年以上预付账款未核销的原因及发生坏账的可能性，检查不符合预付账款性质的或因供货单位破产、撤销等原因无法再收到所购货物的是否已转入其他应收款。	
ACD	3. 选择预付账款的重要项目函证其余额和交易条款，对未回函的再次发函或实施替代的检查程序（检查原始凭单，如合同、发票、验收单，核实预付账款的真实性）。	
AB	4. 检查资产负债表日后的预付账款、存货及在建工程明细账，并检查相关凭证，核实期后是否已收到实物并转销预付账款，分析资产负债表日预付账款的真实性和完整性。	
ABCD	5. 实施关联方及其交易的审计程序，检查对关联方的预付账款的真实性、合法性，检查其会计处理是否正确。	
D	6. 检查预付款项的坏账准备是否正确。	
	7. 根据评估的舞弊风险等因素增加的审计程序。	
E	8. 检查预付账款是否已按照企业会计准则的规定在财务报表中作出恰当列报。	

审计重点如下。

(1) 执行选择预付账款的重要项目函证程序。

① 函证样本选择账龄长、金额较大、主要供应商或关联方等重要明细项目(如果是大额、异常的贷方余额也应函证)。

② 用替代程序进行测试时,可采用以下方法进行。

a. 抽查预付账款余额形成的相关凭证,核对购货合同、付款记录及对方单位开具的收据等原始资料,核实交易事项的真实性,查阅预付货款期后收到货物的情况,并在明细表中作相应的记录。

b. 结合存货监盘或盘点抽查,查验被审计单位决算日是否存在预付货款货物已收到但未及时转账造成函证不相符的情况。

(2) 对于账龄较长(一般为一年以上)的预付账款,应通过询问被审计单位、核对购货合同的相应条款判断预付账款挂账时间是否正常。

提示:可能存在长期挂账的原因主要有:①物已到,但正式发票未到,未及时转账;②发票、货物已到,但会计处理错误,重复记在应付账款;③货物质量发生问题,需退货,引起经济纠纷的;④被长期占用资金、以虚拟购货合同入账,虚挂的预付账款。

4.4.2 在建工程审计

在建工程实质性程序见表 4-16。

表 4-16 在建工程实质性程序

被审计单位:_____ 索引号:_____
项目:_____在建工程_____ 财务报表截止日/期间:_____
编制:_____ 复核:_____
日期:_____ 日期:_____

第一部分 认定、审计目标和审计程序对应关系

一、审计目标与认定对应关系表

审计目标	财务报表的认定				
	存在	完整性	权利和义务	计价和分摊	列报
A. 资产负债表中记录的在建工程是存在的	√				
B. 所有应当记录的在建工程均已记录		√			
C. 记录的在建工程由被审计单位拥有或控制			√		
D. 在建工程以恰当的金额包括在财务报表中,与之相关的计价调整已恰当记录				√	
E. 在建工程已按照企业会计准则的规定在财务报表中作出恰当列报					√

二、审计目标与审计程序对应关系表

续表

审计目标	可供选择的审计程序	索引号
D	1. 获取或编制在建工程明细表,复核加计是否正确,并与总账数和明细账合计数核对是否相符,结合在建工程减值准备科目和报表数核对是否相符。	
AB	2. 实施分析程序。 (1) 基于对被审计单位及其环境的了解,通过进行以下比较,并考虑有关数据间关系的影响,建立有关数据的期望值:依据借款和工程建设情况计算借款费用资本化金额,并与被审计单位实际的借款费用资本化情况进行比较。 (2) 确定可接受的差异额。 (3) 将实际情况与期望值相比较,识别需要进一步调查的差异。 (4) 如果其差额超过可接受的差异额,调查并获取充分的解释和恰当的佐证审计证据(如检查相关的凭证)。 (5) 评估分析程序的测试结果。	
ABCD	3. 检查在建工程的本期增加情况。 (1) 询问管理层当年在建工程的增加情况,并与获取或编制的在建工程的明细表进行核对。 (2) 查阅公司资本支出预算、公司相关会议决议等,检查本年度增加的在建工程是否全部得到记录。 (3) 检查本年度增加的在建工程的原始凭证是否完整,如立项申请、工程借款合同、施工合同、发票、工程物资请购申请、付款单据、建设合同、运单、验收报告等是否完整,计价是否正确。	
AB	4. 检查在建工程的本期减少情况。 (1) 了解在建工程结转固定资产的政策,并结合固定资产审计,检查在建工程转销额是否正确,是否存在将已交付使用的固定资产挂列在建工程而少计折旧的情形。 (2) 检查在建工程其他减少的情况,入账依据是否齐全,会计处理是否正确。	
D	5. 检查利息资本化是否正确。复核计算资本化利息的借款费用、资本化率、实际支出数,以及资本化的开始和停止时间。	
A	6. 实施在建工程实地检查程序(全部或部分)。	
D	7. 检查在建工程减值准备,关注停建工程情况。 (1) 检查在建工程是否出现减值情形,是否应确认减值准备。 (2) 检查减值计提所依据的确定可收回金额的方法。对以市价确定可收回金额的在建工程,复核管理层使用的市价的取得方法;对以现值确定的可收回金额,复核计算现值的假设、方法是否合理。	
	8. 根据评估的舞弊风险等因素增加的审计程序。	
E	9. 检查在建工程是否已按照企业会计准则的规定在财务报表中作出恰当列报。	

审计重点如下。

(1) 检查在建工程项目、规模是否经授权批准,对重大建设项目,取得有关预算总建设批准文件、施工合同、施工进度报告等。

收集客户有关在建工程的立项批复、建设许可证、施工许可证、可行性报告,工程预概算,施工合同,设备购置合同等资料,并实施复核程序,形成复核记录。

提示:①所有取证文件资料等均要核对原件并复印留底;②工程项目如涉及环保及有特殊监管规定的,需有环保或相关监管部门的批准文件,如锅炉改造要取得检验机构的批准文件,电力设施建设要取得国家电力建设总局和检验机构的批准文件等。

(2) 到工程现场实地观察确定工程是否存在,观察和询问实际完工进度。

① 取得工程进度报告。

提示:初次审计,需取得项目规划设计平面图、工程进度报告或监理报告。

② 会同客户财务人员和工程项目负责人员,对照进度表,将明细表上工程项目与实物进行一一对照(从账到实物,确认真实性),并将所观察到的实物与明细表进行核对(从实物到账,确认完整性),观察和询问工程实际完工进度,做好观察核对记录,获取观察盘点清单。

③ 汇总观察盘点记录,统计观察盘点结果,形成观察盘点表。

提示:a. 若同一地点上有数项在建工程的,则需按实地勘察轨迹,绘制简易平面布置图,在图上标注工程名称、完工进度,与明细表核对是否相符;b. 若存在账在总部核算而实物存放在外地分支机构的或委托其他单位代为管理的在建工程,需视重要性水平,进行实地勘察或发函询证;c. 观察盘点小结内容如盘点时间、地点、盘点人、监盘人、观察盘点量(金额)占在建工程总金额的百分比,正确率为多少等应填写完整,并注意盘点人员、监盘人员要签名;d. 观察时需注意有无长期停工的半拉子工程或已安装的机器设备长期不用等异常情况;e. 对观察盘点中存在的盘盈盘亏等不符情况,需查明原因。

(3) 检查是否存在已达到预计可使用状态,但尚未办理竣工决算手续仍列于在建工程,未及时计算折旧的情况。

提示:结合实地观察,对照在建工程明细表,检查有无已达到预计可使用状态但尚未办理竣工决算手续仍列于在建工程。如有,应作审计调整,并根据实际开始使用时间,相应计提累计折旧,形成查验记录。

(4) 检查本期在建工程增加数的原始凭证是否齐全,会计处理是否正确。

① 通过问询,获取客户在建工程授权批准规定。

② 以现金(含银行存款)购入或支付工程进度款的,对照合同、购货发票、验收入库单、工程进度报告以及入账凭证,分别检查单位名称、项目、数量(或面积)、金额、入账时间是否相符,相关手续是否齐全。

③ 进行完工工程价款结算的,对照工程决算审价报告、工程价款结算清单、合同、发票,以及入账凭证,分别检查单位名称、项目、金额、入账时间是否相符,相关手续是否齐全;必要时向施工单位发函询证。

④ 对购置的货物按合同约定已经运达并经验收合格,或者是工程进度已经完成但尚未及时办理价款结算的,检查有无按合同约定或进度增加当期工程实际支出和应付款项。

⑤ 检查会计处理是否正确,关注有无收益性支出在本项目核算。

提示:a. 抽取样本视具体情况决定;b. 特别需注意有无审批手续不齐全或者虽有审批但与合同、进度等实际情况不符的大额资金的划付,谨防虚构在建工程支出以隐瞒资金拆借、巨额亏损等交易实质;c. 工程物资转入的在建工程,检查工程物资与该在建工程是否对应,有无工程进度报告、交接手续及工程负责人的签字确认;d. 在建工程领用本单位生产经营用的库存原材料时,检查是否已加上该原材料不能抵扣的进项税;领用本单位商品、产成品时,检查是否已加上该产品应交的相关税费;e. 对于借款费用资本化的金额,应结合长短期借款、应付债券或长期应付款的审计,检查借款费用(借款利息、折溢价摊销、汇兑差额、辅助费用)资本化的起讫日的界定是否合规,计算方法是否正确,资本化金额是否合理,会计处理是否正确;f. 检查工程管理费、征地费、可行性研究费、临时设施费、公证费、监理费及应

负担的税费等资本化的金额是否合理、真实和完整,会计处理是否正确。

(5) 检查已完工程项目以及其他转出数的原始凭证是否齐全,会计处理是否正确。

① 将在建工程本期减少金额与固定资产增加金额进行核对,确认两者是否一致。

提示:如有差额,分析产生差异的原因,判断会计处理是否合理。

② 检查已完工程项目是否按规定转入固定资产,转入固定资产的手续是否齐全,时间是否与完工验收时间一致。

提示:a. 准则和会计制度所描述的"达到预计可使用状态",并不一定与通过验收手续时间完全一致,审计人员要有自己的专业判断;b. 如果有验收的,则主要检查有无设备管理部门的验收手续,如涉及环保的,需有环保部门验收文件,如锅炉改造要取得公安部门验收文件,电力设施建设要取得国家电力建设总局和公安部门的验收文件等,上述验收文件均需查见到原件并复印留底;c. 如有在建工程其他转出数,如工程报废、毁损,以及工程完工后剩余物资的退库等,需检查是否符合规定,审批手续是否完整,是否有设备管理部门或技术部门的鉴定意见,报废单、退库单等原始凭证是否齐全,如有保险公司赔偿的,检查是否已冲减了损失等。

(6) 在建工程查验的重要提示及说明。

除前述各项审计重点外,还需注意以下两点。

① 在建工程项目的审计重点在于查验各项在建工程的存在性、核算的完整性,以及增减行为的合法合规性。

② 本项目较为重要的查验程序:在建工程增减行为的合法性、真实性,以及内部控制的有效性;在建工程的实地盘点、现场勘察。

4.4.3 无形资产审计

无形资产实质性程序见表 4-17。

表 4-17 无形资产实质性程序

被审计单位:_____   索引号:_____
项目:_____无形资产_____   财务报表截止日/期间:_____
编制:_____   复核:_____
日期:_____   日期:_____

第一部分　认定、审计目标和审计程序对应关系

一、审计目标与认定对应关系表

审计目标	财务报表的认定				
	存在	完整性	权利和义务	计价和分摊	列报
A. 资产负债表中记录的无形资产是存在的	√				
B. 所有应当记录的无形资产均已记录		√			
C. 记录的无形资产由被审计单位拥有或控制			√		
D. 无形资产以恰当的金额包括在财务报表中,与之相关的计价调整已恰当记录				√	
E. 无形资产已按照企业会计准则的规定在财务报表中作出恰当列报					√

二、审计目标与审计程序对应关系表

续表

审计目标	可供选择的审计程序	索引号
D	1. 获取或编制无形资产明细表,复核加计是否正确,并与总账数和明细账合计数核对是否相符;结合累计摊销、无形资产减值准备科目与报表数核对是否相符。	
AC	2. 检查无形资产的权属证书原件、非专利技术的持有和保密状况等,并获取有关协议和董事会纪要等文件、资料,检查无形资产的性质、构成内容、计价依据、使用状况和受益期限,确定无形资产是否存在,并由被审计单位拥有或控制。	
ABCD	3. 检查无形资产的增加情况。 (1) 检查投资者投入的无形资产是否按投资各方确认的价值入账,并检查确认价值是否公允,交接手续是否齐全;涉及国有资产的,是否有评估报告并经国有资产管理部门评审备案或核准确认。 (2) 对自行研发取得、购入或接受捐赠的无形资产,检查其原始凭证,确认计价是否正确,法律程序是否完备(如依法登记、注册及变更登记的批准文件和有效期);会计处理是否正确。 (3) 对债务重组或非货币性资产交换取得的无形资产,检查有关协议等资料,确认其计价和会计处理是否正确。 (4) 检查本期购入土地使用权相关税费计算清缴情况,与购入土地使用权相关的会计处理是否正确。	
ABD	4. 检查无形资产的减少情况。 (1) 取得无形资产处置的相关合同、协议,检查其会计处理是否正确。 (2) 检查房地产开发企业取得的土地用于建造对外出售的房屋建筑物,相关的土地使用权是否转入所建造房屋建筑物的成本。在土地上自行开发建造厂房等建筑物的,土地使用权和地上建筑物是否分别进行摊销和计提折旧。 (3) 当土地使用权用于出租或增值目的时,检查其是否转为投资性房地产核算,会计处理是否正确。	
D	5. 检查被审计单位确定无形资产使用寿命的依据,分析其合理性。	
AD	6. 检查无形资产的后续支出是否合理,会计处理是否正确。	
DA	7. 检查无形资产预计是否能为被审计单位带来经济利益,若否,检查是否将其账面价值予以转销,计入当期营业外支出。	
CE	8. 结合长、短期借款等项目的审计,了解是否存在用于债务担保的无形资产。如有,应取证并记录,并提请被审计单位作恰当披露。	
D	9. 检查无形资产的摊销情况。 (1) 获取或编制无形资产累计摊销明细表,复核加计正确,并与总账数和明细账合计数核对相符。 (2) 检查无形资产各项目的摊销政策是否符合有关规定,是否与上期一致,若改变摊销政策,检查其依据是否充分。注意使用期限不确定的无形资产不应摊销,但应当在每个会计期间对其使用寿命进行复核。 (3) 检查被审计单位是否在年度终了,对使用寿命有限的无形资产的使用寿命和摊销方法进行复核,其复核结果是否合理。 (4) 检查无形资产的应摊销金额是否为其成本扣除预计残值和减值准备后的余额,检查其预计残值的确定是否合理。 (5) 复核本期摊销是否正确,与相关科目核对是否相符。	

续表

审计目标	可供选择的审计程序	索引号
D	10. 检查无形资产减值准备情况。 (1) 获取或编制无形资产减值准备明细表,复核加计正确,并与总账数和明细账合计数核对相符。 (2) 检查无形资产减值准备计提和转销的批准程序,取得书面报告等证明文件。 (3) 检查被审计单位计提无形资产减值准备的依据是否充分,会计处理是否正确。 (4) 检查无形资产转让时,相应的减值准备是否一并结转,会计处理是否正确。 (5) 对于使用寿命有限的无形资产,逐项检查是否存在减值迹象,并作出详细记录;对于使用寿命不确定的无形资产,无论是否存在减值迹象,是否都进行减值测试。 (6) 通过检查期后事项,以及比较前期无形资产减值准备数与实际发生数,评价无形资产减值准备的合理性。	
	11. 根据评估的舞弊风险等因素增加的审计程序。	
E	12. 检查无形资产是否已按照企业会计准则的规定在财务报表中作出恰当列报。 (1) 无形资产的期初和期末账面余额、累计摊销额及减值准备累计金额。 (2) 使用寿命有限的无形资产,其使用寿命的估计情况;使用寿命不确定的无形资产,其使用寿命不确定的判断依据。 (3) 无形资产的摊销方法。 (4) 用于担保的无形资产账面价值、当期摊销额等情况。 (5) 计入当期损益和确认为无形资产的研究开发支出金额。	

提示:①判断某项无形资产是否存在、是否归企业所有,应当根据无形资产的不同来源考虑:如从外部购入或接受投资的,应索取有关转让、出让的合同、经确认的作价依据及支付价款及相关费用的原始凭证,涉及权证及相关认定文件的,应查验相关权属是否转移至公司;如为非专利技术,应索取该技术的有关操作方法、技术记录、配方等资料,并对其经济性进行适当评估,同时依据购入合同及支付费用的原始凭证证实其是否真实存在;应充分利用专家的工作。②审计人员应当根据无形资产明细账,逐一取得有关文件和资料。对上年度也为本所审计的,可在审定表中注明档案号。③如被审计单位接受无形资产投资或以无形资产对外进行投资的,都要获取有关评估报告和投资协议,并根据税收法规规定考虑应交税金。④特别留意被审计单位的董事会决议或会议纪要等文件、询问律师或法律顾问,有关该无形资产是否涉及诉讼事项等情况,该诉讼事项是否会使得该无形资产发生减值。

4.4.4 应付票据审计

应付票据实质性程序见表 4-18。

表 4-18　应付票据实质性程序

被审计单位：_____　　索引号：_____
项目：　　　　应付票据　　　　　　　　　　　财务报表截止日/期间：_____
编制：_____　　　　　　复核：_____
日期：_____　　　　　　日期：_____

第一部分　认定、审计目标和审计程序对应关系

一、审计目标与认定对应关系表

审计目标	财务报表的认定				
	存在	完整性	权利和义务	计价和分摊	列报
A. 资产负债表中记录的应付票据是存在的	√				
B. 所有应当记录的应付票据均已记录		√			
C. 记录的应付票据由被审计单位拥有或控制			√		
D. 应付票据以恰当的金额包括在财务报表中，与之相关的计价调整已恰当记录				√	
E. 应付票据已按照企业会计准则的规定在财务报表中作出恰当列报					√

二、审计目标与审计程序对应关系表

审计目标	可供选择的审计程序	索引号
D	1. 获取或编制应付票据明细表。 (1) 复核加计正确，并与报表数、总账数和明细账合计数核对是否相符。 (2) 与应付票据备查簿的以下有关内容核对相符：商业汇票的种类、号数和出票日期、到期日、票面金额、交易合同号和收款人姓名或单位名称以及付款日期和金额等。 (3) 检查非记账本位币应付票据的折算汇率及折算是否正确。 (4) 标识重要项目。	
ABCD	2. 检查应付票据备查簿。 (1) 检查债务的合同、发票和收货单等资料，核实交易、事项交易真实性，复核其应存入银行的承兑保证金，并与其他货币资金科目钩稽。 (2) 抽查资产负债表日后偿付的应付票据，检查有无未入账的应付票据，核实其是否已付款并转销。 (3) 针对已注销的应付票据，确定是否已在资产负债表日前偿付。 (4) 询问管理人员，审查有关文件并结合购货截止测试，检查应付票据的完整性。 (5) 获取客户的贷款卡，打印贷款卡中全部信息，检查其中有关应付票据的信息与明细账合计数、总账数、报表数是否相符。	
ACD	3. 选择应付票据的重要项目(包括零账户)，函证其余额和交易条款，对未回函的再次发函或实施替代的检查程序(检查原始凭单，如合同、发票、验收单，核实票据的真实性)。	
A	4. 查明逾期未兑付票据的原因，对于逾期的银行承兑汇票是否转入短期借款，对于逾期的商业承兑汇票是否已经转入应付账款，带息票据是否已经停止计息，是否存在抵押票据的情形。	
BD	5. 复核带息应付票据利息是否足额计提，其会计处理是否正确。	
ABCD	6. 检查与关联方的应付票据的真实性，执行关联方及其交易审计程序。	
	7. 根据评估的舞弊风险等因素增加的审计程序。	
E	8. 检查应付票据是否已按照企业会计准则的规定在财务报表中作出恰当列报。	

审计重点如下。

(1) 获取或编制应付票据明细表。

① 核对明细账记录与应付票据备查簿记录是否一致。

② 审核商业承兑票据备查簿中票据号码的记录是否连续。

提示：应付票据的查验主要注意财务账与备查簿、票据购买的核对如有差异，需重点查找原因。

(2) 检查逾期未付票据的原因。

提示：审计时需要了解到期未付的原因，是否存在银行账户内无款项支付导致的票据退票，同时应要求对营业外支出审计的人员注意，是否存在因拒付而支付的违约金，如存在应结合应付票据科目进行复核；对到期未支付的应付票据应结转应付账款列示。

(3) 取得公司董事长、总经理、财务总监、财务经理、票据保管人员对票据资料提供的完整性的声明。

提示：对票据资料的完整性的声明属于重要资料，必须取得。

(4) 对应付票据资料完整性认为有重大风险的，也可以通过对财务费用——手续费查验票据购买费用，以确认是否有购买票据支出却无使用记录的情况。

4.4.5 管理费用审计

管理费用审计工作底稿包括管理费用实质性程序（见表 4-19）、管理费用明细表（见

表 4-19　管理费用实质性程序

被审计单位：＿＿＿＿＿＿＿＿＿＿＿＿＿＿＿　　索引号：＿＿＿＿＿＿＿＿＿＿＿＿＿＿＿

项　目：　　　管理费用　　　　　　　　财务报表截止日/期间：＿＿＿＿＿＿＿＿＿

编　制：＿＿＿＿＿＿＿＿＿＿＿＿＿＿＿　　复　核：＿＿＿＿＿＿＿＿＿＿＿＿＿＿＿

日　期：＿＿＿＿＿＿＿＿＿＿＿＿＿＿＿　　日　期：＿＿＿＿＿＿＿＿＿＿＿＿＿＿＿

第一部分　认定、审计目标和审计程序对应关系

一、审计目标与认定对应关系表

审计目标	财务报表的认定					
	发生	完整性	准确性	截止	分类	列报
A. 利润表中记录的管理费用已发生，且与被审计单位有关	√					
B. 所有应当记录的管理费用均已记录		√				
C. 与管理费用有关的金额及其他数据已恰当记录			√			
D. 管理费用已记录于正确的会计期间				√		
E. 管理费用已记录于恰当的账户					√	
F. 管理费用已按照企业会计准则的规定在财务报表中作出恰当的列报						√

二、审计目标与审计程序对应关系表

审计目标	可供选择的审计程序	索引号
C	1. 获取或编制管理费用明细表,复核加计是否正确,并与报表数、总账数及明细账合计数核对是否相符。	
ABCEF	2. 将管理费用中的职工薪酬、无形资产摊销、长期待摊费用摊销额等项目与各有关账户进行核对,分析其钩稽关系的合理性,并作出相应记录。	
ABC	对管理费用进行分析。 (1) 计算分析管理费用中各项目发生额及占费用总额的比率,将本期、上期管理费用各主要明细项目作比较分析,判断其变动的合理性。 (2) 将管理费用实际金额与预算金额进行比较。 (3) 比较本期各月份管理费用,对有重大波动和异常情况的项目应查明原因,必要时作适当处理。	
E	3. 检查管理费用的明细项目的设置是否符合规定的核算内容与范围,结合成本费用的审计,检查是否存在费用分类错误,若有,应提请被审计单位调整。	
ABC	4. 检查公司经费(包括行政管理部门职工薪酬、物料消耗、低值易耗品摊销、办公费和差旅费)是否系经营管理中发生或应由公司统一负担,检查相关费用报销内部管理办法,是否有合法原始凭证支持。	
ABC	5. 检查董事会费(包括董事会成员津贴、会议费和差旅费等),检查相关董事会及股东会决议,是否在合规范围内开支费用。	
ABC	6. 检查聘请中介机构费、咨询费(含顾问费),检查是否按合同规定支付费用,有无涉及诉讼及赔偿款项支出。	
ABC	7. 检查诉讼费用并结合或有事项审计,检查涉及的相关重大诉讼事项是否已在附注中进行披露,还需进一步关注诉讼状态,判断有无或有负债,或是否存在损失已发生而未入账的事项。	
C	8. 检查业务招待费支出是否合理,如超过规定限额,应在计算应纳税所得额时调整。	
C	9. 复核本期发生的矿产资源补偿费、房产税、城镇土地使用税、印花税等税费是否正确。	
ABC	10. 结合相关资产的检查,核对筹建期间发生的开办费(包括人员工资、办公费、培训费、差旅费、印刷费、注册登记费,以及不计入固定资产成本的借款费用等)是否直接计入管理费用。	
ABC	11. 针对特殊行业,检查排污费等环保费用是否合理计提。	
ABC	12. 选择重要或异常的管理费用,检查费用的开支标准是否符合有关规定,计算是否正确,原始凭证是否合法,会计处理是否正确。	
D	13. 抽取资产负债表日前后的相关凭证,实施截止性测试,若存在异常迹象,并考虑是否有必要追加审计程序,对于重大跨期项目,应作必要调整。	
	14. 根据评估的舞弊风险等因素增加的其他审计程序。	
F	15. 确定管理费用是否已按照企业会计准则的规定在财务报表中作出恰当的列报。	

表 4-20)、管理费用截止测试(见表 4-21)、管理费用检查表(略)、管理费用审定表(见表 4-22)等。

审计重点如下。

(1) 检查明细项目的设置是否符合规定的核算内容与范围。

提示:应重点检查是否有随意列于管理费用"其他"子目的情况,从中往往可以发现被审计单位的"难言之隐"。

(2) 运用分析程序,进行总体分析性复核,包括对本年度管理费用上年度的管理费用变动进行比较,对本年度各个月份的管理费用变动进行比较,对管理费用各子目所占合计数的比例进行比较分析。

提示:①切忌对管理费用会计凭证进行漫无目的的抽查,切忌机械地"走程序—搜集证据"。审计人员应多运用比较分析的方法,通过对被审计单位管理费用不同角度的分析,从蛛丝马迹的异常中发现问题,寻求审计的突破口,进行有针对性的凭证抽查。这样的方法更符合向风险导向审计过渡的大趋势。②分析性程序是注册会计师对被审计单位重要的比率或趋势进行分析,包括调查异常变动。通过分析性程序,能够寻找出会计报表可能存在的错报,减少详细的余额测试,提高审计工作的整体合理性和效率。③除上述所提到的分析性复核点以外,有效的分析性复核点还有对2~3年的收入费用率、成本费用率进行分析比较,对本单位管理费用与同行业、同类型企业分析比较等。

(3) 对管理费用有关子目发生额与相应的计提科目的贷方发生额存在钩稽关系的款项,进行配比性的核对与交叉复核,并作出相应记录;如有不符,查明原因并作相应的说明或调整。

表4-20 管理费用明细表

被审计单位:_____ 索引号:_____
项目:_____管理费用_____ 财务报表截止日/期间:_____
编制:_____ 复核:_____
日期:_____ 日期:_____

月份	合计	管理费用明细项目									
1月											
2月											
3月											
4月											
5月											
6月											
7月											
8月											
9月											
10月											
11月											
12月											
合 计											
上期数											
变动额											
变动比例											
审计说明:											

表 4-21 管理费用截止测试

被审计单位：_____ 索引号：_____

项目：_____管理费用_____ 财务报表截止日/期间：_____

编制：_____ 复核：_____

日期：_____ 日期：_____

记账日期	凭证编号	业务内容	对应科目	金　额	是否跨期(是"√"否"×")

截止日前
截止日期：20　年　月　日
截止日后

审计说明：

表 4-22　管理费用审定表

被审计单位：_____　　索引号：_____
项目：_____管理费用_____　　财务报表截止日/期间：_____
编制：_____　　复核：_____
日期：_____　　日期：_____

项目类别	本期未审数	账项调整		本期审定数	上期审定数	索引号
		借方	贷方			
合　计						
审计结论：						

（4）进行实质性测试，应选择管理费用项目中数额大的或与上期相比变动异常的项目，检查其记录的经济业务是否真实，原始凭证是否合法，审批手续、权限是否合规，会计处理是否正确。

提示：查验被审计单位的异常支出，应注意与应纳税所得额的调整结合。

（5）管理费用查验的重要提示。除前述各项提示外，还需注意以下两点。

① 管理费用审计的重点应是关注费用的真实性，企业所有发生的费用支出都应当对应着资产或服务的获得，并有合法原始凭证支持，否则，企业的费用支出不实，势必影响会计报表的公允反映。

② 审计中，经常可以从以下几个方面发现被审计单位的异常支出：大额且偶发的支出；没有实质经济内容的支出；与相应经济活动内容与规模不相称的支出；原始凭证或单据不完整的支出；与关联方或权力部门（人员）之间的支出；与特殊事项或特殊会计处理相关的支出；内部部门或总部、分部之间的大额资金划拨。

审计人员在审计小规模企业(尤其是小型私营企业)时,还应当从以下几个方面关注被审计单位的异常支出:个人费用计入企业账户;高价购买质次资产,收取回扣;白条提现或大额提现;大额现金支出或购买馈赠品等。

4.4.6 实训

2021年2月10日,注册会计师陈志勇在审计郑州市云裳服装公司2020年管理费用时发现以下经济业务存在疑问。

(1) 经济业务1相关凭证如表4-23~表4-26所示。

表4-23 记账凭证

2020年10月14日　　　　　　　　　　　　　　　　　记字第8号

摘 要	会计科目		借方金额	贷方金额	记账
	总账科目	明细账科目	千百十万千百十元角分	千百十万千百十元角分	√
维修费	管理费用	其他	8 6 9 0 0		
	库存现金			8 6 9 0 0	
附件3张	合　　计		¥　　8 6 9 0 0	¥　　8 6 9 0 0	

会计主管　　　　记账　　　　出纳　　　　审核　　　　制证

表4-24 现金支出凭单

2020年10月14日　　　　　　　　　　　　　　　　　第10号

```
付给
             三车间马海明
             修理缝纫机             款
      计人民币(大写)捌佰陆拾玖元整    ¥869.00

                          (现金付讫)
      收款人(盖章)马海明
```

审批人　　　　会计主管　　　　记账员　　　　出纳员 *刘君*

表4-25 费用报销单

填报日期 2020年10月14日

部门	三车间	姓名	马海明
报销事由	修理缝纫机		
报销单据　1张　合计金额(大写)	捌佰陆拾玖元整　¥869.00		
单位主管	韩冬林	部门主管	高健

会计主管 *张燕洋*　　　审核　　　出纳 *刘君*　　　填报人 *马海明*

表 4-26 河南增值税专用发票

4100201130 　　　　　　　　　　　　　　　　　　　　　　No.80021002

开票日期 2020 年 12 月 30 日

购买方	名　　称：郑州市云裳服装公司 纳税人识别号：91410048930107256M 地址、电话：郑州站前路 211 号 0371-6447456 开户行及账号：中行站前办 5245340065893	密码区	3/1＜＋＜＜389780－839a*024－ 85438＋＜－5064782212＜0＊75463－ 643－＋794——245321452300896132 －2－3＜25＞＞2＋44562589＞＞0＞

货物或应税劳务、服务名称	规格型号	单位	数量	单价	金额	税率	税额
修理费		台	1	843.69	843.69	3%	25.31
合　计					￥843.69		￥25.31

价税合计（大写）	⊗捌佰陆拾玖元整		（小写）￥869.00

销售方	名　　称：郑州久久机械修理厂 纳税人识别号：91410012345678908N 地址、电话：郑州市汉江路 30 号 0371-6838439 开户行及账号：中行汉江办 83586569216702

收款人：　　　　复核：　　　　开票人：江涛　　　　销售方：（章）

经注册会计师陈志勇进一步审查，三车间 10 月所审查产品在 2020 年已全部售罄。

（2）经济业务 2 相关凭证如表 4-27～表 4-30 所示。

表 4-27　记账凭证

2020 年 12 月 18 日　　　　　　　　　　　　　　　　记字第 11 号

| 摘　要 | 会计科目 | | 借方金额 | | | | | | | | | | 贷方金额 | | | | | | | | | | 记账 |
	总账科目	明细账科目	千	百	十	万	千	百	十	元	角	分	千	百	十	万	千	百	十	元	角	分	√
运杂费	管理费用	其他					1	7	0	0	0	0											
	银行存款																1	7	0	0	0	0	
附件 3 张	合　计					￥	1	7	0	0	0	0				￥	1	7	0	0	0	0	

会计主管　　　记账　　　出纳　　　审核　　　制证

表 4-28　支票存根

中国工商银行
转账支票存根
10203320
00812233

附加信息

出票日期：2020 年 12 月 8 日

收款人：郑州市恒通物流公司

金　额：￥1 700.00

用　途：运杂费

单位主管　　　会计

表 4-29　中国工商银行河南分行 **进账单**(收账通知)　　3 第　号

2020 年 12 月 8 日

汇款人	全 称	郑州市云裳服装公司	收款人	全 称	郑州市恒通物流公司
	账 号	17020293062030721 47		账 号	17020163045607986 23
	开户银行	工商银行新郑支行		开户银行	工商银行新郑支行
金额	人民币(大写)	壹仟柒佰元整			￥1 700 00
	票据种类	转账支票			
	票据张数	1 张			
单位主管　　　　会计 复核　　　　　　记账					出票开户银行盖章

（工商银行新郑支行 2020.12.08 转讫）

表 4-30　**付款申请书**

申请部门：财务部　　　　　　　　　　付款编号：201208
收款公司：郑州恒通物流公司　　　　　付款理由：代河北环宇铝制品
开户银行：中国工商银行新郑支行　　　　　　　　　有限公司垫货物运杂费
银行账号：1702016304560798623
金　　额：￥1 700.00
大　　写：壹仟柒佰元整　　　　　　　发票编号：

由有关负责部门填写

付款方式：	√ 1/转账　　2/电汇　　3/信汇　　4/现金
付款银行：	中国工商银行新郑支行
银行账号：	1702029306203072147
付款金额：	￥1 700.00
申请人：	王道宽　　　　日期：2020.12.08　　财务经办人：高玉才
部门主管：柴晓峰 日期：2020.12.08	财务经理：裴艳艳 日期：2020.12.08	总经理：于王宇 日期：2020.12.08

（3）经济业务 3 相关凭证如表 4-31～表 4-33 所示。

表 4-31　**记 账 凭 证**

2020 年 12 月 28 日　　　　　　　　　　　　　记字第 84 号

摘　要	会计科目		借方金额	贷方金额	记账
	总账科目	明细账科目	千百十万千百十元角分	千百十万千百十元角分	√
领用劳保用品	管理费用	劳保费	7 0 4 5 0 0		
	原材料	劳动保护品		7 0 4 5 0 0	
附件 2 张	合　计		￥7 0 4 5 0 0	￥7 0 4 5 0 0	

会计主管　　　　记账　　　　出纳　　　　审核　　　　制证

表 4-32 领 料 单
（三联式）

领料部门 一车间
用途 一般耗用
2020 年 12 月 27 日
领字第 25 号

材料编号	材料名称	规格	单位	数量 请领	数量 实发	单价	成本 总价 万	千	百	十	元	角	分
	手套		双	30	30	4.50		1	3	5	0	0	
	工作服		套	15	15	128.00		1	9	2	0	0	0
	肥皂		块	90	90	4.50			4	0	5	0	0
	毛巾		条	60	60	5.00			3	0	0	0	0
	合计							2	7	6	0	0	0

会计：　　记账：　　保管：　　发料：张军奇　　领料：文加佳

第一联：仓库部门存查

表 4-33 领 料 单
（三联式）

领料部门 公司科室
用途 下车间
2020 年 12 月 27 日
领字第 26 号

材料编号	材料名称	规格	单位	数量 请领	数量 实发	单价	成本 总价 万	千	百	十	元	角	分
	手套		双	50	50	4.50			2	2	5	0	0
	工作服		套	20	20	168.00		3	3	6	0	0	0
	肥皂		块	100	100	4.50			4	5	0	0	0
	毛巾		条	50	50	5.00			2	5	0	0	0
	合计							4	2	8	5	0	0

会计：　　记账：　　保管：　　发料：张军奇　　领料：黄文琦

第一联：仓库部门存查

注册会计师陈志勇通过询问得知，公司科室所领用劳保用品为公司干部 2020 年 1 月下车间与工人一同劳动所用，但工作服是为中层干部特制的。

项目小结

采购与付款业务是企业的主要经营业务之一，其主要活动包括请购商品和劳务、编制订购单订货、验收商品、储存已验收的商品存货、编制付款凭单、确认与记录负债、付款，以及记录现金或银行存款的支出等。

通过了解和描述采购与付款循环的内部控制，对该循环的内部控制进行控制测试并评价其控制风险。

审计人员根据内部控制的评价结果，运用检查、查询与函证、计算、分析性程序等方法，对采购与付款循环中涉及的各项账户余额和交易种类实施实质性程序，以实现特定的审计目标。

课后练习

一、判断题

1. 注册会计师对负债项目的审计,主要是防止企业高估债务。（ ）
2. 注册会计师应结合销售业务对应付账款进行审计。（ ）
3. 一个良好的应付账款内部控制,在收到购货发票后,应立即送交会计部门支付货款。（ ）
4. 应付账款应同应收账款一样必须实施函证,以验证其是否真实存在。（ ）
5. 应付账款均不需要函证,这是因为函证不能保证查出未记录的应付账款,况且注册会计师能够取得购货发票等外部凭证来证实应付账款的余额。（ ）
6. 如果被审单位固定资产增减均能处于良好的经批准的预算控制之下,注册会计师即可适当减少对固定资产增加和减少审计的实质性测试的样本。（ ）
7. 明确的职责分工制度,有利于降低注册会计师的检查风险。（ ）
8. 注册会计师实地观察固定资产的重点应放在净值较高的固定资产。（ ）
9. 将本年计提折旧额/固定资产总成本同上年比较,旨在发现累计折旧核算的错误。（ ）
10. 即使某一应付账款明细账户年末余额为零,注册会计师仍然可以将其列为函证对象。（ ）

二、单项选择题

1. 对于健全的应付账款内部控制,一切购货交易,均应填写(　　),并经采购及有关部门签章批准。
   A. 验收单　　　B. 订货单　　　C. 支付凭单　　　D. 购货发票
2. 注册会计师在查找未入账的应付账款时,主要应审查(　　)。
   A. 验收报告　　B. 提货单　　　C. 购货发票　　　D. 未支付账单
3. 如果应付账款所属明细科目出现借方余额,注册会计师应提请在资产负债表的(　　)项目列示。
   A. 应收账款　　B. 应付账款　　C. 预收账款　　　D. 预付账款
4. 下列各项目不属于固定资产内部控制的是(　　)。
   A. 区分资本性支出和收益性支出　　B. 保险制度
   C. 处置制度　　　　　　　　　　　D. 定期盘点制度
5. 下列分析性复核比率中可能发现已减少固定资产未在账户上注销的问题的是(　　)。
   A. 本年各月间和本年度与以前各年度间的修理及维护费用之比较
   B. 固定资产总成本÷全年产品产量

  C. 本年与以前各年度的固定资产增减之比较

  D. 本年计提折旧额÷固定资产总成本

6. 在审查固定资产增加项目时,对于接受捐赠的固定资产,注册会计师应审查其是否( )。

  A. 已按评估价值入账   B. 按指出单位账面净值入账

  C. 已按同类资产的市场价格入账 D. 已按重置完全价值入账

7. 注册会计师取得并验算固定资产及累计折旧分类汇总表是针对管理部门的( )认定。

  A. 存在或发生 B. 完整性 C. 估价或分摊 D. 表达与披露

8. 考虑到购货与付款循环测试的重要性,注册会计师往往对这一循环采用( )审计方法。

  A. 属性抽样 B. 变量抽样 C. 统计抽样 D. 非统计抽样

9. 对应付账款函证通常采用( )。

  A. 肯定式函证 B. 否定式函证 C. 传统函证 D. A和B都对

10. 固定资产审计目标一般不包括( )。

  A. 固定资产是否存在

  B. 固定资产是否归被审计单位所有

  C. 固定资产的计价和折旧政策是否恰当及预算是否合理

  D. 固定资产的期末余额是否正确

三、多项选择题

1. 根据内部控制不相容职务分离的要求,下列职责应相互独立的有( )。

  A. 提出采购申请与批准采购申请 B. 批准采购申请与采购

  C. 采购与验收   D. 验收与付款

2. 典型的购货与付款循环所涉及的主要凭证和会计记录有( )。

  A. 买方发票 B. 请购单 C. 买方对账单 D. 卖方对账单

3. 为了检查采购与付款内部控制的有效性,审计人员可以采取的测试程序有( )。

  A. 抽取部分采购业务,检查请购单是否经过批准

  B. 检查验收单是否连续编号

  C. 函证应付账款

  D. 观察验收部门是否独立于仓库保管部门

4. 应付账款一般不需要函证,但出现( )时,注册会计师还应实施函证程序。

  A. 应付账款存在借方余额 B. 控制风险较高

  C. 某应付账款的账户金额较大 D. 被审计单位处于经济困难阶段

5. 在审计中,如果发现被审计单位因( )等导致某些明细账户借方出现较大余额,注册会计师应在审计工作底稿中编制建议调整的重分类分录,以便将这些借方余额在

资产负债表中列为资产。

  A. 重复付款 B. 重复收款 C. 付款后退货 D. 预付货款

6. 注册会计师应获取、汇集不同的证据以确定固定资产是否确实归被审计单位所有,对于房地产类固定资产,需要查阅(　　)等文件。

  A. 合同、产权证明   B. 财产税单

  C. 抵押贷款的还款凭证 D. 保险单

7. 审查折旧的计提和分配应注意(　　)。

  A. 计算复核本期折旧费用的计提是否正确

  B. 检查折旧费用的分配是否合理

  C. 注意固定资产增减变动时,有关折旧的会计处理是否符合规定

  D. 是否在资产负债表上披露

8. 注册会计师对某公司购货与付款循环进行审计,该公司明细账往来账户年末余额及本年度进货总额如下,注册会计师应进行函证的两家公司是(　　)。

  A. 378 000元,589 700元 B. 0元,37 656 700元

  C. 86 000元,83 990元   D. 3 677 800元,2 637 540元

9. 以下各项内部控制制度中,能够防止或发现采购及应付账款环节发生错误或舞弊的有(　　)。

  A. 所有订货单应经采购部门及有关部门批准,其副本应及时提交财会部门

  B. 现购业务必须经财会部门批准后方可支付价款

  C. 收到购货发票后,应立即送采购部门与订货单、验收单核对相符

  D. 采用总价法记录现金折扣,并严格复核是否发生折扣损失

10. 下列各项审计程序中,可以找出未入账的应付账款的程序有(　　)。

  A. 审查资产负债表日收到,但尚未处理的购货发票

  B. 审查资产负债表日已经入库,但未收到发票的商品的有关记录

  C. 审查所有应付账款函证的回函

  D. 审查资产负债表日后一段时间内的现金支票存根

生产与存货循环审计

技能目标

1. 能在明确审计目标要求的前提下，结合该循环业务特点，按审计程序要求执行控制测试。
2. 能在明确审计目标要求的前提下，结合该循环业务特点，按审计程序要求执行实质性程序。
3. 能较熟练地将所搜集的审计证据记录于审计工作底稿。

知识目标

1. 理解生产与存货循环业务特性。
2. 了解生产与存货循环审计目标与程序。
3. 理解生产与存货循环控制测试、实质性程序的操作原理。

法尔莫公司的"水桶账户"

米奇·莫纳斯自获得位于(美)俄亥俄州阳土敦市的第一家药店开始，就梦想着把他的小店发展成一个庞大的药品帝国。在短短的十年里通过他所谓的"强力购买"，即通过提供大比例折扣来销售商品，不断积累财富，收购了299家药店，从而组建了全国连锁的法尔莫公司。莫纳斯的做法是首先把实际上并不盈利且未经审计的药店报表拿来，自己为其加上并不存在的存货和利润。然后凭着自己空谈的天分及一套夸大了的报表，在一年之内骗得了足够的投资用以收购了8家药店，奠定了他的小型药品帝国的基础。这个帝国后来发展到了拥有300家连锁店的规模。一时间，莫纳斯成为金融领域的风云人物，他的公司则在阳土敦市赢得了令人崇拜的地位。

一次偶然的事件导致这个精心设计的、至少引起5亿美元损失的财务舞弊事件浮出水面。莫纳斯及其下属先将所有的损失归入一个所谓的"水桶账户",然后再将该账产的金额通过虚增存货的方式重新分配到公司的数百家成员药店中。他们仿造购货发票、制造增加存货并减少销售成本的虚假记账凭证、确认购货却不同时确认负债、多计或加倍计算存货的数量。财务部门之所以可以隐瞒存货短缺是因为注册会计师只对300家药店中的4家进行存货监盘,而且他们会提前数月通知法尔莫公司他们将检查哪些药店。管理人员随之将那4家药店堆满实物存货,而把那些虚增的部分分配到其余的296家药店。如果不考虑其会计造假,法尔莫公司实际已濒临破产。在最近一次审计中,其现金已紧缺到供应商因其未能及时支付购货款而威胁取消对其供货的地步。

注册会计师们一直未能发现这起舞弊,他们为此付出了昂贵的代价。这项审计失败使会计师事务所在民事诉讼中损失了3亿美元。那位财务总监被判33个月的监禁,莫纳斯本人则被判入狱5年,莫纳斯的药品帝国也以倒闭收场。

任务5.1 生产与存货循环控制测试

生产与存货循环涉及的内容主要是存货的管理及其生产成本的计算等,该循环同其他业务循环的联系非常密切,又具有其独特性。

考虑财务报表项目与业务循环的相关程度,该循环所涉及的资产负债表项目主要是存货与应付职工薪酬等;所涉及的利润表项目主要是营业成本等。其中,存货又包括材料采购或在途物资、原材料、材料成本差异、库存商品、发出商品、商品进销差价、委托加工物资、委托代销商品、受托代销商品、周转材料、生产成本、制造费用、劳务成本、存货跌价准备等。

生产与存货循环审计程序包括控制测试和实质性程序。控制测试包括成本会计制度的控制测试和工薪的控制测试。

5.1.1 了解并描述生产与存货循环的特性

生产与存货循环的特性主要包括两部分的内容:一是本循环涉及的主要凭证和会计记录;二是本循环涉及的主要业务活动。注册会计师只有了解生产与存货循环涉及的主要活动及相关凭证和记录,才能对相关账户的审计风险予以把握,进而提高审计效率。以制造业为例,生产与存货循环所涉及的主要业务活动、对应的凭证与记录及能够证明的认定如表5-1所示。

表 5-1　生产与存货循环所涉及的主要业务活动、对应的凭证与记录及能够证明的认定

主要业务活动	对应的凭证与记录	相关的主要部门	主要能够证明的认定
1. 计划和安排生产	生产通知单、材料领用申请单	生产计划部门	存在或发生
2. 发出原材料	材料发出汇总表、领料单、限额领料单、领料登记簿、退料单	仓库部门	存在或发生、完整性
3. 生产产品	生产通知单、生产加工指令单、产量和工时记录、人工费用、材料费用、制造费用等	生产部门	估价或分摊
4. 核算产品成本	生产通知单、领料单、计工单、入库单、成本计算单、工薪汇总表及工薪费用分配表、材料费用分配表、制造费用分配汇总表、存货明细账	会计部门	估价或分摊
5. 储存产成品	半成品入库单、半成品转移单、半成品出库单、产品验收单、产品入库单	仓库部门	存在或发生、完整性等
6. 发出产成品	发运通知单、出库单	发运部门	完整性

5.1.2　生产与存货循环内部控制的测试

1. 生存与存货循环内部控制的程序

总体上看，生产与存货循环的内部控制主要包括存货的内部控制、成本会计制度的内部控制及工薪的内部控制3项内容。但从根本上说，可概括为存货的数量和计价两个关键因素的控制。基于上述原因，本项目对生产和存货循环的内部控制和相关控制测试的介绍，仅涉及成本会计制度及工薪两项。

成本会计制度的内部控制目标、关键的内部控制与审计测试的关系如表 5-2 所示。

表 5-2　成本会计制度的内部控制目标、关键的内部控制与审计测试的关系

内部控制目标	关键的内部控制	常用控制测试程序	常用的实质性测试程序
生产业务是根据管理层一般或特定的授权进行的（发生）	对以下 3 个关键点，应通过恰当手续，经过特别审批或一般审批：①生产指令的授权批准；②领料单的授权批准；③工薪的授权批准	检查凭证中是否包括这 3 个关键点的恰当审批	检查生产指令、领料单、工薪等是否经过授权
记录的成本为实际发生的而非虚构的（发生）	成本的核算是以经过审核的生产通知单、领发料凭证、产量和工时记录、人工费用分配表、材料费用分配表、制造费用分配表为依据的	检查有关成本的记账凭证是否附有生产通知单、领发料凭证、产量和工时记录、人工费用分配表、材料费用分配表、制造费用分配表，及这些原始凭证的顺序编号是否完整	对成本实施分析性程序；将成本明细账与生产通知单、领发料凭证、产量和工时记录、人工费用分配表、材料费用分配表、制造费用分配表相核对

续表

内部控制目标	关键的内部控制	常用控制测试程序	常用的实质性测试程序
所有耗费和物化劳动均已反映在成本中（完整性）	生产通知单、领发料凭证、产量和工时记录、人工费用分配表、材料费用分配表、制造费用分配表均事先编号并已经登记入账	检查生产通知单、领发料凭证、产量和工时记录、人工费用分配表、材料费用分配表、制造费用分配表的顺序编号是否完整	对成本实施分析程序；将生产通知单、领发料凭证、产量和工时记录、人工费用分配表、材料费用分配表、制造费用分配表与成本明细账相核对
成本以正确的金额，在恰当的会计期间及时记录于适当的账户（发生、完整性、准确性、计价和分摊）	采用适当的成本核算方法，并且前后各期一致；采用适当的费用分配方法，并且前后各期一致；采用恰当的成本核算流程和账务处理流程；内部核查	选取样本测试各种费用的归集和分配以及成本的计算；测试是否按照规定的成本核算流程和账务处理流程进行核算和账务处理	对成本实施分析程序；抽查成本计算单，检查各种费用的归集和分配以及成本的计算是否正确；对重大的产品项目进行计价测试
对存货实施保护措施，保管人员与记录、批准人员相互独立（完整性）	存货保管人员与记录、保管人员职务相分离	询问和观察存货和记录的接触以及相应的批准程序	
账面存货与实际存货定期核对相符（存在、完整性、计价和分摊）	定期进行存货盘点	询问和观察存货盘点程序	对存货实施监盘程序

工薪内部控制的控制目标、关键内部控制与审计测试的关系如表 5-3 所示。

表 5-3 工薪内部控制的控制目标、关键内部控制与审计测试的关系

内部控制目标	关键的内部控制	常用控制测试程序	常用的实质性测试程序
工薪账项均经正确批准（发生）	对以下 5 个关键点，应履行恰当手续，经过特别审批或一般审批：批准上工；工作时间，特别是加班时间；工薪、薪金或佣金；代扣款项；工薪结算表和工薪汇总表	审查人事档案；检查工时卡的有关核准说明；检查工薪记录中有关内部检查的标记；检查人事档案中的授权；检查工薪记录中有关核准的标记	将工时卡同工时记录等进行比较
记录的工薪为实际发生的而非虚构的（发生）	工时卡经领班核准；用生产记录钟记录工时	检查工时卡的核准说明；检查工时卡；复核人事政策、组织结构图	对本期工薪费用的发生情况实施分析程序；将有关费用明细账与工薪费用分配表、工薪汇总表、工薪结算表相核对
所有已发生的工薪支出已作记录（完整性）	工薪分配表、工薪汇总表完整反映已发生的工薪支出	审查工薪分配表、工薪汇总表、工薪结算表，并核对员工工薪手册、员工手册等	对本期工薪费用的发生情况实施分析程序；将工薪费用分配表、工薪汇总表、工薪结算表与有关费用明细账相核对

续表

内部控制目标	关键的内部控制	常用控制测试程序	常用的实质性测试程序
工薪以正确的金额,在恰当的会计期间及时记录于适当的账户(发生、完整性、准确性、计价和分摊)	采用适当的工薪费用分配方法,并且前后各期一致;采用适当的内务处理流程	选取样本测试工薪费用的归集和分配;测试是否按照规定的账务处理流程进行账务处理	对本期工薪费用实施分析程序;检查工薪的计提是否正确,分配方法是否与上期一致
人事、考勤、工薪发放、记录之间相互分离(准确性)	人事、考勤、工薪发放、记录等职务相互分离	询问和观察各项职责的执行情况	

2. 控制测试

1) 成本会计制度控制测试

成本会计制度控制测试包括4项内容:直接材料成本测试、直接人工成本测试、制造费用测试和生产成本在当期完工产品和在产品之间分配的测试。

(1) 直接材料成本测试。直接材料成本测试涉及3个因素:消耗量、单价、总成本。围绕这3个因素审查其正确性与合理性即可。

对采用定额单耗的企业,可选择某一成本报告期若干种具有代表性的产品成本计算单。获取样本的生产指令或产量统计记录及其直接材料单位消耗定额,根据材料明细账或采购业务测试工作底稿中各该直接材料的单位实际成本,计算直接材料的总消耗量和总成本。与该样本的成本计算单中直接材料成本核对,并注意下列事项:生产指令是否经过授权批准;单位消耗定额和材料成本计价方法是否适当,在当年度有何重大变更。

对非采用定额单耗的企业,可获取材料费用分配汇总表、材料发出汇总表(或领料单)、材料明细账(或采购业务测试工作底稿)中各该直接材料的单位成本,作如下检查:成本计算单中直接材料成本与材料费用分配汇总表中该产品负担的直接材料费用是否相符,分配的标准是否合理。将抽取的材料发出汇总表或领料单中若干种直接材料的发出总量和各该种材料的实际单位成本之积,与材料费用分配汇总表中各该种材料费用进行比较,并注意下列事项:领料单的签发是否经过授权批准;材料发出汇总表是否经过适当的人员复核,材料单位成本计价方法是否适当;在当年度有何重大变更等。

对采用标准成本法的企业,获取样本的生产指令或产量统计记录、直接材料单位标准用量、直接材料标准单价及发出材料汇总表或领料单,检查下列事项:根据生产量、直接材料单位标准用量和标准单价计算的标准成本与成本计算单中的直接材料成本是否相符;直接材料成本差异的计算与账务处理是否正确,并注意直接材料的标准成本在当年度内有何重大变更。

(2) 直接人工成本测试。直接人工成本测试涉及3个因素:耗用工时(或计件量)、工薪率(工薪标准)、总成本。围绕这3个因素审查其正确性与合理性即可。

对采用计时工薪制的企业,获取样本的实际工时统计记录、职员分类表和职员工薪手册(工薪率)及人工费用分配汇总表,作以下检查:成本计算单中直接人工成本与人工费用分配汇总表中该样本的直接人工费用核对是否相符;样本的实际工时统计记录与人工费用分配汇总表中该样本的实际工时核对是否相符;抽取生产部门若干天的工时台账与实际工时统计记录核对是否相符;当没有实际工时统计记录时,则可根据职员分类表及职员工薪手册中的工薪率,计算复核人工费用分配汇总表中该样本的直接人工费用是否合理。

对采用计件工薪制的企业,获取样本的产量统计报告、个人(小组)产量记录和经批准的单位工薪标准或计件工薪制度,检查下列事项:根据样本的统计产量和单位工薪标准计算的人工费用与成本计算单中直接人工成本核对是否相符;抽取若干各直接工人(小组)的产量记录,检查是否被汇总记入产量统计报告。

对采用标准成本法的企业,获取样本的生产指令或产量统计报告、工时统计报告和经批准的单位标准工时、标准工时工薪率、直接人工的工薪汇总表等资料,检查下列事项:根据产量和单位标准工时计算的标准工时总量与标准工时工薪率之积同成本计算单中直接人工成本核对是否相符;直接人工成本差异的计算与账务处理是否正确;并注意直接人工的标准成本在当年度内有何重大变更。

(3)制造费用测试。获取样本的制造费用分配汇总表、按项目分列的制造费用明细账、与制造费用分配标准有关的统计报告及其相关原始记录,检查下列事项:制造费用分配汇总表中,样本分担的制造费用与成本计算单中的制造费用核对是否相符;制造费用分配汇总表中的合计数与样本所属成本报告期的制造费用明细账总计数核对是否相符;制造费用分配汇总表选择的分配标准(机器工时数、直接人工工薪、直接人工工时数、产量等)与相关的统计报告或原始记录核对是否相符,并对费用分配标准的合理性作出评估;如果企业采用预计费用分配率分配制造费用,则应针对制造费用分配过多或过少的差额,检查其是否做了适当的账务处理;如果企业采用标准成本法,则应检查样本中标准制造费用的确定是否合理,计入成本计算单的数额是否正确,制造费用差异的计算与账务处理是否正确,并注意标准制造费用在当年度内有何重大变更。

(4)生产成本在当期完工产品与在产品之间分配的测试。检查成本计算单中的产品数量与生产统计报告或在产品盘存表中的数量是否一致;检查在产品约当量计算或其他分配标准是否合理;计算复核样本的总成本和单位成本,最终对当期采用的成本会计制度作出评价。

2)工薪控制测试

(1)选择若干月份工薪汇总表,作以下检查:计算复核每一月份工薪汇总表;检查每一月份工薪汇总表是否已经授权批准;检查应付工薪总额与人工费用分配汇总表中合计数是否相符;检查其代扣款项的账务处理是否正确;检查实发工薪总额与银行付款凭单及银行存款对账单是否相符,并正确过入相关账户。

(2)从工薪单中选取若干个样本(应包括各种不同类型人员),作以下检查:检查员工工薪卡或人事档案,确保工薪发放有依据;检查员工工薪率及实发工薪额的计算;检查

实际工时统计记录（或产量统计报告）与员工个人钟点卡（或产量记录）是否相符；检查员工加班加点记录与主管人员签证的月度加班费汇总表是否相符；检查员工扣款依据是否正确；检查员工的工薪签收证明；实地抽查部分员工，证明其确在本公司工作，如已离开本公司，需管理层证实。

任务5.2 生产与存货循环审计实质性程序

5.2.1 存货审计

1. 存货的审计目标

存货审计，尤其是对年末存货余额的测试，通常是审计中最复杂也最费时的部分。对存货存在性和存货价值的评估常常十分困难。导致存货审计复杂的主要原因包括：存货通常是资产负债表中的一个主要项目，而且通常是构成营运资本的最大项目；存货存放于不同的地点，这使得对它的实物控制和盘点都很困难；存货项目的多样性也给审计带来了困难；存货本身的陈旧以及存货成本的分配也使得存货的估价出现困难；允许采用的存货计价方法具有多样性。

存货的重大错报对于流动资产、营运资本、总资产、销售成本、毛利，以及净利润都会产生直接的影响。存货的重大错报对于其他某些项目，例如利润分配和所得税，也具有间接影响。审计中许多复杂和重大的问题都与存货有关。存货、产品生产和销售成本构成了会计、审计乃至企业管理中最为普遍、重要和复杂的问题。

存货对于企业的重要性、存货问题的复杂性，以及存货与其他项目密切的关联度，要求注册会计师对存货项目的审计予以特别的关注。相应的，要求实施存货项目审计的注册会计师具备较高的专业素质和相关业务知识，分配较多的审计工时，运用多种有针对性的审计程序。

存货审计目标与财务报表的认定的对应关系如表5-4所示。

表5-4 存货审计目标与财务报表的认定的对应关系

审计目标	财务报表的认定				
	存在	完整性	权利和义务	计价和分摊	列报
A. 资产负债表中记录的存货是存在的	√				
B. 所有应当记录的存货均已记录		√			
C. 记录的存货由被审计单位拥有或控制			√		
D. 存货以恰当的金额包括在财务报表中，与之相关的计价调整已恰当记录				√	
E. 存货已按照企业会计准则的规定在财务报表中作出恰当列报					√

2. 存货的实质性程序

存货审计中,注册会计师为了实现审计目标而实施的实质性程序见表5-5。

表5-5 存货审计目标与审计程序对应关系表

审计目标	可供选择的审计程序
(一) 材料采购(在途物资)	
D	1. 获取或编制材料采购(在途物资)的明细表,复核加计是否正确,并与总账数、明细账合计数核对是否相符。
ACD	2. 检查材料采购或在途物资。 (1) 对大额材料采购或在途物资,追查至相关的购货合同及购货发票,复核采购成本的正确性,并抽查后期入库情况,必要时发函询证。 (2) 检查期末材料采购或在途物资,核对有关凭证,查看是否存在不属于材料采购(在途物资)核算的交易或事项。 (3) 检查月末转入原材料等科目的会计处理是否正确。
BA	3. 查阅资产负债表日前后_____天材料采购(在途物资)增减变动的有关账簿记录和收料报告单等资料,检查有无跨期现象,如有,则应作出记录,必要时作调整。
D	4. 如采用计划成本核算,审核材料采购账目有关材料成本差异发生额的计算是否正确。
A	5. 检查材料采购是否存在长期挂账事项,如有,应明原因,必要时提出调整建议。
	6. 根据评估的舞弊风险等因素增加的审计程序。
(二) 原材料	
D	7. 获取或编制原材料的明细表,复核加计是否正确,并与总账数、明细账合计数核对是否相符。
ABD	8. 实质性分析程序(必要时)。 (1) 针对已识别需要运用分析程序的有关项目,并基于对被审计单位及其环境的了解,进行以下比较,同时考虑有关数据间关系的影响,以建立注册会计师对有关数据的期望值。 ① 比较当年度及以前年度原材料成本占生产成本百分比的变动,并对异常情况作出解释。 ② 比较原材料的实际用量与预算用量的差异,并分析其合理性。 ③ 核对仓库记录的原材料领用量与生产部门记录的原材料领用量是否相符,并对异常情况作出解释。 ④ 根据标准单耗指标,将原材料收发存情况与投入产出量结合比较,以分析本期原材料领用、消耗、结存的合理性。 (2) 确定可接受的差异额。 (3) 将实际的情况与期望值相比较,识别需要进一步调查的差异。 (4) 如果其差额超过可接受的范围,调查并获取充分的解释和恰当的审计证据(例如,检查相关的凭证)。 (5) 评估分析程序的测试结果。
AB	9. 选取代表性样本,抽查原材料明细账的数量与盘点记录的原材料数量是否一致,以确定原材料明细账数量的准确性和完整性。 (1) 从原材料明细账中选取具有代表性的样本,与盘点报告(记录)的数量核对。 (2) 从盘点报告(记录)中抽取有代表性的样本,与原材料明细账的数量核对。

续表

审计目标	可供选择的审计程序
BA	10. 截止测试。 (1) 原材料入库的截止测试。 ① 在原材料明细账的借方发生额中选取资产负债表日前后_____张、_____金额以上的凭证,并与入库记录(如入库单,或购货发票,或运输单据)核对,以确定原材料入库被记录在正确的会计期间。 ② 在入库记录(如入库单,或购货发票,或运输单据)选取资产负债表日前后_____张、_____金额以上的凭证,与原材料明细账的借方发生额进行核对,以确定原材料入库被记录在正确的会计期间。 (2) 原材料出库截止测试。 ① 在原材料明细账的贷方发生额中选取有资产负债表日前后_____张、_____金额以上的凭证,并与出库记录(如出库单,或销货发票,或运输单据)核对,以确定原材料出库被记录在正确的会计期间。 ② 在出库记录(如出库单,或销货发票,或运输单据)中选取资产负债表日前后_____张、_____金额以上的凭证,与原材料明细账的贷方发生额进行核对,以确定原材料出库被记录在正确的会计期间。
D	11. 原材料计价方法的测试。 (1) 检查原材料的计价方法前后期是否一致。 (2) 检查原材料的入账基础和计价方法是否正确,自原材料明细表中选取适量品种。 ① 以实际成本计价时,将其单位成本与购货发票核对,并确认原材料成本中不包含增值税。 ② 以计划成本计价时,将其单位成本与材料成本差异明细账及购货发票核对,同时关注被审计单位计划成本制定的合理性。 ③ 检查进口原材料的外币折算是否正确,检查相关的关税、增值税及消费税的会计处理是否正确。 (3) 检查原材料的计价方法是否正确。 ① 了解被审计单位原材料的计价方法,前后期是否一致,并抽取主要材料复核其计算是否正确;若原材料以计划成本计价,还应检查材料成本差异的发生和结转的金额是否正确。 ② 编制本期发出材料汇总表,与相关科目钩稽核对,并复核_____月发出材料汇总表的正确性。 (4) 结合原材料的盘点检查,期末有无"料到单未到"情况,如有,应查明是否已暂估入账,其暂估价是否合理。
ABCD	12. 对于通过非货币性资产交换、债务重组、企业合并,以及接受捐赠等取得的原材料,检查其入账的有关依据是否真实、完备,入账价值和会计处理是否符合相关规定。
ABCD	13. 检查投资者投入的原材料是否按照投资合同或协议约定的价值入账,并检查约定的价值是否公允、交接手续是否齐全。
ABCD	14. 检查与关联方的购销业务是否正常,关注交易价格、交易金额的真实性及合理性,检查对合并范围内购货记录应予合并抵销的数据是否正确。
A	15. 审核有无长期挂账的原材料,如有,应查明原因,必要时作调整。
CE	16. 结合银行借款等科目,了解是否有用于债务担保的原材料,如有,则应取证并作相应的记录,同时提请被审计单位作恰当披露。
	17. 根据评估的舞弊风险等因素增加的审计程序。
(三) 材料成本差异	
D	18. 获取或编制材料成本差异的明细表,复核加计是否正确,并与总账数、明细账合计数核对是否相符。
D	19. 对材料成本差异率进行分析,检查是否有异常波动,注意是否存在调节成本现象。

续表

审计目标	可供选择的审计程序
D	20. 结合以计划成本计价的原材料、包装物等的入账基础测试,比较计划成本与供货商发票或其他实际成本资料,检查材料成本差异的发生额是否正确。
D	21. 抽查_____月发出的材料汇总表,检查材料成本差异的分配是否正确,并注意分配方法前后期是否一致。
	22. 根据评估的舞弊风险等因素增加的审计程序。
(四)库存商品	
D	23. 获取或编制库存商品的明细表,复核加计是否正确,并与总账数、明细账合计数核对是否相符。
ABD	24. 实质性分析程序。 (1)针对已识别需要运用分析程序的有关项目,并基于对被审计单位及其环境的了解,同时通过进行以下比较,并考虑有关数据间关系的影响,以建立注册会计师对有关数据的期望值。 ① 按品种分析库存商品各月单位成本的变动趋势,以评价是否有调节生产成本或销售成本的因素。 ② 比较前后各期的主要库存商品的毛利率(按月、按生产线、按地区等)、库存商品周转率和库存商品账龄等,评价其合理性并对异常波动作出解释,查明异常情况的原因。 ③ 比较库存商品库存量与生产量及库存能力的差异,并分析其合理性。 ④ 核对仓库记录的库存商品入库量与生产部门记录的库存商品生产量是否一致,并对差异作出解释。 ⑤ 核对发票记录的数量与发货量、订货量、主营业务成本记录的销售量是否一致,并对差异作出解释。 ⑥ 比较库存商品销售量与生产量或采购量的差异,并分析其合理性。 ⑦ 比较库存商品销售量和平均单位成本之积与账面库存商品销售成本的差异,并分析其合理性。 (2)确定可接受的差异范围。 (3)将实际的情况与期望值相比较,识别需要进一步调查的差异。 (4)如果其差额超过可接受的范围,调查并获取充分的解释和恰当的审计证据(例如,通过检查相关的凭证)。 (5)评估分析程序的测试结果。
AB	25. 选取代表性样本,抽查库存商品明细账的数量与盘点记录的库存商品数量是否一致,以确定库存商品明细账的准确性和完整性。 (1)从库存商品明细账中选取具有代表性的样本,与盘点报告(记录)的数量核对。 (2)从盘点报告(记录)中抽取有代表性的样本,与库存商品明细账的数量核对。
BA	26. 截止测试。 (1)库存商品入库的截止测试。 ① 在库存商品明细账的借方发生额中选取资产负债表日前后_____张、_____金额以上的凭证,并与入库记录(如入库单,或购货发票,或运输单据)核对,以确定库存商品入库被记录在正确的会计期间。 ② 在入库记录(如入库单,或购货发票,或运输单据)选取资产负债表日前后_____张、_____金额以上的凭证,与库存商品明细账的借方发生额进行核对,以确定库存商品入库被记录在正确的会计期间。 (2)库存商品出库的截止测试。 ① 在库存商品明细账的贷方发生额中选取有资产负债表日前后_____张、_____金额以上的凭证,并与出库记录(如出库单,或销货发票,或运输单据)核对,以确定库存商品出库被记录在正确的会计期间。 ② 在出库记录(如出库单,或销货发票,或运输单据)中选取资产负债表日前后_____张、_____金额以上的凭证,与库存商品明细账的贷方发生额进行核对,以确定库存商品出库被记录在正确的会计期间。

续表

审计目标	可供选择的审计程序
D	27. 库存商品计价方法的测试。 (1) 检查库存商品的计价方法是否前后期一致。 (2) 检查库存商品的入账基础和计价方法是否正确,自库存商品明细表中选取适量品种。 ① 自制库存商品。 a. 以实际成本计价时,将其单位成本与成本计算单核对。 b. 以计划成本计价时,将其单位成本与相关成本差异明细账及成本计算单核对。 ② 外购库存商品。 a. 以实际成本计价时,将其单位成本与购货发票核对。 b. 以计划成本计价时,将其单位成本与相关成本差异明细账及购货发票核对。 ③ 抽查库存商品入库单,核对库存商品的品种、数量与入账记录是否一致;并将库存商品的实际成本与相关科目(如生产成本)的结转额核对并作交叉索引。 (3) 检查外购库存商品的发出计价是否正确。 ① 了解被审计单位对库存商品发出的计价方法,并抽取主要库存商品,检查其计算是否正确;若库存商品以计划成本计价,还应检查产品成本差异的发生和结转金额是否正确。 ② 编制本期库存商品发出汇总表,与相关科目钩稽核对,并复核_____月库存商品发出汇总表的正确性。 (4) 结合库存商品的盘点,检查期末有无库存商品已到而相关单据未到的情况,如有,应查明是否暂估入账,其暂估价是否合理。
ABCD	28. 对于通过非货币性资产交换、债务重组、企业合并,以及接受捐赠取得的库存商品,检查其入账的有关依据是否真实、完备,入账价值和会计处理是否符合相关规定。
ABCD	29. 检查投资者投入的库存商品是否按照投资合同或协议约定的价值入账,同时检查约定的价值是否公允,交接手续是否齐全。
CAB	30. 检查与关联方的商品购销交易是否正常,关注交易价格、交易金额的真实性与合理性,对合并范围内购货记录应予合并抵销的数据是否抵销。
A	31. 审阅库存商品明细账,检查有无长期挂账的库存商品,如有,应查明原因并作适当处理。
CE	32. 结合银行借款等科目,了解是否有用于债务担保的库存商品,如有,则应取证并作相应的记录,同时提请被审计单位作恰当披露。
	33. 根据评估的舞弊风险等因素增加的审计程序。
(五) 发出商品	
D	34. 获取或编制发出商品的明细表,复核加计是否正确,并与总账数、明细账合计数核对是否相符。
ABCD	35. 检查发出商品有关的合同、协议和凭证,分析交易实质,检查其会计处理是否正确。
AB	36. 检查发出商品品种、数量和金额,与库存商品的结转额核对一致,并作交叉索引。
D	37. 了解被审计单位对发出商品结转的计价方法,并抽取主要发出商品,检查其计算是否正确;若发出商品以计划成本计价,还应检查产品成本差异发生和结转金额是否正确。
ABC	38. 编制本期发出商品发出汇总表与相关科目钩稽核对,并复核_____月发出商品发出汇总表的正确性。
A	39. 审核有无长期挂账的发出商品事项,如有,应查明原因,必要时作调整。
D	40. 检查发出商品退回的会计处理是否正确。
ABD	41. 查阅资产负债表日前后_____天发出商品增减变动的有关账簿记录和有关的合同、协议和凭证、出库单、货运单等资料,检查有无跨期现象,如有,则应作出记录,必要时作调整。
	42. 根据评估的舞弊风险等因素增加的审计程序。

续表

审计目标		可供选择的审计程序
（六）商品进销差价		
	D	43. 获取或编制商品进销差价的明细表，复核加计是否正确，并与总账数、明细账合计数核对是否相符。
	D	44. 对每月商品进销差价率进行分析，检查是否有异常波动，计算方法前后期是否一致，注意是否存在调节成本现象。
	D	45. 结合以售价核算的库存商品入账基础的测试，检查商品进销差价的发生额是否正确。
	D	46. 抽查_____月商品发出汇总表，检查商品进销差价的分配是否正确，并注意分配方法前后期是否一致。
	D	47. 检查库存商品发生盈余或损失时商品进销差价及增值税进项税的会计处理方法是否正确。
	D	48. 检查被审计单位是否在年度终了时对商品进销差价进行一次核实调整。
		49. 根据评估的舞弊风险等因素增加的审计程序。
（七）存货监盘		
ABD		50. 编制存货监盘报告，对存货进行监盘。详见存货监盘程序。
（八）存货跌价准备		
	BD	51. 获取或编制存货跌价准备的明细表，复核加计是否正确，并与总账数、明细账合计数核对是否相符。
	D	52. 检查分析存货是否存在减值迹象以判断被审计单位计提存货跌价准备的合理性。 （1）将存货余额与现有的订单、资产负债表日后各期的销售额和下一年度的预测销售额进行比较，以预测存货滞销和跌价的可能性。 （2）比较当前年度及以前年度存货跌价准备占存货余额的比例，并查明出现异常情况的原因。 （3）结合存货监盘，对存货的外观形态进行检视，以了解其物理形态是否正常；检查期末结存库存商品和在产品针对型号陈旧、产量下降、生产成本或售价波动、技术或市场需求的变化情形，以及期末销售情况考虑是否需进一步计提准备。 ① 对于残次、冷背、呆滞的存货查看永续盘存记录、销售分析等资料，分析当年实际使用情况，确定是否已合理计提跌价准备。 ② 将上年度残次、冷背、呆滞存货清单与当年存货清单进行比较，确定是否需补提跌价准备。
	D	53. 检查计提存货跌价准备的依据、方法是否前后一致。
	D	54. 根据成本与可变现净值孰低的计价方法，评价存货跌价准备所依据的资料、假设及计提方法，考虑是否有确凿证据为基础计算确定存货的可变现净值，检查其合理性。
	D	55. 考虑不同存货的可变现净值的确定原则，复核其可变现净值计算正确性（即充足但不过度）。 （1）对于用于生产而持有的原材料，检查是否以所生产的成品的估计售价减去至完工时估计将要发生的成本、估计的销售费用和相关税费后的金额，作为其可变现净值的确定基础。 （2）对于库存商品和用于出售而持有的原材料等直接用于出售的存货，检查是否以该存货的估计售价减去估计的销售费用和相关税费后的金额，作为其可变现净值的确定基础。 （3）检查为执行销售合同而持有的库存商品等存货，是否以合同价格作为其可变现净值的确定基础；如果被审计单位持有库存商品的数量多于销售合同订购数量，超出部分的库存商品可变现净值是否以一般销售价格为计量基础。
	D	56. 抽查计提存货跌价准备的项目，其期后售价是否低于原始成本。

续表

审计目标	可供选择的审计程序
D	57. 检查存货跌价准备的计算和会计处理是否正确,本期计提或转销是否与有关损益科目金额核对一致。
D	58. 对从合并范围内部购入存货计提的跌价准备,关注其在合并时是否已作抵销。
D	59. 检查债务重组、非货币性资产交换和企业合并等涉及存货跌价准备的会计处理是否正确。
	60. 根据评估的舞弊风险等因素增加的审计程序。
（九）存货的列报	
E	61. 检查存货是否已按照企业会计准则的规定在财务报表中作出恰当列报。 (1) 各类存货的期初和期末账面价值。 (2) 确定发出存货成本所采用的方法。 (3) 存货可变现净值的确定依据,存货跌价准备的计提方法,当期计提的存货跌价准备的金额,当期转回的存货跌价准备的金额,以及计提和转回的有关情况。 (4) 用于担保的存货账面价值。

3. 存货的审计重点

1) 存货的分析程序

分析程序在存货与仓储循环审计中占有重要地位。在存货与仓储循环的分析性复核中,注册会计师通常运用的方法有简单比较法和比率比较法两种。

简单比较法包括以下方面。

(1) 比较前后各期及本年度各个月份存货余额及其构成、存货成本差异率、生产成本总额及单位生产成本、直接材料成本、工资费用的发生额、制造费用、待摊费用、预提费用、主营业务成本总额及单位销售成本等,以评价其总体合理性。

(2) 将存货余额与现有的订单、资产负债表日后各期的销售额和下一年度的销售额进行比较,以评估存货滞销和跌价的可能性。

(3) 将存货跌价损失准备与本年度存货处理损失的金额相比较,判断被审计单位是否计提足额的跌价损失准备。

(4) 将与关联企业发生存货交易的频率、规模、价格和账款结算条件,与非关联企业对比,判断被审计单位是否利用关联企业的存货交易虚构业务、调节利润。

比率比较法主要包括以下方面。

(1) 存货周转率是用以衡量销售能力和存货是否积压的指标。

$$存货周转率=主营业务成本÷平均存货×100\%$$

利用存货周转率进行纵向比较或与其他同行企业进行横向比较时,要求存货计价持续一致。存货周转率的异常波动可能意味着被审计单位存在有意或无意地减少存货储备;存货管理或控制程序发生变动;存货成本项目或核算方法发生变动以及存货跌价准备计提基础或冲销政策发生变动等情况。

(2) 毛利率是反映赢利能力的主要指标,用以衡量成本控制及销售价格的变化。

$$毛利率=(主营业务收入-主营业务成本)÷主营业务收入×100\%$$

毛利率的异常变动可能意味着被审计单位存在销售、销售产品总体结构、单位产品成本发生变动等情况。

2) 存货监盘

存货监盘是指注册会计师现场观察被审计单位存货的盘点,并对已盘点的存货进行适当检查。除非出现无法实施存货监盘的特殊情况,注册会计师应当实施必要的替代程序,在绝大多数情况下都必须亲自观察存货盘点过程,实施存货监盘程序。

存货监盘针对的主要是存货的存在认定、完整性认定,以及权利和义务的认定,注册会计师监盘存货的目的在于获取有关存货数量和状况的审计证据,以确证被审计单位记录的所有存货确实存在,已经反映了被审计单位拥有的全部存货,并属于被审计单位的合法财产。存货监盘作为存货审计的一项核心程序,通常可同时实现上述多项审计目标。

(1) 存货监盘计划。注册会计师应当根据被审计单位存货的特点、盘存制度和存货内部控制的有效性等情况,在评价被审计单位存货盘点计划的基础上,编制存货监盘计划,对存货监盘作出合理安排。

在编制存货监盘计划时,注册会计师应当实施以下审计程序。

① 了解存货的内容、性质、各存货项目的重要程度及存放场所。
② 了解与存货相关的内部控制。
③ 评估与存货相关的重大错报风险和重要性。
④ 查阅以前年度的存货监盘工作底稿。
⑤ 考虑实地察看存货的存放场所,特别是金额较大或性质特殊的存货。
⑥ 考虑是否需要利用专家的工作或其他注册会计师的工作。
⑦ 复核或与管理层讨论其存货盘点计划。

注册会计师应当根据被审计单位的存货盘存制度和相关内部控制的有效性,评价其盘点时间是否合理。如果认为被审计单位的存货盘点计划存在缺陷,注册会计师应当提请被审计单位调整。

存货监盘计划应当包括以下主要内容。

① 存货监盘的目标、范围及时间安排。
② 存货监盘的要点及关注事项。
③ 参加存货监盘人员的分工。
④ 检查存货的范围。

(2) 存货监盘程序。在被审计单位盘点存货前,注册会计师应当观察盘点现场,确定应纳入盘点范围的存货是否已经适当整理和排列,并附有盘点标识,防止遗漏或重复盘点。对未纳入盘点范围的存货,注册会计师应当查明未纳入的原因。

注意:对所有权不属于被审计单位的存货,注册会计师应当取得其规格、数量等有关资料,并确定这些存货是否已分别存放、标明,且未被纳入盘点范围。

在盘点时,注册会计师应当观察被审计单位盘点人员是否遵守盘点计划并准确地记录存货的数量和状况。并对已盘点的存货进行适当检查,将检查结果与被审计单位盘点记录相核对,并形成相应记录。

在检查已盘点的存货时,注册会计师应当从存货盘点记录中选取项目追查至存货实

物,以测试盘点记录的准确性;注册会计师还应当从存货实物中选取项目追查至存货盘点记录,以测试存货盘点记录的完整性。如果检查时发现差异,注册会计师应当查明原因,及时提请被审计单位更正。如果差异较大,注册会计师应当扩大检查范围或提请被审计单位重新盘点。

注册会计师应当特别关注存货的状况和移动情况,观察被审计单位是否已经恰当区分所有毁损、陈旧、过时及残次的存货,以及防止遗漏或重复盘点。

注册会计师应当获取盘点日前后存货收发及移动的凭证,检查库存记录与会计记录期末截止是否正确。如果存货盘点日不是资产负债表日,注册会计师应当实施适当的审计程序,确定盘点日与资产负债表日之间存货的变动是否已作出正确的记录。

在被审计单位存货盘点结束前,注册会计师还应当实施以下审计程序。

① 再次观察盘点现场,以确定所有应纳入盘点范围的存货是否均已盘点。

② 取得并检查已填用、作废及未使用盘点表单的号码记录,确定其是否连续编号,查明已发放的表单是否均已收回,并与存货盘点的汇总记录进行核对。

注册会计师应当复核盘点结果汇总记录,评估其是否正确地反映了实际盘点结果。如果认为被审计单位的盘点方式及其结果无效,注册会计师应当提请被审计单位重新盘点。

(3) 特殊情况的处理。如果由于被审计单位存货的性质或位置等原因导致无法实施存货监盘,注册会计师应当考虑实施替代审计程序,获取有关期末存货数量和状况的充分、适当的审计证据。注册会计师实施的替代审计程序主要包括以下方面。

① 检查进货交易凭证或生产记录以及其他相关资料。

② 检查资产负债表日后发生的销货交易凭证。

③ 向顾客或供应商函证。

如果因不可预见的因素导致无法在预定日期实施存货监盘或接受委托时被审计单位的期末存货盘点已经完成,注册会计师应当评估与存货相关的内部控制的有效性,对存货进行适当检查或提请被审计单位另择日期重新盘点;同时测试在该期间发生的存货交易,以获取有关期末存货数量和状况的充分、适当的审计证据。

对被审计单位委托其他单位保管的或已作质押的存货,注册会计师应当向保管人或债权人函证。如果此类存货的金额占流动资产或总资产的比例较大,注册会计师还应当考虑实施存货监盘或利用其他注册会计师的工作。

当首次接受委托未能对上期期末存货实施监盘,且该存货对本期财务报表存在重大影响时,如果已获取有关本期期末存货余额的充分、适当的审计证据,注册会计师应当实施下列一项或多项审计程序,以获取有关本期期初存货余额的充分、适当的审计证据。

① 查阅前任注册会计师工作底稿。

② 复核上期存货盘点记录及文件。

③ 检查上期存货交易记录。

④ 运用毛利百分比法等进行分析。

3) 存货计价测试

监盘程序主要是对存货的结存数量予以确认。为验证财务报表上存货余额的真实性,还必须对存货的计价进行审计,即确定存货实物数量和永续盘存记录中的数量是否经过正确计价和汇总。存货计价测试主要是针对被审计单位所使用的存货单位成本是否正确所做的测试,当然,广义地看,存货成本的审计也可以被视为存货计价测试的一项内容。

单位成本的充分内部控制与生产和会计记录结合起来,对于确保用于期末存货计价的成本的合理性十分重要。一项重要的内部控制是使用标准成本记录来反映原材料、直接人工和制造费用的差异,它还可以用来评价生产。使用标准成本时,应设置相应程序及时反映生产过程与成本的变化。由独立于成本核算部门的雇员来复核单位成本的合理性,也是一项有用的计价控制。

存货计价测试表编制方法

存货计价测试表参见表5-6。

表5-6 存货计价测试表

被审计单位:_____   索引号:_____
项目:_____   财务报表截止日/期间:_____
编制:_____   复核:_____
日期:_____   日期:_____
品名及规格:

月 份	增 加			减 少			结 存		
	数量	单价	金额	数量	单价	金额	数量	单价	金额
期初数									
1月									
2月									
3月									
4月									
5月									
6月									
7月									
8月									
9月									
10月									
11月									
12月									
合 计									

计价方法:

审计说明:

注:本表适用于原材料、库存商品、发出商品等。

(1) 样本的选择。计价审计的样本，应从存货数量已经盘点、单价和总金额已经计入存货汇总表的结存存货中选择。选择样本时应着重选结存余额较大且价格变化比较频繁的项目，同时考虑所选样本的代表性。抽样方法一般采用分层抽样法，抽样规模应足以推断总体的情况。

(2) 计价方法的确认。考虑被审计单位是否按企业会计准则的基本要求选择符合自身特点的方法。同时，还应对这种计价方法的合理性与一贯性予以关注，若没有足够的理由，计价方法在同一会计年度内不得变动。如果被审单位当期计价方法发生变更，审计人员要检查变更的理由、性质是否恰当，分析对当期损益的影响程度，并确定所需披露的有关财务信息。

(3) 计价测试。进行计价测试时，注册会计师首先应对存货价格的组成内容予以审核，然后按照所了解的计价方法对所选择的存货样本进行计价测试。测试时，应尽量排除被审计单位已有计算程序和结果的影响，进行独立测试。测试结果出来后，应与被审计单位账面记录对比，编制对比分析表，分析形成差异的原因。如果差异过大，应扩大测试范围，并根据审计结果考虑是否应提出审计调整建议。

在存货计价审计中，由于被审计单位对期末存货采用成本与可变现净值孰低的方法计价，所以注册会计师应充分关注其对存货可变现净值的确定及存货跌价准备的计提。若有长期挂账的存货，且金额较大，应了解库龄情况，并结合存货监盘等审计程序，查明原因，分析判断存货真实性和计价的适当性，必要时应提请被审计单位计提存货跌价准备，形成查验记录。

4) 存货截止测试

存货截止测试的关键是审查一笔采购存货交易的实物验收与相应会计记录的入账时间是否在同一会计期间。

测试结果一般有以下 3 种情况。

(1) 期末入账的发票如果附有期末之前日期的入库单，则原材料肯定已经入库，并包括在期末实地盘点原材料的范围内；该情形说明截止测试正确。

(2) 期末入账的发票如果入库单的日期为下期期初，则原材料不会列入年底实地盘点存货范围内。该情形会导致盘点存在差异，根据重要性原则决定是否要做审计调整。

(3) 如果仅有入库单而无期末购料发票，则应进一步审核每一入库单上是否作了暂估入库，并以暂估价记入当期的存货和负债账内，待下期期初以红字冲销。

如有异常情况且差异金额较大，应扩大测试样本选取的范围。必要时，应将样本范围扩大至期末之前若干日的入库单。

4. 存货主要审计工作底稿

(1) 存货实质性程序见表 5-4 和表 5-5，列示了存货的认定—审计目标—可供选择的审计程序之间的内在关系，可供注册会计师根据被审计单位的具体情况选择有针对性的存货实质性程序。

(2) 存货审定表见表 5-7，属于存货的汇总类底稿，汇总了存货账面余额、存货跌价准备、存货账面价值未经审计的金额、审计调整的金额、审定的金额。

存货审定表
编制方法

表 5-7　存货审定表

被审计单位：_____　　索引号：_____
项目：_____　　财务报表截止日/期间：_____
编制：_____　　复核：_____
日期：_____　　日期：_____

项 目 名 称	期末未审数	账项调整		重分类调整		期末审定数	上期末审定数	年度间变动率
		借方	贷方	借方	贷方			
一、存货账面余额								
在途物资								
原材料								
库存商品								
生产成本								
合　计								
二、存货跌价准备								
在途物资								
原材料								
库存商品								
生产成本								
合　计								
三、存货账面价值								
在途物资								
原材料								
库存商品								
生产成本								
合　计								
审计结论：								

（3）存货明细表见表 5-8，分别列示了期初数、本期增加、本期减少和期末数等明细情况。

表 5-8　存货明细表

被审计单位：_____　　索引号：_____
项目：_____　　财务报表截止日/期间：_____
编制：_____　　复核：_____
日期：_____　　日期：_____

存货类别	名称及规格	期初数	本期增加	本期减少	期末数	备注
审计说明：						

（4）存货计价测试表见表 5-6，是注册会计师抽出样本按照企业厘定的计价方法重新计算存货计价而形成的底稿。

(5) 存货截止测试表(略),是注册会计师检查一笔采购存货交易的实物验收与相应会计记录的入账时间是否在同一会计期间而形成的底稿。

(6) 存货监盘时,注册会计师首先执行询问程序形成存货盘点计划问卷(略),旨在了解和评价被审计单位存货盘点计划;在此基础上,抽点存货形成存货抽盘核对表(见表5-9),再编制存货监盘结果汇总表(略),最后形成存货监盘报告(略)。

表5-9 存货抽盘核对表

被审计单位:_____ 索引号:_____
项目:_____ 财务报表截止日/期间:_____
编制:_____ 复核:_____
日期:_____ 日期:_____

一、资产负债表日前抽盘核对表

序号	品名及规格	单位	抽盘日实存数量	加:抽盘日至资产负债表日入库数量	减:抽盘日至资产负债表日出库数量	资产负债表日实存数量	资产负债表日账面数量	差异	原因分析

二、资产负债表日后抽盘核对表

序号	品名及规格	单位	抽盘日实存数量	加:资产负债表日至抽盘日出库数量	减:资产负债表日至抽盘日入库数量	资产负债表日实存数量	资产负债表日账面数量	差异	原因分析

5. 实训

(1) 任务描述

① 阅读并熟悉实训资料、实训材料。

② 在教师指导下,根据实训资料填写存货计价测试表。

③ 在教师指导下,完成存货计价测试表的编写。

④ 在教师指导下编写审计调整分录。

(2) 实训条件

① 实训环境:上课教室或审计实训室。

② 实训材料:存货计价测试表。

③ 实训学时:1~2学时。

④ 实训操作:首先由教师引导学生阅读、熟悉实训资料和审计工作底稿,然后由学生自主编写、讨论、总结,教师现场指导,最后由教师讲解答案、分析问题。

⑤ 实训方式:可采用小组手工实训方式、单人手工实训方式。

(3) 实训资料

注册会计师王凯成2021年2月28日在审计东方公司2020年12月的存货项目时,发现该公司甲材料的计价情况如表5-10所示。

表 5-10　甲材料的计价情况 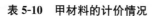金额单位：元　数量单位：个

日期	数量	单价	金额	数量	单价	金额	数量	单价	金额
1 日							3 500	258	903 000
1 日	13 000	256	3 328 000						
3 日				5 000	258	1 290 000			
10 日	10 000	257	2 570 000						
15 日				10 000	258	2 580 000			
20 日	3 000	259	777 000						
26 日				7 000	259	1 813 000			
31 日							7 500	252.67	1 895 000

东方公司原材料采用实际成本法进行核算，原材料发出计价采用加权平均法。该批原材料所生产产品的80%已于12月31日售出。东方公司所得税税率为25%，盈余公积金计提比例为10%，公益金计提比例为5%。

5.2.2　应付职工薪酬审计

在一般企业中，职工薪酬费用在成本费用中所占比重较大。如果职工薪酬的计算错误，就会影响到成本费用和利润的正确性。所以，注册会计师仍应重视对职工薪酬业务的审计。职工薪酬业务的审计，主要涉及应付职工薪酬项目。

1. 应付职工薪酬审计目标

应付职工薪酬审计目标与财务报表的认定的对应关系如表 5-11 所示。

表 5-11　应付职工薪酬审计目标与财务报表的认定的对应关系

审计目标	财务报表的认定				
	存在	完整性	权利和义务	计价和分摊	列报
A. 资产负债表中记录的应付职工薪酬是存在的	√				
B. 所有应当记录的应付职工薪酬均已记录		√			
C. 记录的应付职工薪酬是被审计单位应当履行的现时义务			√		
D. 应付职工薪酬以恰当的金额包括在财务报表中，与之相关的计价调整已恰当记录				√	
E. 应付职工薪酬已按照企业会计准则的规定在财务报表中作出恰当列报					√

2. 应付职工薪酬实质性程序

应付职工薪酬审计中，注册会计师为了实现审计目标而实施的实质性程序见表 5-12。

表 5-12 应付职工薪酬审计目标与审计程序对应关系表

审计目标	可供选择的审计程序
D	1. 获取或编制应付职工薪酬明细表,复核加计是否正确,并与报表数、总账数和明细账合计数核对是否相符。
ABD	2. 实质性分析程序。 (1) 针对已识别需要运用分析程序的有关项目,并基于对被审计单位及其环境的了解,通过进行以下比较,同时考虑有关数据间关系的影响,以建立有关数据的期望值。 ① 比较被审计单位员工人数的变动情况,检查被审计单位各部门各月工资费用的发生额是否有异常波动,若有,则查明波动原因是否合理。 ② 比较本期与上期工资费用总额,要求被审计单位解释其增减变动原因,或取得公司管理部门关于员工工资标准的决议。 ③ 结合员工社保缴纳情况,明确被审计单位员工范围,检查是否与关联公司员工工资混淆列支。 ④ 核对下列相互独立部门的相关数据。 a. 工资部门记录的工资支出与出纳记录的工资支付数。 b. 工资部门记录的工时与生产部门记录的工时。 ⑤ 比较本期应付职工薪酬余额与上期应付职工薪酬余额,是否有异常变动。 (2) 确定可接受的差异范围。 (3) 将实际的情况与期望值相比较,识别需要进一步调查的差异。 (4) 如果其差额超过可接受的差异范围,调查并获取充分的解释和恰当的佐证审计证据(如检查相关的凭证)。 (5) 评估分析程序的测试结果。
ABD	3. 检查工资、奖金、津贴和补贴。 (1) 计提是否正确,依据是否充分,将执行的工资标准与有关规定核对,并对工资总额进行测试;被审计单位如果实行工效挂钩的,应取得有关主管部门确认的效益工资发放额认定证明,结合有关合同文件和实际完成的指标,检查其计提额是否正确,是否应作纳税调整。 (2) 检查分配方法与上年是否一致,除因解除与职工的劳动关系给予的补偿直接计入管理费用外,被审计单位是否根据职工提供服务的受益对象,分别根据下列情况进行处理。 ① 应由生产产品、提供劳务负担的职工薪酬,计入产品成本或劳务成本。 ② 应由在建工程、无形资产负担的职工薪酬,计入固定资产或无形资产。 ③ 作为外商投资企业,按规定从净利润中提取的职工奖励及福利基金,是否相应记入"利润分配——提取的职工奖励及福利基金"科目。 ④ 其他职工薪酬,计入当期损益。 (3) 检查发放金额是否正确,代扣的款项及其金额是否正确。 (4) 检查是否存在属于拖欠性质的职工薪酬,并了解拖欠的原因。
ABD	4. 检查社会保险费(包括医疗、养老、失业、工伤、生育保险费)、住房公积金、工会经费和职工教育经费等计提(分配)和支付(或使用)的会计处理是否正确,依据是否充分。
ABD	5. 检查辞退福利下列项目。 (1) 对于职工没有选择权的辞退计划,检查按辞退职工数量、辞退补偿标准计提辞退福利负债金额是否正确。 (2) 对于自愿接受裁减的建议,检查按接受裁减建议的预计职工数量、辞退补偿标准(该标准确定)等计提辞退福利负债金额是否正确。 (3) 检查实质性辞退工作在一年内完成,但付款时间超过一年的辞退福利,是否按折现后的金额计量,折现率的选择是否合理。 (4) 检查计提辞退福利负债的会计处理是否正确,是否将计提金额计入当期管理费用。 (5) 检查辞退福利支付凭证是否真实正确。

续表

审计目标	可供选择的审计程序
ABD	6. 检查非货币性福利。 （1）检查以自产产品发放给职工的非货币性福利,检查是否根据受益对象,按照该产品的公允价值,计入相关资产成本或当期损益,同时确认应付职工薪酬;对于难以认定受益对象的非货币性福利,确认是否直接计入当期损益和应付职工薪酬。 （2）检查无偿向职工提供住房的非货币性福利,是否根据受益对象,将该住房每期应计提的折旧计入相关资产成本或当期损益,同时确认应付职工薪酬。对于难以认定受益对象的非货币性福利,确认是否直接计入当期损益和应付职工薪酬。 （3）检查租赁住房等资产供职工无偿使用的非货币性福利,是否根据受益对象,将每期应付的租金计入相关资产成本或当期损益,并确认应付职工薪酬。对于难以认定受益对象的非货币性福利,确认是否直接计入当期损益和应付职工薪酬。
ABD	7. 检查以现金与职工结算的股份支付。 （1）检查授予后立即可行权的以现金结算的股份支付,是否在授予日以承担负债的公允价值计入相关成本或费用。 （2）检查完成等待期内的服务或达到规定业绩条件以后才可行权的以现金结算的股份支付,在等待期内的每个资产负债表日,是否以可行权情况的最佳估计为基础,按照承担负债的公允价值金额,将当期取得的服务计入成本或费用。在资产负债表日,后续信息表明当期承担债务的公允价值与以前估计不同的,是否进行调整,并在可行权日调整至实际可行权水平。 （3）检查可行权日之后,以现金结算的股份支付当期公允价值的变动金额,是否借记或贷记"公允价值变动损益"。 （4）检查在可行权日,实际以现金结算的股份支付金额是否正确,会计处理是否恰当。
BAC	8. 检查应付职工薪酬的期后付款情况,并关注在资产负债表日至财务报表批准报出日之间,是否有确凿证据表明需要调整资产负债表日原确认的应付职工薪酬事项。
	9. 根据评估的舞弊风险等因素增加的其他审计程序。
E	10. 检查应付职工薪酬是否已按照企业会计准则的规定在财务报表中作出恰当的列报。 （1）检查是否在附注中披露与职工薪酬有关的下列信息。 ① 应当支付给职工的工资、奖金、津贴和补贴,及其期末应付而未付金额。 ② 应当为职工缴纳的医疗、养老、失业、工伤和生育等社会保险费,及其期末应付而未付金额。 ③ 应当为职工缴存的住房公积金,及其期末应付而未付金额。 ④ 为职工提供的非货币性福利,及其计算依据。 ⑤ 应当支付的因解除劳动关系给予的补偿,及其期末应付而未付金额。 ⑥ 其他职工薪酬。 （2）检查因自愿接受裁减建议的职工数量、补偿标准等不确定而产生的预计负债(应付职工薪酬),是否按照《企业会计准则第13号——或有事项》进行披露。

3. 应付职工薪酬审计重点

1）应付职工薪酬的分析性程序

（1）比较被审计单位员工人数的变动情况,检查被审计单位各部门各月工薪费用的发生额是否有异常波动,若有,则查明波动原因是否合理。

（2）比较本期与上期工薪费用总额以及预期的工薪费用总额,要求被审计单位解释其增减变动原因,或取得公司管理部门关于员工工薪标准的决议。

(3) 比较社会保险费、住房公积金、工会经费、职工教育经费和辞退福利等项目的本期实际计提数与按照相关规定独立计算的预期计提数,要求被审计单位解释其增减变动或差异原因。

(4) 核对下列相互独立部门的相关数据:工薪部门记录的工薪支出与出纳记录的工薪支付数,工薪部门记录的工时与生产部门记录的工时。

(5) 比较本期应付职工薪酬余额与上期应付职工薪酬余额,是否有异常变动。

2) 检查工薪、奖金、津贴和补贴

(1) 计提是否正确,依据是否充分。

(2) 检查分配方法是否与上期一致,并将应付职工薪酬计提数与相关的成本、费用项目核对一致。

(3) 检查发放金额是否正确,代扣的款项及其金额是否正确。

4. 实训

1) 任务描述

(1) 阅读并熟悉实训资料、实训材料。

(2) 在教师指导下,根据实训资料填写应付职工薪酬审定表。

(3) 在教师指导下,完成应付职工薪酬审定表的编写。

(4) 在教师指导下编写审计调整分录。

2) 实训条件

(1) 实训环境:上课教室或审计实训室。

(2) 实训材料:应付职工薪酬审定表。

(3) 实训学时:1~2学时。

(4) 实训操作:首先由教师引导学生阅读、熟悉实训资料和审计工作底稿,然后由学生自主编写、讨论、总结,教师现场指导,最后由教师讲解答案、分析问题。

(5) 实训方式:可采用小组手工实训方式、单人手工实训方式。

3) 实训资料

注册会计师赵丹青于2021年2月8日审计东方股份有限公司2020年应付职工薪酬账户,项目经理李珍对其工作底稿的复核时间为2月9日。东方股份有限公司公司应付职工薪酬及三项费用和五险一金的计提比例及情况如表5-13所示。

表5-13 应付职工薪酬明细情况表

项 目	期初数	本期增加	本期减少	期末数
1. 工资		20 481 858.82	20 481 858.52	
2. 奖金				
3. 津贴				
4. 补贴		632 943.50	632 943.50	
5. 职工福利(14%)		2 637 215.29	2 637 215.29	

续表

项 目	期初数	本期增加	本期减少	期末数
6. 社会保险费		5 184 904.71	5 184 904.71	
（1）医疗保险费(10%)		2 111 480.23	2 111 480.23	
（2）养老保险费(14%)		2 533 776.28	2 533 776.28	
（3）失业保险费(2%)		422 296.05	422 296.05	
（4）工伤保险费(0.5%)		105 574.01	105 574.01	
（5）生育保险费(0.8%)		11 778.41	11 778.41	
7. 住房公积金(10.5%)		2 217 054.24	2 217 054.24	
8. 工会经费(2%)		420 636.65	420 636.65	
9. 职工教育经费(2.5%)	228 020.18	305 984.09	297 856.04	236 148.23
10. 非货币性福利		58 690.39	58 690.39	
11. 劳务费		4 546 259.41	4 546 259.41	
合　计	228 020.18	36 485 547.10	36 477 419.05	236 148.23

该公司职工工资均在当地最高和最低工资范围之间，育龄职工工资总额为 1 472 301.25 元；非货币性福利、劳务费经注册会计师赵丹青审查未发现疑问。（注：假定相关产品均已出售，差错一律计入当期）

5.2.3 主营业务成本审计

1. 主营业务成本的审计目标

主营业务成本审计目标与财务报表的认定的对应关系如表 5-14 所示。

表 5-14　主营业务成本审计目标与财务报表的认定的对应关系

审计目标	财务报表的认定					
	发生	完整性	准确性	截止	分类	列报
A. 利润表中记录的营业成本已发生，且与被审计单位有关	√					
B. 所有应当记录的营业成本均已记录		√				
C. 与营业成本有关的金额及其他数据已恰当记录			√			
D. 营业成本已记录于正确的会计期间				√		
E. 营业成本已记录于恰当的账户					√	
F. 营业成本已按照企业会计准则的规定在财务报表中作出恰当的列报						√

2. 主营业务成本的实质性程序

主营业务成本审计中，注册会计师为了实现审计目标而实施的实质性程序见表 5-15。

表 5-15　主营业务成本审计目标与审计程序对应关系表

审计目标	可供选择的审计程序
C	1. 获取或编制主营业务成本明细表,复核加计是否正确,并与总账数和明细账合计数核对是否相符,结合其他业务成本科目与营业成本报表数核对是否相符。
ABC	2. 实质性分析程序(必要时)。 (1) 针对已识别需要运用分析程序的有关项目,注册会计师基于对被审计单位及其环境的了解,通过进行以下比较,并考虑有关数据间关系的影响,以建立注册会计师对有关数据的期望值。 ① 比较当前年度与以前年度不同品种产品的主营业务成本和毛利率,并查明出现异常情况的原因。 ② 比较当前年度与以前年度各月主营业务成本的波动趋势,并查明出现异常情况的原因。 ③ 比较被审计单位与同行业的毛利率,并查明出现异常情况的原因。 ④ 比较当前年度及以前年度主要产品的单位产品成本,并查明出现异常情况的原因。 (2) 确定可接受的差异范围。 (3) 将实际的情况与期望值相比较,识别需要进一步调查的差异。 (4) 如果其差额超过可接受的差异范围,调查并获取充分的解释和恰当的佐证审计证据(例如,检查相关的凭证)。 (5) 评估分析程序的测试结果。
ABC	3. 检查主营业务成本的内容和计算方法是否符合会计准则规定,前后期是否一致。
ABC	4. 复核主营业务成本明细表的正确性,编制生产成本与主营业务成本倒轧表(见表 5-14),并与相关科目交叉索引。
AB	5. 抽查_____月主营业务成本结转明细清单,比较记入主营业务成本的品种、规格、数量和主营业务收入的口径是否一致,是否符合配比原则。
ABCDE	6. 针对主营业务成本中重大调整事项(如销售退回)、非常规项目,检查相关原始凭证,评价真实性和合理性,检查其会计处理是否正确。
C	7. 在采用计划成本、定额成本、标准成本或售价核算存货的条件下,应检查产品成本差异或商品进销差价的计算、分配和会计处理是否正确。
AB	8. 结合期间费用的审计,判断被审计单位是否通过将应计入生产成本的支出计入期间费用,或将应计入期间费用的支出计入生产成本等手段调节生产成本,从而调节主营业务成本。
	9. 根据评估的舞弊风险等因素增加的审计程序。
F	10. 检查营业成本是否已按照企业会计准则的规定在财务报表中作出恰当列报。

生产成本与主营业务成本倒轧表如表 5-16 所示。

表 5-16　生产成本与主营业务成本倒轧表

项　　目	未审数	调整或重分类金额（借或贷）	审定数
原材料期初余额			
加：本期购进			
减：原材料期末余额 　　其他发出额			
直接材料成本			
加：直接人工成本 　　制造费用			
生产成本			
加：在产品期初余额 减：在产品期末余额			
产品生产成本			
加：产成品期初余额 减：产成品期末余额			
主营业务成本			

知识链接　迈克逊·罗宾斯药材公司案件

20世纪30年代，在美国经济发展进程中，上市公司自愿委托社会公认会计师实施审计形成风气。通过民间审计，有效帮助了投资者的决策，维护了资本市场的稳定，民间审计中的会计报表审计在美国逐渐深化。在这样的背景下，1938年美国发生了一桩令人震惊的"迈克逊·罗宾斯公司破产案"，引起了全美各界人士的关注。

1938年年初，迈克逊·罗宾斯药材公司（以下简称迈克逊公司）的债权人米利安·汤普森在与迈克逊公司的经济业务往来中，发现该公司的财务资料有异常之处：其一，该公司制药原材料部门是赢利较高的经营部门，但公司经营者都直接对其重新投资，而该部门还没有资金积累；其二，公司账面制药原材料存货的保险金额较少。前任公司董事会决定减少存货余额，并要求现任经理菲利普·科斯特仍执行这一决定，但1938年年末，公司存货却增加了100万美元。米利安·汤普森对上述问题产生疑惑，向公司管理人员要求提供有关制药原材料实际存货的证明，但未能取得该证据，则其拒绝承认公司300万美元的债券。而后，美国证券交易委员会开始对麦克逊公司立案调查。

美国证券交易委员会对迈克逊公司的调查包括以下结果。

（1）迈克逊公司的有价证券在纽约交易所公开上市，并已依法在证券交易所注册登记。

（2）该公司及其子公司十多年来的会计报表均由美国第一流的普赖斯·沃特豪斯会计公司执行审计，该会计公司对迈克逊公司财务状况及其经营成果出具了无保留意见的审计报告。

（3）1937年12月31日迈克逊公司的合并资产负债表中总资产为8 700万美元，其中1 907.5万美元属虚假资产（存货1 000万美元，销售收入900万美元，银行存款

7.5万美元)。1937年度,该公司合并损益表中虚假销售收入1 820万美元,虚假毛利180万美元。

(4)公司现任总经理菲利普·科斯特使用化名并有诈骗犯罪前科,其3位兄弟均使用化名在公司任要职。菲利普·科斯特与其3位兄弟,利用公司内部控制薄弱的弊端,贪污巨款。

美国证券交易委员会核实上述事实后,召开了由执业会计师参加的听证会,宣布了这些事实。而后,美国证券交易委员会发布了新的报告,对审计程序加以修改,增加了关于对应收账款函证,对存货实地检查,对内部控制系统详细评价的条款,同时强调了审计人员对公共持股人的责任,加强管理部门的检查,及对发表审计意见的具体要求等。

美国执业会计师协会对此也作出了积极反应,建立了"审计程序委员会",并于1939年制定了《审计程序的扩展》,对审计程序的完善从以下四方面提出了更加具体的要求:①对存货检查,通过实地盘存确认存货数量,并将之作为必需的审计程序;②对应收账款检查,应积极采用函询法,对债务人直接询证;③对审计报告格式及内容加以规范,将其分为范围段和意见段;④通过董事会任命或股东大会投票选举独立注册会计师等。

1947年10月,美国执业会计师协会的审计程序委员会,颁布了《审计标准草案——公认的意见和范围》,1954年对其进行修改,改名为《公认审计标准——其意义和范围》。从此,民间审计有了一套公认的执业标准。

项目小结

生产与存货循环同其他业务循环的联系非常密切,因而十分独特。原材料经过采购与付款循环进入生产与存货循环,生产与存货循环又随销售与收款循环中产成品商品的销售环节而结束。生产与存货循环涉及的内容主要是存货的管理及生产成本的计算等。

通过了解和描述生产与存货循环的内部控制,对该循环的内部控制进行控制测试并评价其控制风险。

审计人员根据内部控制的评价结果,运用检查、计算、分析性程序等方法,对生产与存货循环中涉及的各项账户余额和交易种类实施实质性程序,以实现特定的审计目标。

课后练习

一、判断题

1. 总体上看,生产与存货循环的内部控制主要包括存货的内部控制、成本会计制度的内部控制及工薪的内部控制3项内容。 ( )

2. 直接材料成本测试涉及3个因素：消耗量、单价、类型。（　　）
3. 通常情况下由销售部门确定并下达生产通知单。（　　）
4. 存货价值流转记录主要由会计部门执行。（　　）
5. 注册会计师在对存货实施监盘程序时，应实施双向抽查，既要从盘点记录中选取项目追查至存货实物，以测试盘点记录的完整性，也要从实物中选取项目追查至盘点记录，以测试盘点记录的准确性。（　　）
6. 存货盘点是注册会计师的责任，因此，注册会计师应亲自制订盘点计划。（　　）
7. 购货交易正确截止是要求将12月31日前购入的存货，无论其是否已验收入库，都必须纳入存货盘点范围。（　　）
8. 注册会计师在抽样进行存货计价测试时，一般采用分层抽样法，抽样规模应足以推断总体情况。（　　）
9. 应付职工薪酬的审计目标主要是确定应付职工薪酬计提和支出的记录是否完整，计提依据是否合理；确定应付职工薪酬期末余额是否正确；确定应付职工薪酬的披露是否恰当。（　　）
10. 存货计价方法如果发生变更，应在会计报表中予以披露。（　　）

二、单项选择题

1. 内部控制良好的公司，在收到商品时，应由负责验收人员将商品同（　　）仔细核对。
   A. 供应商发运文件及订货单　　B. 验收报告与供应商发运文件
   C. 请购单及订货单　　　　　　D. 验收报告与订货单

2. 注册会计师在审查存货时，必须（　　）。
   A. 亲自盘点存货　　　　　　　B. 亲自指挥客户进行盘点工作
   C. 监督客户的盘点　　　　　　D. 观察客户的盘点并适当抽点

3. 注册会计师在进行复盘抽点时，抽点样本一般不低于存货总量的（　　）%。
   A. 30　　　　B. 10　　　　C. 20　　　　D. 15

4. 在对存货实施监盘程序时，以下做法中，注册会计师不应该选择的是（　　）。
   A. 对于已作质押的存货，向债权人函证与被质押存货相关的内容
   B. 对于受托代存的存货，实施向存货所有权人函证等审计程序
   C. 对于因性质特殊而无法监盘的存货，实施向顾客或供应商函证等审计程序
   D. 乙公司相关人员完成存货盘点后，注册会计师进入存货存放地点对已盘点存货实施检查程序

5. 生产与存货循环有关交易的实质性程序不包括（　　）。
   A. 成本会计制度的测试　　　　B. 存货的监盘
   C. 存货的计价测试　　　　　　D. 分析性程序的运用

6. 仓库部门根据从生产部门收到的（　　）向生产部门发货。
   A. 领料单　　　B. 发料单　　　C. 验收单　　　D. 保管单

7. 存货成本审计不应包括的内容有（　　）的审计。
   A. 制造费用　　　　　　　　　　　　B. 主营业务成本
   C. 直接材料成本、人工成本　　　　　D. 管理费用
8. 审阅制造费用明细账时,应重点查明企业有无将（　　）这类不该列入成本费用的支出计入制造费用。
   A. 设计制图费　　　　　　　　　　　B. 技术改造支出
   C. 实验检验费　　　　　　　　　　　D. 租赁费
9. 在被审计单位对存货实地盘点时,注册会计师应当（　　）。
   A. 规划盘点工作,对盘点真实性负责　B. 作为盘点小组成员进行盘点
   C. 根据观察盘点情况进行适当抽点检查　D. 收集盘点单,编制盘点表
10. 对采用计时工薪制的企业不应获取样本的实际工时统计记录、职员分类表和职员工薪手册（工薪率）及人工费用分配汇总表,检查（　　）事项。
    A. 成本计算单中直接人工成本与人工费用分配汇总表中该样本的直接人工费用核对是否相符
    B. 样本的实际工时统计记录与材料费用分配汇总表中该样本的实际工时核对是否相符
    C. 抽取生产部门若干天的工时台账与实际工时统计记录核对是否相符
    D. 当没有实际工时统计记录时,则可根据职员分类表及职员工薪手册中的工薪率,计算复核人工费用分配汇总表中该样本的直接人工费用是否合理

三、多项选择题

1. 在制订盘点规划时,注册会计师应关注的问题有（　　）。
   A. 存货停止流动并分类摆放　　　　　B. 是否召开盘点预备会议
   C. 参加盘点的人员　　　　　　　　　D. 盘点时间是否接近年终结账日
2. 生产与存货循环内部控制测试主要包括（　　）测试。
   A. 成本会计制度　　　　　　　　　　B. 实物流转程序系统
   C. 价值流转记录程序的控制　　　　　D. 工薪内部控制
3. 成本会计制度控制测试程序可能包括（　　）。
   A. 审核直接材料的数量及金额　　　　B. 审核订货单样本
   C. 审核直接人工工时和工资费用　　　D. 复核生产费用的分配
4. 生产成本在当期完工产品与在产品之间分配的测试,包括（　　）。
   A. 检查成本计算单中的产品数量与生产统计报告或在产品盘存表中的数量是否一致
   B. 检查在产品约当量计算或其他分配标准是否合理
   C. 计算复核样本的总成本和单位成本,最终对当期采用的成本会计制度作出评价
   D. 直接人工成本差异的计算与账务处理是否正确
5. 注册会计师对于被审计单位委托其他单位保管或已作质押的存货未进行监盘应实施的以下审计程序有（　　）。
   A. 向保管人或债权人函证　　　　　　B. 实施监盘

C. 利用其他注册会计师的工作　　D. 不需要实施替代程序

6. 在生产与存货循环的分析性复核中,注册会计师通常运用的比率主要有(　　)。
   A. 存货周转率　　　　　　　B. 速动比率
   C. 毛利率　　　　　　　　　D. 流动比率

7. 对存货计价测试一般从(　　)几个方面进行。
   A. 测试样本的选择　　　　　B. 计价方法的确认
   C. 计价测试　　　　　　　　D. 账户审计

8. 注册会计师对有辐射性的存货进行审计而无法监盘时,应当考虑的审计程序有(　　)。
   A. 检查被审计单位是否存在值得信赖的内部控制
   B. 审阅购货、生产和销售记录以获取必要的审计证据
   C. 向接触到相关存货项目的第三方检查人员询证
   D. 实施其他替代审计程序,比如追查该批存货的生产、使用和处置等有关报告确定此类存货的存在

9. 当首次接受委托未能对上期期末存货实施监盘,且该存货对本期财务报表存在重大影响时,应当实施的审计程序有(　　)。
   A. 查阅前任注册会计师的工作底稿　　B. 复核上期存货盘点记录及文件
   C. 检查上期存货交易记录　　　　　　D. 运用毛利百分比法等进行分析

10. 注册会计师对被审计单位购货业务进行年底截止测试的方法有(　　)。
    A. 实地观察与抽查购货
    B. 抽查存货盘点日前后的购货发票与验收报告
    C. 查阅验收部门的业务记录
    D. 了解购货的保险情况和存货保护措施

项目 6　筹资与投资循环审计

技能目标

1. 能在明确审计目标要求的前提下，结合该循环业务的特点，按审计程序要求执行控制测试。
2. 能在明确审计目标要求的前提下，结合该循环业务的特点，按审计程序要求执行实质性程序。
3. 能较熟练地将所搜集的审计证据记录于审计工作底稿。

知识目标

1. 了解筹资与投资循环业务的特性。
2. 理解筹资与投资循环审计目标与程序。
3. 掌握筹资与投资循环控制测试、实质性程序的操作原理。

案例导入

甲、乙、丙三方共同出资组建联华公司，2021年审计人员对联华公司实收资本进行审计。审计人员在检查三方投入联华公司的货币资金凭证时，发现一张2020年10月8日的500万元的转账凭证是B公司转入联华公司的，联华公司提供了一份由B公司出具的B公司转入联华公司的货币资金500万元是B公司欠乙、丙两方的款项的证明材料。上述500万元货币资金的所有权是否确为联华公司所有？此外，这500万元是否确实属于投资款？

任务6.1　筹资与投资循环控制测试

筹资活动是指企业为满足生存和发展的需要，通过改变企业资本及债务规模和构成而筹集资金的活动；投资活动是指企业为享有被投资单位分配的利润，或为谋求其他利益,将资产让渡给其他单位而获得另一项资产的活动。

筹资与投资循环中所涉及的资产负债表项目主要包括:交易性金融资产、应收利息、应收股利、以公允价值计量且其变动计入其他综合收益的金融资产、持有至到期投资、长期股权投资、短期借款、应付利息、应付股利、长期借款、应付债券、实收资本(或股本)、资本公积、盈余公积、未分配利润等;筹资与投资循环中所涉及的利润表项目主要包括:财务费用、投资收益等。

6.1.1 了解筹资与投资循环内部控制特性

筹资与投资循环由筹资活动和投资活动的交易事项构成。筹资活动主要由借款交易和股东权益交易组成;投资活动主要由权益性投资交易和债权性投资交易组成。

1. 筹资与投资循环的特征

(1) 审计年度内筹资与投资循环涉及的交易数量较少,而每笔交易的金额通常较大。
(2) 筹资活动必须遵守国家法律、法规和相关契约的规定。
(3) 漏记或不恰当地对一笔业务进行会计处理,将会导致重大错误,从而对企业财务报表的公允反映产生较大的影响。

2. 筹资与投资循环所涉及的凭证和会计记录

筹资与投资循环所涉及的主要凭证和会计记录如表 6-1 所示。

表 6-1 筹资与投资循环所涉及的主要凭证和会计记录

筹资活动所涉及的主要凭证和会计记录	投资活动所涉及的主要凭证和会计记录
1. 债券	1. 股票或债券
2. 股票	2. 经纪人通知书
3. 债券契约	3. 债券契约
4. 股东名册	4. 企业的章程及有关协议
5. 公司债券存根簿	5. 投资协议
6. 承销或包销协议	6. 有关记账凭证
7. 借款合同或协议	7. 有关会计科目的明细账和总账
8. 有关记账凭证	
9. 有关会计科目的明细账和总账	

3. 筹资与投资循环所涉及的主要业务活动

筹资与投资循环所涉及的主要业务活动如表 6-2 所示。

表 6-2　筹资与投资循环所涉及的主要业务活动

筹资所涉及的主要业务活动	投资循环所涉及的主要业务活动
1. 审批授权	1. 审批授权
2. 签订合同或协议	2. 取得证券或其他投资
3. 取得资金	3. 取得投资收益
4. 计算利息或股利	4. 转让证券或收回其他投资
5. 偿还本息或发放股利	

6.1.2 筹资与投资循环的内部控制与内部控制测试

1. 筹资和投资活动的内部控制目标、内部控制与审计测试的关系

在了解内部控制和控制测试之前,先给出表 6-3 和表 6-4,以对其有一个大致的了解。

表 6-3　筹资交易的控制目标、内部控制和测试一览表

内部控制目标	关键内部控制	内部控制测试	常用交易实质性程序
记录的筹资交易均系真实发生的交易（存在或发生）	借款经过授权审批；签订借款合同或协议等相关法律性文件	索取借款的授权批准文件,检查手续是否齐全；索取借款合同或协议	检查支持借款记录的原始凭证
筹资交易均已记录（完整性）	负责借款业务的信贷管理员根据综合授信协议或借款合同,逐笔登记借款备查簿,并定期与信贷记账员的借款明细账核对；定期与债权人核对账目	询问借款业务的职责分工；检查被审计单位是否定期与债权人核对账目	检查董事会会议记录、借款合同、银行询证函等,确定有无未入账的交易
筹资交易均已以恰当的金额计入恰当的期间	负责借款业务的信贷管理员根据综合授信协议或借款合同,逐笔登记借款备查簿,并定期与信贷记账员的借款明细账核对；定期与债权人核对账目；会计主管复核	询问借款业务的职责分工；检查被审计单位是否定期与债权人核对账目；检查会计主管复核印记	将借款记录与所附原始凭证进行细节比对
筹资交易均已记入恰当的账户	使用会计科目核算说明；会计主管复核	询问会计科目的使用情况；检查会计主管复核印记	将借款记录与所附原始凭证进行细节比对

注：该表以获得初始借款交易为例,不包括偿还的利息和本息交易。

表 6-4　投资交易的控制目标、内部控制和测试一览表

内部控制目标	关键内部控制	内部控制测试	常用交易实质性程序
记录的投资交易均系真实发生的交易（存在或发生）	投资业务经过授权审批	索取投资的授权批文,检查手续是否齐全	检查与投资有关的原始凭证,包括投资的授权文件、被投资单位出具的股权或债券证明、投资付款记录等
投资交易均已记录（完整性）	投资管理员根据交易流水单,对每笔投资交易记录进行核对、存档,并在交易结束后的一个工作日内将交易凭证交投资记账员。投资记账员编制转账凭证并附相关单证,提交会计主管复核。复核无误后进行账务处理。每周末投资管理员与投资记账员就投资类别、资金统计进行核对,并编制核对表,分别由投资管理经理、财务经理复核并签字。如有差异,将立即调查 对所投资的有价证券或金融资产定期盘点,并与账面记录核对 定期与交易对方或被投资单位核对账目	询问投资业务的职责分工 检查被审计单位是否定期与交易对方或被投资单位核对账目	检查董事会会议记录、投资合同、交易对方提供的对账单、盘点报告等,确定有无未入账的交易
投资交易以恰当的金额计入恰当的期间	定期与交易对方或被投资单位核对账目 会计主管复核	检查被审计单位是否定期与交易对方或被投资单位核对账目 检查会计主管复核印记	将借款记录与所附原始凭证进行细节比对
投资交易均已记入恰当的账户	使用会计科目核算 会计主管复核	询问会计科目的使用情况 检查会计主管复核印记	将投资记录与所附原始凭证进行细节比对

注：该表以获得初始投资交易为例,不包括收到的投资收益、收回或变现投资、期末对投资计价进行调整等交易。

2. 内部控制和控制测试

1）筹资活动的内部控制和控制测试

筹资活动主要由借款交易和股东权益交易组成。股东权益增减变动的业务较少而金额较大,注册会计师在审计中一般直接进行实质性程序。企业的借款交易主要涉及短期借款、长期借款和应付债券,这些内部控制基本类似。因此,这里以应付债券为例说明筹资活动的内部控制和控制测试。

无论是否依赖内部控制,注册会计师均应对筹资活动的内部控制有足够的了解,以识别错报的类型、方式及发生的可能性。一般来讲,应付债券内部控制主要包括以下内容。

(1) 应付债券的发行要有正式的授权程序,每次均要由董事会授权。
(2) 申请发行债券时,应履行审批手续,向有关机关递交相关文件。
(3) 应付债券的发行,要有受托管理人来行使保护发行人和持有人合法权益的权利。
(4) 每种债券发行都必须签订债券契约。
(5) 债券的承销或包销必须签订有关协议。
(6) 记录应付债券业务的会计人员不得参与债券发行。
(7) 如果企业保存债券持有人明细分类账,应同总分类账核对相符;若这些记录由外部机构保存,则须定期同外部机构核对。
(8) 未发行的债券必须有人负责。
(9) 债券的回购要遵循正式的授权程序。

如果企业应付债券业务不多,注册会计师可根据成本效益原则采取实质性方案;如果企业应付债券业务繁多,注册会计师就可考虑采用综合性方案,则应进行控制测试。

2) 投资活动的内部控制和控制测试

一般来讲,投资内部控制主要包括以下内容。

(1) 合理的职责分工。这是指合法的投资业务,应在业务的授权、业务的执行、业务的会计记录,以及投资资产的保管等方面都有明确的分工,不得由一人同时负责上述任何两项工作。比如投资业务在企业高层管理机构核准后,可由高层负责人员授权签批,由财务经理办理具体的股票或债券的买卖业务,由会计部门负责会计记录和财务处理,并由专人保管股票或债券。这种合理的分工所形成的相互牵制机制有利于避免或减少投资业务中发生错误或舞弊的可能性。

(2) 健全的资产保管制度。企业对投资资产(指股票和债券资产)一般有两种保管方式:一种是由独立的专门机构保管,如在企业拥有数额较大的投资资产的情况下,委托银行、证券公司、信托投资公司等机构进行保管;另一种方式是由企业自行保管,在这种方式下,必须建立严格的联合控制制度,即至少要由两名以上人员共同控制,不得一人单独接触证券。

(3) 详尽的会计核算制度。企业的投资资产都要进行完整的会计记录,并对其增减变动及投资收益进行相关会计核算。具体而言,应对每一种股票或债券分别设立明细分类账,并详细记录其名称、面值、证书编号、数量、取得日期、经纪人(证券商)名称、购入成本、收取的股息或利息等;对于联营投资类的其他投资,也应设置明细分类账,核算其他投资的投出及其投资收益和投资收回等业务,并对投资的形式(如流动资产、固定资产、无形资产等)、投向(即接受投资单位)、投资的计价以及投资收益等作出详细的记录。

(4) 严格的记名登记制度。除无记名证券外,企业在购入股票或债券时应在购入的当日尽快登记于企业名下,切忌登记于经办人员名下,防止冒名转移并借其他名义谋取私利的舞弊行为发生。

(5) 完善的定期盘点制度。对于企业所拥有的投资资产,应由内部审计人员或不参与投资业务的其他人员进行定期盘点,检查是否确实存在,并将盘点记录与账面记录相互核对以确认账实的一致性。

投资的控制测试一般包括以下内容。

(1) 检查控制执行留下的轨迹。注册会计师应抽查投资业务的会计记录和原始凭证,确定各项控制程序的运行情况。

(2) 审阅内部盘核报告。注册会计师应审阅内部审计人员或其他授权人员对投资资产进行定期盘核的报告。应审阅其盘点方法是否恰当、盘点结果与会计记录相核对情况,以及对差异的处理是否合规。如果各期盘核报告的结果未发现账实之间存在差异(或差异不大),说明投资资产的内部控制得到了有效执行。

(3) 分析企业投资业务管理报告。对于企业的长期投资,注册会计师应对照有关投资方面的文件和凭证,分析企业的投资业务管理报告。在作出长期投资决策之前,企业最高管理阶层(如董事会)需要对投资进行可行性研究和论证,并形成一定的纪要,如证券投资中的各类证券,联营投资中的投资协议、合同及章程等。负责投资业务的财务经理须定期向企业最高管理层报告有关投资业务的开展情况(包括投资业务内容和投资收益实现情况及未来发展预测),即提交投资业务管理报告书,供最高管理层决策和控制。注册会计师应认真分析这些投资业务管理报告的具体内容,并对照前述的文件和凭证资料,从而判断企业长期投资的管理情况。

任务6.2 筹资与投资循环审计实质性程序

6.2.1 短期借款审计

1. 短期借款的审计目标

短期借款审计目标与财务报表的认定的对应关系如表6-5所示。

表6-5 短期借款审计目标与财务报表的认定的对应关系

审计目标	财务报表的认定				
	存在	完整性	权利和义务	计价和分摊	列报
A. 资产负债表中列示的短期借款是否存在	√				
B. 所有应当列示的短期借款是否均已列示		√			
C. 列示的短期借款是否被审计单位应当履行的现时义务			√		
D. 短期借款是否以恰当的金额包括在财务报表中,与之相关的计价调整是否已恰当记录				√	
E. 短期借款是否已按照企业会计准则的规定在财务报表中作出恰当列报					√

2. 短期借款的实质性程序

短期借款审计中,注册会计师为了实现审计目标而实施的实质性程序见表6-6。

表 6-6　短期借款审计目标与审计程序对应关系表

审计目标	可供选择的审计程序
D	1. 获取或编制短期借款明细表。 (1) 复核加计正确,并与报表数、总账数和明细账合计数核对是否相符。 (2) 检查非记账本位币短期借款的折算汇率及折算金额是否正确,折算方法是否前后期一致。
B	2. 检查被审计单位贷款卡,核实账面记录是否完整。 对被审计单位贷款卡上列示的信息与账面记录核对的差异进行分析,并关注贷款卡中列示的被审计单位对外担保的信息。
AC	3. 对短期借款进行函证。
ABD	4. 检查短期借款的增加。 对年度内增加的短期借款,检查借款合同,了解借款数额、借款用途、借款条件、借款日期、还款期限、借款利率,并与相关会计记录相核对。
ABD	5. 检查短期借款的减少。 对年度内减少的短期借款,应检查相关记录和原始凭证,核实还款数额,并与相关会计记录相核对。
D	6. 复核短期借款利息。 根据短期借款的利率和期限,检查被审计单位短期借款的利息计算是否正确;如有未计利息和多计利息,应作出记录,必要时提请进行调整。
CE	7. 检查被审计单位用于短期借款的抵押资产的所有权是否属于企业,其价值和实际状况是否与契约中规定的相一致。
AD	8. 检查被审计单位与贷款人之间所发生的债务重组。检查债务重组协议,确定其真实性、合法性,并检查债务重组的会计处理是否正确。
	9. 根据评估的舞弊风险等因素增加的其他审计程序。
E	10. 检查短期借款是否已按照企业会计准则的规定在财务报表中作出恰当的列报。 (1) 检查被审计单位短期借款是否按信用借款、抵押借款、质押借款、保证借款分别披露。 (2) 检查期末逾期借款是否按贷款单位、借款金额、逾期时间、年利率、逾期未偿还原因和预计还款期等进行披露。

3. 短期借款审计重点

1) 对短期借款进行函证

注册会计师应当对银行借款及与金融机构往来的其他重要信息实施函证程序,除非有充分证据表明某一借款及与金融机构往来的其他重要信息对财务报表不重要且与之相关的重大错报风险很低。如果不对某一借款及与金融机构往来的其他重要信息实施函证程序,注册会计师应当在审计工作底稿中说明理由。

2) 检查短期借款的增加

对年度内增加的短期借款,注册会计师应检查借款合同和授权批准,了解借款数额、借款条件、借款日期、还款期限、借款利率,并与相关会计记录相核对。

3) 检查短期借款的减少

对年度内减少的短期借款,注册会计师应检查相关记录和原始凭证,核实还款数额。

4) 复核短期借款利息

注册会计师应根据短期借款的利率和期限,复核被审计单位短期借款的利息计算是否正确,有无多算或少算利息的情况,如有未计利息或多计利息,应作出记录,必要时进行调整。

4. 短期借款主要审计工作底稿

(1) 短期借款实质性程序表见表 6-5 和表 6-6,列示了短期借款的认定——审计目标——可供选择的审计程序之间的内在关系,可供注册会计师根据被审计单位的具体情况选择针对短期借款的实质性程序。

(2) 短期借款审定表(略),属于短期借款的汇总类底稿,汇总了短期借款未经审计的金额、审计调整的金额、审定的金额。

(3) 短期借款明细表见表 6-7,分贷款银行列示了借款期限、本期增加本息、本期归还本息、借款条件和借款用途等明细情况。

表 6-7 短期借款明细表

被审计单位:_____　　索引号:_____
项目:_____　　财务报表截止日/期间:_____
编制:_____　　复核:_____
日期:_____　　日期:_____

贷款银行	借款期限		期初余额		本期增加本息			本期归还本息		期末余额		本期应计利息	本期实计利息	差异	借款条件	借款用途	备注
	借款日	约定还款日	利率	本金	日期	利率	本金	日期	本金	利率	本金						
审计说明:																	

(4) 利息分配检查情况表见表 6-8,分项目重新计算了应当计入财务费用、在建工程、制造费用等的实际利息的分配情况。

表 6-8 利息分配检查情况表

被审计单位:_____　　索引号:_____
项目:_____　　财务报表截止日/期间:_____
编制:_____　　复核:_____
日期:_____　　日期:_____

项目名称	实际利息	利息(实际利息)分配数						核对是否正确	差异原因
		财务费用	在建工程	制造费用	研发支出	……	合计		
合 计									
审计说明:									

6.2.2 长期借款审计

1. 长期借款的审计目标

长期借款审计目标与财务报表的认定的对应关系如表 6-9 所示。

表 6-9　长期借款审计目标与财务报表的认定的对应关系

审计目标	财务报表的认定				
	存在	完整性	权利和义务	计价和分摊	列报
A. 资产负债表中列示的长期借款是否存在	√				
B. 所有应当列示的长期借款是否均已列示		√			
C. 列示的长期借款是否被审计单位应当履行的现时义务			√		
D. 长期借款是否以恰当的金额列示在财务报表中，与之相关的计价调整是否恰当记录				√	
E. 长期借款是否已按照企业会计准则的规定在财务报表中作出恰当列报					√

2. 长期借款的实质性程序

长期借款审计中，注册会计师为了实现审计目标而实施的实质性程序见表 6-10。

表 6-10　长期借款审计目标与审计程序对应关系表

审计目标	可供选择的审计程序
D	1. 获取或编制长期借款明细表。 (1) 复核加计是否正确，并与总账数和明细账合计数核对是否相符，减去将于一年内偿还的长期借款后，与报表数核对是否相符。 (2) 检查非记账本位币长期借款的折算汇率及折算是否正确，折算方法是否前后期一致。
B	2. 检查被审计单位贷款卡，核实账面记录是否完整。对被审计单位贷款卡上列示的信息与账面记录核对的差异进行分析，并关注贷款卡中列示的被审计单位对外担保的信息。
ACD	3. 对长期借款进行函证。
ABCD	4. 检查长期借款的增加。对年度内增加的长期借款，检查借款合同和授权批准，了解借款数额、借款条件、借款用途、借款日期、还款期限、借款利率，并与相关会计记录核对。
ABD	5. 检查长期借款的减少。对年度内减少的长期借款，检查相关记录和原始凭证，核实还款数额，并与相关会计记录核对。
D	6. 复核长期借款利息。根据长期借款的利率和期限，复核被审计单位长期借款的利息计算是否正确。如有未计利息或多计利息，应作出记录，必要时进行调整。
AD	7. 检查借款费用的会计处理是否正确。检查资产负债表日被审计单位是否按摊余成本和实际利率计算确定长期借款的利息费用，并正确记入"财务费用""在建工程""制造费用""研发支出"等相关科目，是否按合同利率计算应付未付利息记入"应付利息"科目，是否按其差额记入"长期借款——利息调整"科目。同时应检查专门借款和一般借款的借款费用资本化的时点和期间、资产范围、目的和用途等是否符合资本化条件。

续表

审计目标	可供选择的审计程序
C	8. 检查被审计单位抵押长期借款的抵押资产的所有权是否属于被审计单位,其价值和实际状况是否与担保契约中规定的相一致。
AD	9. 检查被审计单位与贷款人进行的债务重组。检查债务重组协议,确定其真实性、合法性,并检查债务重组的会计处理是否正确。
	10. 根据评估的舞弊风险等因素增加的其他审计程序。
E	11. 检查长期借款是否已按照企业会计准则的规定在财务报表中作出恰当的列报。 (1) 被审计单位是否按信用借款、抵押借款、质押借款、保证借款分别披露。 (2) 对于期末逾期借款,是否分别贷款单位、借款金额、逾期时间、年利率、逾期未偿还原因和预计还款期等进行披露。 (3) 被审计单位是否在附注中披露与借款费用有关的下列信息。 ① 当期资本化的借款费用金额。 ② 当期用于计算确定借款费用资本化金额的资本化率。 (4) 一年内到期的长期借款是否列为一年内到期的非流动负债。 (5) 被审计单位在资产负债表日或之前违反了长期借款协议,导致贷款人可随时要求清偿的负债,应当归类为流动负债。

长期借款同短期借款一样,都是企业向银行或其他金融机构借入的款项,因此,长期借款的实质性程序同短期借款的实质性程序类似。

6.2.3 应付债券审计

1. 应付债券的审计目标

应付债券审计目标与财务报表的认定的对应关系如表 6-11 所示。

表 6-11 应付债券审计目标与财务报表的认定的对应关系

审计目标	财务报表的认定				
	存在	完整性	权利和义务	计价和分摊	列报
A. 资产负债表中列示的应付债券是否存在	√				
B. 所有应当列示的应付债券是否均已列示		√			
C. 列示的应付债券是否是被审计单位应当履行的现时义务			√		
D. 应付债券是否以恰当的金额列示在财务报表中,与之相关的计价调整是否已恰当记录				√	
E. 应付债券是否已按照企业会计准则的规定在财务报表中作出恰当列报					√

2. 应付债券的实质性程序

应付债券审计中,注册会计师为了实现审计目标而实施的实质性程序见表 6-12。

表 6-12　应付债券审计目标与审计程序对应关系表

审计目标	可供选择的审计程序
D	1. 获取或编制应付债券明细表。 （1）复核加计是否正确，并与报表数、总账数和明细账合计数核对是否相符。 （2）检查非记账本位币应付债券的折算汇率及折算是否正确，折算方法是否前后期一致。
ABD	2. 检查应付债券的增加。 　审阅债券发行申请和审批文件，检查发行债券所收入现金的收据、汇款通知单、送款登记簿及相关的银行对账单，核实其会计处理是否正确。
AC	3. 对应付债券向证券承销商或包销商函证。
AD	4. 检查债券利息费用的会计处理是否正确，资本化的处理是否符合规定。 （1）对于分期付息、一次还本的债券，检查资产负债表日是否按摊余成本和实际利率计算确定债券利息费用，并正确记入"在建工程""制造费用""财务费用""研发费用"等科目，是否按票面利率计算确定应付未付利息，记入"应付利息"科目，是否按其差额调整"应付债券——利息调整"。 （2）对于一次还本付息的债券，检查资产负债表日是否按摊余成本和实际利率计算确定债券利息费用，并正确记入"在建工程""制造费用""财务费用""研发费用"等科目；是否按票面利率计算确定应付未付利息，记入"应付债券——应计利息"科目，是否按其差额调整"应付债券——利息调整"。
ABD	5. 检查到期债券的偿还。检查偿还债券的支票存根等相关会计记录，检查其会计处理是否正确。
AD	6. 检查可转换公司债券是否将负债和权益成分分拆，可转换公司债券持有人行使转换权利，将其持有的债券转为股票时其会计处理是否正确。
C	7. 如发行债券时已作抵押或担保，应检查相关契约的履行情况。
	8. 根据评估的舞弊风险等因素增加的其他审计程序。
E	9. 检查应期债券是否已按照企业会计准则的规定在财务报表中作出恰当列报。 （1）一年内到期的应期债券是否列为一年内到期的非流动负债。 （2）期末到期未偿付的债券金额及逾期原因是否充分披露。

3. 应付债券审计重点

1）获取或编制应付债券明细表

注册会计师应获取或编制应付债券明细表并与明细账及备查簿核对相符，必要时，询证债权人及债券的承销人或包销人，以验证应付债券期末余额的正确性。

2）检查应付债券的增加

审查被审计单位发行债券是否经有关部门批准，发行债券所形成的负债是否及时记录。

3）检查债券利息费用的会计处理是否正确

复核应付债券利息费用的金额计算是否正确，以及会计处理是否符合规定。

4. 实训

1）任务描述

（1）阅读并熟悉实训资料、实训材料。

（2）在教师指导下，根据实训资料编写记账凭证测试表。

（3）在教师指导下，完成记账凭证测试表的编写。

（4）在教师指导下，编写审计调整分录。

2）实训条件

（1）实训环境：上课教室或审计实训室。

(2) 实训材料：记账凭证测试表。
(3) 实训学时：2 学时。
(4) 实训操作：首先由教师引导学生阅读、熟悉实训资料和审计工作底稿，然后由学生自主编写、讨论、总结，教师现场指导，最后由教师讲解答案、分析问题。
(5) 实训方式：可采用小组手工实训方式、单人手工实训方式。

3) 实训资料

绿诚会计师事务所注册会计师林敏英 2021 年 2 月 14 日审计新时代公司 2020 年筹资业务时发现如下情况。

(1) 2020 年 1 月 1 日该公司发行债券，应付债券面值为 10 万元，债券折价 2 万元，票面利率 12%，调阅发行债券的批文，规定发行价格 10 万元，发行期 3 年，利率 12%。

1 月 6 号记账凭证的会计分录如下。

借：银行存款　　　　　　　　　　　　　　　　　80 000
　　应付债券——利息调整　　　　　　　　　　　20 000
　　贷：应付债券——债券面值　　　　　　　　　　　　100 000

所附原始凭证全部经进一步查证，均为该公司内部职工购入。

(2) 2020 年 1 月 10 日，该公司为生产线建设专门筹资，平价发行 5 年期、面值为 1 000 万元债券，票面利率为 10%，实际利率为 9.5%，工程与发行债券当月动工。2020 年 12 月 31 日，该公司计提利息和摊销时，作如下会计分录（12 月 125 号记账凭证）。

借：财务费用　　　　　　　　　　　　　　　　950 000
　　贷：应付债券——应计利息　　　　　　　　　　　950 000

(3) 该公司 2020 年 6 月 1 日至 12 月 31 日"短期借款——生产周转借款"平均贷款为 360 000 元，存货合计为 250 000 元，其他应收款为 220 000 元。

6 月 1 日 12 号记账凭证的会计分录如下。

借：银行存款　　　　　　　　　　　　　　　　190 000
　　贷：短期借款——生产周转借款　　　　　　　　　190 000

后附收账通知和借款契约两张原始凭证，借款日期 6 月 1 日，借款期限 6 个月。

6 月 15 日 101 号记账凭证的会计分录如下。

借：其他应收款——张天名　　　　　　　　　　180 000
　　贷：银行存款　　　　　　　　　　　　　　　　　180 000

其摘要为汇给光明公司货款。经核实，所记汇款是该公司为职工垫付的购买空调的款项，张天名是负责向职工收回垫付款的负责人，全部货款至 2020 年 12 月陆续收回。该笔借款年利率为 5%。

新时代公司所得税税率为 25%，盈余公积与公益金计提比例合计为 15%。

6.2.4 财务费用审计

1. 财务费用的审计目标

财务费用审计目标与财务报表的认定的对应关系如表 6-13 所示。

表 6-13 财务费用审计目标与财务报表的认定的对应关系

审计目标	财务报表的认定					
	发生	完整性	准确性	截止	分类	列报
A. 利润表中列示的财务费用是否已真实发生,且与被审计单位有关	√					
B. 所有应当列示的财务费用是否均已列示		√				
C. 与财务费用有关的金额及其他数据是否已恰当列示			√			
D. 财务费用是否已列示于正确的会计期间				√		
E. 财务费用是否已列示于恰当的账户					√	
F. 财务费用是否已按照企业会计准则的规定在财务报表中作出恰当的列报						√

2. 财务费用实质性程序

财务费用审计中,注册会计师为了实现审计目标而实施的实质性程序见表 6-14。

表 6-14 财务费用审计目标与审计程序对应关系表

审计目标	可供选择的审计程序
C	1. 获取或编制财务费用明细表,复核其加计数是否正确,并与报表数、总账数和明细账合计数核对是否相符。
ABC	2. 实质性分析程序。 (1) 针对已识别需要运用分析程序的有关项目,基于对被审计单位及其环境的了解,通过进行以下比较,同时考虑有关数据间关系的影响,以建立有关数据的期望值。 ① 将本期财务费用各明细账目与上期进行对比,必要时比较本期各月份财务费用,如有重大波动和异常情况应追查原因。 ② 计算借款、应付债券平均实际利率并同以前年度及市场平均利率相比较。 ③ 根据借款、应付债券平均余额、平均利率测算当期利息费用和应付利息,并与账面记录进行比较。 ④ 根据银行存款平均余额和存款平均利率复核利息收入。 (2) 确定可接受的差异额度。 (3) 将实际的情况与期望值相比较,识别需要进一步调查的差异。 (4) 如果其差额超过可接受的差异额度,调查并获取充分的解释和恰当的审计证据(如检查相关的凭证)。 (5) 评估分析程序的测试结果。
E	3. 检查财务费用明细账目的设置是否符合规定的核算内容与范围,是否划清财务费用与其他费用的界限。
ABC	4. 检查利息支出明细账。 (1) 审查各项借款期末应计利息有无预计入账。 (2) 审查现金折扣的会计处理是否正确。 (3) 结合长短期借款、应付债券等的审计,检查财务费用中是否包括为购建或生产满足资本化条件的资产发生的应予资本化的借款费用。 (4) 检查融资租入的固定资产、购入有关资产超过正常信用条件延期支付价款、实质上具有融资性质的,采用实际利率法分期摊销未确认融资费用时计入财务费用数是否正确。 (5) 检查应收票据贴现息的计算与会计处理是否正确。 (6) 检查存在资产弃置费用义务的固定资产或油气资产,在其使用寿命内,是否按期计算确定应负担的利息费用。

续表

审计目标	可供选择的审计程序
ABC	5. 检查利息收入明细账。 (1) 确认利息收入的真实性及正确性。 (2) 检查从其他企业或非银行金融机构取得的利息收入是否按规定计缴增值税。 (3) 检查采用递延方式分期收款,实质上具有融资性质的销售商品或提供劳务,采用实际利率法按期计算确定的利息收入是否正确。
ABC	6. 检查汇兑损益明细账,检查汇兑损益计算方法是否正确,核对所用汇率是否正确,前后期是否一致。
ABC	7. 检查"财务费用——其他"明细账,注意检查大额金融机构手续费的真实性与正确性。
D	8. 抽取资产负债表日前后____天的____张凭证,实施截止测试,若存在异常迹象,应考虑是否有必要追加审计程序,对于重大跨期项目应作必要调整。
	9. 根据评估的舞弊风险等因素增加的其他审计程序。
F	10. 检查财务费用是否已按照企业会计准则的规定在财务报表中作出恰当的列报。

3. 财务费用审计重点

1) 分析程序

(1) 将本期财务费用各明细项目与上期进行对比,必要时比较本期各月份财务费用,如有重大波动和异常情况应追查原因。

(2) 计算借款、应付债券平均实际利率并同以前年度及市场平均利率相比较。

(3) 根据借款、应付债券平均余额、平均利率测算当期利息费用和应付利息,并与账面记录进行比较。

(4) 根据银行存款平均余额和存款平均利率复核利息收入。

2) 检查利息支出明细账

(1) 结合短期借款、长期借款、应付债券等相关科目的审计,确认利息支出金额的正确性。

(2) 审查各项借款期末应计利息有无预计入账。

6.2.5 实收资本(股本)审计

1. 实收资本的审计目标

实收资本审计目标与财务报表的认定的对应关系如表 6-15 所示。

表 6-15 实收资本审计目标与财务报表的认定的对应关系

审计目标	财务报表的认定				
	存在	完整性	权利和义务	计价和分摊	列报
A. 资产负债表中列示的实收资本(股本)是否存在	√				
B. 所有应当列示的实收资本(股本)是否均已列示		√			
C. 实收资本(股本)是否以恰当的金额列示在财务报表中				√	
D. 实收资本(股本)是否已按照企业会计准则的规定在财务报表中作出恰当列报					√

2. 实收资本的实质性程序

实收资本审计中,注册会计师为了实现审计目标而实施的实质性程序见表 6-16。

表 6-16 实收资本审计目标与审计程序对应关系表

审计目标	可供选择的审计程序
C	1. 获取或编制实收资本(股本)明细表。 (1) 复核加计是否正确,并与报表数、总账数和明细账合计数核对是否相符。 (2) 以非记账本位币出资的,检查其折算汇率是否符合规定,折算差额的会计处理是否正确。
ABC	2. 审阅公司章程、股东(大)会、董事会会议记录中有关实收资本(股本)的规定。收集与实收资本(股本)变动有关的董事会会议纪要、股东(大)会决议、合同、协议、公司章程及营业执照,公司设立批文、验资报告等法律性文件,并更新永久性档案。
AC	3. 检查投入资本是否真实存在,审阅和核对与投入资本有关的原始凭证、会计记录,必要时向投资者函证实缴资本额,对有关财产和实物价值进行鉴定,以确定投入资本的真实性。 (1) 对于发行在外的股票,应检查股票的发行活动。检查的内容包括已发行股票的登记簿、募股清单、银行对账单、会计账面记录等。必要时,可向证券交易所和金融机构函证股票发行的数量。 (2) 对于发行在外的股票,应检查股票发行费用的会计处理是否符合有关规定。
ACB	4. 检查出资期限和出资方式、出资额,检查投资者是否按合同、协议、章程约定的时间和方式缴付出资额,是否已经注册会计师验证。若已验资,应审阅验资报告。
ACB	5. 检查实收资本(股本)增减变动的原因,查阅其是否与董事会纪要、补充合同、协议及其他有关法律性文件的规定一致,逐笔追查至原始凭证,检查其会计处理是否正确。注意有无抽资或变相抽资的情况,如有,应取证核实,作恰当处理。对首次接受委托的客户,除取得验资报告外,还应检查并复印记账凭证及进账单。 (1) 对于股份有限公司,应检查股票收回的交易活动。检查的内容包括已发行股票的登记簿、收回的股票、银行对账单、会计账面记录等。 (2) 以发放股票股利增资的,检查股东(大)会决议,检查相关增资手续是否办理,会计处理是否正确。 (3) 对于以资本公积、盈余公积和未分配利润转增资本的,应取得股东(大)会等资料,并审核是否符合国家有关规定,会计处理是否正确。 (4) 以权益结算的股份支付行权时增资,取得相关资料,检查是否符合相关规定,会计处理是否正确。 (5) 以回购股票以及其他法定程序报经有关部门批准减资的,检查股东(大)会决议以及相关的法律文件,手续是否办理,会计处理是否正确。 (6) 中外合作企业根据合同规定在合作期间归还投资的,检查以下内容。 ① 如系直接归还投资,检查是否符合有关的决议与公司章程和投资协议的规定,款项是否已付出,会计处理是否正确。 ② 如系以利润归还投资,还需检查是否与利润分配的决议相符,并检查与利润分配有关的会计处理是否正确。
D	6. 根据证券登记公司提供的股东名录,检查被审计单位及其子公司、合营企业与联营企业是否有违反规定持股的情况。
A	7. 检查认股权证及其有关交易,确定委托人及认股人是否遵守认股合约或认股权证中的有关规定。
D	8. 检查实收资本(股本)是否已按照企业会计准则的规定在财务报表中作出恰当列报。

3. 实收资本审计重点

1) 检查投入资本是否存在，是否符合相关规定

注册会计师应向被审计单位索取公司章程、股东（大）会、董事会会议记录，认真研究其中有关实收资本（股本）的规定，同时检查股东是否按照公司章程、合同、协议规定的出资方式出资。注册会计师需要收集的资料主要有：与实收资本（股本）变动有关的董事会会议纪要、股东（大）会决议、合同、协议、公司章程及营业执照，公司设立批文、验资报告等法律性文件。

2) 检查实收资本增减变动情况

对本期发生的实收资本增减变动，应逐笔追查至原始凭证，并与相关的董事会纪要、补充合同、协议等相核对。特别关注有无抽资或变相抽资的情况。

6.2.6 资本公积审计

1. 资本公积的审计目标

资本公积审计目标与财务报表的认定的对应关系如表 6-17 所示。

表 6-17 资本公积审计目标与财务报表的认定的对应关系

审计目标	财务报表的认定				
	存在	完整性	权利和义务	计价和分摊	列报
A. 资产负债表中列示的资本公积是否存在	√				
B. 所有应当列示的资本公积是否均已列示		√			
C. 资本公积以是否以恰当的金额包括在财务报表中				√	
D. 资本公积是否已按照企业会计准则的规定在财务报表中作出恰当列报					√

2. 资本公积的实质性程序

资本公积审计中，注册会计师为了实现审计目标而实施的实质性程序见表 6-18。

表 6-18 资本公积审计目标与审计程序对应关系表

审计目标	可供选择的审计程序
C	1. 获取或编制资本公积明细表，复核加计是否正确，并与报表数、总账数和明细账合计数核对是否相符。
ABC	2. 首次接受委托的单位，应对期初的资本公积进行追溯查验，检查原始发生的依据是否充分。
AB	3. 收集与资本公积变动有关的股东（大）会决议、董事会会议纪要、资产评估报告等文件资料，更新永久性档案。
ABCD	4. 根据资本公积明细账，对"资本（股本）溢价"的发生额逐项审查至原始凭证。 (1) 对股本溢价，应取得董事会会议纪要、股东（大）会决议、有关合同、政府批文，追查至银行收款等原始凭证，结合相关科目的审计，检查会计处理是否正确，注意发行股票溢价收入的计算是否已扣除股票发行费用。

续表

审计目标	可供选择的审计程序
ABCD	(2) 对资本公积转增资本的,应取得股东(大)会决议、董事会会议纪要、有关批文等,检查资本公积转增资本是否符合有关规定,会计处理是否正确。 (3) 若有同一控制下企业合并,应结合长期股权投资科目,检查被审计单位(合并方)取得的被合并方所有者权益账面价值的份额与支付的合并对价账面价值的差额计算是否正确,是否依次调整本科目、盈余公积和未分配利润。 (4) 股份有限公司回购本公司股票进行减资的,检查其是否按注销的股票面值总额和所注销的库存股的账面余额,冲减资本公积。 (5) 检查与发行权益性证券直接相关的手续费、佣金等交易费用的会计处理是否正确,是否将与发行权益性证券间接相关的手续费记入本账户,若有,判断是否需要被审计单位调整。
ADCB	5. 根据资本公积明细账,对"其他资本公积"的发生额逐项审查至原始凭证。 (1) 检查以权益法核算的被投资单位除净损益以外所有者权益的变动,被审计单位是否已按其享有的份额入账,会计处理是否正确;处置该项投资时,应注意是否已转销与其相关的资本公积。 (2) 以自用房地产或存货转换为采用公允价值模式计量的投资性房地产,转换日的公允价值大于原账面价值的,检查其差额是否计入资本公积。处置该项投资性房地产时,原计入资本公积的部分是否已转销。 (3) 对以公允价值计量且其变动计入其他综合收益的金融资产形成的资本公积,结合相关科目检查金额和相关会计处理是否正确:①当以公允价值计量且其变动计入其他综合收益的金融资产转为采用成本或摊余成本计量时,已记入本科目的公允价值变动是否按规定进行了会计处理;②当以公允价值计量且其变动计入其他综合收益的金融资产发生减值时,已记入本科目的公允价值变动是否转入资产减值损失;③当已减值的以公允价值计量且其变动计入其他综合收益的金融资产公允价值回升时,区分权益工具和债务工具分别确定其会计处理是否正确。 (4) 以权益结算的股权支付,取得相关资料,检查在权益工具授予日和行权日的会计处理是否正确。 (5) 对于在资产负债表日,满足运用套期会计方法条件的现金流量套期和境外经营净投资套期产生的利得和损失,是否进行了正确的会计处理。
C	6. 检查资本公积各项目,考虑对所得税的影响。
C	7. 记录资本公积中不能转增资本的项目。
	8. 根据评估的舞弊风险等因素增加的审计程序。
D	9. 检查资本公积是否已按照企业会计准则的规定在财务报表中作出恰当列报。

6.2.7 盈余公积审计

1. 盈余公积审计目标

盈余公积审计目标与财务报表的认定的对应关系如表 6-19 所示。

2. 盈余公积的实质性程序

盈余公积审计中,注册会计师为了实现审计目标而实施的实质性程序见表 6-20。

表 6-19 盈余公积审计目标与财务报表的认定的对应关系

审计目标	财务报表的认定				
	存在	完整性	权利和义务	计价和分摊	列报
A. 资产负债表中列示的盈余公积是否存在	√				
B. 所有应当列示的盈余公积是否均已列示		√			
C. 盈余公积是否以恰当金额包括在财务报表中				√	
D. 盈余公积是否已按照企业会计准则的规定在财务报表中作出恰当列报					√

表 6-20 盈余公积审计目标与审计程序对应关系表

审计目标	可供选择的审计程序
C	1. 获取或编制盈余公积明细表,复核加计是否正确,并与报表数、总账数及明细账合计数核对是否相符。
AB	2. 收集与盈余公积变动有关的董事会会议纪要、股东(大)会决议以及政府主管部门、财政部门批复等文件资料,进行审阅,并更新永久性档案。
ACB	3. 对法定盈余公积和任意盈余公积的发生额逐项审查至原始凭证。 (1) 审查法定盈余公积和任意盈余公积的计提顺序、计提基数、计提比例是否符合有关规定,会计处理是否正确。 (2) 审查盈余公积的减少是否符合有关规定,取得董事会会议纪要、股东(大)会决议,予以核实,检查有关会计处理是否正确。
AC	4. 如系外商投资企业,应对储备基金、企业发展基金的发生额逐项审查至原始凭证,审查是否符合有关规定,会计处理是否正确。
AC	5. 如系中外合作经营企业,应对利润归还投资的发生额审查至原始凭证,并与"实收资本——已归还投资"科目的发生金额核对,检查会计处理是否正确。
	6. 根据评估的舞弊风险等因素增加的审计程序。
D	7. 检查盈余公积的列报是否已按照企业会计准则的规定在财务报表中作出恰当列报。

6.2.8 交易性金融资产审计

交易性金融资产是指企业为了近期出售而持有的金融资产。在会计科目设置上,企业持有的直接指定为以公允价值计量且其变动计入当期损益的金融资产,也通过该科目核算。

1. 交易性金融资产的审计目标

交易性金融资产审计目标与财务报表的认定的对应关系如表 6-21 所示。

表 6-21 交易性金融资产审计目标与财务报表的认定的对应关系

审计目标	财务报表的认定				
	存在	完整性	权利和义务	计价和分摊	列报
A. 资产负债表中列示的交易性金融资产是否存在	√				
B. 所有应当列示的交易性金融资产是否均已列示		√			

续表

审计目标	存在	完整性	权利和义务	计价和分摊	列报
C. 列示的交易性金融资产由被审计单位拥有或控制			√		
D. 交易性金融资产以恰当的金额包括在财务报表中,与之相关的计价调整是否已恰当记录				√	
E. 交易性金融资产是否已按照企业会计准则的规定在财务报表中作出恰当列报					√

2. 交易性金融资产的实质性程序

交易性金融资产审计中,注册会计师为了实现审计目标而实施的实质性程序见表 6-22。

表 6-22 交易性金融资产审计目标与审计程序对应关系表

审计目标	可供选择的审计程序
D	1. 获取或编制以公允价值计量且其变动计入当期损益的金融资产明细表。 (1) 复核加计正确,并与报表数、总账数和明细账合计数核对是否相符。 (2) 检查非记账本位币交易性金融资产的折算汇率及折算是否正确。 (3) 与被审计单位讨论以确定划分为交易性金融资产是否符合企业会计准则的规定。
CE	2. 就被审计单位管理层将投资确定划分为交易性金融资产的意图获取审计证据,并考虑管理层实施该意图的能力。应向管理层询问,并通过下列方式对管理层的答复予以印证。 (1) 考虑管理层以前所述的对于划分为交易性金融资产的意图的实际实施情况。 (2) 复核包括预算、会议纪要等在内的书面计划和其他文件记录。 (3) 考虑管理层选择划分为交易性金融资产的理由。 (4) 考虑管理层在既定经济环境下实施特定措施的能力。
ADE	3. 确定交易性金融资产余额正确及存在。 (1) 获取股票、债券、基金等账户对账单,与明细账余额核对,作出记录或进行适当调整。 (2) 被审计单位人员盘点交易性金融资产,编制以公允价值计量且其变动计入当期损益的金融资产盘点表,审计人员实施监盘并检查交易性金融资产名称、数量、票面价值、票面利率等内容,同时与相关账户余额进行核对;如有差异,查明原因,作出记录或进行适当调整。 (3) 如交易性金融资产在审计工作日已售出或兑换,则追查至相关原始凭证,以确认其在资产负债表日存在。 (4) 在外保管的交易性金融资产等应查阅有关保管的文件,必要时可向保管人函证,复核并记录函证结果。了解在外保管的交易性金融资产实质上是否为委托理财,如果是,则应详细记录,分析资金的安全性和可收回性,提请被审计单位重新分类,并充分披露。
BC	4. 确定交易性金融资产的会计记录是否完整,并确定所购入交易性金融资产归被审计单位所拥有。 (1) 取得有关账户流水单,对照检查账面记录是否完整,检查购入交易性金融资产是否为被审计单位拥有。 (2) 向相关机构发函,并确定是否存在变现限制,同时记录函证过程。

续表

审计目标	可供选择的审计程序
D	5. 确定交易性金融资产的计价是否正确。 (1) 复核交易性金融资产计价方法，检查其是否按公允价值计量，前后期是否一致。 (2) 复核公允价值取得依据是否充分。公允价值与账面价值的差额是否记入"公允价值变动损益"科目。
ABD	6. 抽取交易性金融资产增减变动的相关凭证，检查其原始凭证是否完整合法，会计处理是否正确。 (1) 抽取交易性金融资产增加的记账凭证，注意其原始凭证是否完整合法，成本、交易费用和相关利息或股利的会计处理是否符合规定。 (2) 抽取交易性金融资产减少的记账凭证，检查其原始凭证是否完整合法，会计处理是否正确；注意出售交易性金融资产时其成本结转是否正确。
C	7. 检查有无变现存在重大限制的交易性金融资产，如有，则查明情况，并作适当调整。
	8. 针对识别的舞弊风险等因素增加的审计程序。
E	9. 检查交易性金融资产检查是否已按照企业会计准则的规定在财务报表中作出恰当列报。

3. 交易性金融资产审计重点

（1）获取股票、债券及基金等交易流水单及被审计单位投资部门的交易记录，与明细账核对，检查会计记录是否完整、会计处理是否正确。

（2）监盘库存交易性金融资产，并与相关账户余额进行核对，如有差异，应查明原因，并作出记录或进行适当调整。

（3）向相关金融机构发函询证交易性金融资产期末数量以及是否存在变现限制，并记录函证过程。

（4）复核股票、债券及基金等交易性金融资产的期末公允价值是否合理，相关会计处理是否正确。

6.2.9 以公允价值计量且其变动计入其他综合收益的金融资产审计

以公允价值计量且其变动计入其他综合收益的金融资产，是指初始确认时即被指定为可供出售的非衍生金融资产，以及除下列各类资产以外的金融资产：①贷款和应收款项；②持有至到期投资；③以公允价值计位且其变动计入当期损益的金融资产。

1. 以公允价值计量且其变动计入其他综合收益的金融资产的审计目标

以公允价值计量且其变动计入其他综合收益的金融资产审计目标与财务报表的认定的对应关系如表 6-23 所示。

表 6-23 以公允价值计量且其变动计入其他综合收益的金融资产
审计目标与财务报表的认定的对应关系

审计目标	财务报表的认定				
	存在	完整性	权利和义务	计价和分摊	列报
A. 资产负债表中列示的以公允价值计量且其变动计入其他综合收益的金融资产是否存在	√				
B. 所有应当列示的以公允价值计量且其变动计入其他综合收益的金融资产是否均已列示		√			
C. 列示的以公允价值计量且其变动计入其他综合收益的金融资产是否由被审计单位拥有或控制			√		
D. 以公允价值计量且其变动计入其他综合收益的金融资产是否以恰当的金额包括在财务报表中,与之相关的计价调整是否已恰当记录				√	
E. 以公允价值计量且其变动计入其他综合收益的金融资产是否已按照企业会计准则的规定在财务报表中作出恰当列报					√

2. 以公允价值计量且其变动计入其他综合收益的金融资产审计的实质性程序

以公允价值计量且其变动计入其他综合收益的金融资产审计中,注册会计师为了实现审计目标而实施的实质性程序见表 6-24。

表 6-24 以公允价值计量且其变动计入其他综合收益的金融资产
审计目标与审计程序对应关系表

审计目标	可供选择的审计程序
D	1. 获取或编制以公允价值计量且其变动计入其他综合收益的金融资产明细表。 (1) 复核加计是否正确,并与总账数和明细账合计数核对是否相符;结合以公允价值计量且其变动计入其他综合收益的金融资产减值准备科目与报表数核对是否相符。 (2) 与被审计单位讨论以确定划分为以公允价值计量且其变动计入其他综合收益的金融资产的金融资产是否符合会计准则的规定。 (3) 与上年明细账目进行比较,确定与上年分类相同。
ED	2. 根据被审计单位管理层的意图和能力,判断以公允价值计量且其变动计入其他综合收益的金融资产的分类是否正确。
ABDC	3. 确定以公允价值计量且其变动计入其他综合收益的金融资产的余额正确并存在。 (1) 对于没有划分为以公允价值计量且其变动计入当期损益的金融资产,获取股票、债券、基金等账户对账单,与明细账余额核对,需要时,向证券登记公司等发函询证,以确认其存在。如有差异,查明原因,作出记录或进行适当调整。 (2) 被审计单位的主管会计人员盘点库存以公允价值计量且其变动计入其他综合收益的金融资产,编制以公允价值计量且其变动计入其他综合收益的金融资产盘点表,注册会计师实施监盘并检查以公允价值计量且其变动计入其他综合收益的金融资产名称、数量、票面价值、票面利率等内容,并与相关账户余额进行核对;如有差异,查明原因,作出记录或进行适当调整。 (3) 如以公允价值计量且其变动计入其他综合收益的金融资产在审计工作日已售出或兑换,则追查至相关原始凭证,以确认其在审计截止日存在。

续表

审计目标	可供选择的审计程序
ABDC	(4) 在外保管的以公允价值计量且其变动计入其他综合收益的金融资产等应查阅有关保管的文件,必要时可向保管人函证,复核并记录函证结果。了解在外保管的以公允价值计量且其变动计入其他综合收益的金融资产是否实质上为委托理财,如果是,则应详细记录,分析资金的安全性和可收回性,提请被审计单位重新分类,并充分披露。
CB	4. 确定以公允价值计量且其变动计入其他综合收益的金融资产的会计记录完整,由被审计单位。 (1) 分别自本期增加、本期减少中选择适量项目。 (2) 追查至原始凭证,检查其是否经授权批准,确认有关以公允价值计量且其变动计入其他综合收益的金融资产的购入、售出、兑换及投资收益金额正确,记录完整。并确认所购入以公允价值计量且其变动计入其他综合收益的金融资产归被审计单位拥有。 (3) 检查以公允价值计量且其变动计入其他综合收益的金融资产的处置时,是否将原直接计入资本公积的公允价值变动累计额对应处置部分的金额转出,计入投资收益。
D	5. 确定以公允价值计量且其变动计入其他综合收益的金融资产的计价正确。 (1) 复核以公允价值计量且其变动计入其他综合收益的金融资产的计价方法,检查其是否按公允价值计量,前后期是否一致,公允价值取得依据是否充分。 (2) 与被审计单位讨论以确定实际利率确定依据是否充分,非本期新增投资,复核实际利率是否与前期一致。 (3) 重新计算持有期间的利息收入和投资收益。按票面利率计算确定当期应收利息,按以公允价值计量且其变动计入其他综合收益的金融资产摊余成本和实际利率计算确定当期投资收益,差额作为利息调整。与应收利息和投资收益中的相应数字核对无误。 (4) 复核以公允价值计量且其变动计入其他综合收益的金融资产的期末价值计量是否正确,会计处理是否正确。以公允价值计量且其变动计入其他综合收益的金融资产期末公允价值变动应计入资本公积。但应关注按实际利率法计算确定的利息、减值损失、外币货币性金融资产形成的汇兑损益应确认为当期损益。与财务费用、资产减值损失等科目中的相应数字核对无误。
D	6. 期末对以公允价值计量且其变动计入其他综合收益的金融资产逐项进行以下检查,以确定以公允价值计量且其变动计入其他综合收益的金融资产是否已经发生减值。 (1) 核对以公允价值计量且其变动计入其他综合收益的金融资产减值准备本期与以前年度计提方法是否一致,如有差异,查明政策调整的原因,并确定政策变更对本期损益的影响,提请被审计单位作适当披露。 (2) 期末,对以公允价值计量且其变动计入其他综合收益的金融资产逐项进行检查,以确定是否已经发生减值。如果以公允价值计量且其变动计入其他综合收益的金融资产的公允价值发生较大幅度下降,或在综合考虑各种相关因素后,预计这种下降趋势属于非暂时性的,可认定该以公允价值计量且其变动计入其他综合收益的金融资产已发生减值,应当确认减值损失;同时与被审计单位已计提数相核对,如有差异,查明原因。 (3) 将本期减值准备计提(或转回)金额与利润表资产减值损失中的相应数字核对无误。
ABCD	7. 检查非货币性资产交换、债务重组的会计处理是否正确。
CE	8. 结合银行借款等的检查,了解以公允价值计量且其变动计入其他综合收益的金融资产是否存在质押、担保的情况。如果有,则应详细记录,并提请被审计单位进行充分披露。
	9. 针对识别的舞弊风险等因素增加的审计程序。

审计目标	可供选择的审计程序
E	10. 检查以公允价值计量且其变动计入其他综合收益的金融资产的列报是否恰当。 (1) 各类以公允价值计量且其变动计入其他综合收益的金融资产期初、期末价值。 (2) 确定以公允价值计量且其变动计入其他综合收益的金融资产的依据。 (3) 以公允价值计量且其变动计入其他综合收益的金融资产利得和损失的计量基础。 (4) 以公允价值计量且其变动计入其他综合收益的金融资产减值的判定依据。

3. 以公允价值计量且其变动计入其他综合收益的金融资产审计重点

(1) 获取以公允价值计量且其变动计入其他综合收益的金融资产对账单,与明细账核对,并检查其会计处理是否正确。

(2) 检查库存以公允价值计量且其变动计入其他综合收益的金融资产,并与相关账户余额进行核对,如有差异,应查明原因,并作出记录或进行适当调整。

(3) 向相关金融机构发函询证以公允价值计量且其变动计入其他综合收益的金融资产期末数量、并记录函证过程,取得回函时应检查相关签章是否符合要求。

(4) 复核以公允价值计量且其变动计入其他综合收益的金融资产的期末公允价值是否合理,是否需计提减值准备,检查相关会计处理是否正确。

6.2.10 长期股权投资审计

长期股权投资核算企业持有的采用权益法或成本法核算的长期股权投资,具体包括:①企业持有的能够对被投资单位实施控制的权益性投资,即对子公司的投资;②企业持有的能够与其他合营方一同对被投资单位实施共同控制的权益性投资,即对合营企业的投资;③企业持有的能够对被投资单位施加重大影响的权益性投资,即对联营企业的投资;④企业对被投资单位不具有控制、共同控制或重大影响,且在活跃市场中没有报价、公允价值不能准确计量的权益性投资。

1. 长期股权投资的审计目标

长期股权投资审计目标与财务报表的认定的对应关系如表 6-25 所示。

表 6-25 长期股权投资审计目标与财务报表的认定的对应关系

审计目标	财务报表的认定				
	存在	完整性	权利和义务	计价和分摊	列报
A. 资产负债表中列示的长期股权投资是否存在	√				
B. 所有应当列示的长期股权投资是否均已列示		√			
C. 列示的长期股权投资是否由被审计单位拥有或控制			√		
D. 长期股权投资是否以恰当的金额包括在财务报表中,与之相关的计价调整已恰当记录				√	
E. 长期股权投资是否已按照企业会计准则的规定在财务报表中作出恰当列报					√

2. 长期股权投资实质性程序

长期股权投资审计中,注册会计师为了实现审计目标而实施的实质性程序见表6-26。

表6-26 长期股权投资审计目标与审计程序对应关系表

审计目标	可供选择的审计程序
D	1. 获取或编制长期股权投资明细表,复核加计是否正确,并与总账数和明细账合计数核对是否相符;结合长期股权投资减值准备科目与报表数核对是否相符。
ADCE	2. 确定长期股权投资是否存在,并归被审计单位所有;根据管理层的意图和能力,分类是否正确;针对各分类其计价方法、期末余额是否正确。 (1) 根据有关合同和文件,确认长期股权投资的股权比例和时间,检查长期股权投资核算方法是否正确;取得被投资单位的章程、营业执照、组织机构代码证等资料。 (2) 分析被审计单位管理层的意图和能力,检查有关原始凭证,验证长期股权投资分类的正确性(分为对子公司、联营企业、合营企业和其他企业的投资四类),是否不包括应由金融工具确认和计量准则核算的长期股权投资。 (3) 对于应采用权益法核算的长期股权投资,获取被投资单位已经注册会计师审计的年度财务报表,如果未经注册会计师审计,则应考虑对被投资单位的财务报表实施适当的审计或审阅程序。 ① 复核投资损益时,根据重要性原则,应以取得投资时被投资单位各项可辨认资产的公允价值为基础,对被投资单位的净损益进行调整后加以确认。被投资单位采用的会计政策及会计期间与被审计单位不一致的,应当按照被审计单位的会计政策及会计期间对被投资单位的财务报表进行调整,以确认投资损益,并作出详细记录。 ② 将重新计算的投资损益与被审计单位计算的投资损益相核对,如有重大差异,查明原因,并作适当调整。 ③ 关注被审计单位在其被投资单位发生净亏损或以后实现赢利时的会计处理是否正确。 ④ 检查除净损益以外被投资单位所有者权益的其他变动,是否调整计入所有者权益。 (4) 对于采用成本法核算的长期股权投资,检查股利分配的原始凭证及分配决议等资料,确定会计处理是否正确;对被审计单位实施控制而采用成本法核算的长期股权投资,比照权益法编制变动明细表,以备合并报表使用。 (5) 对于成本法和权益法相互转换的,检查其投资成本的确定是否正确。
ABD	3. 确定长期股权投资增减变动的记录是否完整。 (1) 检查本期增加的长期股权投资,追查至原始凭证及相关的文件或决议及被投资单位验资报告或财务资料等,确认长期股权投资是否符合投资合同、协议的规定,会计处理是否正确(根据企业合并形式、企业合并以外其他方式取得的长期股权投资分别确定初始投资成本)。 (2) 检查本期减少的长期股权投资,追查至原始凭证,确认长期股权投资的处理有合理的理由及授权批准手续,会计处理是否正确。
D	4. 期末对长期股权投资进行逐项检查,以确定长期股权投资是否已经发生减值。 (1) 核对长期股权投资减值准备本期与以前年度计提方法是否一致,如有差异,查明政策调整的原因,并确定政策改变对本期损益的影响,提请被审计单位作适当披露。 (2) 对长期股权投资进行逐项检查,根据被投资单位经营政策、法律环境、市场需求、行业及赢利能力等的各种变化判断长期股权投资是否存在减值迹象。当长期股权投资可收回金额低于账面价值时,应将可收回金额低于账面价值的差额作为长期股权投资减值准备予以计提,并应与被审计单位已计提数相核对,如有差异,查明原因。 (3) 将本期减值准备计提金额与利润表资产减值损失中的相应数字进行核对。 (4) 长期股权投资减值准备按单项资产计提,计提依据是否充分,是否得到有关部门的批准。

续表

审计目标	可供选择的审计程序
ABD	5. 检查通过发行权益性证券、投资者投入、企业合并等方式取得的长期股权投资的会计处理是否正确。
D	6. 对于长期股权投资分类发生变化的,检查其核算是否正确。
CE	7. 结合对银行借款等的检查,了解长期股权投资是否存在质押、担保情况。如有,则应详细记录,并提请被审计单位进行充分披露。
CE	8. 与被审计单位人员讨论确定是否存在被投资单位由于受到所在国家和地区及其他方面的影响,导致其向被审计单位转移资金的能力受到限制的情况。如果存在,应详细记录受限情况,并提请被审计单位充分披露。
	9. 根据评估的舞弊风险等因素增加的审计程序。
E	10. 检查长期股权投资的列报是否恰当。 (1) 子公司、合营企业和联营企业清单,包括企业名称、注册地、业务性质、投资企业的持股比例和表决权比例。 (2) 合营企业和联营企业当期的主要财务信息,包括资产、负债、收入、费用等的合计金额。 (3) 被投资单位向投资企业转移资金的能力受到严格限制的情况。

3. 长期股权投资审计重点

(1) 根据有关合同和文件,确认股权投资的股权比例和持有时间,检查股权投资核算方法是否正确。

(2) 对于重大的投资,向被投资单位函证被审计单位的投资额、持股比例及被投资单位发放股利等情况。

(3) 对于应采用权益法核算的长期股权投资,获取被投资单位已经注册会计师审计的年度财务报表,如果未经注册会计师审计,则应考虑对被投资单位的财务报表实施适当的审计或审阅程序。

(4) 确定长期股权投资的增减变动的记录是否完整。

① 检查本期增加的长期股权投资,追查至原始凭证及相关的文件或决议及被投资单位验资报告或财务资料等,确认长期股权投资是否符合投资合同、协议的规定,并已确实投资,会计处理是否正确。

② 检查本期减少的长期股权投资,追查至原始凭证,确认长期股权投资的收回有合理的理由及授权批准手续,并已确实收回投资,会计处理是否正确。

4. 实训

1) 任务描述

(1) 阅读并熟悉实训资料、实训材料。

(2) 在教师指导下,根据实训资料分析问题所在,填写记账凭证测试表。

(3) 在教师指导下,编写记账凭证测试表。

(4) 在教师指导下,编写审计调整分录。

2) 实训条件

(1) 实训环境:上课教室或审计实训室。

(2) 实训材料:审计报告模板。

(3) 实训学时：2学时。

(4) 实训操作：首先由教师引导学生阅读、熟悉实训资料和审计工作底稿，然后由学生自主编写、讨论、总结，教师现场指导，最后由教师讲解答案、分析问题。

(5) 实训方式：可采用小组手工实训方式、单人手工实训方式。

3) 实训资料

绿诚会计师事务所注册会计师林敏英2021年2月14日审计新时代公司投资业务时发现如下情况。

(1) 2020年6月1日20号凭证会计分录如下。

借：其他权益投资——成本　　　　　　　　　　1 035 000
　　贷：银行存款　　　　　　　　　　　　　　　　　　　　1 035 000

后附交易单据显示：该股票为6月1日购入润华公司的10 000股股票，支付买价100万元，经纪人佣金30 000元，其他相关税费5 000元。实付价款中包含万通公司已于当年的4月28日宣告按每股股利1元分派，6月20日实际派发。

6月20日派发股利，该公司6月20日121号凭证会计分录如下。

借：银行存款　　　　　　　　　　　　　　　　　10 000
　　贷：投资收益　　　　　　　　　　　　　　　　　　　　　10 000

6月30日，该股票的市价为每股100元，确认股价变动收益，136号凭证会计分录如下。

借：投资收益　　　　　　　　　　　　　　　　　35 000
　　贷：其他债券投资——公允价值变动　　　　　　　　　　35 000

11月20日，该公司出售该股票，每股售价为120元，102号凭证会计分录如下。

借：银行存款　　　　　　　　　　　　　　　　1 200 000
　　其他债券投资——公允价值变动　　　　　　　　35 000
　　贷：其他债券投资——成本　　　　　　　　　　　　　1 035 000
　　　　投资收益　　　　　　　　　　　　　　　　　　　　200 000

(2) 2020年10月28号凭证会计分录如下。

借：交易性金融资产——成本　　　　　　　　　730 000
　　投资收益　　　　　　　　　　　　　　　　　30 000
　　贷：银行存款　　　　　　　　　　　　　　　　　　　760 000

后附股票交易结算单据3张，表明该股票于2020年10月16日购入，计50 000股，每股面值10元，购买价15元，支付佣金及手续费10 000元，实际付款760 000元，实付价款中包含已宣告尚未发放的现金股利30 000元。2020年年末，该股票市价上升为每股16元，新时代公司资产负债表中"交易性金融资产"列示为730 000元。

新时代公司所得税税率为25%，盈余公积和公益金计提比例合计为15%。

6.2.11　其他相关项目审计

1. 其他应收款审计

1) 审计目标

(1) 确定资产负债表中列示的其他应收款是否存在。

(2) 确定所有应当列示的其他应收款是否均已列示。
(3) 确定列示的其他应收款是否由被审计单位拥有或控制。
(4) 确定其他应收款是否以恰当的金额包括在财务报表中，与之相关的计价调整是否已恰当记录。
(5) 确定其他应收款是否已按照企业会计准则的规定在财务报表中作出恰当列报。

2) 实质性程序

(1) 获取或编制其他应收款明细表，复核加计是否正确，并与报表数、总账数和明细账合计数核对是否相符；检查其他应收款的账龄分析是否正确；分析有贷方余额的项目，查明原因，必要时作重新分类调整；结合应收账款明细余额查验是否有双方同时挂账的项目，核算内容是否重复，必要时作出适当调整；标明应收关联方(包括持股5%以上的股东)的款项，并注明合并报表时应予抵销的数字。

(2) 判断选择一定金额以上、账龄较长或异常的明细账户余额发函询证，编制函证结果汇总表。

(3) 对发出询证函未能收到回函的样本，采用替代审计程序，如核查下期明细账，或追踪至其他应收款发生时的原始凭证，特别注意是否存在抽逃资金、隐藏费用的现象。

(4) 检查资产负债表日后的收款事项，确定有无未及时入账的债权。

(5) 分析明细账户，对于长期未能收回的款项，应查明原因，确定是否可能发生坏账损失。

(6) 对非记账本位币结算的其他应收款，检查其采用的折算汇率是否正确。

(7) 检查转作坏账损失项目是否符合规定，并办妥审批手续。

(8) 检查其他应收款的列报是否恰当。

2. 其他应付款审计

1) 审计目标

(1) 确定资产负债表中列示的其他应付款是否存在。
(2) 确定所有应当列示的其他应付款是否均已列示。
(3) 确定列示的其他应付款是否为被审计单位应当履行的现时义务。
(4) 确定其他应付款是否以恰当的金额包括在财务报表中，与之相关的计价调整是否已恰当记录。
(5) 确定其他应付款是否已按照企业会计准则的规定在财务报表中作出恰当列报。

2) 实质性程序

(1) 获取或编制其他应付款明细表，复核加计是否正确，并与报表数、总账数和明细账合计数核对是否相符；分析有借方余额的项目，查明原因，必要时作重分类调整；结合应付账款、其他应付款明细余额，查明双方是否有同时挂账的项目，核算内容是否重复，必要时作重分类调整；标出应付关联方(包括持股5%以上的股东)的款项，并注明合并报表时应抵销的金额。

(2) 请被审计单位协助，在其他应付款明细表上标出截至审计日已支付的其他应付款项，抽查付款凭证、银行对账单等，并注意这些凭证发生日期的合理性。

(3) 判断选择一定金额以上和异常的明细余额，检查其原始凭证，并考虑向债权人发函询证。

(4) 对非记账本位币结算的其他应付款,检查其折算汇率是否正确。

(5) 审核资产负债表日后的付款事项,确定有无未及时入账的其他应付款。

(6) 检查长期未结的其他应付款,并作妥善处理。

(7) 检查其他应付款中关联方的余额是否正常,如数额较大或有其他异常现象,应查明原因,追查至原始凭证并作适当披露。

(8) 检查其他应付款的列报是否恰当。

3. 长期应付款的审计

1) 审计目标

(1) 确定资产负债表中列示的长期应付款是否存在。

(2) 确定所有应当列示的长期应付款是否均已列示。

(3) 确定列示的长期应付款是否为被审计单位应当履行的现时义务。

(4) 确定长期应付款是否以恰当的金额包括在财务报表中,与之相关的计价调整是否已恰当记录。

(5) 确定长期应付款是否已按照企业会计准则的规定在财务报表中作出恰当列报。

2) 实质性程序

(1) 获取或编制长期应付款明细表复核加计是否正确,并与报表数、总账数和明细账,合计数核对是否相符;检查长期应付款的内容是否符合企业会计准则的规定。

(2) 检查各项长期应付款相关的契约,有无抵押情况,对融资租赁固定资产应付款,还应审阅融资租赁合约规定的付款条件是否履行,检查授权批准手续是否齐全,并作适当记录。

(3) 向债权人函证重大的长期应付款。

(4) 检查各项长期应付款本息的计算是否准确,会计处理是否正确。

(5) 检查与长期应付款有关的汇兑损益是否按规定进行了会计处理。

(6) 检查长期应付款的列报是否恰当,注意一年内到期的长期应付款应列入流动负债。

4. 所得税费用审计

所得税领域容易发生错报的几个方面包括:一是根据税法,将会计利润调整为应纳税所得额;二是根据资产负债的账面价值与计税基础之间存在的差异,确定或调整递延所得税资产和递延所得税负债,并结合当期应纳所得税税额,倒轧出所得税费用;三是递延所得税负债确认的完整性和递延所得税资产的可实现性。审计时,应当重点围绕以下几个问题进行。

1) 审计目标

(1) 确定利润表中列示的所得税费用是否已发生,且与被审计单位有关。

(2) 确定所有应当列示的所得税费用是否均已列示。

(3) 确定与所得税费用有关的金额及其他数据是否恰当记录。

(4) 确定所得税费用是否已记录于正确的会计期间。

(5) 确定被审计单位记录的所得税费用是否已记录于恰当的账户。

(6) 确定所得税费用是否已按照企业会计准则的规定在财务报表中作出恰当列报。

2) 实质性程序

(1) 获取或编制所得税费用明细表、递延所得税资产明细表、递延所得税负债明细表，核对与明细账合计数、总账及报表数是否相符。

(2) 根据审计结果和税法规定，核实当期的纳税调整事项，确定应纳税所得额，计算当期所得税费用。

(3) 根据期末资产及负债的账面价值与其计税基础之间的差异，以及未作为资产和负债确认的项目的账面价值与按照税法规定确定的计税基础的差异，计算递延所得税资产、递延所得税负债期末应有余额，并根据递延所得税资产、递延所得税负债期初余额，倒轧出递延所得税费用(收益)。

(4) 将当期所得税费用与递延所得税费用之和与利润表上的"所得税费用"项目金额相核对。

(5) 确定所得税费用、递延所得税资产、递延所得税负债是否已在财务报表中恰当列报。

5. 资产减值准备审计

利润表项目"资产减值损失"和相关的资产的减值准备审计是一个问题的两个方面。

资产减值准备包括坏账准备、存货跌价准备、长期股权投资减值准备、以公允价值计量且其变动计入其他综合收益的金融资产减值准备、持有至到期投资减值准备、投资性房地产减值准备、固定资产减值准备、工程物资减值准备、在建工程减值准备、无形资产减值准备、商誉减值准备等项目。根据企业会计准则的规定，不同类别资产的减值，使用不同的准则。

1) 审计目标

(1) 确定利润表中列示的资产减值损失是否已发生，且与被审计单位有关。

(2) 确定应当列示的资产减值损失是否均已反映。

(3) 确定与资产减值损失有关的金额及其他数据是否已恰当记录。

(4) 确定资产减值损失是否已记录于正确的会计期间。

(5) 确定资产减值损失是否已记录于恰当的账户。

(6) 确定资产减值损失是否已按照企业会计准则的规定在财务报表中作出恰当列报。

2) 实质性程序

(1) 获取或编制资产减值损失明细表，复核加计是否正确。并与报表数、总账数和明细账合计数核对是否相符。

(2) 检查资产减值损失核算内容是否符合规定。

(3) 对本期增减变动情况检查如下。

① 对本期增加及转回的资产减值损失，与坏账准备等科目进行交叉钩稽。

② 对本期转销的资产减值损失，结合相关资产科目的审计，检查会计处理是否正确。

(4) 检查资产减值损失的披露是否恰当。

6. 营业外收入审计

1) 审计目标

(1) 确定利润表中记录的营业外收入是否已发生，且与被审计单位有关。

(2) 确定所有应当记录的营业外收入是否均已记录。
(3) 确定与营业外收入有关的金额及其他数据是否已恰当记录。
(4) 确定营业外收入是否已记录于正确的会计期间。
(5) 确定营业外收入是否已记录于恰当的账户。
(6) 确定营业外收入是否已按照企业会计准则的规定在财务报表中作出恰当的列报。

2) 实质性程序

(1) 获取或编制营业外收入明细表,复核加计是否正确,并与报表数、总账数及明细账合计数核对是否相符。
(2) 检查营业外收入的核算内容是否符合企业会计准则的规定。
(3) 抽查营业外收入中金额较大或性质特殊的项目,审核其内容的真实性和依据的充分性。
(4) 对营业外收入中各项目,包括非流动资产处理利得、非货币性资产交换利得、债务重组利得、政府补助、盘赢利得、接受捐赠利得等相关账户记录核对相符,并追查至相关原始凭证。
(5) 检查营业外收入的列报是否恰当。

7. 营业外支出审计

1) 审计目标

(1) 确定利润表中记录的营业外支出是否已发生,且与被审计单位有关。
(2) 确定所有应当记录的营业外支出是否均已记录。
(3) 确定与营业外支出有关的金额及其他数据是否已恰当记录。
(4) 确定营业外支出是否已记录于正确的会计期间;确定营业外支出是否已记录于恰当的账户;确定营业外支出是否已按照企业会计准则的规定在财务报表中作出恰当的列报。

2) 实质性程序

(1) 获取或编制营业外支出明细表,复核加计是否正确,并与报表数、总账数及明细账合计数核对是否相符。
(2) 检查营业外支出内容是否符合企业会计准则的规定。
(3) 对营业外支出的各项目,包括非流动资产处理损失、非货币性资产交换损失、债务重组损失、盘亏损失、公益性捐赠支出等,与固定资产、无形资产等相关账目记录核对相符,并追查至相关原始凭证。
(4) 检查是否存在非公益性捐赠支出、税收滞纳金、罚金、罚款支出、各种赞助会费支出,必要时调整应纳税所得额。
(5) 对非常损失应详细检查有关资料、被审计单位实际损失和保险理赔情况及审批文件检查有关会计处理是否正确。
(6) 检查营业外支出的列报是否恰当。

知识链接　　会计调整分录与审计调整分录

在审计过程中,处理审计与会计之间的差异用的是调整,调整在很大程度上是以调整分录作为其表现形式的。对审计而言,用的是审计调整分录。审计调整分录是审计工作的一个重要组成部分,是审计成果的一种体现,它是对会计报表进行的调整,是审计人员为被审计单位代编审定会计报表服务的。对会计而言,用的是会计调整分录。会计调整分录是被审计单位会计工作的重要环节,是对审计结果的一种确认。很多人认为审计提请调整即是调整被审计年度的会计账簿及会计报表,这种认识是不对的,因为已轧完账的会计账簿是不允许被修改的,所以被审计单位对审计调整的确认是在被审计年度以后的会计期间通过会计调整来实现的。注册会计师一般都是针对上年度会计报表进行审计,此时被审计单位上年度已经结账并据此编制了会计报表,因此在对上年度业务的核算误差和重分类误差进行处理时,方法是不尽相同的:制作会计调整分录必须符合企业会计准则和《企业会计制度》的规定;审计调整分录是对会计报表项目进行调整,对于会计报表上没有出现的过渡性结转会计科目可以省去。如对执行《企业会计制度》的企业,"以前年度损益调整"是损益调整科目,在编制会计调整分录时必须用到此科目,因为以前年度的损益必须用此科目予以过渡;在编制审计调整分录时不能用到它,因为它不是利润表中的一个项目。再比如,对不影响会计报表的实质内容如调表不调账的重分类调整(重分类误差是指会计核算没有错误,只是编制的资产负债表分类不符合《企业会计制度》的规定,如未将一年内到期的长期借款归入流动负债的"一年内到期的长期负债"项下列示。又如,应收账款的贷方余额、应付账款中的借方余额、预收账款中的借方余额、预付账款中的贷方明细余额的重分类调整,简单的做法就是将对应的科目中"预"改为"应"或将"应"改为"预")就不属于会计调整分录的范畴,却属于审计调整的重要内容,这是为了符合会计报表的编报规则而作的调整。

审计调整分录的编制,所调整的对象直接针对存在错报的会计报表项目,也就是错报所造成的最后结果,其调整分录如同对会计错账的调整,但审计调整分录不受会计规范的约束(不针对经济业务的处理过程),一般通过分析的方法确定分录的借贷双方,多计什么就相应地减少什么,相反少计就增加,最机械的办法如下:①将被审计单位对该业务的错误会计处理的分录列出;②根据准则制度列出正确处理该业务的会计分录;③比较①②这两个分录,可看到哪些科目是多计了还是少计了,就可分析出调整分录了。

一定要注意,不论是审计考试中的审计调整分录还是会计考试中的会计处理分录,在任何时候都不调货币资金。对于以前年度发生的损益调整事项,注册会计师直接将其对会计报表的影响记入"期初未分配利润"科目,不能出现"以前年度损益调整"科目。

项目小结

筹资与投资循环由筹资活动和投资活动的交易事项构成。筹资活动主要由借款交易和股东权益交易组成。投资活动主要由权益性投资交易和债权性投资交易组成。在了解筹资或投资的主要业务活动,从而测试和评价该业务循环的内部控制的基础上,对该业务循环的重要会计报表项目(如短期借款、长期借款、应付债券,以及长期股权投资和交易性金融资产等)进行实质性程序。其中像筹资活动中,由于股东权益增减变动的业务较少而金额较大,注册会计师在审计中一般直接进行实质性程序。

课后练习

一、判断题

1. 注册会计师审查公开发行股票公司已发行的股票数量是否真实、是否已收到股款时,应向主要股东函证。（　　）

2. 如果发行记名债券,企业不仅应在债券存根簿中记载发行债券的日期,还应记载取得债券的日期;但在发行无记名债券时,仅在债券登记簿中登记发行债券的日期,而无须登记取得债券的日期。（　　）

3. 如果被审计单位低估或漏列负债,很难与债权人的记录相印证。因此,注册会计师对借款类项目实施函证程序对于确定借款的完整性来说是必要的。（　　）

4. 资本公积和盈余公积经过一定的授权批准手续均可用于弥补亏损、转增资本。（　　）

5. 在评估投资活动的重大错报风险时,注册会计师可以通过实施询问、检查相关文件记录等控制测试程序获取确证的信息。（　　）

6. 根据"资产－负债＝所有者权益"这一平衡原理,如果注册会计师能够对企业的资产和负债进行充分的审查,证明二者的期初余额、期末余额和本期变动都是正确的,就不必对所有者权益进行单独的审计。（　　）

7. 企业投资者的任何一方出资,必须聘请中国注册会计师进行验资,并且出具验资报告,并据此发给投资者出资证明书。（　　）

8. 股票发行价格与其面值的差额应全部作为股票溢价计入资本公积。（　　）

9. 注册会计师在对应付债券内部控制制度进行控制测试时,如果企业应付债券业务不多,注册会计师可根据成本效益原则决定直接进行实质性测试。（　　）

二、单项选择题

1. 筹资与投资循环的主要特点是:影响相关账户余额的业务数量较少,但每笔业务的金额通常较大。根据这一特点,注册会计师在审查时可以采用(　　)的程序。

　　A. 抽样审计　　　　　　　　B. 较低的控制风险估计水平法
　　C. 大量的符合性测试　　　　D. 详细审计

2. 注册会计师为了验证被审计单位在资产负债表日所列示的长期投资确实归被审计单位所有,而应实施的最佳审计程序是(　　)。

　　A. 将交易及会计记录进行核对,确定所有交易均经批准或授权

B. 抽查投资交易原始凭证,证实有关凭证是否已预先编号
   C. 函证资产负债表日被托管的所有有价证券
   D. 将明细账与总账进行核对
3. 对外投资业务的内部控制制度一般不包括(　　)。
   A. 严格的记名制度　　　　　　B. 严格的预算制度
   C. 完善的盘点制度　　　　　　D. 合理的职责分工
4. 审计应付债券时,如果被审单位应付债券业务不多,可直接进行(　　)。
   A. 内部控制调查　　B. 符合性测试　　C. 实质性测试　　D. 穿行测试
5. 注册会计师进行(　　)的审计程序,是为了实现一般审计目标中的存在性目标。
   A. 审查长期投资是否超过净资产的50%
   B. 审查长期投资的市价是否予以列示
   C. 审阅投资日期与登记入账日期是否一致
   D. 向投资者函证实收资本
6. 股本账户的期末余额,首先是确定资产负债表日流通在外的股票数量,假定对被审计单位的股票发行记录及其与代理发行机构签订的相关协议已经进行了必要的审计和检查,为了证实这部分股票的真实性,注册会计师应当(　　)。
   A. 查阅发行记录　　　　　　　B. 查阅股东登记簿
   C. 向股东发函询　　　　　　　D. 向代理机构函证
7. 对于筹资与投资循环主要特点不正确的提法是(　　)。
   A. 交易数量较少,但每笔业务的资金通常情况下额度很大
   B. 交易数量较大,但每笔业务的资金通常情况下额度很小
   C. 如果漏记或不恰当地对一笔业务进行会计处理,将会导致重大错误
   D. 筹资与投资循环交易必须遵守国家法律、法规
8. 企业不能接受投资者以(　　)方式进行的投资。
   A. 无形资产　　B. 货币资产　　C. 实物资产　　D. 租赁资产
9. 注册会计师为了通过控制测试证实被审计单位的应付债券发行是否履行了适当的审批手续,应实施的测试程序最好是(　　)。
   A. 向有关业务人员发放调查表进行调查
   B. 向客户索取发行债券的相关规章制度
   C. 向客户索取发行债券的相关审批文件
   D. 实地观察客户发行债券时的审批过程
10. 为判断被审计单位是否高估或低估长、短期借款的利息支出,注册会计师应选取适当利率匡算利息支出总额,并与(　　)账户的相关记录相核对。
    A. 管理费用　　B. 财务费用　　C. 销售费用　　D. 流动负债

三、多项选择题

1. 对于实收资本的减少,注册会计师应查明被审计单位是否(　　)。
   A. 事先通知所有债权人,债权人无异议

B. 事先通知所有债务人,债务人无异议
C. 经股东大会决议同意,并修改公司章程
D. 减资后的注册资本不低于法定注册资本的最低限额

2. 在对被审计单位的长期借款实施实质性程序时,注册会计师一般应获取的审计证据包括(　　)。
　　A. 长期借款明细表　　　　　　　B. 长期借款的合同和授权批准文件
　　C. 相关抵押资产的所有权证明文件　D. 重大长期借款的函证回函

3. 筹资与投资循环是由筹资活动和投资活动的交易事项构成的,其主要特征有(　　)。
　　A. 审计年度内筹资与投资循环的交易数量较大,而且所涉及的金额通常较大
　　B. 审计年度内筹资与投资循环的交易数量较小,而且所涉及的金额通常较大
　　C. 如果相关业务处理不当,将会导致重大错误,对会计报表的公允反映影响较大
　　D. 筹资与投资循环的交易必须遵守国家法律、法规和相关契约的规定

4. 注册会计师应重点调查的与长期投资相关的内部控制制度有(　　)。
　　A. 职责分工制度　　　　　B. 资产保管制度
　　C. 记名登记制度　　　　　D. 定期盘点制度

5. 所有者权益审计的内容主要包括(　　)。
　　A. 实收资本审计　　　　　B. 资本公积审计
　　C. 盈余公积审计　　　　　D. 利润分配审计

6. 投资内部控制制度的测试一般包括(　　)。
　　A. 了解投资内部控制制度　　　　B. 进行简易抽查
　　C. 审阅内部盘核报告　　　　　　D. 获取或编制有关明细表进行账账核对

7. 注册会计师应在期末对余额较大或认为存在异常的短期借款项目,向(　　)函证。
　　A. 银行　　　B. 其他债权人　　　C. 其他债务人　　　D. 企业主管部门

8. 在盘核长期投资资产时,应实施的审计步骤包括(　　)。
　　A. 盘点库存证券,并填制盘点清单
　　B. 仔细调查长期投资的相关内部控制
　　C. 将盘点清单与长期投资明细表进行核对
　　D. 将盘点情况形成记录,并列入审计工作底稿

9. 注册会计师确定长期投资是否已在资产负债表上恰当披露时,应当(　　)。
　　A. 检查资产负债表上长期投资项目的数额与审定数是否相符
　　B. 检查长期投资额超过净资产的50%时,是否已在附注中恰当披露
　　C. 盘点股票、债券数量,并审查账实是否相符
　　D. 检查一年内到期的长期投资项目的数额与审定数是否相符

10. 对短期借款实施实质性程序时,注册会计师应根据短期借款项目(　　)等确定实质性的审计程序和方法。
　　A. 期末余额的大小　　　　　B. 占负债总额比例的高低
　　C. 以前年度发现问题的多少　D. 相关内部控制的强弱

完成审计工作与撰写审计报告

✒ 技 能 目 标

1. 能编制审计差异调整表和试算表。
2. 能编写不同审计意见类型的审计报告。

🔲 知 识 目 标

1. 理解编写审计报告前的准备工作内容。
2. 理解审计差异调整事项和调整表的内容和填写要求。
3. 理解发表不同审计意见的条件和专业术语。
4. 掌握审计报告的种类和基本内容。

🎬 案 例 导 入

引起中国证券市场震动的首份否定意见审计报告

1992年9月11日,重庆渝港钛白粉股份有限公司宣告成立。1992年10月11日,重庆渝港钛白粉有限公司作为发起人,以社会募集方式设立了股票上市的股份有限公司(以下简称渝钛白)。

1998年4月29日,渝钛白公布了1997年年度报告,并在财务报告部分刊登了重庆会计师事务所于1998年3月8日出具的否定意见审计报告。这是我国首份否定意见审计报告,对中国的证券市场和审计行业都有巨大的意义。

那么重庆会计师事务所为什么会对渝钛白公司签发否定意见审计报告呢?我们首先来看一看审计报告中指出的问题。

报告中指出:

"1997年年度应计入财务费用的借款计应付债券利息8 064万元,公司将其资本化计入了钛白粉工程成本;欠付中国银行重庆市分行的美元借款利息89.8万美元(折合人民币743万元),贵公司未计提入账,两项共影响利润8 807万元。"

"我们认为,由于本报告第二段所述事项的重大影响,贵公司1997年12月31日资产负债表、1997年度利润及利润分配表和财务状况变动表未能公允地反映贵公司1997年12月31日财务状况和1997年度经营成果及资金变动情况。"

该份审计报告的发布,引起中国证券市场的极大震动。中国注册会计师协会秘书长发表谈话,肯定了重庆会计师事务所的做法,并明确说明注册会计师审计渝钛白使用的规章是准确的,他还特别强调:"财政部是国家财务主管部门,其他部门或地区制定的规章,文件中涉及的财务问题,如与财政部规章不一致,是不发生效力的。"

知识链接

1. 审计差异调整

审计人员在完成按业务循环进行的内部控制测试、会计报表项目的实质性程序和特殊项目的审计后,对于审计中发现的审计差异,审计项目经理应根据审计重要性原则予以初步确定并汇总,并建议被审计单位进行调整,使经审计的会计报表所载信息能够真实反映被审计单位的财务状况、经营成果和现金流量。这一对审计差异内容的"初步确定并汇总"直至形成"经审计的会计报表"的过程就是审计差异调整。

2. 书面声明

书面声明,是指被审计单位管理层向注册会计师提供的书面陈述,用以确认某些事项或支持其他审计证据。书面声明是注册会计师在财务报表审计中需要获取的必要信息,是审计证据的重要来源。书面声明应当以声明书的形式致送注册会计师。书面声明的日期应当尽量接近对财务报表出具审计报告的日期,但不得在审计报告日后。书面声明应当涵盖审计报告针对的所有财务报表和期间。

3. 审计报告

审计报告,是指注册会计师根据审计准则的规定,在执行审计工作的基础上,对财务报表发表审计意见的书面文件。审计报告分为标准审计报告和非标准审计报告。标准审计报告,是指不含有说明段、强调事项段、其他事项段或其他任何修饰性用语的无保留意见的审计报告;非标准审计报告,是指标准审计报告以外的其他审计报告,包括带强调事项段或其他事项段的无保留意见的审计报告和非无保留意见的审计报告。非无保留意见的审计包括保留意见的审计报告、否定意见的审计报告、无法表示意见的审计报告。

审计报告应当包括下列要素:①标题;②收件人;③引言段;④管理层对财务报表的责任;⑤注册会计师的责任;⑥审计意见;⑦注册会计师的签名和盖章;⑧会计师事务所的名称、地址及盖章;⑨报告日期。

任务7.1 完成审计工作

审计完成阶段是审计的最后一个阶段。注册会计师按业务循环完成各财务报表项目的审计测试和一些特殊项目的审计工作后,在审计完成阶段汇总审计测试结果,进行更具综合性的审计工作,如评价审计中的重大发现,汇总审计差异,考虑被审计单位持续经营假设的合理性,关注或有事项和期后事项对财务报表的影响,撰写审计总结,复核审计工作底稿和

财务报表等。在此基础上,评价审计结果,在与客户沟通以后,获取管理层声明,确定应出具的审计报告的意见类型和措辞,进而编制并致送审计报告,终结审计工作。本书基于高职教育目标做以下内容的重点介绍。

7.1.1 汇总审计差异

审计项目组成员在审计中发现的被审计单位的会计处理方法与企业会计准则的不一致,即为审计差异。注册会计师应根据审计重要性原则予以初步确定并汇总,并建议被审计单位进行调整。

1. 编制审计差异调整汇总表

审计差异按是否需要调整账户记录可分为核算误差和重分类误差。核算误差是因企业对经济业务进行了不正确的会计核算而引起的误差,用审计重要性原则来衡量每一项核算误差,又可把这些核算误差区分为建议调整的不符事项和不建议调整的不符事项(即未调整不符事项);重分类误差是因企业未按有关会计准则、会计制度规定编制会计报表而引起的误差,例如,企业在应付账款项目中反映的预付账款、在应收账款项目中反映的预收账款等。

无论是建议调整的不符事项、重分类错误还是未调整的不符事项,在审计工作底稿中通常都是以会计分录的形式反映的。由于审计中发现的错误往往不止一两项,为便于审计项目的各级负责人综合判断、分析和决定,也为了便于有效编制试算平衡表以评价经审计的财务报表,通常需要将这些建议调整的不符事项、重分类错误以及未调整不符事项分别汇总至账项调整分录汇总表、重分类调整分录汇总表与未更正错报汇总表。三张汇总表的参考格式见表 7-1～表 7-3。

表 7-1　账项调整分录汇总表

客户＿＿＿＿＿＿＿＿＿ 项目＿＿调整分录汇总表＿ 会计期间＿＿＿＿＿＿＿	签名　　　日期 编制人＿＿＿＿＿＿ 复核人＿＿＿＿＿＿	索引号＿＿＿＿＿＿＿ 页　次＿＿＿＿＿＿＿		
序号	调整内容及项目	索引号	调整金额 || 影响利润 ＋(－)	影响资产负债表 ＋(－)
			借方	贷方		
合　　计					

与被审计单位的沟通:
参加人员:＿＿＿＿＿＿＿＿＿＿＿＿＿＿＿＿＿＿＿＿＿＿＿＿＿＿＿＿＿＿＿＿＿＿
被审计单位:＿＿＿＿＿＿＿＿＿＿＿＿＿＿＿＿＿＿＿＿＿＿＿＿＿＿＿＿＿＿＿＿
审计项目组:＿＿＿＿＿＿＿＿＿＿＿＿＿＿＿＿＿＿＿＿＿＿＿＿＿＿＿＿＿＿＿＿
被审计单位意见:
＿＿＿＿＿＿＿＿＿＿＿＿＿＿＿＿＿＿＿＿＿＿＿＿＿＿＿＿＿＿＿＿＿＿＿＿＿＿
＿＿＿＿＿＿＿＿＿＿＿＿＿＿＿＿＿＿＿＿＿＿＿＿＿＿＿＿＿＿＿＿＿＿＿＿＿＿
结论:＿＿＿＿＿＿＿＿＿＿＿＿＿＿＿＿＿＿＿＿＿＿＿＿＿＿＿＿＿＿＿＿＿＿＿
是否同意上述审计调整:＿＿＿＿＿＿＿＿＿＿＿＿
被审计单位授权代表签字:＿＿＿＿＿＿＿＿＿＿＿＿＿＿＿＿＿日期:＿＿＿＿＿

表 7-2　重分类调整分录汇总表

客户_____	签名　　　　日期	
项目　重分类分录汇总表	编制人_____　　_____	索引号_____
_____	复核人_____　　_____	页　次_____
会计期间_____		

序号	重分类内容及重分类项目	索引号	调整金额	
			借方	贷方
合　　计				

与被审计单位的沟通：
参加人员：
被审计单位：_____
审计项目组：_____
被审计单位意见：
_____
_____

结论：
是否同意上述审计调整：_____
被审计单位授权代表签字：_____ 日期：_____

表 7-3　未调整不符事项汇总表

客户_____	签名　　　　日期	
项目　未调整不符事项汇总表	编制人_____　　_____	索引号_____
_____	复核人_____　　_____	页　次_____
会计期间_____		

序号	未调整内容及说明	索引号	调整金额		影响利润 +(一)	影响资产负债表 +(一)
			借方	贷方		
合　　计						

未予调整的影响：
　　　　项　目　　　　金　　额　　　　百分比　　　计划百分比
　　1. 净利润　　　_____　　　_____　　　_____
　　2. 净资产　　　_____　　　_____　　　_____
　　3. 资产总额　　_____　　　_____　　　_____
　　4. 主营业务收入_____　　　_____　　　_____
结论：
被审计单位授权代表签字：_____ 日期：_____

2. 编制试算平衡表

试算平衡表是注册会计师在被审计单位提供未审财务报表的基础上，考虑调整分录、重分类分录等内容以确定已审数与报表披露数的表式。有关资产负债表试算平衡表、利润表试算平衡表的参考格式如表 7-4 和表 7-5 所示。需要说明以下几点。

表 7-4 资产负债表试算平衡表

被审计单位: _____　　　　　　　　　　　索引号: _____
编制: _____　　　　　　　　　　　　　　财务报表截止日/期间: _____
日期: _____　　　　　　　　　　　　　　复核: _____
　　　　　　　　　　　　　　　　　　　　　　　　　日期: _____

项 目	期末数未审数	账项调整 借方	账项调整 贷方	重分类调整 借方	重分类调整 贷方	期末审定数	项 目	期末未审数	账项调整 借方	账项调整 贷方	重分类调整 借方	重分类调整 贷方	期末审定数
货币资金							短期借款						
交易性金融资产							交易性金融负债						
应收票据							应付票据						
应收账款							应付账款						
预付款项							预收款项						
应收利息							应付职工薪酬						
应收股利							应交税费						
其他应收款							应付利息						
存货							应付股利						
一年内到期的非流动资产							其他应付款						
其他流动资产							一年内到期的非流动负债						
债权投资							其他流动负债						
其他债权投资							长期借款						
长期股权投资							应付债券						
投资性房地产							长期应付款						
固定资产							专项应付款						
在建工程							预计负债						
工程物资							递延所得税负债						
固定资产清理							其他非流动负债						
无形资产							实收资本（或股本）						
开发支出							资本公积						
商誉							盈余公积						
长期待摊费用							未分配利润						
递延所得税资产													
其他非流动资产													
合　计							合　计						

表 7-5　利润表试算平衡表

被审计单位：_____　　索引号：_____
项目：_____　　　　　　财务报表截止日/期间：_____
编制：_____　　　　　　复核：_____
日期：_____　　　　　　日期：_____

项　目	未审数	调整金额		审定数	索引号
		借方	贷方		
一、营业收入					
减：营业成本					
税金及附加					
销售费用					
管理费用					
财务费用					
资产减值损失					
加：公允价值变动损益					
投资收益					
二、营业利润					
加：营业外收入					
减：营业外支出					
三、利润总额					
减：所得税费用					
四、净利润					

（1）试算平衡表中的"未审数"栏，应根据被审计单位提供的未审计财务报表填制。

（2）试算平衡表中的"账项调整"和"调整金额"列，应根据经被审计单位同意的"账项调整分录汇总表"填列。

（3）试算平衡表中的"重分类调整"列，应根据经被审计单位同意的"重分类调整分录汇总表"填列。

（4）在编制完试算平衡表后，应注意核对相应的钩稽关系。例如，资产负债表试算平衡表左边的期末未审数、期末审定数的合计数应分别等于其右边相应合计数；资产负债表试算平衡表左边的账项调整栏中的借方合计数与贷方合计数之差应等于右边的账项调整栏中的贷方合计数与借方合计数之差；资产负债表试算平衡表左边的重分类调整栏中的借方合计数与贷方合计数之差应等于右边的重分类调整栏中的贷方合计数与借方合计数之差等。

3. 实训

1）任务描述

（1）阅读并熟悉实训资料、实训材料。

（2）在教师指导下，根据实训资料完成审计差异调整工作。

（3）在教师指导下，完成账项调整分录汇总表、重分类调整分录汇总表、未更正错报汇总表、资产负债表试算平衡表、利润表试算平衡表的编写。

2) 实训条件
(1) 实训环境：上课教室或审计实训室。
(2) 实训材料：账项调整分录汇总表、重分类调整分录汇总表、未更正错报汇总表、资产负债表试算平衡表、利润表试算平衡表。
(3) 实训学时：4～6 学时。
(4) 实训操作：首先由教师引导学生阅读、熟悉实训资料和审计工作底稿，然后由学生自主编写、讨论、总结，教师现场指导，最后由教师讲解答案、分析问题。
(5) 实训方式：可采用小组手工实训方式、单人手工实训方式。
3) 实训资料

良友会计师事务所审计三部项目二组 2021 年 2 月 10 日结束了对南方股份有限公司的财务报表审计证据的搜集工作，回到事务所对审计中发现的各种差错进行审计调整和汇总，以重新评估审计重要性水平和审计风险。该公司所得税税率为 25%，盈余公积计提比例为 10%，公益金计提比例为 5%，城建税 5%。项目二组业务循环中的审计调整分录如下。

(1) 借：应收账款　　　　　　　　　　　　　　　113 000
　　　贷：以前年度损益调整（主营业务收入）　　　　100 000
　　　　　应交税费——应交增值税（销项税额）　　　13 000
　　借：以前年度损益调整（主营业务成本）　　　　86 500
　　　贷：库存商品　　　　　　　　　　　　　　　86 500
(2) 借：以前年度损益调整（管理费用）　　　　　　32 400
　　　贷：累计折旧　　　　　　　　　　　　　　　32 400
(3) 借：应收账款　　　　　　　　　　　　　　　22 600
　　　贷：预收账款　　　　　　　　　　　　　　　22 600
(4) 借：以前年度损益调整（管理费用）　　　　　　18 000
　　　　生产成本　　　　　　　　　　　　　　　21 500
　　　贷：其他应付款——社会保险　　　　　　　　39 500
(5) 借：以前年度损益调整（管理费用）　　　　　　1 200
　　　　生产成本　　　　　　　　　　　　　　　1 400
　　　贷：原材料——主要材料　　　　　　　　　　2 600
(6) 借：生产成本　　　　　　　　　　　　　　　66 500
　　　贷：库存商品　　　　　　　　　　　　　　　66 500
(7) 借：在建工程　　　　　　　　　　　　　　　15 000
　　　贷：以前年度损益调整（财务费用）　　　　　　15 000
(8) 借：在建工程　　　　　　　　　　　　　　　156 000
　　　贷：固定资产　　　　　　　　　　　　　　　156 000

(9) 借：坏账准备　　　　　　　　　　　　　　　　　　3 500
　　　贷：以前年度损益调整（资产减值损失）　　　　　　　　3 500

(10) 资产负债表中"长期借款"100 000元，即将于2021年3月31日到期，应划分为"一年内到期的长期负债"进行反映。

南方股份有限公司2020年审计前资产负债表和利润表如表7-6和表7-7所示。

表7-6　资产负债表

编制单位：南方股份有限公司　　　　2020年12月31日　　　　　　　　　　单位：元

资产	期末余额	负债和股东权益	期末余额
流动资产：		流动负债：	
货币资金	3 781 690.00	短期借款	147 800.00
交易性金融资产		交易性金融负债	1 505.45
应收票据		应付票据	
应收账款	159 402.00	应付账款	1 692 380.00
预付款项	1 783 800.00	预收账款	7 440 520.00
应收利息		应付职工薪酬	141 576.00
应收股利		应交税费	316 548.00
其他应收款	1 493 830.00	应付利息	12 780.70
存货	13 333 300.00	应付股利	
一年内到期的非流动资产		其他应付款	1 681 400.00
流动资产合计	20 552 022.00	一年内到期的非流动负债	1 530 570.00
非流动资产：		流动负债合计	12 965 080.15
债权投资	40 476.40	非流动负债：	
其他债权投资		长期借款	2 479 050.00
长期应收款		应付债券	582 114.00
长期股权投资	449 375.00	长期应付款	
投资性房地产		专项应付款	
固定资产	134 875.80	预计非流动负债	4 110.73
在建工程	76 428.20	递延所得税负债	73 899.30
工程物资		其他非流动负债	881.61
固定资产清理		非流动负债合计	3 140 055.64
生产性生物资产		负债合计	16 105 135.79
油气资产		股东权益：	
无形资产	37 395.20	股本	2 133 820.75
开发支出		资本公积	878 934.00
商誉		减：库存股	
长期待摊费用	3 216.14	盈余公积	1 058 770.00
递延所得税资产	163 316.00	未分配利润	1 386 043.20
其他非流动资产	105 599.00	股东权益合计	5 457 567.95
非流动资产合计	1 010 681.74		
资产总计	21 562 703.74	负债和股东权益总计	21 562 703.74

表 7-7 利润表

编制单位：南方股份有限公司　　　　2020 年 12 月　　　　　　　　　单位：元

项　　目	行次	本月数	本年累计数
一、营业收入	（略）		5 071 380.00
减：营业成本			3 007 350.00
税金及附加			562 411.00
销售费用			207 909.00
管理费用			184 637.00
财务费用（收益以"－"号填列）			50 442.80
资产减值损失			－54 545.10
加：公允价值变动净收益（净损失以"－"号填列）			－1 505.45
投资收益			77 793.10
二、营业利润（亏损以"－"号填列）			1 189 462.95
加：营业外收入			7 172.72
减：营业外支出			2 585.99
其中：非流动资产处置净损失（净收益以"－"号填列）			121.18
三、利润总额			1 194 049.68
减：所得税			310 114.00
四、净利润			883 935.68

7.1.2　复核审计工作底稿和财务报表

1. 对财务报表总体合理性进行总体复核

在审计结束或临近结束时，注册会计师运用分析程序的目的是确定审计调整后的财务报表整体是否与其对被审计单位的了解一致，是否具有合理性。注册会计师应当围绕这一目的运用分析程序。

在运用分析程序进行总体复核时，如果识别出以前未识别的重大错报风险，注册会计师应当重新考虑对全部或部分各类交易、账户余额、披露评估的风险是否恰当，并在此基础上重新评价之前计划的审计程序是否充分，是否有必要追加审计程序。

2. 评价审计结果

注册会计师评价审计结果，主要为了确定将要发表的审计意见的类型以及在整个审计工作中是否遵循了审计准则。为此，注册会计师必须完成两项工作：一是对重要性和审计风险进行最终评价为达到审计目标；二是对被审计单位已审计会计报表形成审计意见并草拟审计报告。

1) 对重要性和审计风险进行最终评价

对重要性和审计风险进行最终评价，是注册会计师决定发表何种类型审计意见的必要过程。该过程可通过以下两个步骤来完成。

（1）确定可能错报金额。可能错报金额包括已经识别的具体错报和推断误差。

(2) 根据财务报表层次重要性水平,确定可能的错报金额的汇总数(即可能错报总额)对整个财务报表的影响程度。

2) 对被审计单位已审计会计报表形成审计意见并草拟审计报告

在审计过程中,要实施各种测试。这些测试通常是由参与本次审计工作的审计项目组成员来执行的,而每个成员所执行的测试可能只限于某个领域或账项,所以,在每个功能领域或报表项目的测试都完成之后,审计项目经理应汇总所有成员的审计结果。

在完成审计工作阶段,为了对会计报表整体发表适当的意见,必须将这些分散的审计结果加以汇总和评价,综合考虑在审计过程中所收集到的全部证据。项目合伙人对这些工作负有最终的责任。在有些情况下,可以先由审计项目经理进行初步确定,然后后再逐级交给部门经理和项目合伙人认真复核。

在对审计意见形成最后决定之前,会计师事务所通常要与被审计单位召开沟通会。在会议上,注册会计师可口头报告本次审计所发现的问题,并说明建议被审计单位作出要调整或表外披露的理由。当然,管理当局也可以在会上申辩其立场。最后,双方达成协议。如达成了协议,注册会计师即可签发标准审计报告,否则,注册会计师则可能不得不发表其他类型的审计意见。

3. 复核工作底稿

会计师事务所应当建立完善的审计工作底稿分级复核制度。对审计工作底稿的复核可分为两个层次:项目组内部复核和独立的项目质量控制复核。

1) 项目组内部复核

项目组内部复核又分为两个层次:项目负责经理的现场复核和项目合伙人的复核。

(1) 项目负责经理的现场复核。由项目负责经理对工作底稿的复核属于第一级复核。该级复核通常在审计现场完成,以便及时发现和解决问题,争取审计工作的主动。

(2) 项目合伙人的复核。项目合伙人对审计工作底稿实施复核时项目组内部最高级别的复核。该复核既是对项目负责经理复核的再监督,也是对重要审计事项的把关。

2) 独立的项目质量控制复核

项目质量控制复核是指在出具报告前,对项目组作出的重大判断和在准则报告时形成的结论作出客观评价的过程。项目质量控制复核也称独立复核。

《会计师事务所质量控制准则第 5101 号——业务质量控制》要求对上市实体财务报表审计,以及会计师事务所确定需要实施项目质量控制复核的其他业务实施项目质量控制复核,并在出具报告前完成。

对审计工作底稿进行独立复核有以下意义。

(1) 实施对审计工作结果的最后质量控制。审计工作的高质量,在于形成审计意见的正确性。注册会计师在审计工作中将工作结果和工作过程中的各种情况记录于审计工作底稿中,并据此形成审计意见。对签发审计报告前的审计工作底稿进行独立复核,是对审计工作结果实施的最后质量控制,能避免遗漏重大审计问题或出现对具体审计工作理解不透彻等情况,从而形成与审计工作结果相一致的审计意见。

(2) 确认审计工作已达到会计师事务所的工作标准。会计师事务所对开展各项审计工作,都应有明确、统一的标准。但在执行过程中,会计师事务所内不同的注册会计师的

工作质量会有差异,有的甚至可能背离统一的工作标准。因此,必须进行独立复核,严格保持整体审计工作质量的一致性,确认该审计工作已达到会计师事务所的工作质量标准。

(3) 消除妨碍注册会计师判断的偏见。在审计工作中,常常需要注册会计师对各种问题作出专业判断。注册会计师可能期望在整个审计过程中保持客观性,但如有大量问题需要解决而又经过长时间的审计,就容易丧失正确的观察能力和判断能力,对一些问题作出不符合事实的审计结论。而进行独立复核,可以消除妨碍注册会计师正确判断的各种因素,得出符合事实的审计结论。

针对项目负责人和项目合伙人的复核以及项目质量控制的复核,很多会计师事务所都备有详细的业务执行复核工作核对表,项目复核可以通过填列业务执行复核工作核对表的方式来进行,这样,不仅可以对那些经常容易被忽视的审计方面起到提醒作用,还有利于检查审计证据的充分性和适当性。表 7-8 是业务执行复核工作核对表的一个范例。

表 7-8 业务执行复核工作核对表

被审计单位:＿＿＿＿＿＿＿＿＿＿＿＿＿＿　　索引号:＿＿＿＿＿＿＿＿＿＿＿＿＿＿

项目:＿＿＿＿＿＿＿＿＿＿＿＿＿＿＿＿＿　　财务报表截止日/期间:＿＿＿＿＿＿＿＿

编制:＿＿＿＿＿＿＿＿＿＿＿＿＿＿＿＿＿　　复核:＿＿＿＿＿＿＿＿＿＿＿＿＿＿＿

日期:＿＿＿＿＿＿＿＿＿＿＿＿＿＿＿＿＿　　日期:＿＿＿＿＿＿＿＿＿＿＿＿＿＿＿

一、项目负责经理复核

复核事项	是/否/不适用	备注
1. 是否已复核审计计划,以及导致对审计计划作出重大修改的事项? 2. 是否已复核重要的财务报表项目? 3. 是否已复核特殊交易或事项,包括债务重组、关联方交易、非货币性交易、或有事项、期后事项、持续经营能力等? 4. 是否已复核重要会计政策、会计估计的变更? 5. 是否已复核重大事项概要? 6. 是否已复核建议调整事项? 7. 是否已复核管理层声明书,股东大会、董事会相关会议纪要,与客户的沟通记录及重要会谈记录,律师询证函复函? 8. 是否已复核审计总结? 9. 是否已复核已审计财务报表和拟出具的审计报告? 10. 实施上述复核后,是否可以确定下列事项: (1) 审计工作底稿提供了充分、适当的记录,作为审计报告的基础? (2) 已按照中国注册会计师审计准则的规定执行了审计工作? (3) 对重大错报风险的评估及采取的应对措施是恰当的,针对存在特别风险的审计领域,设计并实施了针对性的审计程序,且得出了恰当的审计结论? (4) 作出的重大判断恰当合理? (5) 提出的建议调整事项恰当,相关调整分录正确? (6) 未更正错报无论是单独还是汇总起来对财务报表整体均不具有重大影响? (7) 已审计财务报表的编制符合企业会计准则的规定,在所有重大方面公允反映了被审计单位的财务状况、经营成果和现金流量? (8) 已按照中国注册会计师审计准则的规定发表了恰当的审计意见,拟出具的审计报告措辞恰当?		

签字:＿＿＿＿＿＿＿＿＿＿＿＿＿＿＿＿＿　　日期:＿＿＿＿＿＿＿＿＿＿＿＿＿＿＿

续表

二、项目负责合伙人复核

复 核 事 项	是/否/不适用	备注
1. 是否已复核已完成的审计计划,以及导致对审计计划作出重大修改的事项? 2. 是否已复核重大事项概要? 3. 是否已复核存在特别风险的审计领域,以及项目组采取的应对措施? 4. 是否已复核项目组作出的重大判断? 5. 是否已复核建议调整事项? 6. 是否已复核管理层声明书,股东大会、董事会相关会议纪要,与客户的沟通记录及重要会谈记录,律师询证函复函? 7. 是否已复核审计总结? 8. 是否已复核已审计财务报表和拟出具的审计报告? 9. 实施上述复核后,是否可以确定下列事项。 (1) 对项目负责经理实施的复核结果满意? (2) 对重大错报风险的评估及采取的应对措施是恰当的,针对存在特别风险的审计领域,设计并实施了针对性的审计程序,且得出了恰当的审计结论? (3) 项目组作出的重大判断恰当合理? (4) 提出的建议调整事项恰当合理,未更正错报无论是单独还是汇总起来对财务报表整体均不具有重大影响? (5) 已审计财务报表的编制符合企业会计准则的规定,在所有重大方面公允反映了被审计单位的财务状况、经营成果和现金流量? (6) 已按照中国注册会计师审计准则的规定发表了恰当的审计意见,拟出具的审计报告措辞恰当?		

签字:_____ 日期:_____

三、项目质量控制复核(必要时)

复 核 事 项	是/否/不适用	备注
1. 项目质量控制复核之前进行的复核是否均已得到满意的执行? 2. 是否已复核项目组针对本业务对本所独立性作出的评价,并认为该评价是恰当的? 3. 是否已复核项目组在审计过程中识别的特别风险以及采取的应对措施,包括项目组对舞弊风险的评估及采取的应对措施,认为项目组作出的判断和应对措施是恰当的? 4. 是否已复核项目组作出的判断,包括关于重要性和特别风险的判断,认为这些判断恰当合理? 5. 是否确定项目组已就存在的意见分歧、其他疑难问题或争议事项进行适当咨询,且咨询得出的结论是恰当的? 6. 是否已复核审计过程中已更正和未更正错报的重要程度及处理情况? 7. 是否已复核项目组与管理层和治理层沟通的记录以及拟与其沟通的事项,对沟通情况表示满意? 8. 是否认为所复核的审计工作底稿反映了项目组针对重大判断执行的工作,能够支持得出的结论? 9. 是否已复核审计后的财务报表和拟出具的审计报告,认为已审计财务报表符合企业会计准则的规定,拟出具的审计报告已按照中国注册会计师审计准则的规定发表了恰当的审计意见?		

签字:_____ 日期:_____

7.1.3 获取书面声明

1. 书面声明书的作用

书面声明是指管理层向注册会计师提供的书面陈述,用以确认某些事项或支持其他审计证据。书面声明是注册会计师在财务报表审计中需要获取的必要信息,是审计证据的重要来源。如果管理层修改书面声明的内容或不提供注册会计师要求的书面声明,可能使注册会计师警觉存在重大问题的可能性。而且在很多情况下,要求管理层提供书面声明而非口头声明,可以促使管理层更加认真地考虑声明所涉及的事项,从而提高声明的质量。如果被审计单位管理层不提供审计准则要求的书面声明,注册会计师应当对财务报表发布无法表示意见的审计报告。

尽管书面声明提供必要的审计证据,但其本身并不为所涉及的任何事项提供充分、适当的审计证据。而且,管理层已提供可靠书面声明的事实,并不影响注册会计师就管理层责任履行情况或具体认定获取的其他审计证据的性质和范围。

2. 书面声明的一般内容

1) 针对管理层责任的书面声明

针对财务报表的编制,注册会计师应当要求管理层提供书面声明,确认其根据审计业务约定条款,履行了按照适用的财务报告编制基础编制财务报表并使其实现公允反映(如适用)的责任。

针对提供的信息和交易的完整性,注册会计师应当要求管理层就下列事项提供书面声明:①按照审计业务约定条款,已向注册会计师提供所有相关信息,并允许注册会计师不受限制地接触所有相关信息以及被审计单位内部人员和其他相关人员;②所有交易均已记录并反映在财务报表中。

2) 其他书面声明

除《中国注册会计师审计准则第1341号——书面声明》和其他审计准则要求的书面声明外,如果注册会计师认为有必要获取一项或多项其他书面声明,以支持与财务报表或者一项或多项具体认定相关的其他审计证据,注册会计师应当要求管理层提供这些书面声明。

(1) 关于财务报表的额外书面声明。除了针对财务报表的编制,注册会计师要求管理层提供基本书面声明以确认其履行了责任外,注册会计师可能认为有必要获取有关财务报表的其他书面声明。其他书面声明可能是对基本书面声明的补充,但不构成其组成部分。其他书面声明可能包括针对下列事项作出的声明:①会计政策的选择和运用是否适当;②是否按照适用的财务报告编制基础对可能影响资产和负债账面价值或分类的计划或意图、负债、资产的所有权或控制权等事项作出声明。

(2) 与向注册会计师提供信息有关的额外书面声明。除了针对管理层提供的信息和交易的完整性的书面声明外,注册会计师可能认为有必要要求管理层提供书面声明,确认其已将注意到的所有内部控制缺陷向注册会计师通报。

3. 书面声明的日期和涵盖的期间

书面声明的日期应当尽量接近对财务报表出具审计报告的日期,但不得在审计报告日后。书面声明应当涵盖审计报告针对的所有财务报表和期间。由于书面声明是必要的审计证据,在管理层签署书面声明前,注册会计师不能发表审计意见,也不能签署审计报告。而且,由于注册会计师关注截至审计报告日发生的、可能需要在财务报表中作出相应调整或披露的事项,书面声明的日期应当尽量接近对财务报表出具审计报告的日期,但不得在其后。

4. 书面声明的形式

书面声明应当以声明书的形式致送注册会计师。下面列示了一种声明书的范例。

致注册会计师:

本声明书是针对你们审计 ABC 公司 20××年 12 月 31 日的年度财务报表而提供的。审计的目的是对财务报表发表意见,以确定财务报表是否在所有重大方面已按照企业会计准则的规定编制,并实现公允反映。

尽我们所知,并在作出必要的查询和了解后,我们确认:

一、财务报表

1. 我们已履行插入日期签署的审计业务约定书中提及的责任,即根据企业会计准则的规定编制财务报表,并对财务报表进行公允反映。

2. 在作出会计估计时使用的重大假设(包括公允价值计量相关的假设)是合理的。

3. 已按照企业会计准则的规定对关联方关系及其交易作出了恰当的会计处理和披露。

4. 根据企业会计准则的规定,所有需要调整或披露的资产负债表日后事项都已得到调整或披露。

5. 未更正错报,无论是单独还是汇总起来,对财务报表整体的影响均不重大,未更正错报汇总表附在本说明书后。

6. 插入注册会计师可能认为适当的其他任何事项。

二、提供的信息

1. 我们已向你们提供下列工作条件。

(1) 允许接触我们注意到的、与财务报表编制相关的所有信息(如记录、文件和其他事物)。

(2) 提供你们基于审计目的要求我们提供的其他信息。

(3) 允许你们在获取审计证据时不受限制地接触你们认为必要的本公司内部人员和其他相关人员。

2. 所有交易均已记录并反映在财务报表中。

3. 我们已向你们披露了由于舞弊可能导致的财务报表重大错报风险的评估结果。

4. 我们已向你们披露了我们注意到的、可能影响本公司与舞弊或舞弊嫌疑相关的所

有信息,这些信息涉及公司的:

(1) 管理层;

(2) 在内部控制中承担重要职责的员工;

(3) 其他人员(可能因舞弊行为导致财务报表重大错报的人员)。

5. 我们已向你们披露了现任和前任员工、分析师、监管机构等方面获知的、影响财务报表的舞弊指控或舞弊嫌疑的所有信息。

6. 我们已向你们披露了所有已知的、在编制财务报表时应当考虑其影响的违反或涉嫌违反法律、法规的行为。

7. 我们已向你们披露了我们注意到的关联方的名称和特征、所有关联方的关系及其交易。

8. 插入注册会计师可能认为必要的其他任何事项。

附:未更正错报汇总表

ABC 公司　　　　　　　　　　　　ABC 公司管理层

（盖章）　　　　　　　　　　　　（签名并盖章）

中国××市　　　　　　　　　　　二○××年××月××日

7.1.4　与治理层沟通

1. 沟通目的

治理层是指对被审计单位战略方向以及管理层履行经营管理责任负有监督责任的人员或组织。治理层的责任包括监督财务报告过程。管理层是指对被审计单位经营活动的执行负有经营管理责任的人员。管理层负责编制财务报表,并受到治理层的监督。

被审计单位的治理层与注册会计师在财务报告编制过程监督和财务报表审计职责方面存在着共同的关注点,在履行职责方面存在着很强的互补性,这也正是注册会计师需要与治理层保持有效的双向沟通的根本原因。有效的双向沟通有助于注册会计师和治理层了解与审计相关的背景事项,并建立建设性的工作关系;有助于注册会计师向治理层获取与审计相关的信息;有助于治理层履行其对财务报告过程的监督责任,从而降低财务报表重大错报风险。

注册会计师与治理层进行沟通主要有以下目的。

(1) 就审计范围和时间以及注册会计师、治理层、管理层各方在财务报表审计和沟通中的责任,取得相互了解。

(2) 及时向治理层告知审计中发现的与治理层责任相关的事项。

(3) 共享有助于注册会计师获取审计证据和治理层履行责任的其他信息。

2. 沟通内容

注册会计师应当直接与治理层沟通的事项主要包括以下几项。

(1) 注册会计师与财务报表审计相关的责任。包括：①注册会计师负责对管理层在治理层监督下编制的财务报表形成和发表意见；②财务报表审计并不减轻管理层或治理层的责任。

(2) 计划的审计范围和时间安排。包括：①注册会计师拟如何应对由于舞弊或错误导致的特别风险；②注册会计师对与审计相关的内部控制采取的方案；③在审计中对重要性概念的运用。

(3) 审计中发现的重大问题。包括：①注册会计师对被审计单位会计实务（包括会计政策、会计估计和财务报表披露）重大方面的质量的看法；②审计工作中遇到的重大困难；③已与管理层讨论或需要书面沟通的审计中出现的重大事项，以及注册会计师要求提供的书面声明，除非治理层全部成员参与管理被审计单位；④审计中出现的、根据职业判断认为对监督财务报告过程影响重大的其他事项。

(4) 注册会计师的独立性。包括：①对独立性的不利影响，包括因自身利益、自我评价、过度推介、密切关系和外在压力产生的不利影响；②法律、法规和职业规范规定的防范措施、被审计单位采取的防范措施，以及会计师事务所内部自身的方法措施。

任务7.2 撰写审计报告

7.2.1 撰写审计报告初稿

1. 撰写要求

撰写审计报告是一项十分严肃的工作，它要求审计人员具有较强的业务能力、政策水平和较好的理论修养。为了保证审计报告的质量，准确表达审计人员的意见，审计报告的撰写应符合以下基本要求。

1) 实事求是，客观公正

审计报告是政策性很强的文件，撰写时必须重事实，以法律、法规为准绳，坚持原则，实事求是，客观公正地对被审计事项进行定性，提出处理意见。既不能大事化小，小事化了，息事宁人；也不能无限上纲，夸大危害程度。审计报告的内容要真实严肃，经得起实践的检验。

2) 数字准确，证据确凿

审计报告是提供给有关单位和人员作为判断和决策用的依据，务必做到数字准确、证据确凿。为此，审计人员对审计报告中列举的数据资料要认真计算、复核，做到准确无误；对各种证据资料，也要亲自进行调查核实，使其既充分可靠，又具备有效的证明力，为发表审计意见奠定坚实的基础。

3) 抓住关键，突出重点

一次审计涉及的问题很多，在一份审计报告中不可能反映被审计单位的所有问题。

这就要求拟定审计报告时一定要坚持重要性原则,紧紧抓住关键性的问题,深刻剖析,提出明确而具体的意见,而不能事无巨细,面面俱到。审计报告的重点要放在影响全局或影响较大、性质严重或情节恶劣、金额较大的问题上。对重点问题要充分展开,讲透讲清;对一般、次要的问题,则可简略提及,甚至略而不提。只有这样,才能使审计报告的内容重点突出,主次分明。

4) 文字简练,措辞严谨

审计报告是送给被审计单位负责人、上级部门或有关部门领导看的,因此不宜写得太长。这就要求写审计报告时一定要开门见山,不转弯抹角;要层次分明,条理清楚;要字斟句酌,简明扼要;要选择准确、有力的证据作为证明事实的依据,前后矛盾或重复的证据、同事实无关的证据,一律不作为审计报告的证据;语言表达要准确无误,慎重斟酌,切忌夸张,并尽量选用专业术语。

2. 撰写步骤

1) 整理分析审计工作底稿

审计人员在完成审计任务的过程中,收集了许多能证明问题的资料证据,并集中反映在审计工作底稿中,这些都是拟定审计报告的基础。但是,这些底稿是分散的、不系统的,不可能不分轻重地全部写进审计报告。为此,审计人员要在审阅工作底稿的基础上去粗取精,选择一些符合审计目的的有价值证据资料,并进行归类整理,作为撰写审计报告的基础。此外,审计人员还要按照审计查出的问题,以有关的法律、法规、规章和政策为依据,为问题定性并提出处理意见提供法律依据。

2) 拟定审计报告提纲

在对审计工作底稿进行分析整理归类的基础上,可由审计小组成员集体讨论拟定审计报告的内容、结构安排及其格式,并逐项列出编写提纲。审计报告编写提纲包括前言概述部分怎样写;被审计单位概况写哪些内容;存在的问题部分写什么问题;次序怎么安排;使用哪些证据,引用哪些法律、法规;如何写出评价和结论等。如果使用小标题,还要注意推敲标题的准确性,看是否反映了问题的面貌及性质。

3) 撰写审计报告初稿

拟定提纲后,就可以根据审计工作底稿以及相关资料,在综合分析、归类、整理、核对的基础上,用文字加以组织表述,汇总形成审计报告初稿。审计报告可以由一个人执笔,也可以多人分工撰写。如果是分工撰写,最后必须由一人统稿,并授予修改权,以使最后形成的审计报告初稿前后呼应,浑然一体。

7.2.2 与治理层和管理层就审计意见进行沟通

为了保证审计工作的客观性和公正性,审计报告定稿后,必须按审计工作程序和要求征求被审计单位的意见,与治理层和管理层就审计意见进行沟通,并要求被审计单位在一定期限内提出书面意见,以便使审计报告符合客观实际,能被其所接受。审计人员对被审计单位提出的意见,应慎重考虑,反复推敲。如果被审计单位提出的意见有道理就虚心采纳,重新研究修改报告;如果被审计单位从自身利益考虑,提出不符合政策要求的意见,审计人员一定要坚持原则,予以解释或婉拒,并将被审计单位的意见作为审计报告的附后件一并报出。

7.2.3 正式提交审计报告

1. 审计报告的基本内容

审计报告应包括标题,收件人,引言段,管理层对财务报表的责任,注册会计师的责任段,审计意见段,注册会计师的签名和盖章,会计师事务所的名称、地址及盖章和报告日期等基本内容。

1) 标题

审计报告的标题应当统一规范为审计报告。

2) 收件人

审计报告的收件人是指注册会计师按照业务约定书的要求致送审计报告的对象,一般是指审计业务的委托人。审计报告应当按照审计业务的约定载明收件人的全称。针对整套通用目的财务报表出具的审计报告,其致送对象通常为被审计单位的全体股东或治理层。

3) 引言段

审计报告的引言段应当包括下列名词,以下列举项须与之对应。

(1) 被审计单位的名称。

(2) 有关财务报表已经审计的说明性文字。

(3) 构成整套财务报表的每一财务报表的名称。

(4) 财务报表附注。

(5) 构成整套财务报表的每一财务报表的日期和涵盖的期间。

将上面内容加以概括,引言段应当说明:注册会计师审计了后附的被审计单位的财务报表,包括指明适用的财务报告编制基础规定的构成整套财务报表的每一财务报表的名称、日期或涵盖的期间,以及重要会计政策概要和其他解释性信息。

由于审计意见应当涵盖由适用的财务报告编制基础所确定的整套财务报表。在许多通用目的的编制基础上,财务报表包括资产负债表、利润表、现金流量表、所有者权益变动表,以及重要会计政策概要和其他解释性信息。补充信息也可能被认为是财务报表的必要组成部分。

4) 管理层对财务报表的责任

为了区分管理层和注册会计师的责任,降低财务报表使用者误解注册会计师责任的可能性,在管理层对财务报表的责任段中应当说明,编制财务报表是管理层的责任,其主要包括以下责任。

(1) 按照适用的财务报告编制基础编制财务报表,并使其实现公允反映。

(2) 设计、执行和维护必要的内部控制,以使财务报表不存在由于舞弊或错误导致的重大错报。

注册会计师按照审计准则的规定执行审计工作的前提是管理层和治理层(如适用)认可其按照适用的财务报告编制基础编制财务报表,并使其实现公允反映(如适用)的责任;管理层也认可其设计、执行和维护内部控制,以使编制的财务报表不存在由于舞弊或错误导致的重大错报的责任。审计报告中对管理层责任的说明包括提及这两种责任,这有助于向财务报表使用者解释执行审计工作的前提。

5) 注册会计师的责任段

注册会计师的责任段应当说明下列内容。

(1) 注册会计师的责任是在执行审计工作的基础上对财务报表发表审计意见。

(2) 注册会计师按照中国注册会计师审计准则的规定执行了审计工作。中国注册会计师审计准则要求注册会计师遵守职业道德守则,计划和实施审计工作以对财务报表不存在重大错报获取合理保证。

(3) 审计工作涉及实施审计程序,以获取有关财务报表金额和披露的审计证据。选择的审计程序取决于注册会计师的判断,包括对由于舞弊或错误导致的财务报表重大错报风险的评估。在进行风险评估时,注册会计师考虑与财务报表编制相关的内部控制,以设计恰当的审计程序,但目的并非对内部控制的有效性发表意见。审计工作还包括评价管理层选用会计政策的恰当性和作出会计估计的合理性,以及评价财务报表的总体列报。

(4) 注册会计师相信已获取的审计证据是充分、适当的,为其发表审计意见提供了基础。

如果接受委托,结合财务报表审计对内部控制的有效性发表意见,注册会计师应当省略本条第(3)项中"但目的并非对内部控制的有效性发表意见"的措辞。

6) 审计意见段

(1) 审计意见段的基本内容。审计意见段应当说明,财务报表是否在所有重大方面按照适用的财务报告编制基础(如企业会计准则等)编制,是否公允反映了被审计单位的财务状况、经营成果和现金流量。

(2) 无保留意见的审计报告。如果认为财务报表在所有重大方面按照适用的财务报告编制基础编制并实现公允反映,注册会计师应当出具无保留意见的审计报告。

如果对财务报表发表无保留意见,除非法律、法规另有规定,审计意见应当使用"财务报表在所有重大方面按照[适用的财务报告编制基础(如企业会计准则等)]编制,公允反映了……"的措辞。

7) 注册会计师的签名和盖章

审计报告应当由两名具备相关业务资格的注册会计师签名并盖章。合伙会计师事务所出具的审计报告,应当由一名对审计项目负最终复核责任的合伙人和一名负责该项目的注册会计师签名盖章;有限责任的会计师事务所出具的审计报告,应当由会计师事务所主任会计师或其授权的副主任会计师和一名负责该项目的注册会计师签名盖章。审计报告必须由注册会计师本人签名盖章,未经授权,其他人员不得代行签章,会计师事务所也不得指定他人签名盖章。

8) 会计师事务所的名称、地址及盖章

审计报告应当载明会计师事务所的名称和地址,并加盖会计师事务所公章。

注册会计师在审计报告中载明会计师事务所地址时,标明会计师事务所所在的城市即可。在实务中,审计报告通常载于会计师事务所统一印刷的、标有该所详细通信地址的信笺上,因此,无须在审计报告中注明详细地址。

9) 报告日期

审计报告应当注明报告日期。审计报告的日期不应早于注册会计师获取充分、适当的审计证据(包括管理层认可对财务报表的责任且已批准财务报表的证据),并在此基础上对财务报表形成审计意见的日期。在确定审计报告日时,注册会计师应当确信已获取下列两方面的审计证据:①构成整套财务报表的所有报表(包括相关附注)已编制完成;②被审计单位的董事会、管理层或类似机构已经认可其对财务报表负责。

审计报告的日期向审计报告使用者表明,注册会计师已考虑其知悉的、截至审计报告日发生的事项和交易的影响。审计报告的日期非常重要。注册会计师对不同时段的财务报表日后事项有着不同的责任,而审计报告的日期是划分时段的关键时点。由于审计意见是针对财务报表发表的,并且编制财务报表是管理层的责任,所以,只有在注册会计师获取证据证明构成整套财务报表的所有报表(包括相关附注)已经编制完成,并且管理层已认可其对财务报表的责任的情况下,注册会计师才能得出已经获取充分、适当的审计证据的结论。

在实务中,注册会计师在正式签署审计报告前,通常把审计报告草稿和已审财务报表草稿一同提交给管理层。如果批准并签署已审财务报表,注册会计师即可签署审计报告。注册会计师签署审计报告的日期通常与管理层签署已审财务报表的日期为同一天,或晚于管理层签署已审财务报表的日期。在审计报告的日期晚于管理层签署已审财务报表的日期时,注册会计师应当获取管理层声明书日到审计报告日期之间的进一步审计证据,如补充的管理层声明书。

2. 标准审计报告

标准审计报告,是指不含有说明段、强调事项段、其他事项段或其他任何修饰性用语的无保留意见的审计报告。包含其他报告责任段,但不含有强调事项段或其他事项段的无保留意见的审计报告也被视为标准审计报告。无保留意见是指当注册会计师认为财务报表在所有重大方面按照适用的财务报告编制基础编制并实现公允反映时发表的审计意见。标准审计报告的参考格式如下。

审 计 报 告

ABC 股份有限公司全体股东:

一、对财务报表出具的审计报告

(一) 审计意见

我们审计了 ABC 股份有限公司(以下简称 ABC 公司)财务报表,包括 20×1 年 12 月 31 日的资产负债表,20×1 年度的利润表、现金流量表、股东权益变动表以及相关财务报

表附注。

我们认为,后附的财务报表在所有重大方面按照企业会计准则的规定编制,公允反映了 ABC 公司 20×1 年 12 月 31 日的财务状况以及 20×1 年度的经营成果和现金流量。

(二)形成审计意见的基础

我们按照中国注册会计师审计准则的规定执行了审计工作。审计报告的"注册会计师对财务报表审计的责任"部分进一步阐述了我们在这些准则下的责任。按照中国注册会计师职业道德守则,我们独立于 ABC 公司,并履行了职业道德方面的其他责任。我们相信,我们获取的审计证据是充分、适当的,为发表审计意见提供了基础。

(三)关键审计事项

关键审计事项是我们根据职业判断,认为对本期财务报表审计最为重要的事项。这些事项的应对以对财务报表整体进行审计并形成审计意见为背景下进行处理的,我们不对这些事项提供单独的意见。

(四)管理层和治理层对财务报表的责任

管理层负责按照企业会计准则的规定编制财务报表,使其实现公允反映,并设计、执行和维护必要的内部控制,以使财务报表不存在由于舞弊或错误导致的重大错报。

在编制财务报表时,管理层负责评估 ABC 公司的持续经营能力,披露与持续经营相关的事项(如适用),并运用持续经营假设,除非管理层计划清算 ABC 公司、停止运营或别无其他现实的选择。

治理层负责监督 ABC 公司的财务报告过程。

(五)注册会计师对财务报表审计的责任

我们的目标是对财务报表整体是否不存在由于舞弊或错误导致的重大错报获取合理保证,并出具包含审计意见的审计报告。合理保证是高水平的保证,但并不能保证按照审计准则执行的审计在某一重大错报存在时总能发现。错报可能由于舞弊或错误导致,如果合理预期错报单独或汇总起来可能影响财务报表使用者依据财务报表作出的经济决策,则通常认为错报是重大的。

在按照审计准则执行审计工作的过程中,我们运用职业判断,并保持职业怀疑。同时,我们也执行以下工作。

(1)识别和评估由于舞弊或错误导致的财务报表重大错报风险;对这些风险有针对性地设计和实施审计程序;获取充分、适当的审计证据,作为发表审计意见的基础。由于舞弊可能涉及串通、伪造、故意遗漏、虚假陈述或凌驾于内部控制之上,未能发现由于舞弊导致的重大错报的风险高于未能发现由于错误导致的重大错报的风险。

(2)了解与审计相关的内部控制,以设计恰当的审计程序对这些风险有针对性地设计和实施审计程序。

(3)评价管理层选用会计政策的恰当性和作出会计估计及相关披露的合理性。

(4)对管理层使用持续经营假设的恰当性得出结论。同时,根据获取的审计证据,就可能导致对 ABC 公司持续经营能力产生重大疑虑的事项或情况是否存在重大不确定性得出结论。如果我们得出结论认为存在重大不确定性,审计准则要求我们在审计报告中提请报表使用者注意财务报表中的相关披露;如果披露不充分,我们应当发表非无保留意见。我们的结论基于截至审计报告日可获得的信息。然而,未来的事项或情况可能导致ABC公司不能持续经营。

(5) 评价财务报表的总体列报、结构和内容(包括披露),并评价财务报表是否公允反映相关交易和事项。

我们与治理层就计划的审计范围、时间安排和重大审计发现(包括我们在审计中识别的值得关注的内部控制缺陷)等事项进行沟通。

我们还就已遵守关于独立性相关的职业道德要求向治理层提供声明,并就可能被合理认为影响我们独立性的所有关系和其他事项,以及相关的防范措施(如适用)与治理层进行沟通。

从与治理层沟通过的事项中,我们确定哪些事项对本期财务报表审计最为重要,因而构成关键审计事项。我们在审计报告中描述这些事项,除非法律法规禁止公开披露这些事项,或在极其罕见情形下,如果合理预期在审计报告中沟通某事项造成的负面后果超过在公众利益方面产生的益处,我们确定不应在审计报告中沟通该事项。

二、按照相关法律法规的要求报告的事项
本部分的格式和内容,取决于法律法规对其他报告责任的性质的规定。
其他内容,因篇幅有限,省略。

××会计师事务所	中国注册会计师:×××
	(签名并盖章)
(盖章)	中国注册会计师:×××
	(签名并盖章)
中国××市	20×2年××月××日

3. 非标准审计报告

非标准审计报告是指带强调事项段或其他事项段的无保留意见的审计报告和非无保留意见的审计报告。

1) 强调事项段

审计报告的强调事项段是指审计报告中含有的一个段落,该段落提及已在财务报表中恰当列报或披露的事项,根据注册会计师的职业判断,该事项对财务报表使用者理解财务报表至关重要。

(1) 增加强调事项段的情形。如果认为有必要提醒财务报表使用者关注已在财务报表中列报或披露,且根据职业判断认为对财务报表使用者理解财务报表至关重要的事项,在同时满足下列条件时,注册会计师应当在审计报告中增加强调事项段。

① 按照《中国注册会计师审计准则第1502号——在审计报告中发表非无保留意见》的规定,该事项不会导致注册会计师发表非无保留意见。

② 当《中国注册会计师审计准则第1504号——在审计报告中沟通关键审计事项》适用时,该事项未被确定为在审计报告中沟通的关键审计事项。

(2) 在审计报告中增加强调事项段的情形。某些审计准则对特定情况下在审计报告中增加强调事项段提出具体要求。这些情形包括以下内容。

① 法律、法规规定的财务报告编制基础不可接受,但其是由法律或法规作出的规定。

② 提醒财务报表使用者注意财务报表按照特殊目的编制基础编制。

③ 注册会计师在审计报告日后知悉了某些事实(即期后事项),并且出具了新的审计报告或修改了审计报告。

除上述审计准则要求增加强调事项的情形外,注册会计师可能认为需要增加强调事项段的情形,举例如下。

① 异常诉讼或监管行动的未来结果存在不确定性。

② 提前应用(在允许的情况下)对财务报表有广泛影响的新企业会计准则。

③ 存在已经或待续对被审计单位财务状况产生重大影响的特大灾难。

(3) 在审计报告中增加强调事项段时注册会计师采取的措施。如果在审计报告中增加强调事项段,注册会计师应当采取下列措施。

① 将强调事项段作为单独的一部分置于审计报告中,并使用包含"强调事项"这一术语的适当标题。

② 明确提及被强调事项以及相关披露的位置,以便能够在财务报表中找到对该事项的详细描述。强调事项段应当仅提及已在财务报表中列报或披露的信息。

③ 指出审计意见没有因该强调事项而改变。

在审计报告中包含强调事项段不影响审计意见。包含强调事项段不能代替下列情形。

① 根据审计业务的具体情况,按照《中国注册会计师审计准则第1502号——在审计报告中发表非无保留意见》的规定发表非无保留意见。

② 适用的财务报告编制基础要求管理层在财务报表中作出的披露,或为实现公允列报所需的其他披露。

③ 按照《中国注册会计师审计准则第1324号——持续经营》的规定,当可能导致对被审计单位持续经营能力产生重大疑虑的事项或情况存在重大不确定性时作出的报告。

2) 非无保留意见的审计报告

非无保留意见的审计报告包括保留意见审计报告、否定意见审计报告和无法表示意见审计报告。

注册会计师通过审计,发现存在下列情形之一时,注册会计师应当出具非无保留意见的审计报告。

(1) 根据获取的审计证据,得出财务报表整体存在重大错报的结论。错报是指某一财务报表项目的金额、分类、列报或披露,与按照适用的财务报告编制基础应当列示的金额、分类、列报或披露之间存在的差异。财务报表的重大错报可能源于以下内容。

① 选择的会计政策的恰当性。在选择的会计政策的恰当性方面,当出现下列情形时,财务报表可能存在重大错报:选择的会计政策与适用的财务报告编制基础不一致;财务报表(包括相关附注)没有按照公允列报的方式反映交易和事项。

财务报告编制基础通常包括对会计处理、披露和会计政策变更的要求。如果被审计单位变更了重大会计政策,且没有遵守这些要求,财务报表可能存在重大错报。

② 对所选择的会计政策的运用。在对所选择的会计政策的运用方面,当出现下列情形时,财务报表可能存在重大错报:管理层没有按照适用的财务报告编制基础的要求一贯运用所选择的会计政策,包括管理层未在不同会计期间或对相似的交易和事项一贯运用所选择的会计政策(运用的一致性);不当运用所选择的会计政策(如运用中的无意错误)。

③ 财务报表披露的恰当性或充分性。在财务报表披露的恰当性或充分性方面,当出现下列情形时,财务报表可能存在重大错报:财务报表没有包括适用的财务报告编制基础要求的所有披露;财务报表的披露没有按照适用的财务报告编制基础列报;财务报表没有作出必要的披露以实现公允反映。

(2) 无法获取充分、适当的审计证据,不能得出财务报表整体不存在重大错报的结论。如果注册会计师能够通过实施替代程序获取充分、适当的审计证据,则无法实施特定的程序并不构成对审计范围的限制。

下列情形可能导致注册会计师无法获取充分、适当的审计证据(也称为审计范围受到限制)。

① 超出被审计单位控制的情形。超出被审计单位控制的情形,例如,被审计单位的会计记录已被毁坏;重要组成部分的会计记录已被政府有关机构无限期地查封。

② 与注册会计师工作的性质或时间安排相关的情形。与注册会计师工作的性质或时间安排相关的情形,例如,被审计单位需要使用权益法对联营企业进行核算,注册会计师无法获取有关联营企业财务信息的充分、适当的审计证据以评价是否恰当运用了权益法;注册会计师接受审计委托的时间安排,使注册会计师无法实施存货监盘;注册会计师确定仅实施实质性程序是不充分的,但被审计单位的控制是无效的。

③ 管理层施加限制的情形。管理层对审计范围施加的限制致使注册会计师无法获取充分、适当的审计证据的情形,例如,管理层阻止注册会计师实施存货监盘,管理层阻止注册会计师对特定账户余额实施函证。

管理层施加的限制可能对审计产生其他影响,如注册会计师对舞弊风险的评估和对业务保持的考虑。

(3) 当出具非无保留意见的审计报告时,注册会计师应当在注册会计师的责任段之后、审计意见段之前增加说明段,清楚地说明导致所发表非无保留意见的所有原因,并在可能情况下,指出其对财务报表的影响程度。

审计报告的说明段是指审计报告中位于审计意见段之前用于描述注册会计师对财务报表发表保留意见、否定意见或无法表示意见理由的段落。

① 保留意见的审计报告。当存在下列情形之一时,注册会计师应当发表保留意见。

a. 在获取充分、适当的审计证据后,注册会计师认为错报单独或汇总起来对财务报表影响重大,但不具有广泛性。

b. 注册会计师无法获取充分、适当的审计证据以作为形成审计意见的基础,但认为未发现的错报(如存在)对财务报表可能产生的影响重大,但不具有广泛性。

当出具保留意见的审计报告时,注册会计师应当在审计意见段中使用"除……可能产生的影响外"等术语。如果因审计范围受到限制,注册会计师还应当在注册会计师的责任

段中提及这一情况。

保留意见的审计报告(财务报表存在重大错报)的参考格式如下。

审 计 报 告

ABC 股份有限公司全体股东：

一、对财务报表出具的审计报告

(一) 保留意见

我们审计了后附的 ABC 股份有限公司(以下简称 ABC 公司)财务报表,包括 20×1 年 12 月 31 日的资产负债表、20×1 年度的利润表、现金流量表、股东权益变动表以及相关财务报表附注。

我们认为,除"形成保留意见的基础"部分所述事项产生的影响外,后附的财务报表在所有重大方面按照企业会计准则的规定编制,公允反映了 ABC 公司 20×1 年 12 月 31 日的财务状况以及 20×1 年度的经营成果和现金流量。

(二) 形成保留意见的基础

如 ABC 公司 20×1 年 12 月 31 日资产负债表中存货的列示金额为×元。管理层根据成本对存货进行计量,而没有根据成本与可变现净值孰低的原则进行计量,这不符合企业会计准则的规定。ABC 公司的会计记录显示,如果管理层以成本与可变现净值孰低来计量存货,存货列示金额将减少×元。相应地,资产减值损失将增加×元,所得税、净利润和股东权益将分别减少×元、×元和×元。

我们按照中国注册会计师审计准则的规定执行了审计工作。审计报告的"注册会计师对财务报表审计的责任"部分进一步阐述了我们在这些准则下的责任。按照中国注册会计师职业道德守则,我们独立于 ABC 公司,并履行了职业道德方面的其他责任。我们相信,我们获取的审计证据是充分、适当的,为发表保留意见提供了基础。

(三) 管理层和治理层对财务报表的责任

管理层负责按照企业会计准则的规定编制财务报表,使其实现公允反映,并设计、执行和维护必要的内部控制,以使财务报表不存在由于舞弊或错误导致的重大错报。

在编制财务报表时,管理层负责评估 ABC 公司的持续经营能力,披露与持续经营相关的事项(如适用),并运用持续经营假设,除非管理层计划清算 ABC 公司、终止运营或别无其他现实的选择。

治理层负责监督 ABC 公司的财务报告过程。

(四) 注册会计师对财务报表审计的责任

我们的目标是对财务报表整体是否不存在由于舞弊或错误导致的重大错报获取合理保证,并出具包含审计意见的审计报告。合理保证是高水平的保证,但并不能保证按照审计准则执行的审计在某一重大错报存在时总能发现。错报可能由于舞弊或错误导致,如果合理预期错报单独或汇总起来可能影响财务报表使用者依据财务报表作出的经济决策,则通常认为错报是重大的。

在按照审计准则执行审计工作的过程中,我们运用职业判断,并保持职业怀疑。同时,我们也执行以下工作。

（1）识别和评估由于舞弊或错误导致的财务报表重大错报风险；设计和实施审计程序以应对这些风险；获取充分、适当的审计证据，作为发表审计意见的基础。由于舞弊可能涉及串通、伪造、故意遗漏、虚假陈述或凌驾于内部控制之上，未能发现由于舞弊导致的重大错报的风险高于未能发现由于错误导致的重大错报的风险。

（2）了解与审计相关的内部控制，以设计恰当的审计程序。

（3）评价管理层选用会计政策的恰当性和作出会计估计及相关披露的合理性。

（4）对管理层使用持续经营假设的恰当性得出结论。同时，根据获取的审计证据，就可能导致对ABC公司持续经营能力产生重大疑虑的事项或情况是否存在重大不确定性得出结论。如果我们得出结论认为存在重大不确定性，审计准则要求我们在审计报告中提请报表使用者注意财务报表中的相关披露；如果披露不充分，我们应当发表非无保留意见。我们的结论基于截至审计报告日可获得的信息。然而，未来的事项或情况可能导致ABC公司不能持续经营。

（5）评价财务报表的总体列报、结构和内容（包括披露），并评价财务报表是否公允反映相关交易和事项。

（6）就ABC公司中实体或业务活动的财务信息获取充分、适当的审计证据，以对财务报表发表审计意见。我们负责指导、监督和执行集团审计，并对审计意见承担全部责任。

我们与治理层就计划的审计范围、时间安排和重大审计发现等事项进行沟通，包括沟通我们在审计中识别出的值得关注的内部控制缺陷。

我们还就已遵守与独立性相关的职业道德要求向治理层提供声明，并与治理层沟通可能被合理认为影响我们独立性的所有关系和其他事项，以及相关的防范措施（如适用）。

从与治理层沟通过的事项中，我们确定哪些事项对本期财务报表审计最为重要，因而构成关键审计事项。我们在审计报告中描述这些事项，除非法律法规禁止公开披露这些事项，或在极少数情形下，如果合理预期在审计报告中沟通某事项造成的负面后果超过在公众利益方面产生的益处，我们确定不应在审计报告中沟通该事项。

二、按照相关法律法规的要求报告的事项

本部分的格式和内容，取决于法律法规对其他报告责任的性质的规定。

其他内容，因篇幅有限，省略。

××会计师事务所	中国注册会计师：×××
	（签名并盖章）
（盖章）	中国注册会计师：×××
	（签名并盖章）
中国××市	20×2年××月××日

② 否定意见的审计报告。在获取充分、适当的审计证据后，如果认为错报单独或汇总起来对财务报表的影响重大且具有广泛性，注册会计师应当发表否定意见。

当出具否定意见的审计报告时，注册会计师应当在审计意见段中说明：注册会计师认为，由于导致否定意见的事项段所述事项的重要性，财务报表没有在所有重大方面按照

适用的财务报告编制基础编制，未能实现公允反映。

③无法表示意见的审计报告。如果无法获取充分、适当的审计证据以作为形成审计意见的基础，但认为未发现的错报（如存在）对财务报表可能产生的影响重大且具有广泛性，注册会计师应当发表无法表示意见。

当出具无法表示意见的审计报告时，注册会计师应当修改审计报告的引言段和注册会计师的责任段，并在审计意见段中说明：由于导致无法表示意见的事项段所述事项的重要性，注册会计师无法获取充分、适当的审计证据以为发表审计意见提供基础，因此，注册会计师不对这些财务报表发表审计意见。

无法表示意见的审计报告（无法获取充分、适当的审计证据）的参考格式如下。

审 计 报 告

ABC股份有限公司全体股东：

一、对财务报表出具的审计报告

（一）无法表示意见

我们接受委托，审计ABC股份有限公司（以下简称ABC公司）财务报表，包括20×1年12月31日的资产负债表，20×1年度的利润表、现金流量表、股东权益变动表以及相关财务报表附注。

我们不对后附的ABC公司财务报表发表审计意见。由于"形成无法表示意见的基础"部分所述事项的重要性，我们无法获取充分、适当的审计证据以作为对财务报表发表审计意见的基础。

（二）形成无法表示意见的基础

我们于20×2年1月接受ABC公司的审计委托，因而未能对ABC公司20×1年年初金额为×元的存货和年末金额为×元的存货实施监盘程序。此外，我们也无法实施替代审计程序获取充分、适当的审计证据，并且ABC公司于20×1年9月采用新的应收账款电算化系统，由于存在系统缺陷导致应收账款出现大量错误；截至报告日，管理层仍在纠正系统缺陷并更正错误，我们也无法实施替代审计程序，以对截至20×1年12月31日的应收账款总额×元获取充分、适当的审计证据。因此，我们无法确定是否有必要对存货、应收账款以及财务报表其他项目作出调整，也无法确定应调整的金额。

（三）管理层和治理层对财务报表的责任

管理层负责按照企业会计准则的规定编制财务报表，使其实现公允反映，并设计、执行和维护必要的内部控制，以使财务报表不存在由于舞弊或错误导致的重大错报。

在编制财务报表时，管理层负责评估ABC公司的持续经营能力，披露与持续经营相关的事项（如适用），并运用持续经营假设，除非管理层计划清算ABC公司、终止运营或别无其他现实的选择。

治理层负责监督ABC公司的财务报告过程。

（四）注册会计师对财务报表审计的责任

我们的责任是按照中国注册会计师审计准则的规定，对ABC公司的财务报表执行审计工作，以出具审计报告。但由于"形成无法表示意见的基础"部分所述的事项，我们无法获取充分、适当的审计证据以作为发表审计意见的基础。

按照中国注册会计师职业道德守则,我们独立于 ABC 公司,并履行了职业道德方面的其他责任。

二、按照相关法律法规的要求报告的事项

本部分的格式和内容,取决于法律法规对其他报告责任的性质的规定。

其他内容,因篇幅有限,省略。

××会计师事务所	中国注册会计师:×××
	(签名并盖章)
(盖章)	中国注册会计师:×××
	(签名并盖章)
中国××市	20×2年××月××日

4. 实训

1) 任务描述

(1) 阅读并熟悉实训资料、实训材料。

(2) 在教师指导下,根据实训资料判断审计意见类型、选择审计报告格式。

(3) 在教师指导下,完成审计报告的编写。

2) 实训条件

(1) 实训环境:上课教室或审计实训室。

(2) 实训材料:审计报告模板。

(3) 实训学时:2学时。

(4) 实训操作:首先由教师引导学生阅读、熟悉实训资料和审计工作底稿,然后由学生自主编写、讨论、总结,教师现场指导,最后由教师讲解答案、分析问题。

(5) 实训方式:可采用小组手工实训方式、单人手工实训方式。

3) 实训资料

新天地会计师事务所注册会计师方慧君、冯晓怡、梁文凯三人,于2021年2月20日接受华美达股份有限公司的委托,审计了该公司2020年财务报表。2月28日结束审计工作。除下述事项外,华美达股份有限公司会计报表其他内容均符合企业会计准则和相关会计制度的规定,在所有重大方面公允反映了华美达股份有限公司2020年12月31日的财务状况以及2021年度的经营成果和现金流量情况。注册会计师均已认可。

(1) 华美达股份有限公司2021年年末库存商品期末余额少计20万元,影响该年度利润,注册会计师提请该公司调整,但华美达公司未予接受。

(2) 华美达股份有限公司从2021年7月起对库存商品发出计价由先进先出法改为加权平均法,使该年主营业务成本上升30万元,这一变化未在会计报表附注中披露。注册会计师提请该公司披露,华美达公司予以接受。(如果华美达公司拒绝注册会计师的建议,应该发表什么意见?)

注册会计师为华美达公司库存商品核定的重要性水平是40万元。

项目小结

注册会计师完成审计工作,在编制审计报告之前,应做好前期准备工作。

撰写审计报告时,应先撰写审计报告初稿,并与治理层和管理层就审计意见进行沟通,才能正式提交审计报告。

审计报告有标准审计报告和非标准审计报告之分。非标准审计报告包括带强调事项段或其他事项段的无保留意见的审计报告和非无保留意见的审计报告,而非无保留意见的审计报告又包括保留意见的审计报告、否定意见的审计报告和无法表示意见的审计报告。不同类型审计意见的审计报告的出具条件和参考格式各不相同。

审计报告的基本内容包括标题、收件人、引言段、管理层对财务报表的责任、注册会计师的责任段、审计意见段、注册会计师的签名和盖章、会计师事务所的名称、地址及盖章和报告日期等。

课后练习

一、判断题

1. 如果被审计单位管理层拒绝提供审计准则要求的书面声明,注册会计师应当出具无法表示意见的审计报告。( )

2. 对于单笔核算有误并低于所涉及会计报表项目(或账项)层次重要性水平,无论其性质如何,均应将其视为未调整不符事项。( )

3. 注册会计师出具无法表示意见的审计报告,表明其拒绝接受委托,不愿发表意见。( )

4. 非标准审计报告是指非无保留意见的审计报告。( )

5. 审计报告在签发前,不需与被审计单位针对将要出具的意见类型进行沟通,直接根据注册会计师获取的审计证据和准则的规定出具即可。( )

6. 分析程序主要应用于在对财务报表各项目实施实质性程序时,当审计结束或临近结束时,注册会计师不需要再实施分析程序。( )

7. 审计意见段应当说明,财务报表是否按照适用的会计准则和相关会计制度的规定编制,是否在所有重大方面公允反映了被审计单位的财务状况、经营成果和现金流量。( )

8. 被审计单位管理层签署的书面声明的日期应当尽量接近对财务报表出具审计报告的日期,但在某些情况下,书面声明的日期可以略迟于审计报告日。( )

9. 股份有限公司的审计报告应致送给董事会。( )

10. 会计师事务所应建立完善的审计工作底稿分级复核制度,对审计工作底稿的复核可分为两个层次:项目负责经理的现场复核和项目合伙人的复核。( )

二、单项选择题

1. 如果无法获取充分、适当的审计证据以作为形成审计意见的基础,但认为未发现的错报(如存在)对财务报表可能产生的影响重大且具有广泛性,注册会计师应当出具(　　)的审计报告。
   A. 保留意见　　B. 否定意见　　C. 无法表示意见　　D. 标准意见

2. 在获取充分、适当的审计证据后,如果认为错报单独或汇总起来对财务报表的影响重大且具有广泛性,注册会计师应当发表的审计意见是(　　)。
   A. 保留意见　　B. 否定意见　　C. 无法表示意见　　D. 标准意见

3. 在财务报表审计业务中,下列有关书面声明的说法,不正确的是(　　)。
   A. 针对财务报表的编制,注册会计师应当要求管理层提供书面声明
   B. 书面声明应当涵盖审计报告所针对的所有财务报表和期间
   C. 书面声明是注册会计师财务报表审计业务中需要获取的必要信息
   D. 书面声明为声明书所涉及的事项提供了充分、适当的审计证据

4. 会计政策的选用、会计估计的作出或财务报表的披露不符合适用的会计准则和相关会计制度的规定,虽影响重大,但不至出具否定意见的审计报告时,注册会计师应出具(　　)的审计报告。
   A. 保留意见　　B. 否定意见　　C. 无法表示意见　　D. 标准意见

5. 注册会计师应对被审计单位的财务报表不存在重大错报提供(　　)。
   A. 绝对保证　　B. 不能保证　　C. 相对保证　　D. 合理保证

6. 注册会计师签发审计报告的日期(　　)。
   A. 不应早于注册会计师获取充分、适当的审计证据,并在此基础上对财务报表形成审计意见的日期
   B. 管理层确认或签署会计报表的日期
   C. 董事会通过利润预分配方案的日期
   D. 股东大会确认或签署会计报表的日期

7. 当出具非无保留意见的审计报告时,注册会计师应当在注册会计师的责任段之后、审计意见段之前增加(　　),清楚地说明导致所发表意见或无法发表意见的所有原因,并在可能情况下,指出其对财务报表的影响程度。
   A. 范围段　　B. 引言段　　C. 说明段　　D. 强调事项段

8. 下列关于项目负责经理对审计工作底稿的复核的表述不正确的是(　　)。
   A. 项目负责经理对审计工作底稿的复核属于第一级复核
   B. 项目负责经理对审计工作底稿的复核通常在审计现场完成
   C. 项目负责经理对审计工作底稿的复核是项目组内部最高级别的复核
   D. 项目负责经理对审计工作底稿的复核不属于独立复核

9. 下列各项中,不属于审计报告的引言段应当说明的名词的是(　　)。
   A. 构成整套财务报表的每张财务报表的名称
   B. 财务报表附注

C. 注册会计师的责任是在执行审计工作的基础上对财务报表发表审计意见

D. 财务报表的日期和涵盖的期间

10. 审计报告应当由( )名具备相关业务资格的注册会计师签名并盖章。
   A. 1　　　　B. 2　　　　C. 3　　　　D. 4

三、多项选择题

1. 如果审计人员无法取得充分、适当的审计证据,应视情况发表( )审计报告。
   A. 标准　　　B. 保留意见　　　C. 无法表示意见　　　D. 否定意见

2. 审计差异按是否需要调整账户记录可分为( )。
   A. 核算误差　　B. 重分类误差　　C. 未更正错报　　D. 已更正错报

3. 审计差异通常可通过编制( )予以汇总。
   A. 调整分录汇总表　　　　　B. 重分类分录汇总表
   C. 未调整不符事项汇总表　　D. 审计差异调整表

4. 对审计工作底稿进行独立的项目质量控制复核的意义在于( )。
   A. 实施对审计工作结果的最后质量控制
   B. 确认审计工作已达到会计师事务所的工作标准
   C. 消除妨碍注册会计师判断的偏见
   D. 通过在审计现场完成工作底稿复核,及时发现和解决问题,争取审计工作的主动

5. 注册会计师与治理层沟通的主要事项是( )。
   A. 注册会计师与财务报表审计相关的责任
   B. 计划的审计范围和时间安排
   C. 审计中发现的重大问题
   D. 注册会计师的独立性

6. 如果审计范围受到限制,注册会计师可能出具( )的审计报告。
   A. 保留意见　　B. 否定意见　　C. 无法表示意见　　D. 标准意见

7. 非标准审计报告包括( )。
   A. 带强调事项段或其他事项段的无保留意见审计报告
   B. 否定意见审计报告
   C. 保留意见审计报告
   D. 无法表示意见

8. 下列应出具带强调事项段的审计报告的情形有( )。
   A. 审计的范围受到严重的限制
   B. 异常诉讼或监管行动的未来结果存在不确定性
   C. 提前应用(在允许的情况下)对财务报表有广泛影响的新会计准则
   D. 存在已经或持续对被审计单位财务状况产生重大影响的特大灾难

9. 审计报告除了应包括标题、收件人、注册会计师签盖章、会计师事务所的名称、地址及盖章和报告日期等基本内容外,还应包括的内容有( )。
   A. 引言段　　　　　　　　　B. 范围段

C. 审计意见段　　　　　　　　D. 注册会计师的责任段

10. 在审计报告的管理层对财务报表的责任段中应指明的管理层对财务报表的责任有(　　)。

A. 按照适用的财务报告编制基础编制财务报表,并使其实现公允反映

B. 设计、执行和维护必要的内部控制,以使财务报表不存在由于舞弊或错误导致的重大错报

C. 对期后事项、或有事项的披露

D. 对关联方交易的披露

参考文献

[1] 俞校明. 审计[M]. 3版. 大连：大连出版社，2011.
[2] 刘明辉. 审计[M]. 7版. 大连：东北财经大学出版社，2019.
[3] 秦荣生，卢春泉. 审计学[M]. 10版. 北京：中国人民大学出版社，2019.
[4] 李晓慧. 审计学：原理与案例[M]. 3版. 北京：中国人民大学出版社，2020.
[5] 王光远，黄京菁. 审计学[M]. 4版. 大连：东北财经大学出版社，2018.
[6] 中国注册会计师协会. 中国注册会计师执业准则应用指南（2020年版）[M]. 上海：立信会计出版社，2020.
[7] 中国注册会计师协会. 中国注册会计师执业准则（2020年版）[M]. 上海：立信会计出版社，2020.
[8] 中国注册会计师协会. 审计[M]. 北京：中国财政经济出版社，2021.
[9] 朱荣恩，王英姿. 审计学[M]. 4版. 北京：高等教育出版社，2017.
[10] 李晓慧. 审计案例与实训[M]. 2版. 北京：中国人民大学出版社，2017.
[11] 颜晓燕. 注册会计师审计经典案例教程[M]. 2版. 北京：清华大学出版社，2017.
[12] 王守龙. 审计学基础[M]. 5版. 北京：清华大学出版社，2019.
[13] 宋常. 审计学[M]. 8版. 北京：中国人民大学出版社，2018.